本书为国家社科基金重大项目
"新时代中国共产党执政话语建构研究"
（20&ZD014）部分成果

"强国建设 民族复兴"的行动纲领

Great Rejuvenation of the
Chinese Nation

齐卫平　著

天津出版传媒集团

天津人民出版社

图书在版编目（CIP）数据

"强国建设 民族复兴"的行动纲领 / 齐卫平著
. -- 天津：天津人民出版社, 2024.5
ISBN 978-7-201-20090-3

Ⅰ.①强… Ⅱ.①齐… Ⅲ.①习近平新时代中国特色
社会主义思想—研究 Ⅳ.①D610.4

中国国家版本馆CIP数据核字(2024)第035835号

"强国建设 民族复兴"的行动纲领
"QIANGGUO JIANSHE MINZU FUXING"DE XINGDONG GANGLING

出　　版	天津人民出版社
出 版 人	刘锦泉
地　　址	天津市和平区西康路35号康岳大厦
邮政编码	300051
邮购电话	(022)23332469
电子信箱	reader@tjrmcbs.com

责任编辑	王　玎
特约编辑	曹忠鑫
装帧设计	李　一

印　　刷	天津新华印务有限公司
经　　销	新华书店
开　　本	787毫米×1092毫米　1/16
印　　张	20.5
插　　页	1
字　　数	330千字
版次印次	2024年5月第1版　2024年5月第1次印刷
定　　价	98.00元

前　言

2022年10月16日至22日,中国共产党举行第二十次全国代表大会,向全党全国各族人民吹响了奋斗新时代新征程的集结号。习近平总书记在党的二十大上作的报告,科学擘画未来,提出一系列重大理论创新观点,作出全面建设社会主义现代化国家、以中国式现代化全面推进中华民族伟大复兴的重大战略部署,为强国建设、民族复兴提供了思想指南、确立了行动纲领。

在以习近平同志为核心的党中央坚强领导下,全党全国各族人民认真学习和贯彻落实党的二十大精神,在奋斗新时代新征程的开局之年迈出了坚实步伐。党的二十大以来,我们深切感受到国际形势复杂变化带来的严峻挑战,深切感受到推进中华民族伟大复兴进程面临的诸多困难。但是越是艰险越勇往直前,这是党团结带领中国人民不懈奋斗的优良传统,也是中华民族创造历史伟业的战略定力。有中国共产党领导作根本保证,有党的创新理论指导中国实践,有全体中华儿女的共同奋斗,党和人民在前进道路上充满自信和底气。无论风险挑战的重大考验怎样风高浪急甚至惊涛骇浪,中华民族伟大复兴历史进程都不可阻挡、不会中断,中国特色社会主义巍巍巨轮终将在乘风破浪、行稳致远中胜利地驶向灿烂的彼岸。

2023年4月,党中央下发《关于深入开展学习贯彻习近平新时代中国特色社会主义思想主题教育的意见》,这是贯彻党的二十大精神的重大举措。党中央要求全党坚持学思用贯通、知信行统一,把习近平新时代中国特色社会主义思想转化为坚定理想、锤炼党性和指导实践、推动工作的强大力量,使全党始终保持统一的思想、坚定的意志、协调的行动、强大的战斗力,努力在以学铸魂、以学增智、以学正风、以学促干方面取得实实在在的成效。用党的创新理论凝心铸魂才能铸牢党和国家的根基,才能凝聚起同心共筑中国梦的磅礴力量。

习近平总书记指出:"在百年奋斗中,党在每一个历史时期都创造了与时代相适应的科学理论,指引党和人民事业不断从胜利走向胜利,确保党始终走在时代前列、始终立于不败之地。"①思想建党与理论强党相向而行,跟上时代发展必须及时迈出创新理论的步伐。理论发展的停滞必然导致实践发展的困难,实践永无止境要求理论创新永无止境。

习近平总书记强调:"我们这么大一个党,领导着这么大一个国家,肩负着带领全国

---

① 习近平:《为实现党的二十大确定的目标任务而团结奋斗》,《求是》2023年第1期。

各族人民实现国家强盛、民族复兴这个艰巨任务,全党必须统一思想、统一意志、统一行动。怎么实现全党思想、意志、行动的统一?最根本的就是用党的基本理论武装全党。"①党的二十大指出:"用党的创新理论武装全党是党的思想建设的根本任务",必须全面加强党的思想建设,坚持用新时代中国特色社会主义思想统一思想、统一意志、统一行动。②经验告诉我们,要把全党的思想、意志、行动统一起来很不容易,而不能形成统一就无法步调一致,党就会形成一盘散沙的局面,甚至会导致亡党的灾难性后果。由此凸显了用党的创新理论凝心铸魂的极端重要性,这是不能有丝毫懈怠的大事情。在长期实践中,中国共产党积累了统一全党思想意志行动的许多丰富经验,归结到一点就是坚持用党的创新理论武装全党。对党的创新理论领悟深刻了,党和国家事业就能深入推进,党的创新理论掌握得越透彻,全党思想意志行动的统一就越有了保证。

伟大事业需要伟大理论,伟大理论指导伟大实践。伟大时代诞生伟大理论,伟大理论引领伟大征程。一部中国共产党历史,就是一部不断推进理论创新、进行理论创造的历史。中国共产党坚持把马克思主义基本原理同中国具体实际相结合、同中华优秀传统文化相结合,以不断结出理论创新成果谱写出马克思主义中国化时代化深入发展的新篇章。在当今世界之变、时代之变、历史之变正在以前所未有的方式展开的情势下,回答好中国之问、世界之问、人民之问、时代之问,一方面要向实践寻找真理,另一方面要向科学理论汲取方法。统一这两者关系的路径就是加强党的创新理论武装。党的历史发展中,从毛泽东思想、邓小平理论、"三个代表"重要思想、科学发展观,到习近平新时代中国特色社会主义思想,每一个马克思主义中国化时代化的创新成果都产生了科学理论指导实践和引领征程的巨大作用。

党的十八大以来,中国特色社会主义进入新时代,伟大事业开创性的推进面临新发展阶段各种新情况。中华民族伟大复兴战略全局和世界百年未有之大变局深度演进,一系列难题需要破解,各种各样的风险挑战需要应对。国际形势发生了深刻变化,呈现出很多前所未有的新特点,不稳定、不确定因素明显增多。国内发展在取得重大成就的同时,党和国家事业深入发展中"啃硬骨头""破关卡""闯难关""涉险滩"的任务更加艰巨。这样的形势使党的理论创新呈现空前活跃的景象,新的成果不断涌现。"习近平同志对关系新时代党和国家事业发展的一系列重大理论和实践问题进行了深邃思考和科学研判,就新时代坚持和发展什么样的中国特色社会主义、怎样坚持和发展中国特色社会主义,建设什么

① 习近平:《在学习贯彻习近平新时代中国特色社会主义思想主题教育工作会议上的讲话》,《求是》2023年第9期。

② 《习近平著作选读》第一卷,人民出版社2023年版,第53页。

样的社会主义现代化强国、怎样建设社会主义现代化强国,建设什么样的长期执政的马克思主义政党、怎样建设长期执政的马克思主义政党等重大时代课题,提出一系列原创性的治国理政新理念新思想新战略",创立的习近平新时代中国特色社会主义思想是当代中国马克思主义、二十一世纪马克思主义,是中华文化和中国精神的时代精华。①奋斗新时代新征程,凝心铸魂筑牢根本,必须全面学习习近平新时代中国特色社会主义思想,首先要把握好这个最新理论成果的世界观和方法论,坚持好、运用好贯穿其中的立场观点方法。

习近平新时代中国特色社会主义思想体现党的创新理论全方位展开,涵盖新时代坚持和发展中国特色社会主义的方方面面,体系严整、逻辑严密、内涵丰富、博大精深,闪烁着马克思主义真理光辉。深刻理解党和国家事业的艰巨性,必须加深认识学习党的创新理论的任务繁重性,学习习近平新时代中国特色社会主义思想,要真正做到真懂真信真用必须下大气力、花大功夫。对从事哲学社会科学研究的理论工作者来说,加强党的创新理论的道理、学理、哲理阐释,是党和国家的重大战略需求,也是理应承担起的重大责任。党的二十大召开后,广大理论工作者以此为自己的使命任务,发表了大量研究成果,对深入学习和领会党的二十大精神、推动用党的创新理论凝心铸魂作出了贡献。

作为理论大军中的一员,我用较多的精力学习研究宣传党的二十大精神,在一些重要报纸和期刊上发表了近百篇文章,这里,选择其中一部分进行逻辑整合后形成了本书。本书框架,第一章是总论性的,阐述习近平总书记在党的二十大上作的报告,为坚持和发展中国特色社会主义提供了思想指南、确立了行动纲领。第二章研究党的二十大总结新时代十年伟大变革作出的重要结论、重大问题及规律性认识。第三章围绕党的二十大主题论述中国共产党新时代新征程的使命任务。第四章研究党的二十大强调以不断谱写马克思主义中国化时代化新篇章为当代中国共产党人的庄严历史责任的问题,阐述"两个结合"的深刻思想。第五章展开中国式现代化问题研究,从历史、理论、实践以及世界发展的逻辑论述党的二十大这个重大创新成果。第六章侧重对推进新时代党的建设新的伟大工程一些重大问题的研究,阐释党的二十大提出的新理念新思想新战略。本书的研究内容显然只是涉及党的二十大精神的一部分,我想以此为基础进一步深入研究下去。希望本书能够对读者学习研究宣传党的二十大精神有所裨益,书稿中的肤浅和不足之处敬请读者批评指正。

齐卫平

2023年5月

---

①《中共中央关于党的百年奋斗重大成就和历史经验的决议》,人民出版社2021年版,第25—26页。

目　录

第一章　以新时代中国特色社会主义思想为指南

第一节　新时代中国特色社会主义的纲领性文献①

党的二十大是在我国进入全面建设社会主义现代化国家新征程的关键时刻召开的一次十分重要的会议。习近平总书记代表第十九届中央委员会所作的大会报告，是一篇闪耀着马克思主义思想光芒的光辉文献，是领航中国发展进步的行动指南，是谱写全面建设社会主义现代化国家崭新篇章的强大思想武器。

一、高举中国特色社会主义伟大旗帜的文献

统筹中华民族伟大复兴战略全局和世界百年未有之大变局，中国共产党必须认真回答好"举什么旗、走什么路、以什么样的精神状态、朝着什么样的目标继续前进"等战略性问题。

党的二十大主题作出了对旗帜、道路、精神和目标的庄重宣示，86个字的主题非常凝练，以"高举中国特色社会主义伟大旗帜"和"全面贯彻习近平新时代中国特色社会主义思想"宣示了对旗帜和道路的坚守，以"弘扬伟大建党精神，自信自强、守正创新、踔厉奋发、勇毅前行"宣示了对精神状态的保持，以"为全面建设社会主义现代化国家、全面推进中华民族伟大复兴而团结奋斗"宣示了对目标的追求。

旗帜引领方向，道路决定命运，精神提供力量，目标揭示任务。中国特色社会主义是党团结带领人民在四十多年奋斗实践中高高举起的一面伟大旗帜，是历经艰辛探索、经过实践检验找到的正确旗帜。新时代的伟大变革创造出极不寻常、极不平凡的成就，使这面旗帜更加绚丽鲜亮，全党全国各族人民集结在中国特色社会主义伟大旗帜下形成同心共筑中国梦的磅礴力量。

高举中国特色社会主义伟大旗帜，使得党和人民不断增强不走封闭僵化的老路、不走改旗易帜的邪路的坚定意志。党的二十大报告通篇贯穿着奋斗新时代新征程坚定"四个自信"，坚定历史自信、增强历史主动的精神，提出一系列新思路新战略新举措，提出重

---

① 原文载于《新华日报》2022年10月25日，收入本书时文字略有修改。

大理论观点和重大战略思想,指明了高举中国特色社会主义伟大旗帜,为全面建设社会主义现代化国家而团结奋斗的前进方向。

二、开辟马克思主义中国化时代化新境界的文献

习近平总书记指出:"实践告诉我们,中国共产党为什么能,中国特色社会主义为什么好,归根到底是马克思主义行,是中国化时代化的马克思主义行。拥有马克思主义科学理论指导是我们党坚定信仰信念、把握历史主动的根本所在。"①这个揭秘成功原因的重大论断,昭示了中国共产党百年风华正茂的精神灵魂。

坚持思想先导、理论领航是中国共产党的历史传统,马克思主义中国化时代化的百年实践贯穿党推进理论创新、进行理论创造的全过程。中国共产党人深刻认识到,只有把马克思主义基本原理同中国具体实际相结合、同中华优秀传统文化相结合,坚持运用辩证唯物主义和历史唯物主义,才能正确回答时代和实践提出的重大问题,才能始终保持马克思主义的蓬勃生机和旺盛活力。

在马克思主义中国化时代化发展历程中,中国共产党先后确立毛泽东思想、邓小平理论、"三个代表"重要思想、科学发展观、习近平新时代中国特色社会主义思想为党的指导思想,实现了马克思主义中国化三次伟大飞跃,与时俱进地把马克思主义发展一次次提高到新的境界。马克思主义的科学性和真理性在中国得到充分检验,马克思主义的人民性和实践性在中国得到充分贯彻,马克思主义的开放性和时代性在中国得到充分彰显。

党的二十大报告对谱写马克思主义中国化时代化新篇章提出了全面要求。坚持人民至上,坚持自信自立,坚持守正创新,坚持问题导向,坚持系统观念,坚持胸怀天下,为新时代新征程奋斗实践中开辟马克思主义中国化时代化新境界提供了根本遵循。把握习近平新时代中国特色社会主义思想的世界观和方法论,坚持好、运用好贯穿其中的立场观点方法,是开辟马克思主义中国化时代化新境界的内在要求。

三、谋划坚持和发展中国特色社会主义的文献

党的二十大科学谋划未来,提出未来五年乃至更长时期党和国家事业发展的目标任务和大政方针,不仅事关党和国家事业继往开来,事关中国特色社会主义前途命运,事关中华民族伟大复兴,而且也将对世界政治秩序和格局的重塑、全球治理难题的破解、人类命运共同体的构建产生深刻影响。

①《习近平著作选读》第一卷,人民出版社2023年版,第14页。

从邓小平同志在党的十二大第一次提出"建设有中国特色的社会主义",到党的十八大中国特色社会主义进入新时代,时间跨度整整三十年。在这个过程中,党中央成功将中国特色社会主义从二十世纪推向二十一世纪,成功在新形势下坚持和发展了中国特色社会主义。在以习近平同志为核心的党中央坚强领导下,中国特色社会主义统揽伟大斗争、伟大工程、伟大事业、伟大梦想,形成"五位一体"总体布局和"四个全面"战略布局,围绕新时代我国社会主要矛盾推进各项工作,采取一系列战略性举措,推进一系列变革性实践,实现一系列突破性进展,取得一系列标志性成果。

党的二十大报告以十五个部分的文本框架,科学谋划未来发展的总体思路,从不同领域和方面作出行动部署,揭示新时代中国共产党的使命任务。这些部署既是新时代十年伟大实践的延伸,又是党的十九大以来党中央回应世界变化和中国发展要求的重大理论创新成果。习近平总书记作的报告成为坚持和发展中国特色社会主义的重要文献,为夺取全面建设社会主义现代化国家、全面推进中华民族伟大复兴的胜利提供了有力保证。

四、指导全面推进中华民族伟大复兴的文献

中国社会发展进步的历史车轮滚滚向前。中华民族伟大复兴不可逆转的历史进程是任何人任何势力都不能阻断、抵挡和改变的,在党的全面领导下,中国特色社会主义巍巍巨轮将乘风破浪、勇往直前到达胜利的彼岸。

实现中华民族伟大复兴是自鸦片战争以来始终萦绕在中国人民心里的夙愿,中华儿女为圆这个伟大中国梦呕心沥血,进行了艰辛无比的奋斗。中国共产党自成立以来,始终践行为中国人民谋幸福、为中华民族谋复兴的初心使命,紧紧依靠人民取得一个又一个伟大胜利,点燃实现伟大中国梦的曙光。

新时代的伟大变革,在党史、新中国史、改革开放史、社会主义发展史、中华民族发展史上具有里程碑意义。这是一座沉甸甸的历史丰碑,记载了党团结带领人民创新发展、创造奇迹的伟大壮举,积淀了全党全国各族人民踔厉奋发、勇毅前行、团结奋斗的卓著智慧。有这样一座里程碑,党和人民在全面推进中华民族伟大复兴的团结奋斗中再创新的里程碑信心十足、勇气倍增。

党的二十大是奋斗新时代新征程撸起袖子加油干的政治动员,向全党全国各族人民吹响了向第二个百年奋斗目标进军的集结号。党用伟大奋斗创造了百年伟业,也一定能用新的伟大奋斗创造新的伟业。这个新的伟业,就是全面建成社会主义现代化强国、实现中华民族伟大复兴。

第二节　奋进新时代新征程的政治宣言和行动纲领①

党的二十大是一次高举旗帜、凝聚力量、团结奋进的大会,鼓舞人心、振奋精神、鼓气励志。在"两个大局"深度演进,世界之变、时代之变、历史之变正以前所未有的方式展开,在人类社会面临前所未有的挑战情况下,党的二十大展现的空前团结、高度统一、奋斗向上、顽强拼搏的会风,形成凝聚党心民心、坚定历史自信、增强历史主动,敢于斗争、敢于胜利,埋头苦干、锐意进取的强大感染力。党的二十大报告是党和人民智慧的结晶,是党团结带领全国各族人民夺取中国特色社会主义新胜利的政治宣言和行动纲领。党中央作出的科学谋划,为全面建设社会主义现代化国家、全面推进中华民族伟大复兴而团结奋斗指明了方向。

一、党的二十大吹响新时代新征程的奋进号角

习近平总书记在党的二十大报告第三部分"新时代新征程中国共产党的使命任务"开篇指出:"从现在起,中国共产党的中心任务就是团结带领全国各族人民全面建成社会主义现代化强国、实现第二个百年奋斗目标,以中国式现代化全面推进中华民族伟大复兴。"②这是向全党全国各族人民发出的动员令。说"从现在起",代表一个关键的时间节点,揭示"中心任务"就是明确新的使命任务。

2017年10月,习近平总书记在党的十九大报告中,以统揽伟大斗争、伟大工程、伟大事业、伟大梦想揭示"新时代中国共产党的历史使命",要求全党以推进"四个伟大"的实践,在坚持和发展中国特色社会主义的历史进程中始终成为坚强领导核心。五年后党的二十大提出新的使命任务,是新时代中国特色社会主义伟大实践向前推进的延伸,形成接续奋斗、砥砺奋进的下一个目标。

党的二十大报告提出三个重大论断,对加深认识新时代新征程的奋斗具有重要意义。一是对党的十九大以来的五年奋斗实践作出了"极不寻常、极不平凡"的评述,指出党中央团结带领人民以奋发有为的精神把新时代中国特色社会主义不断向前推进,推动党和国家事业取得举世瞩目的重大成就。二是指出党的十八大以来团结带领人民经历了"迎来中国共产党成立一百周年""中国特色社会主义进入新时代""完成脱贫攻坚、全

---

① 原文载于《宁波日报》2022年10月27日,收入本书时文字略有修改。
② 《习近平著作选读》第一卷,人民出版社2023年版,第18页。

面建成小康社会的历史任务"三件大事,对党和人民事业具有重大现实意义和深远历史影响。三是作出"新时代十年的伟大变革,在党史、新中国史、改革开放史、社会主义发展史、中华民族发展史上具有里程碑意义"重大论断。这些总结性的结论寓意着继往开来的激励,号召全党百年再出发,动员全国各族人民砥砺再奋进。

迈进新征程、建功新时代,必须在举什么旗、走什么路、以什么样的精神状态、朝着什么样的目标继续前进的重大问题上牢牢把握政治定力。党的二十大报告开头的"高举中国特色社会主义伟大旗帜,全面贯彻新时代中国特色社会主义思想"两个分句包含对举什么旗、走什么路的宣示,中间的"弘扬伟大建党精神,自信自强、守正创新,踔厉奋发、勇毅前行"三个分句是对弘扬什么样的精神的宣示,最后"为全面建设社会主义现代化国家、全面推进中华民族伟大复兴而团结奋斗"一个分句是对朝着什么样目标前进的宣示。更需要指出的是,明确旗帜、道路、精神和目标的宣示,贯穿党的二十大报告的全部内容之中,体现党中央谋划发展、赢得未来的立场坚守,彰显保持历史自觉、发扬主动精神的原则把握。

奋进新时代新征程的号角已经吹响,党团结带领全国各族人民全面建成社会主义现代化强国、实现第二个百年奋斗目标,以中国式现代化全面推进中华民族伟大复兴的中心工作已经明确。响应党中央的号召,认真贯彻和全面落实党的二十大各项部署,高举旗帜领航向,坚定道路掌命运,彰显精神添力量,锚定目标扬船帆,在党的全面领导下,依靠顽强斗争打开事业发展新天地,推进中国特色社会主义巍巍巨轮乘风破浪、行稳致远。

二、谋划奋进新时代新征程的全面部署

党的二十大在党和人民热切期待中隆重召开,不仅是我国政治生活中的一件大事,而且也受到世界的高度关注。因为在国际形势风云变幻和中国发展关键时刻,党团结带领人民奋斗新时代新征程上怎样把路走对、走通、走稳、走好,需要明确方向,站在历史十字路口的世界何去何从的抉择也需要作出回答。这样的背景,凸显了这次大会的特殊意义。

2022年7月,习近平总书记在省部级主要领导干部专题研讨班上发表重要讲话指出:"即将召开的党的二十大,是在进入全面建设社会主义现代化国家新征程的关键时刻召开的一次十分重要的大会,将科学谋划未来五年乃至更长时期党和国家事业发展的目标任务和大政方针,事关党和国家事业继往开来,事关中国特色社会主义前途命运,事关中华民族伟大复兴。"党的二十大作出的科学谋划,对党团结带领人民接续奋斗提出新使命新任务新要求,体现党中央集中全党全国各族人民的意志作出的重大抉择。

　　党的二十大立足中国实际,洞察世界之变、时代之变、历史之变,把近期使命任务与长期奋斗目标相结合,从理论和实践相结合上深入回答党和国家事业发展、党治国理政的一系列重大时代课题,对奋进新时代新征程作出全面部署。从大会报告十五个部分的主体框架看,第一部分对过去五年和新时代十年的伟大变革作出全面而深刻的评价,后面十四个部分从坚持科学理论指导、立足新时代新征程中国特色社会主义事业各领域各系统各方面的实践要求,提出具体任务,作出全面安排,形成思想指南,确立行动纲领。

　　党的二十大对奋进新时代新征程作出的科学谋划具有战略性、整体性、全面性,向全党全国各族人民指明了为全面建设社会主义现代化国家、全面推进中华民族伟大复兴而团结奋斗的前进方向。研读党的二十大报告可以看到,党中央的科学谋划有三个相统一的重要特点。其一,体现宏观与微观相统一。在提出全面建成社会主义现代化强国总的战略安排基础上,对未来五年开局起步关键时期的目标任务作了详细论述,丰富了党的十九大关于"两个阶段"安排中第一个十五年的奋斗内容。其二,体现战略目标与实施方略相统一。以全面建成社会主义现代化强国总的战略安排为统领,提出"五个坚持"的重大原则,提出治国理政实践各个领域推进发展的要求任务,既有具体原则又有落实举措。其三,体现国内需求和国际关切相统一。党的二十大不仅回应我国人民对更加美好生活的向往,而且提出构建人类命运共同体的引领方案。这三个特点对深刻认识党的二十大重大谋划的战略性、科学性、前瞻性具有重要意义。

三、谱写新时代中国特色社会主义更加绚丽的华章

　　全面建设社会主义现代化国家、谱写新时代中国特色社会主义更加绚丽的华章,是党百年风华正茂的再出发,是团结带领人民接过历史接力棒的再起跑。走过百年奋斗历程的中国共产党在革命性锻造中更加坚强有力,中国人民的前进动力更加强大、奋斗精神更加昂扬、必胜信念更加坚定,焕发出的历史自觉和主动精神更为强烈,党和人民正信心百倍地在实现中华民族从富起来到强起来的伟大飞跃中前进。

　　党的二十大报告指出:"党用伟大奋斗创造了百年历史伟业,也一定能用新的伟大奋斗创造新的伟业。"①这样的自信,既建立在长期奋斗取得重大成就的事实证明的基础上,又充满接续奋斗赢得未来的底气。以习近平同志为核心的党中央治国理政创新实践,为谱写新时代中国特色社会主义更加绚丽的华章创造了乘势而上的有利条件,中国共产党和中国人民对灿烂的前景充满期待。

---

①《习近平著作选读》第一卷,人民出版社2023年版,第58页。

党的二十大报告指出："新时代的伟大成就是党和人民一道拼出来、干出来、奋斗出来的！"①习近平总书记反复强调，中华民族伟大复兴不是轻轻松松、敲锣打鼓就能实现的，必须勇于进行具有许多新的历史特点的伟大斗争，准备付出更为艰巨、更为艰苦的努力。全面建设社会主义现代化国家不会一帆风顺，"我们必须增强忧患意识，坚持底线思维，做到居安思危、未雨绸缪，准备经受风高浪急甚至惊涛骇浪的重大考验"②。要拼、要干、要奋斗就必须在前进道路上对各种复杂性、严峻性前所未有的风险挑战做好充分的心理准备，不断增强抗压能力，以成功化解矛盾和战胜风险挑战的出色成绩，谱写新时代中国特色社会主义更加绚丽的华章。

习近平总书记在党的二十大闭幕大会上发表重要讲话强调，中国共产党走过了百年奋斗历程，又踏上了新的赶考之路。百年成就无比辉煌，百年大党风华正茂。我们完全有信心、有能力在新时代新征程创造令世人刮目相看的新的更大奇迹。旗帜已经高高飘扬，道路已经清晰铺展，曙光已经冉冉升起。全面建成社会主义现代化强国，是一项伟大而艰巨的事业，前途光明，任重道远。

高举中国特色社会主义伟大旗帜，必须深刻领悟"两个确立"对新时代党和国家事业发展、对推动中华民族伟大复兴历史进程的决定性意义，牢固树立"四个意识"，坚定"四个自信"，坚决做到"两个维护"。这是谱写新时代中国特色社会主义更加绚丽的华章需要牢牢把握的政治定力。

高举中国特色社会主义伟大旗帜，必须不断开辟马克思主义中国化时代化新境界，全面贯彻习近平新时代中国特色社会主义思想，不断赋予科学理论鲜明的中国特色，不断夯实马克思主义中国化时代化的群众基础和实践基础，让马克思主义在中国牢牢扎根。这是谱写中国特色社会主义更加绚丽的华章需要坚持的理论引领。

高举中国特色社会主义伟大旗帜，必须坚持以伟大自我革命引领伟大社会革命，促进党在革命性锻造中始终站在时代前列，成为中国特色社会主义事业的坚强领导核心。这是谱写中国特色社会主义更加绚丽的华章需要形成的根本保证。

高举中国特色社会主义伟大旗帜，必须凝聚起14亿多中国人民共同奋斗的磅礴力量，围绕实现中华民族伟大复兴中国梦一起来想、一起来干。这是谱写中国特色社会主义更加绚丽的华章需要创造的生动局面。

新征程是充满光荣和梦想的远征。党的二十大作出的各项决策部署、形成的各项创

---

① 《习近平著作选读》第一卷，人民出版社2023年版，第12页。
② 《习近平著作选读》第一卷，人民出版社2023年版，第22页。

新成果,必将对全面建设社会主义现代化国家、全面推进中华民族伟大复兴,对夺取中国特色社会主义新胜利,发挥十分重要的指导和保证作用。党和人民坚信,全面建成社会主义现代化强国的目标一定能够胜利实现,中华民族伟大复兴不可扭转的历史进程是任何人任何势力都不可阻挡的。

第三节　坚定战略自信,建设社会主义现代化国家①

党的二十大发出"为全面建设社会主义现代化国家、全面推进中华民族伟大复兴而团结奋斗"的号召,"自信自强"成为大会主题词的内容之一,凸显坚定自信的极端重要性,体现了党中央团结带领人民迈进新征程、建功新时代的意志和决心。坚定"四个自信",坚定历史自信,是战略意义上的自信,对谱写新时代中国特色社会主义更加绚丽的华章具有非常重要的意义。

一、谱写绚丽华章的自信来源

党的二十大报告指出:"新时代十年的伟大变革,在党史、新中国史、改革开放史、社会主义发展史、中华民族发展史上具有里程碑意义。"②这个评价是党团结带领人民进行新时代创造性实践的历史性总结。具有如此丰富和厚重意蕴的里程碑塑造,是中国人民和中华民族充满信心砥砺奋进、开创未来的现实来源。

中国人民的坚定自信有着深厚的历史底蕴。首先,自信建立在拥有中华优秀传统文化丰富资源的基础上,几千年创造的中华文明赋予中华民族自信自强的天然禀赋。其次,自信建立在党的长期奋斗取得重大成就的基础上,百年实践推动中国发生沧海桑田的变化令中国人民倍感自豪、充满底气。最后,自信建立在新时代十年伟大变革取得历史性成就、发生历史性变化的基础上,中国人民和中华民族在坚持和发展中国特色社会主义创新发展中成功走出了中国式现代化道路,创造出人类文明新形态。由这些方面构成的自信来源,为党和人民奋力谱写新时代中国特色社会主义更加绚丽的华章提供了源源不竭的动力。

国无自信强大不了。全面建成小康社会后再出发,实现永续发展的下一个目标,我们锚定的是实现中华民族伟大复兴和建成社会主义现代化强国。坚定自信始终是奋力

---

① 原文载于《北京日报》2022年10月24日,收入本书时文字略有修改。
② 《习近平著作选读》第一卷,人民出版社2023年版,第13页。

谱写新时代中国特色社会主义更加绚丽华章的强大精神力量。

二、坚定战略自信的实践要求

党的二十大对谱写新时代中国特色社会主义更加绚丽的华章进行科学谋划,体现以坚定的战略自信把握新时代新征程坚持和发展中国特色社会主义的战略主动,向全党全国各族人民揭示了踔厉奋发、勇毅前行、团结奋斗的行动纲领。

谱写更加绚丽的华章、坚定战略自信必须始终坚持党的全面领导。坚持党的领导是党百年奋斗的首要历史经验。新时代十余年来,习近平总书记提出许多重大论断,把党的全面领导的政治原则提高到前所未有的高度,凸显了党的全面领导重大战略地位。深刻领悟"两个确立"的决定性意义,牢固树立"四个意识",坚决做到"两个维护",是坚定战略自信最重要的实践要求。

谱写更加绚丽的华章、坚定战略自信必须贯彻党的自我革命重大战略思想。党的自我革命是我们党探索如何跳出历史周期率找到的第二个答案。坚定战略自信要求发扬勇于自我革命精神,把深入推进全面从严治党与谱写崭新篇章相结合,加强党的先进性和纯洁性建设,为夺取全面建设社会主义现代化国家的胜利提供坚强的组织保证。

谱写更加绚丽的华章、坚定战略自信必须利用好战略性有利条件。2022年3月,习近平总书记从"有中国共产党的坚强领导""有中国特色社会主义制度的显著优势""有持续快速发展积累的坚实基础""有长期稳定的社会环境""有自信自强的精神力量"五个方面,概括性地揭示了中华民族伟大复兴战略全局和世界百年未有之大变局下我们拥有的战略性有利条件,指出"自信自强的精神力量激发亿万人民的创造伟力"。这些战略性有利条件,对谱写新时代中国特色社会主义更加绚丽的华章具有战略优势上的重大意义。

谱写更加绚丽的华章、坚定战略自信必须居安思危保持头脑清醒。战略自信最重要的是两方面的自信,一是"四个自信",二是历史自信,坚定战略自信是坚定"四个自信"与坚定历史自信的有机统一。保持头脑清醒最主要的是两方面的清醒:一是坚持高举中国特色社会主义伟大旗帜的清醒,党的二十大对举什么旗、走什么路、以什么样的精神状态、朝着什么样的目标继续前进作出了庄严宣示,体现党中央的清醒头脑。二是对面临风险挑战的清醒。自信不是自傲,思想上自傲必然导致行动上的盲目,坚定战略自信与保持头脑清醒相辅相成。新时代新征程奋斗中,对复杂性严峻性前所未有的风险挑战接踵而至需要有充分的思想认识、心理准备和能力储备。

谱写更加绚丽的华章、坚定战略自信必须发挥历史主动精神,把中国发展进步的命运牢牢掌握在自己手里。坚定战略自信重在把握战略机遇,战略机遇抓住了,坚定战略自信就能产生精神主动的力量。精准研判历史大势,深刻把握客观规律,跟进跟紧时代潮流,统筹"两个大局",统筹推进中国特色社会主义事业"五位一体"总体布局,协调推进"四个全面"战略布局,构成坚定战略自信的实践任务。

三、战略自信为谱写绚丽华章提供强大精神力量

历史告诉我们,任何国家的强大都不可能是别国和别人恩赐的结果,党的百年奋斗和新时代伟大实践取得重大成就和创造非凡奇迹,是全党全国各族人民艰辛奋斗干出来的,凝结着党和人民的心血和汗水。

我国综合国力日益强大,对世界经济发展的贡献显著,谱写新时代中国特色社会主义更加绚丽的华章拥有雄厚实力。然而成功谱写新时代中国特色社会主义更加绚丽的华章不仅靠坚实的物质力量,还需要强大的精神力量。用马克思主义话语来说,物质力量代表"武器的批判",而精神力量则代表"批判的武器"。坚定战略自信正是以"批判的武器"为奋力谱写更加绚丽的华章提供有力的支撑。

坚定战略自信有助于提升党和人民兴国强国的觉悟。近现代中国社会演进中,辛亥革命的掀起、五四运动的爆发、中国共产党的诞生、全面抗战的开展、新中国的成立、改革开放的实施、新时代伟大的创造,都表现了中国人民的伟大觉醒。正是这些觉醒促进了中国人民历史自信的增强。自信自强、守正创新,是新时代中国特色社会主义伟大实践的精神标识,坚定战略自信将促进党和人民兴国强国觉悟不断提高。

坚定战略自信有助于焕发党和人民踔厉奋发的历史主动精神。谱写新时代中国特色社会主义更加绚丽的华章,是党和国家事业接力赛跑中新一棒的传递,是党领导伟大社会革命的重要组成部分。党的百年奋斗取得的重大成就已经载入史册而成为过往,新时代新征程的奋斗揭开历史发展新的一页。把弘扬伟大建党精神与激活伟大民族精神紧密相结合,以坚定战略自信踔厉奋发,才能增强实现中华民族伟大复兴的精神力量。

坚定战略自信有助于增强党和人民勇毅前行的斗志。中国共产党具有迎难而上、越挫越勇、越险越进、勇于奋斗的政治品格,这是党团结带领人民进行伟大斗争的力量所在。中华民族伟大复兴不是轻轻松松、敲锣打鼓就能实现的,全面建设社会主义现代化国家的新征程上还有许多"雪山""草地"需要跨越,还有许多"娄山关""腊子口"需要征服。缺乏战略自信就会削弱斗志,斗志昂扬才能在谱写新时代中国特色社会主义更加绚丽的华章中克服困难而勇毅前行。

坚定战略自信有助于凝聚党和人民团结奋斗的力量。一个拥有9800多万党员的大党、拥有14亿多人口的大国,本身就是无比强大的力量。然而大党优势只有在思想意志

行动的高度统一下才能发挥出来,大国优势只有在各民族各团体各阶层齐心合力的紧密团结中才能彰显效能。坚定战略自信形成奋斗的共同目标,促进全体中华儿女围绕实现中华民族伟大复兴中国梦一起来想、一起来干,就能凝聚起谱写新时代中国特色社会主义更加绚丽的华章的磅礴力量。

党的二十大发出了奋进新时代新征程的进军令。认真学习和深刻领会党的二十大精神,必须高举中国特色社会主义伟大旗帜,坚持党的全面领导,紧密团结在党中央周围,牢记空谈误国、实干兴邦,坚定信心、同心同德,埋头苦干,在新时代新征程的不懈奋斗中谱写出让中国人民满意、让世界刮目相看的辉煌篇章。

第四节　增强历史主动再创新辉煌①

党的二十大报告指出:"坚定历史自信,增强历史主动,谱写新时代中国特色社会主义更加绚丽的华章。"②坚定历史自信是增强历史主动的前提,党的百年奋斗取得的重大成就和积累的历史经验,为坚定历史自信奠定了坚实基础。以中国式现代化全面推进中华民族伟大复兴,增强历史主动是内在要求和重要保证。

一、以坚定历史自信砥砺前行

在党中央提出坚定中国特色社会主义道路、理论、制度和文化自信的基础上,习近平总书记在党的十九届六中全会上进一步提出坚定历史自信的要求。"历史自信"这个重要概念的深刻意义在于揭示了"四个自信"的深厚底蕴,表明中国特色社会主义道路、理论、制度和文化自信有着长期实践的历史基础,深厚的历史积淀为坚定"四个自信"作出了令人信服的注解。

2021年12月底,习近平总书记在中共中央政治局召开的党史学习教育专题民主生活会上指出:"在新的赶考之路上,我们能否继续交出优异答卷,关键在于有没有坚定的历史自信。"对于一个人来说,自信是干好和干成事情的底气;对于党和国家来说,历史自信是激发全党全国各族人民砥砺奋进的强大精神支撑。

党的百年奋斗取得的重大成就,积淀党和人民历史自信的深厚底蕴。从一派衰败凋零的景象到一派欣欣向荣的气象,在中国共产党坚强领导下,中国、中国人民、中华民族

---

① 原文载于《新华日报》2023年2月14日,收入本书时文字略有修改。
② 《习近平著作选读》第一卷,人民出版社2023年版,第2页。

的前途命运发生了根本扭转。这样一幅历史场景为党和人民坚定历史自信提供了充分的底气,形成了强大的力量。

改革开放以来,党团结带领人民开创中国特色社会主义伟大事业,闯出了一片新天地,神州大地发生的变化和取得的成就令世界刮目相看。尤其是中国特色社会主义进入新时代以来,以习近平同志为核心的党中央提出一系列治国理政新理念新思想新战略,形成原创性思想、进行变革性实践、实现突破性进展、取得标志性成果。新时代中国特色社会主义创造的重大成就使党和人民倍感振奋,为坚定历史自信增添了重磅砝码。

党的二十大报告指出,党的十九大以来的五年极不寻常、极不平凡。这两个"极不"精辟揭示了党团结带领人民艰辛奋斗的实践特征和精神风貌。一是以全面建成小康社会、打赢脱贫攻坚战的骄人业绩创造了极不寻常、极不平凡的重大成就。二是在重大考验风高浪急有时甚至是惊涛骇浪的极不寻常、极不平凡的环境下,经受住了风险挑战,彰显了中国之路、中国之治、中国之理的显著成效。

党的二十大对新时代伟大历史实践作出整体性结论,指出党团结带领人民攻克了许多长期没有解决的难题,办成了许多事关长远的大事要事。从党史、新中国史、改革开放史、社会主义发展史、中华民族发展史看新时代十年的伟大变革树立的里程碑,记录着中国人民和中华民族创造新奇迹的心路历程,代表着党和人民艰辛奋斗的心血倾注。

以史为鉴、开创未来,一个重要含义就是从历史发展中确立自信,并以坚定历史自信走好未来的前进路。向历史汲取力量,中国人民的前进动力更加强大,奋斗精神更加昂扬,必胜信念更加坚定,焕发出更为强烈的历史自觉和主动精神。乘着小康社会全面建成、绝对贫困问题历史性解决等重大成就的东风,坚定历史自信在接续奋斗中砥砺前行,为增强历史主动谱写更加绚丽的华章提供着源源不竭的动力。

二、以高度历史自觉战胜风险挑战

历史自觉与历史自信相辅相成。如果说历史自信是底气意义上的精神,那么历史自觉则是精神意义上的底气。历史自觉代表历史认识的领悟和对历史规律的把握,对坚定历史自信起着重要作用。经验告诉我们,自信有两种表现,一种是理性的自信,一种是盲目的自负。保持历史自觉对防止盲目自负有着重要意义。

党的百年奋斗和新时代中国特色社会主义取得的重大成就,令党和人民引以自豪,但必须保持头脑清醒。党的二十大报告强调:"今天我们所面临问题的复杂程度、解决问题的艰巨程度明显加大",必须"做到居安思危、未雨绸缪,准备经受风高浪急甚至惊涛骇浪的重大考验"。①这些论述为以高度历史自觉战胜风险挑战提供了思想指南和行动纲领。

"生于忧患、死于安乐",习近平总书记经常引用这句中国的古训告诫全党要保持忧患意识。党的百年奋斗留下苦难辉煌的历史足迹,党的二十大作出的科学擘画和战略部署将领导人民开始辉煌前进的新征程,踏上充满光荣和梦想的远征。在这样的重大关头和时间节点,保持高度历史自觉,必须深刻认识国际国内大势,科学把握我们面临的战略机遇和风险挑战,迎难而上,在推进和拓展中国式现代化的新时代新征程奋斗中不断迈出新的步伐。

三、以增强历史主动把握中国命运

当代中国处于"两个大局"的时代背景下,这既是机遇又是挑战。统筹"两个大局"的"时"和"势"在我们这一边,但充分利用好"时"和"势",必须充分发挥历史主动精神。

历史主动的基本涵义是在深刻把握客观规律的基础上顺应历史潮流,在历史发展进程中占据主动地位。历史发展千变万化、错综交织、纷繁复杂。深刻认识历史大势是增强历史主动的前提,党和人民发挥历史主动精神,才能始终站在时代前列,推动中国发展进步。

习近平总书记发表的一系列重要讲话中,反复强调必须发挥历史主动精神,乘势而上,砥砺前行,走好全面建设社会主义现代化国家新的赶考之路。党的二十大科学谋划未来五年乃至更长时期党和国家事业发展的目标任务和大政方针,团结带领人民奋力谱写全面建设社会主义现代化国家崭新篇章,增强历史主动显得尤为重要。

增强历史主动,必须把握好习近平新时代中国特色社会主义思想的世界观和方法论,坚持好、运用好贯穿其中的立场观点方法,在新时代伟大实践中不断开辟马克思主义中国化时代化新境界。拥有马克思主义科学理论指导是中国共产党坚定信仰信念、把握历史主动的根本所在,坚持把马克思主义基本原理同中国具体实际相结合、同中华优秀传统文化相结合,才能得出符合客观规律的科学认识,形成与时俱进的理论成果,更好指导中国实践。

增强历史主动,必须加深认识中国式现代化的理论内涵,丰富现代化建设的中国特色,遵循坚持中国共产党领导,坚持中国特色社会主义,实现高质量发展,发展全过程人民民主,丰富人民精神世界,实现全体人民共同富裕,促进人与自然和谐共生,推动构建

---

①《习近平著作选读》第一卷,人民出版社2023年版,第17、22页。

人类命运共同体,创造人类文明新形态等中国式现代化的本质要求,在发展中国的同时为世界作出更多贡献。

增强历史主动,必须围绕新时代新征程党的中心任务,团结带领人民统筹推进中国特色社会主义事业"五位一体"总体布局,协调推进"四个全面"战略布局,总揽"四个伟大"历史使命,为以中国式现代化全面推进中华民族伟大复兴而不懈奋斗。

增强历史主动,必须发扬伟大斗争精神,应对前进道路上风险挑战的严峻考验,以增强全党全国人民的志气、骨气、底气增强历史主动,以不信邪、不怕鬼、不怕压的勇气和魄力增强历史主动,依靠顽强斗争打开事业发展新天地。

增强历史主动,必须时刻保持解决大党独有难题的清醒和坚定,聚焦如何始终不忘初心、牢记使命,如何始终统一思想、统一意志、统一行动,如何始终具备强大的执政能力和领导水平,如何始终保持干事创业精神状态,如何始终能够及时发现和解决自身存在的问题,如何始终保持风清气正的政治生态,把解决这些大党独有难题作为实现新时代新征程党的使命任务必须迈过的一道坎,使百年大党永葆生机活力,始终成为中国特色社会主义事业的坚强领导核心。

第五节　奋力谱写新时代中国特色社会主义更加绚丽的华章①

习近平总书记在党的二十大报告中提出了"为全面建设社会主义现代化国家、全面推进中华民族伟大复兴而团结奋斗"的任务,吹响了奋进新征程、建功新时代的进军号。认真学习贯彻党的二十大精神,在党的全面领导下坚持和发展中国特色社会主义、全面建设社会主义现代化国家、全面推进中华民族伟大复兴,是走好未来前进之路、奋力谱写新时代中国特色社会主义更加绚丽华章的必然要求。

一、党团结带领人民奋力谱写更加绚丽的华章充满底气

中国特色社会主义进入新时代以来,党和人民在以习近平同志为核心的党中央坚强领导下实现的跨越式发展为世界瞩目。党的十九届六中全会审议通过的《中共中央关于党的百年奋斗重大成就和历史经验的决议》,概括性地总结了十三个方面的成就。这是在国际政治格局变化动荡、世界经济发展持续低迷、全球治理难题日益呈现的情况下收

---

① 原文载于《南京日报》2022年11月2日,收入本书时文字略有修改。

获的中国业绩,得来不易,值得珍惜。

党的十九大以来的五年极不寻常、极不平凡。这五年里,党胜利完成了第一个百年奋斗目标,全面建成小康社会;打赢了脱贫攻坚战,历史性地解决了困扰中华民族几千年的绝对贫困问题;开展抗击疫情人民战、总体战、阻击战,最大限度保护人民生命安全和身体健康,统筹经济发展和疫情防控取得世界上最好成果。党团结带领中国人民在极不寻常、极不平凡环境下创造了极不寻常、极不平凡的成就。

中华民族伟大复兴已经进入不可逆转的历史进程。党的二十大报告是一篇闪烁着马克思主义光芒的光辉文献,为党和人民焕发热情、激昂斗志、释放能量提供了充足的底气,谱写新时代中国特色社会主义更加绚丽的华章,因为有了这样的底气而呈现踔厉奋发的顽强斗志和奋发向上的精神状态。

二、党团结带领人民奋力谱写更加绚丽的华章充满自信

党的二十大报告指出,走过百年奋斗历程的中国共产党在革命性锻造中更加坚强有力,"中国人民的前进动力更加强大、奋斗精神更加昂扬、必胜信念更加坚定,焕发出更为强烈的历史自觉和主动精神,中国共产党和中国人民正信心百倍推进中华民族从站起来、富起来到强起来的伟大飞跃"[①]。

自信自强、守正创新,是中国特色社会主义新时代开创新局面显著的思想和实践标识,指导着新时代十年发展取得了历史性成就、发生了历史性变革。从提出坚定"四个自信"到强调增强历史自信,以习近平同志为核心的党中央,团结带领中国人民在中国特色社会主义道路上越走越宽,越走越有信心,越走越见光明。

以实现中国式现代化为谱写新时代中国特色社会主义绚丽华章的实践主题,是党团结带领人民长期奋斗的历史接续。中国的现代化诉求发端于1840年的鸦片战争,这场战争给中国带来了国家蒙辱、人民蒙难、文明蒙尘的民族劫难,伟大的中国人民弘扬伟大的民族精神,进行了不屈不挠的抗争。此后,一批批仁人志士为拯救中国迈出了追逐世界先进潮流的步伐,实现现代化成为中华民族的百年梦想。

1921年中国共产党诞生之前,所有先进中国人为实现现代化的努力都失败了,这是由诸多历史因素造成的。缺乏科学思想理论的指导、缺乏先进政党的领导和没有找到一条正确的道路是关键。中国共产党百年奋斗牢牢把握实现中华民族伟大复兴这个主题,在为建设现代化国家而不懈奋斗的历史征程上取得了一个又一个伟大胜利,使党和人民

---

① 《习近平著作选读》第一卷,人民出版社2023年版,第13页。

积攒起强烈的自信,增添了发愤图强的能量。

一部中国共产党历史就是一部中国和中国人民走向现代化的历史。新中国成立后,党中央就提出"四个现代化"奋斗目标。改革开放后,党中央以全面建设和建成小康社会推进现代化建设。新时代十年伟大实践中,党中央治国理政形成中国特色社会主义事业"五位一体"总体布局和"四个全面"战略布局,形成分两个阶段安排到21世纪中叶建成富强民主文明和谐美丽的社会主义现代化强国建设步骤。全面建设社会主义现代化国家的路线图越来越清晰,使命越来越明确,前景越来越灿烂。

中国共产党领导人民努力奋斗,只用了几十年时间就走完了发达国家几百年走过的工业化历程。在中国人民手中,许多不可能变成了现实,许多超乎想象的要事难事办成了,许多令世界惊叹的奇迹创造出来了。有中国共产党全面领导作为根本保证,有中国特色社会主义道路、理论、制度、文化作为思想和实践基础,有苦难辉煌的成就作为前进底气,党和人民对实现全面建设社会主义现代化国家目标充满信心。党的二十大报告是激励全党全国各族人民踔厉奋发、勇毅前行、团结奋斗的指导纲领,为坚定"四个自信"、增强历史自信、谱写新时代中国特色社会主义更加绚丽的华章指明了方向。

三、新思路新战略新举措引领中国特色社会主义巍巍巨轮行稳致远

党的二十大召开前夕,习近平总书记发表重要讲话指出:"我们要牢牢把握新时代新征程党的中心任务,提出新的思路、新的战略、新的举措,继续统筹推进'五位一体'总体布局、协调推进'四个全面'战略布局,踔厉奋发、勇毅前行、团结奋斗,奋力谱写全面建设社会主义现代化国家崭新篇章。"①党的二十大提出新的思路、新的战略、新的举措,对百年大党再出发作出科学谋划和全面部署,全党全国各族人民接续奋斗心里有谱,手中有宝,脚下有力,撸起袖子干的劲头十足。

党的二十大作出的科学谋划和全面部署,形成新时代坚持和发展中国特色社会主义的行动方略,体现党中央的战略思维、顶层设计和使命担当等鲜明特点。当前,世界之变、时代之变、历史之变正以前所未有的方式展开,人类社会面临前所未有的挑战,世界又一次站在历史的十字路口,何去何从取决于各国人民的抉择。党的二十大提出的新思路新战略新举措,是以习近平同志为核心的党中央集中全党全国各族人民的意志和智慧,科学回答中国之问、世界之问、人民之问、时代之问作出的新选择。

党的二十大提出开辟马克思主义中国化时代化新境界,全面贯彻习近平新时代中国

---

① 《高举中国特色社会主义伟大旗帜 奋力谱写全面建设社会主义现代化国家崭新篇章》,《人民日报》2022年7月28日。

特色社会主义思想,让马克思主义旗帜在中国高高飘扬。提出新时代新征程中国共产党的使命任务,明确中心任务就是团结带领全国各族人民全面建成社会主义现代化强国、实现第二个百年奋斗目标,以中国式现代化全面推进中华民族伟大复兴。提出统筹推进中国特色社会主义事业"五位一体"总体布局创新发展的战略安排,揭示未来五年乃至更长时期党和国家事业发展的目标任务和大政方针。提出国防和军队现代化建设、"一国两制"和祖国统一、构建人类命运共同体、坚定不移推进全面从严治党等方面的创新举措,形成治国理政实践各个领域发展的实践要求。

党的二十大提出的一系列重大理论观点和重大战略思想,回应我国人民对更加美好生活的向往,关切世界百年未有之大变局演进的走向,体现了中国共产党和中国人民以高度历史自觉和主动精神把命运牢牢掌握在自己手里的使命意识,同时也体现了坚持胸怀天下为推动人类社会发展作贡献的责任担当。

第六节　"五个必由之路"昭示新时代伟大实践的根本遵循[①]

2022年全国"两会"期间,习近平总书记提出了"五个必由之路"重大论断,即坚持党的全面领导是坚持和发展中国特色社会主义的必由之路,中国特色社会主义是实现中华民族伟大复兴的必由之路,团结奋斗是中国人民创造历史伟业的必由之路,贯彻新发展理念是新时代我国发展壮大的必由之路,全面从严治党是党永葆生机活力、走好新的赶考之路的必由之路。"五个必由之路"重大论断对新时代党中央掌舵领航,团结带领中国人民胜利实现全面建成社会主义现代化强国的第二个百年奋斗目标,具有重要的战略意义。

一、"五个必由之路"是坚持中国特色社会主义道路的具体化

"五个必由之路"重大论断的提出关乎道路选择,它所揭示的五条路有着不同的内容承载和含义指向,但归总起来就是一条路,即中国特色社会主义道路。这条道路的开创从改革开放开始,经过40多年历史发展,党和人民在胜利前进的成功实践中达成了高度的道路共识。"五个必由之路"体现这些共识中最重大、最关键的问题,把这些问题鲜明地揭示出来,架起了中国特色社会主义道路上的一盏盏指路明灯,照亮前程。

---

① 原文载于《思想理论教育》2022年第5期,收入本书时文字略有修改。

习近平总书记指出，"方向决定前途，道路决定命运。我们要把命运掌握在自己手中，就要有志不改、道不变的坚定"[①]，"道路关乎党的命脉，关乎国家前途、民族命运、人民幸福"[②]，"走自己的路，是党的全部理论和实践立足点，更是党百年奋斗得出的历史结论"[③]。这些重要论述对道路选择极端重要性的强调，既继承了中国共产党人探索正确道路的历史传统，又凸显了新时代坚持和发展中国特色社会主义道路的坚定决心。

中国近现代历史充分证明了道路选择与中华民族命运的逻辑关系，国家的兴衰、社会的治乱、人民的祸福都与道路选择紧密联系在一起。在帝国主义侵略下，中国人民艰辛探索救国救民的道路，一条不成功再寻觅另一条，失败碰壁了再重找新路。正因为有执着的韧劲坚持，中华民族才在1921年中国共产党成立后找到了一条正确道路，中国人民才在中国共产党坚强领导下沿着正确道路不断取得一个又一个伟大胜利。

中国共产党从成立起就对道路选择有清醒认识，在坚持把马克思主义基本原理同中国具体实际相结合的过程中，创造了新民主主义革命道路，为赢得中国革命胜利提供了保证。新中国成立后，坚持社会主义道路始终是党的坚定立场，在深刻总结历史经验的基础上，改革开放把坚持和发展中国特色社会主义作为党的全部理论和实践的主题，为中国人民和中华民族找到了一条光明的正确道路。党的十七大和十八大都突出强调必须坚定不移走中国特色社会主义道路，鲜明地向党内外、国内外宣示了我们党将举什么旗、走什么路、以什么样的精神状态、朝着什么样的目标继续前进。这表明，党团结带领中国人民不懈奋斗已经认准锚定了必须举的旗帜和应该走的道路。

作为中国共产党人的创新实践，中国特色社会主义伟大事业最先形成的定位就是找到一条新的道路。在此之前，党团结带领中国人民已经在社会主义道路上走了二十多年，取得了可喜的成绩，但也遭遇过一系列严重挫折。党中央深刻认识到，脱离本国实际，把苏联社会主义建设道路拿到中国来实行必然行不通。开创新道路的思想逻辑就是既有的道路难以走下去了，必须另辟蹊径。邓小平说得非常明确："不坚持社会主义，不改革开放，不发展经济，不改善人民生活，只能是死路一条。"[④]从这个意思上说，改革开放作为党和人民的一次伟大觉醒根本上就是道路觉醒。从邓小平明确提出"走自己的路"，到成功地把中国特色社会主义推进到21世纪，党中央团结带领中国人民既彻底摆脱了原先照搬苏联模式的建设道路，又规避了东欧和苏联社会主义国家改革失败的风

①《习近平著作选读》第二卷，人民出版社2023年版，第225页。
②《十八大以来重要文献选编》上，中央文献出版社2014年版，第8页。
③《习近平著作选读》第二卷，人民出版社2023年版，第483页。
④《邓小平文选》第三卷，人民出版社1993年版，第370页。

险,以鲜明的中国特色赋予社会主义发展以强大的生机活力。改革开放释放的巨大能量不仅迅速扭转了之前我国的发展困境,而且在世界社会主义运动跌入低谷的情况下开辟出一条新路。

从党经常使用的术语看,围绕道路问题进行的表达形成了系统性的话语表达,大致有以下四种叙说:一是本质区分的道路话语,如社会主义道路、资本主义道路及民主社会主义道路;二是地缘政治意义的道路话语,如苏联道路、中国道路、西方道路;三是具体领域的道路话语,如中国社会主义政治发展道路、中国的民主道路、中国特色社会主义法治道路、中国式现代化道路;四是方向性的道路话语,如既不走封闭僵化的老路,也不走改旗易帜的邪路。这些道路话语的叙说阐明了中国共产党道路选择的明确立场和目标指向,走什么路、不走什么路的态度很鲜明。

"五个必由之路"是党的道路话语的又一种新表达,是新时代党的理论创新的重大成果。"必由"表示定向规定,就是必须经由的意思。宋代朱熹对《孟子》中"仁,人心也;义,人路也"一句作注:"其为出入往来必由之路,而不可须臾舍矣。"(《孟子集注·告子章句上》)这样理解"必由"的含义,有不能舍弃的意思。"五个必由之路"的道路话语叙说,揭示了党和国家事业全局中丢之必将犯颠覆性错误的核心问题。在完整提出"五个必由之路"重大论断之前,习近平总书记就坚持和发展中国特色社会主义道路作出了一系列重要论述,内容丰富、思想深刻。他指出,中国特色社会主义道路"是被实践证明了的符合中国国情、适合时代发展要求的正确道路"[1],"是实现社会主义现代化、创造人民美好生活的必由之路"[2],"是当代中国大踏步赶上时代、引领时代发展的康庄大道"[3],是"一条符合中国国情、顺应时代潮流、得到人民群众拥护支持的正确道路"[4],"是给中国人民带来幸福安宁的正确道路"[5],"是实现中华民族伟大复兴的唯一正确道路"[6]。习近平主席在2017年瑞士达沃斯举行的世界经济论坛年会开幕式上的主旨演讲中指出:"中国的发展,关键在于中国人民在中国共产党领导下,走出了一条适合中国国情的发展道路",并从四个角度对中国特色社会主义道路作出诠释,强调这是一条从本国国情出发确立的道

①《十八大以来重要文献选编》中,中央文献出版社2016年版,第81页。
②《十九大以来重要文献选编》上,中央文献出版社2019年版,第12页。
③《习近平谈治国理政》第三卷,外文出版社2020年版,第184页。
④《习近平会见出席2019年"创新经济论坛"外方代表》,《人民日报》2019年11月23日。
⑤习近平:《在纪念中国人民抗日战争暨世界反法西斯战争胜利75周年座谈会上的讲话》,《人民日报》2020年9月4日。
⑥习近平:《在纪念辛亥革命110周年大会上的讲话》,《人民日报》2021年10月10日。

路,这是一条把人民利益放在首位的道路,这是一条改革创新的道路,这是一条在开放中谋求共同发展的道路。①这些"是什么"的明确揭示,为完整提出"五个必由之路"重大论断奠定了思想基础。必由之路的五个聚焦,为新时代党团结带领中国人民砥砺奋进指明了努力的方向,为新时代坚定不移地走中国特色社会主义道路提供了具体的路径。

从"五个必由之路"的话语表达看,党的全面领导、中国特色社会主义、团结奋斗、新发展理念、全面从严治党、中华民族伟大复兴、人民创造伟业、我国发展壮大、党永葆生机活力、走好新的赶考之路等关键词语,都代表着对党和人民的奋斗具有决定性意义的重大概念,在这些问题上如果有一点疏忽懈怠就会贻害无穷。习近平总书记以这些重大概念揭示核心问题,彰显"五个必由之路"沉甸甸的分量。这个重大论断把新时代坚持和发展中国特色社会主义聚焦到坚持党的领导、实现中华民族伟大复兴、团结奋斗、贯彻新发展理念、全面从严治党五个方面,具有重大创新价值。从思想渊源看,这个重大论断包含的很多内容与党的百年实践所坚持的奋斗理念、目标、动力和党的建设理论相吻合,从而彰显"五个必由之路"重大论断的深厚底蕴。而从道路坚守的聚焦上提出集成性、系统性的全面要求,则赋予"五个必由之路"重大论断以新时代的战略意义。

提出"五个必由之路"的重大意义不在于概念创新,而在于对已经形成的重大概念进行系统整合,体现道路遵循的实践赋能。作为必由之路,这五条路代表着坚持和发展中国特色社会主义道路的具体化,揭示了必须通过这些具体的路来坚持和发展中国特色社会主义道路的深刻思想。党中央对中国特色社会主义道路的内涵作出过明确的揭示。党的十七大报告指出:"中国特色社会主义道路,就是在中国共产党领导下,立足基本国情,以经济建设为中心,坚持四项基本原则,坚持改革开放,解放和发展社会生产力,巩固和完善社会主义制度,建设社会主义市场经济、社会主义民主政治、社会主义先进文化、社会主义和谐社会,建设富强民主文明和谐的社会主义现代化国家。"②党的十八大报告又在此基础上加入了"社会主义生态文明,促进人的全面发展,逐步实现全体人民共同富裕"等新内容。这些内涵的概括集中体现了中国特色社会主义道路的实质、根本原则、任务要求、布局构成和目标方向。"五个必由之路"不是中国特色社会主义道路内涵意义上的概括,而是从道路保证层面上得出的重大结论。如果说中国特色社会主义道路以明确的内涵揭示了这是一条什么样的路的话,那么"五个必由之路"则以具体的路径回答了必须怎样走好这条道路。对新时代坚持和发展中国特色社会主义道路来说,"五个必由之

---

① 习近平:《共担时代责任,共促全球发展》,《求是》2020年第24期。

② 《十七大以来重要文献选编》上,中央文献出版社2009年版,第9页。

路"既是标识性符号,也是导向性指针。迈进新征程、建功新时代,全党全国各族人民必须对这"五个必由之路"坚信不疑,走好走实走深。

二、"五个必由之路"形成的实践逻辑

日常生活中的路是人走出来的,政治道路是人们在实践中创造出来的。说到道路,人们会想起鲁迅先生说过的一句话:"什么是路? 就是从没路的地方践踏出来的,从只有荆棘的地方开辟出来的。"[1]习近平总书记在庆祝改革开放40周年大会上发表的重要讲话中,引用了这句话来阐述中国特色社会主义道路的独创性。与此相联系,习近平总书记还说过一句很经典的话:"只有敢于走别人没有走过的路,才能收获别样的风景。"[2]他曾把党领导社会主义建设形象地比喻为"犹如攀登一座人迹未至的高山,一切攀登者都要披荆斩棘、开通道路"[3]。"五个必由之路"最亮的地方是社会主义道路的中国特色,这些独创性的道路实践都是人无我有的独特创造。正是由于创造了这些独特的路,党引领中国发展才胸有成竹,人民在前进征程中才心里有底、看得清楚、走得踏实。

中国道路问题因中国社会向何处去的历史拷问而生,鸦片战争的战败使中国发展的传统道路难以赓续,道路寻觅就是为衰败腐朽的中国找一条出路。近代中国人找过不少的路,学过日本明治维新的路、学过英国宪政的路、学过美国共和的路、学过法国启蒙的路,凡是世界上别的国家被中国人认为是先进的道路都曾拿来仿效过。"中国尝试过君主立宪制、帝制复辟、议会制、多党制、总统制等各种形式",但最后都失败了。[4]俄国十月革命胜利后,中国共产党的先驱们看到了新的出路。

苏联建立世界上第一个社会主义国家的实践对中国革命产生了重要影响,但中国共产党百年奋斗的成功不是因为选择了"走俄国人的路",而是因为找到了一条符合本国实际的正确道路。从救亡图存的道路探索到站起来的新中国道路,从农村包围城市的中国革命道路到用"和平赎买"政策实现所有制变革的社会主义改造道路,从改变一穷二白面貌的自力更生道路到富裕起来的改革开放道路,从新时期探索"走自己的道路"到新时代中国特色社会主义道路进入新的历史阶段,党团结带领中国人民在不断创新道路的实践中迸发出生机活力。百年历史进程中,中国共产党坚持把马克思主义基本原理同中国具体实际相结合、同中华优秀传统文化相结合,一方面坚决顶住国内外各种敌对势力对中

① 《鲁迅全集》第1卷,人民文学出版社2005年版,第386页。

② 习近平:《在庆祝海南建省办经济特区30周年大会上的讲话》,《人民日报》2018年4月14日。

③ 习近平:《论中国共产党历史》,中央文献出版社2021年版,第56页。

④ 习近平:《论中国共产党历史》,中央文献出版社2021年版,第92页。

国特色社会主义道路的攻击、诋毁和破坏,另一方面善于发现实践过程中出现的道路偏差,及时纠正脱离正确轨迹的道路失误,认真总结遭遇曲折的道路教训,以审慎态度一步步进行道路探索,不断积累经验,不断形成新的道路认知。正是在认定方向、找准路线的执着探索中,中国共产党以马克思主义中国化一次次伟大飞跃的创新理论成果,引领中国人民和中华民族沿着正确道路不断向前进。

道路创新不是一件容易的事情,惯常心理形成的潜意识往往使人们喜欢走现成的路,因为这样做起来稳妥、轻松、省事,保险系数大,风险小。这固然有一定的合理性,毕竟已经形成的道路是立足过去的成功经验创造出来的,具有仿效价值。然而事实又告诉我们,对一个国家、一个民族来说,照搬别国的道路必定会付出沉重的代价。"条条大路通罗马"这句谚语广为人知,寓意做成一件事可以有许多种方法,这是人们普遍的理解。其实,这句谚语还可以引申出另外一个道理,即条条通向罗马的路并非是不讲什么情况、不论什么条件、不顾什么因素都能够走成功的,别人走通的路到你那里未必就一定能走通。这是有很多事实证明了的道理,也有触目惊心的教训。世界上有的国家或者屈服于别国霸权淫威,或者被"颜色革命",把别国的模式搬到本国实行,结果造成经济停滞、思想混乱、社会动荡、人民撕裂。"走自己的路,是党百年奋斗得出的历史结论……人类历史上没有一个民族、一个国家可以通过依赖外部力量、照搬外国模式、跟在他人后面亦步亦趋实现强大和振兴。那样做的结果,不是必然遭遇失败,就是必然成为他人的附庸。"[①]习近平总书记指出:"独特的文化传统,独特的历史命运,独特的基本国情,注定了我们必然要走适合自己特点的发展道路。"[②]他反复强调,中国不能全盘照搬别国的政治制度和发展模式,否则的话不仅会水土不服,而且会带来灾难性后果。这是总结古今中外人类社会发展实践经验的深刻论断,告诫全党决不能犯照搬别国经验的拿来主义错误。

中国共产党的道路探索也不是一帆风顺的,百年奋斗实践中曾经有过两次照搬别国经验而遭遇挫折的教训。一次是新民主主义革命时期,在教条主义影响下机械搬用俄国十月革命道路,致使党的队伍和事业受到严重破坏。另一次是社会主义革命和建设时期,因思想僵化和脱离国情而照搬苏联模式,导致犯了严重错误而陷入困境。两次教训虽然需要总结的方面很多,根本的一条是道路选择的正确与否具有决定性意义。因此,党的十一届三中全会拨乱反正的重点就是恢复党的实事求是的思想路线,把发扬理论与实际相结合的优良作风提到重要位置。邓小平反复强调:"照抄照搬别国经验、别国模

---

①《十九大以来重要文献选编》下,中央文献出版社2023年版,第535页。
②《习近平谈治国理政》第一卷,外文出版社2018年版,第156页。

式,从来不能得到成功"①,"要坚持马克思主义,坚持走社会主义道路。但是,马克思主义必须是同中国实际相结合的马克思主义,社会主义必须是切合中国实际的有中国特色的社会主义"②,"几十年的实践和探索使我们获得了有益的经验,深刻地认识到在社会主义建设中,一定要从本国的实际出发,把马克思主义同本国实际相结合。从中国来说,就是要走自己的路,建设有中国特色的社会主义"③。正是基于这个思想,邓小平在党的十二大开幕词中指出:"把马克思主义的普遍真理同我国的具体实际结合起来,走自己的道路,建设有中国特色的社会主义,这就是我们总结长期历史经验得出的基本结论。"④从某种角度说,改革开放历史抉择体现的就是中国共产党人的道路觉醒,开拓创新道路才从根本上改变了中国命运。

回望四十多年中国的历史实践,改革开放这条路走得惊心动魄。不少社会主义国家搞改革最后走上了改旗易帜的邪路,改革开放必然带来的社会深刻变动将带来巨大的挑战。党中央作出改革开放的历史抉择时就对存在的风险有着充分思想准备,邓小平指出:"现在我们正在做的改革这件事是够大胆的。但是,如果我们不这样做,前进就困难了。改革是中国的第二次革命。这是一件很重要的必须做的事,尽管是有风险的事。"⑤他反复提醒全党,"我们的改革有很大的风险","要冒很大风险","大胆地试,大胆地闯……没有一点闯的精神,没有一点'冒'的精神,没有一股气呀、劲呀,就走不出一条好路,走不出一条新路,就干不出新的事业"。⑥一路走来,党的坚定决心和广大人民群众的坚决拥护支撑着改革开放深入推进。但是社会上各种杂音、噪音始终没有停止过发声,有因触动利益而不满意的,有因遇到新问题而思想迷惑的,有因思维僵化而不理解的,也有立场站位不同而公开反对的。国外敌对势力希望我国的改革开放按照他们的意愿和设定的路线进行,对中国特色社会主义道路不遗余力、不择手段地加以污蔑、攻击和破坏。改革开放走到今天,中国特色社会主义道路越走越宽广,其奋斗不凡和艰辛不易于此可见一斑。

时光荏苒,岁月如梭,党和人民在改革开放这条路上怎么走过来的场景还历历在目。20世纪80年代末90年代初在国内发生政治风波和国外发生苏联解体东欧剧变的情况

---

① 《邓小平文选》第三卷,人民出版社1993年版,第2页。
② 《邓小平文选》第三卷,人民出版社1993年版,第63页。
③ 《邓小平年谱》第5卷,中央文献出版社2020年版,第556页。
④ 《邓小平文选》第三卷,人民出版社1993年版,第3页。
⑤ 《邓小平文选》第三卷,人民出版社1993年版,第113页。
⑥ 《邓小平文选》第三卷,人民出版社1993年版,第268、130、372页。

下,邓小平坚定地说改革开放的路是对的,必须坚持下去。以江泽民同志为主要代表的中国共产党人在社会主义运动跌入低谷的严峻形势下"成功把中国特色社会主义推向二十一世纪",以胡锦涛同志为主要代表的中国共产党人"成功在新形势下坚持和发展了中国特色社会主义"。中国特色社会主义进入新时代,以习近平同志为主要代表的中国共产党人发扬伟大的历史主动精神,体现巨大的政治勇气和强烈的责任担当,"出台一系列重大方针政策,推出一系列重大举措,推进一系列重大工作,战胜一系列重大风险挑战,解决了许多长期想解决而没有解决的难题,办成了许多过去想办而没有办成的大事,推动党和国家事业取得历史性成就、发生历史性变革"①。改革开放深入发展的实践使党和人民道路选择的坚定性日益增强,党的十八大号召全党全国各族人民坚定中国特色社会主义道路自信、理论自信、制度自信,此后习近平总书记又提出坚定文化自信。党的十九届六中全会以来,习近平总书记反复强调坚定历史自信,激励全党全国各族人民沿着已经确立的正确道路坚定不移地走下去,夺取中国特色社会主义新的更大胜利。

习近平总书记指出,解决中国所有问题的正确之道,就是"中国的事情必须按照中国的特点、中国的实际来办"②。中国共产党在迎来建党百年的重要时刻树立起对中国特色社会主义道路无比正确的满满自信。党的十九届六中全会全面总结党的百年奋斗重大成就和历史经验,体现了在道路探索和创新过程中的收获。全会审议通过的《中共中央关于党的百年奋斗重大成就和历史经验的决议》(以下简称《决议》)着重从十三个方面总结了新时代创造的重大成就,揭示了党的百年奋斗五个方面的历史意义,提炼概括了党的百年奋斗的十条历史经验。《决议》实际上就是一份党向人民、向历史交出的成绩单。中国共产党没有辜负中国人民最显著的表现,就是为实现中华民族伟大复兴找到了正确的道路;人民和历史选择了中国共产党,最重要的认识逻辑就是中国特色社会主义道路以辉煌成就提供了最充分的说服力。

"五个必由之路"是建立在中国特色社会主义长期历史实践的基础上的,是创造社会主义道路中国特色的具体内容。中国特色社会主义特就特在这条道路是党紧紧依靠中国人民在独立探索中创造出来的实践成果,特就特在这条道路具有继承中华优秀文化传统、契合近现代中国社会实际、遵循历史发展规律的鲜明特点,特就特在这条道路体现顺应历史大势、反映世界趋势、引领时代潮流的先进性质。一般情况下,人走路总是靠自己的脚,走什么路、怎么走路,人的主观意志的作用很明显,政治道路的选择更是主观意志

---

①《十九大以来重要文献选编》下,中央文献出版社2023年版,第506页。
②《习近平谈治国理政》第二卷,外文出版社2017年版,第13页。

的体现。但主观意志只有与客观实际相符合,才能使人立得稳、站得住、行得远,违反客观实际就必然要走弯路、入偏道、陷歧途。习近平总书记指出:"找到一条正确的道路多么不容易,我们必须坚定不移走下去"①,"我们能够创造出人类历史上前无古人的发展成就,走出了正确道路是根本原因","中国特色社会主义这条道路来之不易,它是在改革开放30多年的伟大实践中走出来的,是在中华人民共和国成立60多年的持续探索中走出来的,是在对近代以来170多年中华民族发展历程的深刻总结中走出来的,是在对中华民族5000多年悠久文明的传承中走出来的,具有深厚的历史渊源和广泛的现实基础"②,"我们走自己的路,具有无比广阔的舞台,具有无比深厚的历史底蕴,具有无比强大的前进定力"③。这些重要论述,全面揭示了党团结带领中国人民在百年奋斗实践中建构的道路认知,成为坚定历史自信的基础。

三、"五个必由之路"内在关系的思想逻辑

经过大风大浪的革命性淬炼,百年大党的成熟显著地表现在运筹帷幄的卓越智慧上。中国特色社会主义进入新时代,以习近平同志为核心的党中央统筹国内国际两个大局,深刻洞察历史大势,站在时代前列作出治国理政一系列战略性部署,不仅指导党和国家事业取得全方位的、开创性的成就,发生深层次的、根本性的变革,而且在世界舞台上发挥了具有重大而广泛影响力的作用。"五个必由之路"是在总结党的十八大以来创新实践鲜活经验基础上擘画未来的思想凝练,明确了夺取新时代中国特色社会主义伟大胜利的路径遵循。

"五个必由之路"逻辑清晰、相互关联,构成有机统一的整体。每一个必由之路都有明确的指向,但又不是单独的存在,而是彼此紧密联系,体现了相辅相成的辩证关系。从中文语法上说,"五个必由之路"重大论断统一为主谓宾结构的表述句,主语和宾语通过"是"的判断动词形成肯定判断。党的领导、中国特色社会主义、团结奋斗、新发展理念、全面从严治党分别为主语,坚持和发展中国特色社会主义、中华民族伟大复兴、中国人民创造历史伟业、新时代我国发展壮大、党永葆生机活力和走好新的赶考之路等分别为宾语,形成的对应搭配表达了党中央以史为鉴、开创未来的战略谋划,传递了党团结带领中国人民继往开来、接续奋斗的任务信息。这些必由之路以定力、方向、力量、谋略、保证的

---

① 《十八大以来重要文献选编》上,中央文献出版社2014年版,第83—84页。

② 《在对历史的深入思考中更好走向未来　交出发展中国特色社会主义合格答卷》,《人民日报》2013年6月27日。

③ 《十八大以来重要文献选编》上,中央文献出版社2014年版,第699页。

功能为轴线,明确走好必由之路的具体要求,清晰地呈现了紧密联系的思想逻辑。

第一个必由之路明确了坚持和发展中国特色社会主义必须坚持党的全面领导,这是党掌舵领航的战略定力。"中国人民和中华民族之所以能够扭转近代以后的历史命运、取得今天的伟大成就,最根本的是有中国共产党的坚强领导。"①坚持党的领导是党的百年奋斗首要的历史经验,中国特色社会主义进入新时代,习近平总书记就党的领导提出了一系列重大论断,强调坚持党的领导是中国特色社会主义最本质的特征,是中国特色社会主义制度的最大优势,党的领导是一切发展的"定星盘""压舱石"。新时代走好坚持党的全面领导必由之路,必须坚决捍卫"两个确立",牢固树立"四个意识",坚定"四个自信",坚决做到"两个维护",在坚持和发展中国特色社会主义的伟大实践中始终保持强大政治凝聚力、发展自信心,以及守正创新、共克时艰的强大力量,从而使中国共产党始终成为全体人民最可靠和最信任的主心骨。

第二个必由之路明确了实现中华民族伟大复兴必须坚持中国特色社会主义,这是中国共产党人践行初心使命的实践动力。新时代践行为中国人民谋幸福的初心、担当为中华民族谋复兴的使命,进入了中国人民实现从富起来到强起来伟大飞跃的新阶段。实现中华民族伟大复兴是中国人民的夙愿,是党百年奋斗的实践主题,中国共产党人为此奋斗了一百多年,还要继续奋斗下去。在胜利实现全面建成小康社会的第一个百年奋斗目标后,党团结带领中国人民迈上为全面建成社会主义现代化强国的第二个百年目标努力奋斗的新征程,中华民族伟大复兴由此进入了不可逆转的历史进程。新时代走好中国特色社会主义的必由之路,必须不为任何风险所惧、不为任何干扰所惑,坚决贯彻执行党中央的路线、方针、政策和战略部署,坚持人民至上、以人民为中心的发展思想,不断实现人民对美好生活的向往,推进全体人民共同富裕,以党和人民在长期实践中开辟出来的正确道路为方向领航,确保承载中华民族复兴伟大梦想的巨轮胜利驶向彼岸。

第三个必由之路明确了中国人民创造历史伟业必须团结奋斗,这是党的事业不断走向胜利的力量支撑。党的百年奋斗取得的所有成就证明了一个道理:离开广大人民群众的支持,中国共产党什么事情也办不成。人民创造历史的唯物史观体现在党史上就是紧紧依靠中国人民创造了历史伟业,中国共产党之所以能够使很多不可能变为现实可能,之所以能够创造出许多人间奇迹,重要密钥就是党团结人民共同奋斗迸发的磅礴伟力。在中国近现代历史上各种政治组织中,只有中国共产党彻底改变了中国社会一盘散沙的局面,以伟大政党与伟大人民紧密团结的共同奋斗,书写了中华民族几千年历史上最恢

---

①《十九大以来重要文献选编》下,中央文献出版社2023年版,第533页。

宏的史诗。团结就是力量,奋斗依靠团结实现目标。新时代走好团结奋斗的路,必须坚持大团结大联合,铸牢中华民族共同体意识,形成海内外全体中华儿女心往一处想、劲往一处使的生动局面,在党的领导下全国各族人民团结一心、众志成城,敢于斗争、善于斗争,战胜前进道路上的一切艰难险阻,在创造历史伟业的奋斗中继续创造新的奇迹。

第四个必由之路明确了新时代我国发展壮大必须贯彻新发展理念,这是党中央引领中国发展的行动方略。党的十八大以来,以习近平同志为核心的党中央统筹国内国际两个大局,从中华民族伟大复兴战略全局和世界百年未有之大变局出发谋划中国发展,提出新发展理念引领实践深入发展,加强前瞻性思考、全局性谋划、战略性布局、整体性推进。新发展理念在党中央提出的一系列经济社会发展重大理论和理念中是最重要、最主要的理念,"新发展理念是一个系统的理论体系,回答了关于发展的目的、动力、方式、路径等一系列理论和实践问题,阐明了我们党关于发展的政治立场、价值导向、发展模式、发展道路等重大政治问题"①。新时代走好贯彻新发展理念的必由之路,必须完整、准确、全面贯彻新发展理念,加快构建新发展格局,推动高质量发展,加快实现科技自立自强,不断提高我国发展的竞争力和持续力,在日趋激烈的国际竞争中把握主动、赢得未来。

第五个必由之路明确了党永葆生机活力、走好新的赶考之路必须全面从严治党,这是党百年恰是风华正茂和历久弥坚的重要法宝。中国共产党从一株弱小的幼苗成长为一棵参天大树,"其作始也简,其将毕也必巨"(《庄子·内篇·人间世》)的发展壮大过程伴随着从严管党治党的伟大工程建设的深入推进。党在百年奋斗中不仅实现了组织规模的大发展,而且确立了党的根本宗旨,树立了奋斗主题,创造了优良作风,严明了纪律规矩,弘扬了革命传统,打造了政治品格。党的十八大以来,以习近平同志为核心的党中央坚持以"打铁必须自身硬"为原则,把全面从严治党提升为"四个全面"战略布局之一加以深入推进,开创了管党治党的新局面和新境界。《决议》对新时代全面从严治党取得的重大成就作出全面总结,指出:"党的十八大以来,经过坚决斗争,全面从严治党的政治引领和政治保障作用充分发挥,党的自我净化、自我完善、自我革新、自我提高能力显著增强,管党治党宽松软状况得到根本扭转,反腐败斗争取得压倒性胜利并全面巩固,消除了党、国家、军队内部存在的严重隐患,党在革命性锻造中更加坚强。"②办好中国的事情,关键在党,关键在党要管党、全面从严治党。新时代走好全面从严治党的必由之路,必须大力

---

① 习近平:《把握新发展阶段,贯彻新发展理念,构建新发展格局》,《求是》2021年第9期。
②《十九大以来重要文献选编》下,中央文献出版社2023年版,第510页。

弘扬伟大建党精神,不忘初心使命,勇于自我革命,不断清除一切损害党的先进性和纯洁性的有害因素,不断清除一切侵蚀党的健康肌体的病原体,在把全面从严治党不断向纵深推进中确保党不变质、不变色、不变味。

"五个必由之路"统一于中国特色社会主义事业的伟大实践,相互之间内在关联的思想逻辑要求它们在中国特色社会主义前进道路上同步协调、同向发力、同频共振。从实践看,"五个必由之路"重大论断中,无论是主语还是宾语使用的词语都是党和人民事业中的重大概念,每个必由之路的具体表述形成的词语搭配明确了定位指向。就含义表达来说,五个必由之路又是相通的。坚持党的全面领导不仅是坚持和发展中国特色社会主义的必由之路,而且对实现中华民族伟大复兴、团结带领中国人民创造历史伟业和新时代我国发展壮大都有着直接的关系。全面从严治党不仅是党永葆生机活力、走好新的赶考之路的必由之路,而且也是坚持和发展中国特色社会主义、实现中华民族伟大复兴、凝聚团结奋斗力量的重要保证。因此,深刻把握"五个必由之路"内在统一的思想逻辑,必须以高度的历史自觉和精神主动,坚定不移地走坚持党的全面领导、中国特色社会主义、团结奋斗、贯彻新发展理念、全面从严治党的必由之路,充分发挥好道路坚守对坚持和发展中国特色社会主义,实现中华民族伟大复兴,中国人民创造历史伟业,新时代我国发展壮大,党永葆生机活力、走好新的赶考之路的重要作用。

第二章　迈上全面建设社会主义现代化国家新征程

第一节　深刻认识百年未有之大变局演进的特征①

2022年7月,习近平总书记在省部级主要领导干部"学习习近平总书记重要讲话精神,迎接党的二十大"专题研讨班上发表重要讲话指出:"当前,世界百年未有之大变局加速演进,世界之变、时代之变、历史之变的特征更加明显。"②这个重大论断,对深入分析国际国内大势、科学把握我国发展面临的战略机遇和风险挑战、谋划和推进党和国家各项工作,具有重大意义。深入研究世界怎样变、时代怎样变、历史怎样变,是事关如何在世界百年未有之大变局演进中把握好实现中华民族伟大复兴战略全局的重大问题。中国共产党团结带领中国人民奋力谱写全面建设社会主义现代化国家崭新篇章,必须以对世界、时代、历史之变的深刻认知和科学研判为前提,增强把握发展机遇的精神主动,从而更加自觉地引领中国在推动人类发展进步中发挥更重要的作用。

一、世界之变:国际秩序和格局进入深度调整时期

世界是一个泛指的模糊概念,但又是人们生存的真实图像。当我们把世界看作人类社会和自然界中一切事物综合叠加而统称的客体对象时,每一个现实的人都能够感知到世界的存在对自己的意义,世界发生的变化都会实实在在地影响人们的生活。人类社会演进中,无论处于哪个历史阶段,人们都企望世界安宁,期盼有一个安逸的生活环境。这是人类共同的价值理念和普遍的愿望诉求。

然而任何事物都充满矛盾,人们总是在艰辛的努力中为自己所期待的东西付出代价。进入近代后,世界动荡、局势复杂、发展挫折的问题长期困扰着人们。"千百年来,人类都梦想着持久和平,但战争始终像一个幽灵一样伴随着人类发展历程","人类历史总是伴随着战争魔咒"。③20世纪上演了两次世界大战的历史悲剧,1914年至1918年第一

---

① 原文载于《学术前沿》2022年10月上,收入本书时标题和文字略有修改。

② 《高举中国特色社会主义伟大旗帜 奋力谱写全面建设社会主义现代化国家崭新篇章》,《人民日报》2022年7月28日。

③ 《习近平外交演讲集》第一卷,中央文献出版社2022年版,第96、124页。

次世界大战期间,全世界六大洲33个国家卷入了这场规模空前的大战,战祸波及13亿人以上,约占当时世界总人口的75%。第二次世界大战成为人类历史上规模最大的世界战争,战争范围从亚洲到欧洲、从大西洋到太平洋,先后有61个国家和地区、20亿以上的人口被卷入战争,作战区域面积2200万平方千米。据不完全统计,这场战争中军队和民众伤亡人数超过1亿,其中中国伤亡人数超过3500万。需要强调的是,战争不仅造成重大经济损失和巨大的精神创伤,还制造了各国结怨的后患,在一定程度上形成了破坏世界和谐的阴霾,影响国际关系的健康发展。

第二次世界大战结束后形成的国际秩序和格局以美苏两个超级大国之间的博弈为特征,形成资本主义和社会主义两大阵营对峙的局面。这场长达四十多年的冷战虽然由于受世界各国普遍渴望和平及追求民主的潮流所制约,在两大阵营近半个世纪的激烈对抗里没有发生新的世界大战,但美苏两国的军备竞赛最终成为危害世界和平与安全的祸源。1962年爆发的古巴导弹危机曾一度把人类拖到核战争的边缘,引起世界恐慌,还有美国侵略越南和苏联出兵阿富汗带来的局部战争爆发也给相关国家带来了沉重的灾难。同时,围绕社会制度和意识形态的激烈斗争也不断形成世界局势紧张的热点,以美国为首的资本主义阵营同以苏联为首的社会主义阵营分庭抗礼的争斗,很大程度上造成了世界的撕裂,各国正常的外交关系受到阻碍,国际秩序和格局在美苏两国划分势力范围的斗争中呈现错综复杂的特点。一方面,一些国家长期分裂,得不到统一;另一方面,冷战在演化中实际形成了美苏两个超级大国争夺世界霸权的局面。冷战思维与零和博弈形成世界历史的负资产,虽然从形式上看对人类社会造成的破坏之大不像两次世界大战那样直观,但霸权争夺给世界各国人民带来的伤害不可低估。陷于冷战的世界秩序和格局使人们长期生活在动荡不宁、危机四伏、冲突不断的世界环境之中。

马克思主义唯物史观认为,社会历史的发展不以人的意志为转移。争霸世界的国际秩序和格局违背历史潮流,不得人心,难以维系。冷战有开始也必然有结束的那一天。事实上,20世纪五六十年代,世界两大阵营就已经出现悄然变化。欧洲一些国家与美国的矛盾日益加深,国际共产主义运动中的一些矛盾也导致社会主义国家之间的关系产生裂痕。两大阵营的变化促使国际政治格局开始由两极对抗向多极发展转变,世界各国关系的构建形成新的战略考量需求,这是引发世界变局的动因。

冷战在给世界带来挑战的同时也带来了机遇,集中体现为科技革命浪潮的兴起。第二次世界大战后的科技革命自20世纪40年代末50年代初从美国开始,苏联随即跟进,之后逐步扩大到西欧、日本及其他一些国家,到60年代达到高潮。一系列科学理论的突破性发展推动了电子计算机、原子能、航天等众多新兴工业的兴起,对世界经济产生了巨大的影响。这场现代科技革命促使国际分工的地域范围大大扩展,部门更加专业化且布局分支逐渐多样化,从而使世界各国之间的经济关系空前密切,相互依赖程度空前提高。20世纪80年代起,科技革命又向以信息技术、新材料、新能源、生物工程、海洋工程等为代表的高科技领域迈进,推动世界由工业经济形态向信息社会和知识经济形态过渡。20世纪末21世纪初,以互联网产业化、工业智能化、工业一体化为代表,人工智能、清洁能源、无人系统技术、量子信息技术、虚拟现实以及生物技术为主的全新技术革命蓬勃兴起,人类社会迎来了信息时代、新媒体时代、数字时代、智能时代。一次次科学技术革命在全面推进全球经济发展和深刻改变各国人民生活的同时,也对国际秩序和格局的变化产生重要影响,促使各种不同类型的国家寻找自己在世界发展中的定位。

习近平总书记指出:"我们所处的是一个风云变幻的时代,面对的是一个日新月异的世界"[1],"当今世界正处于大发展大变革大调整时期,人类面临许多共同挑战","当今世界正面临百年未有之大变局。全球治理体系和国际秩序变革加速推进,加强全球治理、完善全球治理体系是大势所趋,也是各国面临的共同任务"。[2]这些重要论述是中国共产党自觉顺应历史大势、精准把握时代脉搏、深刻洞察世界走向后作出的科学研判,为认清世界之变提供了强大的思想武器。

从"百年未有之大变局"的视域认识世界之变,必须充分认识到人类社会面临的世界变化的空前性、巨大性、严峻性。人们从来没有像今天这样深切地感受到世界变化前所未有的震撼力,国际力量对比深刻调整,国际秩序和格局进入深度调整时期。从政治上看,单边主义、保护主义、霸权主义、强权政治对世界和平与发展的威胁上升,逆全球化思潮上升,世界进入动荡变革期。从经济上看,"世界经济仍然处于深度调整期,既有复苏迹象,也面临基础不稳、动力不足、速度不均的问题。主要发达经济体的结构性问题远未解决,加强宏观经济政策协调的必要性突出。新兴市场经济体增速放缓,外部风险和挑战增加"[3]。"当前,百年变局和世纪疫情交织叠加,世界进入动荡变革期,不稳定性不确定性显著上升。"[4]身处百年未有之大变局中,推进国际秩序和格局在深度调整怎样沿着正确和健康的轨道演化,成为世界各国共同面临的重大时代课题。

"世界怎么了、我们怎么办","人类社会应该向何处去? 我们应该为子孙后代创造一个什么样的未来? 对这一重大命题,我们要从人类共同利益出发,以负责任态度作出明

[1]《习近平谈治国理政》第一卷,外文出版社2018年版,第272页。
[2]《习近平书信选集》第一卷,中央文献出版社2022年版,第166、198页。
[3]《习近平外交演讲集》第一卷,中央文献出版社2022年版,第80—81页。
[4]《习近平外交演讲集》第二卷,中央文献出版社2022年版,第338页。

智选择"。①构建人类命运共同体就是答案。当今时代,宏大的世界形成"地球村"的浓缩版图,全球治理的共性问题越来越突出地摆在世界各国面前。在诸多风险挑战面前,任何国家都不能独善其身,一国损人利己以致危害他国的行为必遭世界谴责。"当今世界,各国利益高度融合,人类是休戚与共的命运共同体,合作共赢是大势所趋。"②坚持人类命运共同体理念,必须坚决反对、抵制、摒弃冷战思维与零和博弈,世界各国需要以共同的利益、共同的关切、共同的担当,担负起共同的责任。在国际秩序和格局进入深度调整时期的世界环境下,以习近平同志为核心的党中央恪守大党大国的使命担当,为引领世界健康发展贡献中国力量。加深认识世界之变的特征,事关全人类的共同命运,自觉把握世界之变的规律,有助于中国人民和中华民族在推动国际秩序和格局的合理构建和健康发展中作出更大的贡献。

二、时代之变:和平与发展的时代主题在逆风逆流中延伸

如果说世界是一个空间意义上的概念的话,那么时代就是时间意义上的概念。人们生活在时空交错之中,时代演进为世界发展打下特有的烙印。不同的时代有不同的矛盾和问题,从而形成不同的时代主题。世界之变与时代之变紧密关联,认识时代怎样变,就是从另一个侧面审视世界在怎样变。

时代的含义是指世界演进的某个时期或阶段,这个概念在使用上比较宽泛,有多个层面的表述。如人类历史发展进程中的古代、近代、现代就包含时代的含义,与此相应的还有封建时代、资本主义时代、帝国主义时代的概念。虽然世界各国所处的发展阶段有先后之分,但时代是一个世界性的整体概念。时代按照循序渐进的规律发生变化,一个时代的形成对前一个时代具有替代意义,时代变化体现历史的意志。认识时代之变,要从特定时期或阶段人类社会面临的矛盾和问题入手。

18世纪60年代,第一次工业革命爆发,资本主义生产实现了从工场手工业向机器大工业的革命性变革,资本主义经济制度逐步确立,体现人类文明的进步。资本主义在以超越以往时代的物质创造给人们带来福祉的同时,也积累起一系列难以克服的社会矛盾。19世纪末,列宁基于资本主义发展形成垄断趋势的事实提出了帝国主义时代的论断,指出帝国主义是社会主义革命的前夜,帝国主义就是战争,战争必然导致革命,并由此揭示战争与革命的时代主题。两次世界大战的爆发和俄国十月革命的胜利以及1945年后欧亚一批社会主义国家的诞生,印证了列宁对时代主题的研判,帝国主义国家之间

---

① 《习近平外交演讲集》第二卷,中央文献出版社2022年版,第15、338页。
② 《习近平书信选集》第一卷,中央文献出版社2022年版,第289页。

的利益争夺从经济手段转向以军事手段为主的战争,促使无产阶级革命和民族解放运动在世界范围内蓬勃兴起。

战争摧残世界,历史悲剧令人刻骨铭心。第二次世界大战后,世界各国人民渴望和平的心愿日益强烈,期盼发展的诉求越来越迫切。这就为时代主题从战争与革命向和平与发展的转变奠定了基础,各种新矛盾新问题的产生和发酵推动世界发展进入一个新阶段。中国共产党敏锐洞察到时代主题转换的征兆,邓小平同志作出了明确的揭示。在1984年2月会见美国乔治城大学战略与国际问题研究中心代表团及同年5月会见巴西总统菲格雷多时,邓小平指出:"世界上有许多争端,总要找个解决问题的出路。我多年来一直在想,找个什么办法,不用战争手段而用和平方式,来解决这种问题","现在世界上问题很多,有两个比较突出。一是和平问题……二是南北问题"。[1]1985年3月,邓小平在会见日本商工会议所访华团时又指出:"现在世界上真正大的问题,带全球性的战略问题,一个是和平问题,一个是经济问题或者说发展问题。和平问题是东西问题,发展问题是南北问题。概括起来,就是东西南北四个字。"[2]关于和平问题,邓小平强调:"和平有利于世界人民,特别有利于第三世界。战争是同霸权主义连在一起的,所以中国对外政策第一条就是反对霸权主义,维护世界和平"。[3]关于发展问题,邓小平强调:"南北问题对第三世界国家是个非常现实的问题,南方国家首先要摆脱贫困。发达国家要继续发展,也面临着南北问题,占世界人口百分之八十的南方国家不发展起来,发达国家就难找到市场。"[4]这些论述为中国共产党揭示新的时代主题提供了思想依据。1997年,党的十五大评价邓小平理论对"当今时代特征和总体国际形势"作出了"新的科学判断",指出邓小平理论是"在和平与发展成为时代主题的历史条件下"形成的比较完备的科学体系。[5]改革开放以来,中国共产党人始终牢牢把握和平与发展的时代主题,坚持不懈与霸权主义作斗争,坚决维护世界和平,以推动中国为世界发展作出显著贡献。

习近平总书记指出:"和平始终是人类社会的普遍期待与殷切向往。当今世界,和平与发展已成为时代主题,但各国面临的安全威胁日益复杂,战争威胁始终挥之不去"[6],"国际形势的新发展新变化,既给我们带来了难得的发展机遇,也给我们带来了严峻挑

---

① 《邓小平文选》第三卷,人民出版社1993年版,第49、56页。
② 《邓小平文选》第三卷,人民出版社1993年版,第105页。
③ 《邓小平年谱》第5卷,中央文献出版社2020年版,第316页。
④ 《邓小平年谱》第5卷,中央文献出版社2020年版,第316页。
⑤ 《十五大以来重要文献选编》上,人民出版社2000年版,第12页。
⑥ 《习近平书信选集》第一卷,中央文献出版社2022年版,第194页。

战。要和平不要战争,要发展不要贫穷,要合作不要对抗,是各国人民共同愿望","和平犹如空气和阳光,受益而不觉,失之则难存。没有和平,发展就无从谈起"。①这些重要论述深刻揭示了和平与发展的辩证关系,为中国特色社会主义进入新时代的背景下全面推进中国特色大国外交指明了方向,我国外交在世界大变局中开创新局、在世界乱局中化危为机,我国国际影响力、感召力、塑造力显著提升。和平与发展的时代主题在世界百年未有之大变局中面临挑战,一些国家和利益集团出于自身利益的需要公然违反国际规则,制造各种事端威胁世界和平,阻碍共同发展。

和平与发展的时代主题遭遇逆风逆流的冲击主要表现在:第一,顽固坚持冷战思维,推行霸权主义,主观设定假想敌进行排挤、制裁、打击,不遗余力地制造冲突,随心所欲地撕裂世界。第二,挑衅国际法和世界规则,干涉他国内政,策动"颜色革命",搅乱被打击国家的政局,采取霸凌行动,甚至动用武力手段颠覆别国政权,以致局部战争频发,严重威胁地区安全。第三,霸权国家掀起逆全球化浪潮,保护主义抬头,单边主义横行。一些国家实施贸易保护、边境修墙、控制移民等政策,严重破坏世界秩序。特定大国单独或带头退出或挑战已制订或商议好了的维护国际性、地区性、集体性和平、发展、进步的规则和制度的行为在国际社会造成了恶劣影响。尤其是疫情在全球的蔓延给逆全球化提供了不少借口,全球化更加步履艰难。第四,一些国家奉行零和博弈,对中国和一些发展中国家挥舞经济大棒,通过高筑关税壁垒和非关税壁垒限制别国商品进入本国市场,同时又通过倾销和外汇贬值等措施争夺国外市场,进一步增加了全球经济复苏的困难。尤其是美国挑起中美贸易摩擦,在损害中美两国关系的同时严重破坏了世界经济发展,对各国利益均产生了负面影响。以上种种表现说明,在全球治理体系和国际秩序变革加速推进的过程中,"和平赤字、发展赤字、治理赤字,是摆在全人类面前的严峻挑战"②。世界发展站在了新的十字路口,和平与发展的时代主题能否顶住逆风逆流冲击继续延伸展开,关系全人类的前途命运。

世界潮流浩浩荡荡,顺之者昌,逆之者亡。和平与发展的时代主题对于世界来说是全局性、战略性的问题,维护世界和平,推动世界发展,是时代强音。任何逆风逆流都不可阻挡历史大势的深度演进,任何势力试图破坏世界和平、阻碍世界发展的行为都必将是徒劳的。习近平总书记指出:"当今世界,和平、发展、合作、共赢是时代潮流,全球治理体系和国际秩序变革加速推进,世界各国人民命运相连、休戚与共。同时,国际社会面临

①《习近平外交演讲集》第一卷,中央文献出版社2022年版,第26、34页。
②《习近平外交演讲集》第二卷,中央文献出版社2022年版,第31页。

着日益凸显的传统和非传统安全挑战"。[1]习近平主席在中国—东盟建立对话关系30周年纪念峰会上呼吁："让我们把人民对美好生活的向往放在心头,把维护和平、促进发展的时代使命扛在肩上,携手前行,接续奋斗。"[2]习近平总书记作出的一系列重要论述,把构建人类命运共同体的发展理念同和平与发展的时代主题相融合,在倡导和平与发展的基础上进一步强调合作与共赢,延展丰富了时代主题的内涵。以加强合作维护世界和平,以实现共赢促进世界发展,是世界人心所向,是历史大势所趋。加深认识时代之变的特征,有助于从时代主题的实践要求出发,在历史演进中自觉肩负起促进和平、发展、合作、共赢的时代使命,以积极的作为和富有创造力的表现推进人类命运共同体的构建。

三、历史之变:人类文明发展形成新形态

马克思、恩格斯在《德意志意识形态》中指出:"历史不外是各个世代的依次交替每一代都利用以前各代遗留下来的材料、资金和生产力;由于这个缘故,每一代一方面在完全改变了的环境下继续从事所继承的活动,另一方面又通过完全改变了的活动来变更旧的环境。"[3]这个论述告诉我们,历史嬗变是创造性的活动,人们进行的一切创造都有着历史的铺垫,人类文明在历史交替中收获不断更新的成果。

历史因变化而前进,人类社会为前进而创造历史。变化是历史前进的表征,没有变化,历史就停滞了前进的脚步。历史发展是社会诸多因素合力作用的结果,各种大大小小的事件都对历史变化产生不同程度的影响。然而在世界发展中真正可以称之为巨变的历史事件并不多。如第一次工业革命、马克思主义诞生、俄国十月革命以及两次世界大战等,这些经济、思想、政治、军事等领域发生的重大事件,深刻影响了世界的发展进程,促成了历史之变。当今世界发展显示的征兆表明,历史又出现发生巨变的端倪。

目前比较普遍的观点认为,世界近代史以17世纪英国资产阶级革命为开端,18世纪,英国爆发的产业革命对推动人类进入近代社会的发展阶段具有实质性的意义。在3个多世纪里,资本主义在历史演进中处于主导地位,某些发达国家凭借这样的主导地位而称霸世界。1917年,俄国境内发生的无产阶级革命运动为世界历史前进注入新的力量,成为社会主义在500年发展史上从思想到实践转变的标志性事件。苏联曾作为超级大国成为世界的一极与资本主义抗衡,但1991年苏联解体使美苏两极争斗的世界格局发生变化,历史发展也因此而出现新的情况。

---

[1]《习近平书信选集》第一卷,中央文献出版社2022年版,第204页。

[2]《习近平谈治国理政》第四卷,外文出版社2022年版,第444页。

[3]《马克思恩格斯选集》第一卷,人民出版社2012年版,第168页。

20世纪后期至21世纪初期,历史之变最显著的特点是世界多极化发展格局的形成。冷战时期形成的两个超级大国争斗的局面不复存在,世界政治格局的重组和再塑推进历史发展出现新变化。除了一些发达国家谋求世界地位的表现外,新兴工业国家在国际社会开始发挥重要作用,介入国际秩序和格局的深度调整之中。这是国际关系向民主化发展的进步潮流,对改变世界发展走向具有积极意义。当今世界,虽然美国依然以超级大国的姿态保持着强势一极的地位,但其霸权已在世界多极化发展中受到动摇,其指挥棒的力量大大削弱。

中国的发展是历史之变的重要影响因素,中国人民和中华民族在中国共产党坚强有力的领导下取得的一系列重大成就,以及为世界贡献的中国智慧、中国方案、中国力量,对推进历史之变发挥了重要作用。"中国历史上曾经是世界上的经济强国,后来在世界工业革命如火如荼、人类社会发生深刻变革的时期,中国的封建统治者却没有睁开眼睛看世界,夜郎自大,丧失了与世界同进步的历史机遇,变成落伍者,落到了被动挨打的境地。"[1]鸦片战争以降的中国,从在世界体系中被边缘化到不懈努力进入世界体系,再到日益走近世界舞台的中央。这些历史性的变化不仅从根本上改变了中国人民和中华民族的前途命运,也深刻改变了世界发展的趋势和格局。尤其是2012年党的十八大以来,中国特色社会主义进入新时代,以习近平同志为核心的党中央团结带领中国人民创造出极不寻常、极不平凡的辉煌成就,在历史之变中受到世界瞩目。

中国在历史之变中彰显的重要意义主要体现在以下四个方面:

第一,坚持以马克思主义为指导,坚定不移地走中国特色社会主义道路,在国际共产主义运动陷入低谷的形势下创造了经济快速发展和社会长期稳定的奇迹。"马克思主义中国化时代化不断取得成功,使马克思主义以崭新形象展现在世界上,使世界范围内社会主义和资本主义两种意识形态、两种社会制度的历史演进及其较量发生了有利于社会主义的重大转变。"[2]

第二,中华民族迎来了从站起来、富起来到强起来的伟大飞跃,中华民族伟大复兴进入不可逆转的历史进程。中国共产党领导中国人民奋力谱写全面建设社会主义现代化国家的崭新篇章,既是圆中国人民和中华民族实现伟大复兴的中国梦,又是为全人类谋福祉,为世界各国发展提供更多的机遇和更加广阔的平台。

第三,尽责尽力践行大党大国的世界担当,把中国之路、中国之治、中国之理的发展

---

① 习近平:《论中国共产党历史》,中央文献出版社2021年版,第17—18页。
② 《十九大以来重要文献选编》下,中央文献出版社2023年版,第532页。

逻辑和成功经验供世界各国分享,在解决全球治理共同性问题、排除历史前进障碍中积极有为,使中国的发展成果惠及世界。

第四,成功走出中国式现代化道路,创造了人类文明新形态。在迄今为止的历史发展中,西方式现代化道路长期被奉为圭臬备受推崇,资本主义发达国家也以此作为主导历史的资本,掌握着现代化的话语霸权。中国共产党领导中国人民成功走出中国式现代化道路,创造了人类文明新形态,将打破对现代化模式狭窄化的理解,以新道路和新形态展现人类文明的多姿多彩。这些中国表现鲜亮耀眼,对推进历史之变的意义十分重大。世界的完整性决定历史的整体性,世界范围的历史之变当然不是哪一国可以决定的,但中国在历史之变演进中彰显的力量是突出的。

历史发展不以人的主观意志为转移,历史的前进道路从来不是平坦顺畅的,遭遇挫折十分常见。习近平主席指出:“纵观历史,人类正是在战胜一次次考验中成长、在克服一场场危机中发展”,“不论风吹雨打,人类总是要向前走的”[1],“人类社会发展的历史证明,无论会遇到什么样的曲折,历史都总是按照自己的规律向前发展,没有任何力量能够阻挡历史前进的车轮”[2]。现实告诉我们,历史之变朝着健康的方向演进面临的风险挑战十分严峻,逆世界潮流而动的破坏性力量对历史之变的干扰始终存在,坚持与之进行坚决斗争才能保证历史沿着正确的轨道前进。加深认识历史之变的特征,有助于增强历史自信,以高度的历史自觉和历史主动精神把握世界命运,推动人类社会迈向更加文明的发展阶段。

深刻认识世界之变、时代之变、历史之变的特征,对统筹“两个大局”具有重大意义。这“三个之变”是对世界百年未有之大变局的具体诠释,也是对中华民族伟大复兴战略全局的背景揭示。世界之变、时代之变、历史之变构成百年未有之大变局的内在统一关系,构成中华民族伟大复兴战略全局的辩证发展逻辑。中华民族伟大复兴战略全局在百年未有之大变局下展开,百年未有之大变局与中华民族伟大复兴战略全局相伴随。统筹“两个大局”,充分发挥好我们一边的“时”与“势”,在深刻认识世界之变、时代之变、历史之变的特征的基础上,给出思考世界之问、时代之问、历史之问的中国答案。中国共产党始终以世界眼光关注人类前途命运,从人类发展大潮流、世界变化大格局、中国发展大历史出发正确认识和处理同外部世界的关系,始终坚持做世界和平的捍卫者、时代发展的推进者、历史前进的先行者。

---

① 《习近平谈治国理政》第四卷,外文出版社2022年版,第483页。
② 《习近平谈治国理政》第一卷,外文出版社2018年版,第273页。

中国共产党百年风华正茂,党的二十大作出精心谋划和全面部署,提出新的思路、新的战略、新的举措,领导全党全国各族人民奋力谱写全面建设社会主义现代化国家的崭新篇章。胸怀中华民族伟大复兴战略全局和世界百年未有之大变局,树立大历史观,从历史长河、时代大潮、全球风云中分析演变机理、探究历史规律,提出与之因应的战略策略,增强工作的系统性、预见性、创造性,必须对世界之变、时代之变、历史之变的特征形成清醒认识和深刻把握,在把中国发展进步的命运牢牢掌握在自己手中的同时推动世界、时代、历史发展进步。

第二节　十年伟大变革塑造伟大丰碑①

在党的十九届六中全会对党的百年奋斗重大成就和历史经验作出全面总结的基础上,党的二十大对党的十八大以来新时代十年的伟大变革,作出了"在党史、新中国史、改革开放史、社会主义发展史、中华民族发展史上具有里程碑意义"的评价。新时代十年伟大变革塑造起来的这座里程碑散发出耀眼的光芒。这十年很特殊,党和人民面临的困难、经历的大事、办成的要事、取得的成就赋予这座里程碑以非凡的意义。全党全国各族人民以塑造这座里程碑为历史新起点,正式迈上为全面建设社会主义现代化国家、全面推进中华民族伟大复兴而团结奋斗的新征程。

一、两个"极不"创造非凡奇迹

中国特色社会主义进入新时代,就注定了党和人民将开始非同寻常的奋斗。以习近平同志为核心的党中央肩负全党的重托和人民的期待,表示"我们一定不负重托,不辱使命","努力向历史、向人民交出一份合格的答卷"。②这个表态体现强烈的责任担当,表达了新时代条件下开创中国特色社会主义崭新局面的坚定决心和顽强意志。

以党的十八大为新起点,党中央治国理政实践形成了诸多新的亮点:

第一,新时代党的建设新的伟大工程拉开帷幕,针对党内和社会上不少人对党和国家前途忧心忡忡的焦虑,党中央以重点转变党的作风为切入口,花大力气解决人民群众反映强烈的突出问题,把全面从严治党提升为战略布局深入推进,发扬勇于自我革命精神自剜腐肉,党的面貌发生极大改变,党心民心为之一振。

---

① 原文载于《华东师范大学学报》2022年第6期,收入本书时文字略有修改。
② 《十八大以来重要文献选编》上,中央文献出版社2014年版,第69、71页。

第二，"啃硬骨头"的全面深化改革大刀阔斧展开，以"涉险滩"的勇气和"动奶酪"的果敢，坚决排除各种阻碍新时代中国特色社会主义事业发展的体制机制因素，提出全面深化改革总目标，完善和发展中国特色社会主义制度，推进国家治理体系和治理能力现代化，为国家发展和社会进步注入新的生机活力。

第三，把生态文明建设纳入中国特色社会主义事业总体布局，与经济建设、政治建设、社会建设、文化建设相并列形成"五位一体"统筹推进的新局面，提出"经济新常态""以人民为中心""创新、协调、绿色、开放、共享的发展理念"等重大观点和理念，促进新时代中国特色社会主义事业别开生面地铺展。

第四，把实施依法治国基本方略提高到一个新水平，坚持依法执政与依法治国相统一，依规治党与依法治国相统一，不断完善和丰富我国根本政治制度、基本政治制度、基本经济制度，建构党的领导制度体系，加强党内外监督制度建设，建立健全中国特色社会主义法律体系，推进法治国家、法治政府、法治社会一体建设迈出新步伐。

党中央治国理政的创新是全方位的，以上列举四个方面只是实践亮点中的一些主要方面。党的十九大总结指出："十八大以来的五年，是党和国家发展进程中极不平凡的五年"，"取得了改革开放和社会主义现代化建设的历史性成就"，"党和国家事业全面开创新局面"。[①]习近平总书记指出："过去的五年，我们做了很多的工作，有的已经完成了，有的还要继续做下去。中共十九大又提出了新目标新任务，我们要统筹抓好落实"，"中共十九大到下一次的二十大这五年，正处在实现'两个一百年'奋斗目标的历史交汇期，第一个百年目标要实现，第二个百年奋斗目标要开篇"。[②]新时代的第一个五年和第二个五年紧密相连贯，前一个五年为后一个五年"历史交汇期"的任务完成创造前提，后一个五年巩固和拓展了前一个五年的成果。

党的二十大作出"十九大以来的五年，是极不寻常、极不平凡的五年"的评价，体现新时代中国特色社会主义继续向前推进的新意蕴。在第一个五年"极不平凡"前面加上"极不寻常"，凸显了第二个五年党和人民不懈奋斗的历史价值。这五年坚持和发展中国特色社会主义实践之路是怎么走过来的，党和人民感受深切，印象极其深刻。在国内外形势变化的情况下，在中华民族伟大复兴战略全局和世界百年未有之大变局深度演进中，党中央团结带领全党全军全国各族人民有力有效地应对严峻复杂的国际形势和接踵而至的巨大风险挑战，以奋发有为的精神，不信邪、不怕鬼、不怕压，知难而进、迎难而上，

---

①《十九大以来重要文献选编》上，中央文献出版社2019年版，第2页。

②《十九大以来重要文献选编》上，中央文献出版社2019年版，第85、86页。

"攻克了许多长期没有解决的难题,办成了许多事关长远的大事要事,推动党和国家事业取得举世瞩目的重大成就"①。

用两个"极不"评价党的十九大以来五年的创新实践,意在昭示党和人民非凡奋斗强大无比的力量。改革开放以来,经济腾飞和社会进步的重大成就使中国始终保持着领先世界发展的优势,而党的十九大以来的五年是在遭遇极不寻常、极不平凡的环境下书写了经济快速发展和社会长期稳定两大奇迹新篇章。在世界经济持续低迷、国际上一些国家动荡不安、一些地区局部战争频发,以及我国发展遭遇前所未有的压力和困难的情况下,党中央团结带领人民创造出的成就实属不易,党和人民因此而倍感自豪。从党的十八大到二十大,新时代十年塑造的里程碑记录了党和人民呕心沥血的心路历程,极不寻常、极不平凡的奋斗展现了中国人民为实现中华民族伟大复兴进行不懈斗争的决心和意志。在鸦片战争以后中国社会的历史演进中,可以被称为具有里程碑意义的重大事件有很多,例如,辛亥革命推翻几千年封建统治树立了一座历史丰碑。又如,中国共产党的建立、新中国的成立、改革开放的实施,都具有里程碑的意义。再从党史上说,遵义会议、党的十一届三中全会也被视为具有里程碑意义的重大会议。而新时代十年伟大变革塑造的历史丰碑则极不寻常、极不平凡,党的二十大用"五个史"的大历史观定位这座里程碑的内涵,赋予了极其厚重的底蕴,对激励全党全国各族人民砥砺奋进具有重大意义。

二、"三件大事"体现历史性胜利

习近平总书记在党的二十大报告中指出:"十年来,我们经历了对党和人民事业具有重大现实意义和深远历史意义的三件大事:一是迎来中国共产党成立一百周年,二是中国特色社会主义进入新时代,三是完成脱贫攻坚、全面建成小康社会的历史任务,实现第一个百年奋斗目标。"②党的百年奋斗经历的大事很多很多,中国特色社会主义进入新时代,党团结带领人民办成的大事要事也不少,突出强调这三件大事意味深长。

在党的理论话语和历史叙事中,"大事"一词在党的二十大之前的重要文献中就已出现。1991年7月1日,江泽民在庆祝中国共产党成立七十周年大会上的讲话中指出:"七十年里,我们党领导各族人民为中国社会的进步,做了许多事情。总起来说,就是三件大事:第一,完成反帝反封建的新民主主义革命任务,结束了中国半殖民地半封建社会的历史;第二,消灭剥削制度和剥削阶级,确立了社会主义制度;第三,开创建设有中国特色社会主义的道路,逐步实现社会主义现代化,这件事情还正在做。这三件大事,使中国发生

---

① 《习近平著作选读》第一卷,人民出版社2023年版,第3—4页。
② 《习近平著作选读》第一卷,人民出版社2023年版,第4页。

了翻天覆地的变化。"[1]2011年7月1日,胡锦涛在庆祝中国共产党成立九十周年大会上的讲话中指出:"九十年来,我们党团结带领人民在中国这片古老的土地上,书写了人类发展史上惊天地、泣鬼神的壮丽史诗,集中体现为完成和推进了三件大事。"第一件大事,中国共产党紧紧依靠人民完成了新民主主义革命,实现了民族独立、人民解放;第二件大事,中国共产党紧紧依靠人民完成了社会主义革命,确立了社会主义基本制度;第三件大事,中国共产党紧紧依靠人民进行了改革开放新的伟大革命,开创、坚持、发展了中国特色社会主义。[2]

党的二十大作出的"三件大事"概括中,第一件和第二件大事标记党和国家发展进入新的历程,第三件大事以完成脱贫攻坚、全面建成小康社会的历史任务的成就,标记中国人民实现中华民族伟大复兴的奋斗站在了新的起点上。这样的方位叙事不同于以往成就叙事,是以新的"三件大事"概括揭示党团结带领人民继往开来的新起步。党的二十大正是以党和人民经历了这三件大事为依据,发出了全面建设社会主义现代化国家的进军令,吹响了谱写新时代中国特色社会主义绚丽华章的集结号。

新的"三件大事"是中国共产党和中国人民团结奋斗赢得的历史性胜利。这个历史性胜利表现为党在经历百年淬炼的革命性锻造中更加坚强,坚持党的全面领导更加坚定不移,团结带领人民奋勇前进的力量更加强大;中国特色社会主义在进入新时代后,党和人民的"四个自信"更加坚定,旗帜更加鲜明、道路更加清晰、精神更加饱满、目标更加明确;打赢脱贫攻坚战、全面建成小康社会极大地鼓舞了党和人民的斗志,为迈进新征程、建功新时代增添了强大的动能。

新的"三件大事"是彪炳中华民族发展史册的历史性胜利。人类社会发展中,中华民族遭遇了世界上别的民族没有面对过的经历,享有以中华文明领先世界几千年的荣光后蒙受了一百多年民族耻辱的历史经历,令中国人民刻骨铭心,实现中华民族伟大复兴成为夙愿始终萦绕心中。中国人民为此进行的奋斗从中国共产党建立后才迎来不断走向胜利的曙光,中华大地沧海桑田的巨变记载了中华民族伟大复兴一步步向着实现伟大梦想前进的轨迹。新时代经历的"三件大事"彪炳史册,历史性胜利使党和人民扬眉吐气,党、国家、人民接续奋斗信心百倍,精神振奋,力量无穷。

新的"三件大事"也是对世界具有深远影响的历史性胜利。中国共产党坚持胸怀天下,她的百年奋斗始终体现紧跟世界潮流的坚韧品质。"中国共产党的诞生,社会主义中

---

①《十三大以来重要文献选编》下,人民出版社1993年版,第1631页。
②《十七大以来重要文献选编》下,中央文献出版社2013年版,第432—433页。

国的成立,改革开放的实行,都是顺应世界发展大势的结果。"①新时代党和人民经历的三件大事从世界影响看同样具有重大意义。第一件大事显示百年大党风华正茂,第二件大事彰显中国特色社会主义伟大旗帜高高飘扬,第三件大事代表为推动人类社会发展创造出的奇迹和作出的贡献。世界各国目睹中国共产党和中国人民经历的这三件大事而更加关注中国的走向。

三、新时代十年激励党和人民勇毅前行

习近平总书记指出:"全面建设社会主义现代化国家寄托着中华民族的夙愿和期盼,凝结着中国人民的奋斗和汗水。中国式现代化是中国共产党和中国人民长期实践探索的成果,是一项伟大而艰巨的事业。惟其艰巨,所以伟大;惟其艰巨,更显荣光"②,"成功的背后,永远是艰辛努力"③,"社会主义是干出来的,新时代也是干出来的"④,"新时代的伟大成就是党和人民一道拼出来、干出来、奋斗出来的"⑤!党的百年奋斗和新时代十年伟大变革,使党和人民深切认识到一个道理:取得任何成绩决不可能是坐享其成的事情,新民主主义革命、社会主义革命和建设、改革开放和社会主义现代化建设、新时代中国特色社会主义的伟大成就,都不是别的人、别的国家、别的力量恩赐的结果。靠自己奋斗取得的成就才能真正品尝其中的甘甜,靠亲身亲历的拼搏创造的事业才能把命运牢牢掌握在自己的手中。

"世界上没有哪个党像我们这样,遭遇过如此多的艰难险阻,经历过如此多的生死考验,付出过如此多的惨烈牺牲。"⑥党中央用"苦难辉煌"一词来描述百年奋斗实践,揭示了所有伟大成就创造的艰辛。党和人民正是在艰辛奋斗中展示了面对苦难而百折不挠的精神,勇于牺牲而急流勇进的壮志,顽强拼搏而披荆斩棘的勇气。中国共产党和中国人民也正是以这样的奋斗向世界证明伟大的中华民族蕴藏着无穷的力量,任何困难都吓不倒中国人民,任何压力都摧不垮中国人民。

新时代十年是党领导伟大社会革命深入推进的一个重要历史阶段,在长期奋斗积累的成就和经验基础上,以习近平同志为核心的党中央深刻认识和把握中华民族伟大复兴战略全局和世界百年未有之大变局,统筹推进"五位一体"总体布局,协调推进"四个全

---

① 习近平:《论中国共产党历史》,中央文献出版社2021年版,第18页。
②《习近平著作选读》第二卷,人民出版社2023年版,第612页。
③《习近平谈治国理政》第一卷,外文出版社2018年版,第174页。
④《习近平书信选集》第一卷,中央文献出版社2022年版,第170页。
⑤《习近平著作选读》第一卷,人民出版社2023年版,第12页。
⑥《习近平谈治国理政》第四卷,外文出版社2022年版,第514页。

面"战略布局,对关系新时代党和国家事业发展的一系列重大理论和实践问题进行了深邃思考和科学判断,形成了一系列重大战略和实践举措,以坚强有力的领导为根本保证,团结带领人民经受住了来自政治、经济、意识形态、自然界等方面风险挑战的考验,以奋发有为的精神把新时代中国特色社会主义推向前进。从2013年至2021年,我国国内生产总值年均增长6.6%,高于同期世界2.6%和发展中经济体3.7%的平均增长水平,对世界经济增长的平均贡献率超过30%。国内生产总值从54万亿元增长到114万亿元,我国经济总量占世界经济的比重达18.5%,提高7.2个百分点,稳居世界第二位。人均国内生产总值从39800元增加到81000元。党和国家事业蒸蒸日上,人民对美好生活的向往不断得到满足,一系列战略性举措、变革性实践、突破性进展、标志性成果,标志着党领导伟大社会革命在新时代十年奋斗中进入新的境界。

中国共产党始终践行初心使命,进行的一切奋斗都是为了人民。"坚持人民至上"是党的百年奋斗历史经验,造福人民的诉求和执政宗旨决定了党团结带领人民奋斗有干不完的事,走不尽的路。习近平总书记指出:"昨天的成功并不代表着今后能够永远成功,过去的辉煌并不意味着未来可以永远辉煌","中国的昨天已经写在人类的史册上,中国的今天正在亿万人民手中创造,中国的明天必将更加美好"①。中国共产党始终坚持从历史中汲取前进力量,而不是停留在从成功中寻求慰藉,更不会躺在功劳簿上停滞不前。新时代十年很辉煌,但创造的非凡成就已经载入史册而翻篇成为过往,历史篇章将掀开新的一页。党的二十大对新时代的奋斗作出具有里程碑意义的评价,以及关于"三件大事"的历史叙事,旨在宣告一个新征程的开始,激励全党全军全国各族人民踔厉奋发、勇毅前行、团结奋斗,号召中国人民奋力谱写新时代中国特色社会主义更加绚丽的华章。

四、实现永续发展再创新辉煌

党的二十大报告第三部分阐述"新时代新征程中国共产党的使命任务",开宗明义就提出"从现在起,中国共产党的中心任务就是团结带领全国各族人民全面建成社会主义现代化强国、实现第二个百年奋斗目标,以中国式现代化全面推进中华民族伟大复兴"。这个中心任务锚定了明确的目标,为党和人民团结奋斗勇往直前竖起了新坐标。

党和国家千秋伟业形成一棒传一棒的接力赛,每一代人都接好棒跑出优异成绩,才能在最后冲刺阶段胜利穿过终点线。一段行程一道风景,从完成第一个百年奋斗目标到实现第二个百年奋斗目标,从新时代十年塑造起里程碑到新时代新征程谱写更加绚丽

①《习近平谈治国理政》第三卷,外文出版社2020年版,第70、79页。

的华章,党团结带领人民在中华民族永续发展中把坚持和发展中国特色社会主义不断向纵深推进,前途光明,任重道远。当前,百年变局和世纪疫情相互叠加、世界进入新的动荡变革期,我国改革发展稳定面临不少躲不开、绕不过的深层次矛盾,党的建设特别是党风廉政建设和反腐败斗争面临不少顽固性、多发性问题,各种风险挑战严峻地摆在党和人民面前,不确定的和难以预料的因素增多增大。迈进新征程、建功新时代,保持对风险挑战复杂性、严峻性的清醒,做好迎接各种考验的心理准备和提高战胜困难的能力,是推动我国实现永续发展的内在要求。

习近平总书记强调:实现中华民族伟大复兴不是轻轻松松、敲锣打鼓就能实现的,必须勇于进行具有许多新的历史特点的伟大斗争,准备付出更为艰巨、更为艰苦的努力。"10年来,我们遭遇的风险挑战风高浪急,有时甚至是惊涛骇浪,各种风险挑战接踵而至,其复杂性严峻性前所未有。我们坚定信心、迎难而上,一仗接着一仗打。我们取得的一切成就,都是党和人民一道奋斗出来的。"[①]事实证明,中国共产党拥有无比坚强的领导力、组织力、执行力,是团结带领人民攻坚克难、开拓前进最可靠的领导力量,是风雨来袭时全体人民最可信赖的依托、最可靠的主心骨。

新时代新征程上实现党和国家事业永续发展的新背景和大环境,构成中华民族伟大复兴进入不可逆转的历史进程需要面对的现实。全体中国人民热切期待中华民族伟大复兴胜利实现这一天的到来,但世界上有的国家不愿意看到中国日益强大的事实,竭力把伟大中国梦"污名化",并千方百计设置障碍,采取各种手段打压中国,这完全是徒劳的。中华民族伟大复兴不可逆转,这不是任何人任何势力的主观意志可以阻挡的,不管什么样的破坏企图都必将在党和人民的不懈奋斗面前碰得头破血流。

以习近平同志为核心的党中央在我国进入全面建设社会主义国家新征程的关键时刻,在党的二十大上深入分析国际国内大势,科学把握我们面临的战略机遇和风险挑战,科学谋划未来五年乃至更长时期党和国家事业发展的目标任务和大政方针,为推动永续发展领航把舵,号召全党全国各族人民全力战胜前进道路上各种困难和挑战,依靠顽强斗争打开事业发展新天地。习近平总书记指出:"我们必须在一个更加不稳定不确定的世界中谋求我国发展","志不求易者成,事不避难者进","进入新发展阶段,是中华民族伟大复兴历史进程的大跨越","新发展阶段是我们党带领人民迎来从站起来、富起来到强起来历史性跨越的新阶段","今天,我们正在此前发展的基础上续写全面建设社会主

---

① 《高举中国特色社会主义伟大旗帜 奋力谱写全面建设社会主义现代化国家崭新篇章》,《人民日报》2022年7月28日。

义现代化国家新的历史","要在各种可以预见和难以预见的狂风暴雨、惊涛骇浪中,增强我们的生存力、竞争力、发展力、持续力,确保中华民族伟大复兴进程不被迟滞甚至中断"[①]。这些重要论述告诫全党全国人民,振奋精神但不能掉以轻心、勇毅前行但不能麻痹大意。

党的二十大对开创未来作出的科学谋划,提出的一系列重大理论观点和重大战略思想,形成的一系列新的思路、新的战略、新的举措,为实现永续发展、谱写新时代中国特色社会主义更加绚丽的华章指明了方向、畅通了道路。认真学习领会党的二十大精神,必须在新时代新征程奋斗中不断开辟马克思主义中国化时代化新境界,坚持思想先导和理论引领,高举中国特色社会主义伟大旗帜,全面贯彻习近平新时代中国特色社会主义思想,弘扬伟大建党精神,自信自强、守正创新、踔厉奋发、勇毅前行,为全面建设社会主义现代化国家、全面推进中华民族伟大复兴而团结奋斗,确保中国特色社会主义巍巍巨轮乘风破浪、扬帆驰骋、行稳致远。

第三节 "三件大事"的深刻意蕴[②]

习近平总书记在党的二十大报告中指出:"十年来,我们经历了对党和人民事业具有重大现实意义和深远历史意义的三件大事:一是迎来中国共产党成立一百周年,二是中国特色社会主义进入新时代,三是完成脱贫攻坚、全面建成小康社会的历史任务,实现第一个百年奋斗目标。"[③]这"三件大事"振奋人心,是新时代十年伟大变革中党团结带领人民持续走向胜利、取得发展成就的历史性记录,彰显了党和人民事业的历史性胜利、变革性成就,铸造的辉煌极不寻常、极不平凡。深刻理解"三件大事"的内在意蕴,有利于凝聚全党全国各族人民为全面建设社会主义现代化国家团结奋斗的磅礴力量,对走好新的赶考之路具有坚定自信心、提振精气神、励志鼓气的重要意义。

一、标志性大事:党中央进行历史叙事的重要方式

所谓叙事,就是一种表述方式,它运用在历史研究中一般指对过往记忆的追述,以此留存历史实践中那些特别重大、影响深刻、意义非凡的事情。历史叙事通过追述彪炳史

[①]《习近平谈治国理政》第四卷,外文出版社2022年版,第59、106、151、162、163、175页。

[②] 原文载于《思想理论教育导刊》2023年第1期,收入本书时标题和文字略有修改。

[③]《习近平著作选读》第一卷,人民出版社2023年版,第4页。

册的大事要事,建构历史认知、达成政治共识,既有利于凝固国家和民族的集体记忆,又有利于焕发党和人民不懈奋斗的进取精神。

在百余年的奋斗历史中,中国共产党闯过了一道道关隘,经历了一件件具有里程碑意义的事件,建立了永垂史册的丰功伟绩。党团结人民取得的成就有些辐射全局、有些体现局部,共同勾勒了中国共产党循序渐进、积小胜为大胜的实践图景。概括众多发展成就中具有标志性的大事件、大变革,对提炼集体记忆的标志符号,提升中国共产党的政治形象,坚定全体人民的共同理想具有重要意义。

党的二十大之前,党的文献中已经有概括"三件大事"的历史叙事。1991年7月1日,江泽民在庆祝中国共产党成立七十周年大会上的讲话中指出:"我们党领导各族人民为中国社会的进步,做了许多事情。总起来说,就是三件大事:第一,完成反帝反封建的新民主主义革命任务,结束了中国半殖民地半封建社会的历史;第二,消灭剥削制度和剥削阶级,确立了社会主义制度;第三,开创建设有中国特色社会主义的道路,逐步实现社会主义现代化,这件事情还正在做。"①江泽民的这一概括,分别从取得革命胜利的成就、国家制度建构和开创新道路三个层面展开,既带有总结历史的意蕴,也含有面向未来的旨意。彻底推翻帝国主义、封建主义、官僚资本主义三座大山,建立统一和独立的民主国家是近代以来中国人民的追求目标,实现国家统一、民族独立和人民解放的历史夙愿在中国共产党手中变成了现实。建立社会主义制度,是中华民族伟大复兴历史进程中极其重要的大事,中国人民由此走上新社会的发展道路。开创中国特色社会主义道路,进行改革开放是决定当代中国命运的关键一招,推动中国人民走上腾飞起来的富裕之路。因此这"三件大事"具有标志性。

2006年6月30日,胡锦涛在庆祝中国共产党成立八十五周年暨总结保持共产党员先进性教育活动大会上,也以"三件大事"概括党的奋斗取得的成就。具体表述为:建立了新中国、建立了独立的比较完整的工业体系和国民经济体系、开创了中国特色社会主义道路。"这三件大事,从根本上改变了中国人民的前途命运,决定了中国历史的发展方向,在世界上产生了深刻而广泛的影响。"②2011年7月1日,胡锦涛在庆祝中国共产党成立九十周年大会上再次用"三件大事"总结党的奋斗历程,指出我们党紧紧依靠人民完成了新民主主义革命,实现了民族独立、人民解放;我们党紧紧依靠人民完成了社会主义革命,确立了社会主义基本制度;我们党紧紧依靠人民进行了改革开放新的伟大革命,开

①《十三大以来重要文献选编》下,人民出版社1993年版,第1631页。
②《十六大以来重要文献选编》下,中央文献出版社2008年版,第520页。

创、坚持、发展了中国特色社会主义。①这些概括虽然具体表述有所不同,但"三件大事"在内容上是基本相同的。

2012年党的十八大召开,中国特色社会主义进入新时代,党和国家事业迈上了新的发展阶段。在以习近平同志为核心的党中央坚强领导下,统筹"两个大局",统筹推进中国特色社会主义"五位一体"总体布局,协调推进"四个全面"战略布局,坚持和完善中国特色社会主义制度、推进国家治理体系和治理能力现代化,全面贯彻新发展理念,构建新发展格局,推动高质量发展,交出了一份不负历史、不负人民的优异答卷。习近平在党的二十大报告中概括的"三件大事",展现了中国共产党坚定历史自信、把握历史主动、踔厉奋发的时代形象。与之前党概括的"三件大事"相比,党的二十大概括的"三件大事"虽然以新时代十年为时间范围,但这些事件串联起中国共产党整个奋斗的历史脉络,是历史延伸的结果。这"三件大事"发生在中国特色社会主义进入新时代的伟大变革中,体现历史前进的步伐,具有党团结带领人民勇毅前行的坐标性意义。

我们注意到,党的二十大揭示的"三件大事"与此前的概括有明显不同的意蕴。从江泽民、胡锦涛概括"三件大事"的表达语义看,主要是从成就总结的角度作出历史叙事,而习近平的概括则侧重从我国发展方位的角度作出历史叙事。由此而言,"三件大事"的两种概括形成强化集体记忆的两种国家叙事方式:一是成就叙事、一是方位叙事。成就叙事的特点在于清晰展示历史发展中的收获,以标识性的事件焕发自豪感,通过成就的总结坚定历史自信。这样的成就叙事很多见,党中央在领导国家发展进步的每个阶段都会及时总结工作成绩,党的十九届六中全会审议通过的历史决议,对党的百年奋斗重大成就作出全面总结,就是一种宏大的成就叙事。方位叙事的特点在于鲜明昭示党和人民奋斗实践所处的位置,以标识性的事件明确前进的方向,通过方位揭示增强历史主动。这样的方位叙事在党的奋斗实践中也经常可见,如根据历史条件和时代环境的变化更新党的中心任务,形成新的动力。党的十九大宣告中国特色社会主义进入新时代,揭示的就是"我国发展新的历史方位"。成就叙事与方位叙事两种形式的语义不同但互相关联,总结成就目的是展望未来,揭示新的方位以历史成就为基础,体现向历史汲取动力与从现实寻求未来相统一。

习近平指出:"我们回顾历史,不是为了从成功中寻求慰藉,更不是为了躺在功劳簿上、为回避今天面临的困难和问题寻找借口,而是为了总结历史经验、把握历史规律,增

---

① 《十七大以来重要文献选编》下,中央文献出版社2013年版,第433页。

强开拓前进的勇气和力量。"①在党的十九届六中全会对党的百年奋斗重大成就和历史经验作出全面总结后,党的二十大以党和人民经历的"三件大事"作出方位叙事,旨在激励全党全国人民认清接续奋斗再出发的新任务,锚定全面建设社会主义现代化国家、以中国式现代化全面推进中华民族伟大复兴的前进目标,知难而进、迎难而上,披荆斩棘、奋勇直前。党的二十大报告以"三个历史性胜利"突出这"三件大事"的重大意义,"这是中国共产党和中国人民团结奋斗赢得的历史性胜利,是彪炳中华民族发展史册的历史性胜利,也是对世界具有深远影响的历史性胜利"②。深刻领会新时代党和人民经历的"三件大事",有助于把握历史方位,坚定历史自信,增强历史主动,谱写新时代中国特色社会主义更加绚丽的华章。

二、第一件大事:标志党历经百年迈上新的历史征程

迎来中国共产党成立一百周年,是"三件大事"中的第一件大事,突出党的事业发展新的历史方位。从1921年建立时只有50多名党员的弱小政党,到今天发展成为拥有9800多万党员的世界上第一大马克思主义执政党,中国共产党走过的百年历程彰显出其旺盛的生命力。100年只是光阴流逝的数字符号,但对中国共产党来说则留下了刻骨铭心的历史记忆。

中国共产党的成立以"开天辟地的大事变"揭开了中国革命新的历史帷幕,在上海召开的中国共产党第一次全国代表大会,标志着马克思主义新型政党登上历史舞台。1962年毛泽东在扩大的中央工作会议上发表讲话指出:"我们党在一九二一年成立的时候,只有几十个党员,也是少数人,可是这几十个人代表了真理,代表了中国的命运。"③党百年奋斗取得的重大成就为这个论断作出了诠释,以马克思主义科学思想为武装的先进政党把自身的命运与中华民族的命运紧密连接在一起,中国和中国人民由近代中国不断衰落向持续繁荣昌盛的根本性转变,通过中国共产党坚强有力的领导得以实现。

中国共产党领导人民浴血奋战、百折不挠,创造了新民主主义革命的伟大成就。在经历了鸦片战争以来中国人民和爱国志士仁人救亡图存一次次抗争失败后,中国共产党以反对帝国主义、封建主义、官僚资本主义,争取民族独立、人民解放为主要任务,深刻把握帝国主义和中华民族、封建主义和人民大众两对主要矛盾,紧紧依靠人民顽强拼搏,通过艰辛奋斗赢得革命胜利,建立了中华人民共和国,彻底结束了旧中国半殖民地半封建

---

① 《十八大以来重要文献选编》下,中央文献出版社2018年版,第345页。
② 《习近平著作选读》第一卷,人民出版社2023年版,第4页。
③ 《毛泽东文集》第8卷,人民出版社1999年版,第308页。

的历史,"实现了中国从几千年封建专制政治向人民民主的伟大飞跃"①,中国发展从此开启了新纪元。

中国共产党领导人民自力更生、发愤图强,创造了社会主义革命和建设的伟大成就。在1949年至1978年的近三十年时间里,党团结带领人民在社会主义建设实践中艰辛探索,虽然遭遇了一些挫折,但办成了许多大事,集中体现在确立社会主义制度,建立了独立的比较完整的工业体系和国民经济体系,农业生产条件显著改变,教育、科学、卫生、体育事业有很大发展,人民生活得到显著提高,"实现了一穷二白、人口众多的东方大国大步迈进社会主义社会的伟大飞跃"②。这一时期的伟大实践取得的独创性理论成果和巨大成就,为在新的历史时期开创中国特色社会主义提供了宝贵经验、理论准备、物质基础。

中国共产党领导人民解放思想、锐意进取,创造了改革开放和社会主义现代化建设的伟大成就。以1978年底党的十一届三中全会为标志,党中央以继续探索中国建设社会主义的正确道路,解放和发展社会生产力,使人民摆脱贫困、尽快富裕起来为主要任务,开创、推进、发展中国特色社会主义崭新事业。党中央坚持以经济建设为中心,以促进经济腾飞的巨大成就,把生产力相对落后的中国提升到经济总量跃升世界第二的发展水平,"实现了人民生活从温饱不足到总体小康、奔向全面小康的历史性跨越,推进了中华民族从站起来到富起来的伟大飞跃"③,中国大踏步赶上了时代。

中国共产党领导人民自信自强、守正创新,创造了新时代中国特色社会主义的伟大成就。2012年党的十八大以来,以习近平同志为核心的党中央"审时度势、果敢抉择,锐意进取、攻坚克难,团结带领全党全军全国各族人民撸起袖子加油干、风雨无阻向前行,义无反顾进行具有许多新的历史特点的伟大斗争"④,在经受住各种风险挑战中"攻克了许多长期没有解决的难题,办成了许多事关长远的大事要事,推动党和国家事业取得举世瞩目的重大成就"⑤,中华民族迎来了从站起来、富起来到强起来的伟大飞跃。

百年奋斗的历史镜像映衬着中国共产党呕心沥血的艰辛,展现着百年大党风华正茂的光彩。从世界历史和现实看,不是哪一个政党都能有百年风风雨雨的经历,世界上大多数政党的存在时间都不到100年,很多政党陷入苟延残喘的困境,一些政党由盛变衰,

①《十九大以来重要文献选编》下,中央文献出版社2023年版,第492页。
②《十九大以来重要文献选编》下,中央文献出版社2023年版,第496页。
③《十九大以来重要文献选编》下,中央文献出版社2023年版,第502页。
④《习近平著作选读》第一卷,人民出版社2023年版,第5页。
⑤《习近平著作选读》第一卷,人民出版社2023年版,第3—4页。

有的政党无疾而终。世界上大约5000多个政党中有66个已有百年历史,分布在22个国家或地区,①其中有的政党虽然历史悠久却规模不大,有的百年政党处于勉强维持的境地,难以找到像我们党这样经久不衰、始终保持生机活力的百年大党。走过百年奋斗历程的中国共产党在革命性锻造中更加坚强有力,中国人民在苦难辉煌的历史实践中建立起对中国共产党的高度信任和衷心拥护。中国共产党以百年奋斗证明了自己是一个什么样的党,是一个为谁而谋利、为谁而奋斗的党。以"迎来中国共产党成立一百周年"作出方位叙事,表达的是砥砺奋进再出发的意志。百年是一个时间节点,庆祝百年华诞的意义就是告诫全党回望过往、眺望未来,走好现实奋斗的路,始终不忘初心、担当使命,以承前启后、继往开来的努力,推进百年大党永续发展。"中国共产党立志于中华民族千秋伟业,百年恰是风华正茂!"②站在再出发的新历史起点上,党承担的任务更加繁重,进行的斗争更加伟大,肩负的使命更加荣光。以"迎来中国共产党成立一百周年"的大事为砥砺,百年大党再创新辉煌增添了动能。

三、第二件大事:标志党引领中国发展进入新的历史阶段

中国特色社会主义进入新时代,是"三件大事"中的第二件大事,突出国家事业发展新的历史方位。1949年中华人民共和国成立70多年来,在中国共产党坚强有力的领导下,国家事业经历一个个发展阶段逐步走上繁荣富强之路,沧海桑田的巨大变化推进中国不断走向新的境界。

新中国建设从长期遭受战争摧残的废墟上起步,帝国主义、封建主义、官僚资本主义统治留下的烂摊子使国家发展举步维艰。面对经济文化相对落后的状况,面对国内外敌对势力颠覆新生政权的图谋和破坏活动,中国共产党紧紧依靠人民顶住压力、战胜各种风险挑战、克服各种困难,取得社会主义革命和建设一系列重大成就。党在治国理政实践中,坚持人民至上,以改善和提高人民生活水平为执政诉求,推动国家建设在社会主义轨道上发展。

中华人民共和国成立初期,生产力十分落后,经济能力低下,人民生活困难。毛泽东指出:"整个中国现在还很落后,需要发展。这是因为过去有帝国主义和国民党压迫的关系","我们现在工业、农业、文化、军事还都不行","我们现在坦克、汽车、大口径的大炮、拖拉机都不能造,还是把尾巴夹起的好","为了我们共同的目标,应当搞出些名堂来,使

---

① 引自周淑真:《当代世界百年政党现状与百年大党标准》一文,《人民论坛》2021年第19期。
②《习近平谈治国理政》第四卷,外文出版社2022年版,第15页。

国家像个样子"。[①]现实情况是,我国不要说和发达国家无法相比,即使与一些小国或同中国相似的国家相比也有很大差距。毛泽东当时就说:"中国是一个庞然大国,但工业不如荷兰、比利时,汽车制造不如丹麦","我国的工业水平比印度还低",但我们党有自信和有能力把国家建设好,"我们的目标是要使我国比现在大为发展,大为富,大为强"。[②]中国共产党做到了,国家繁荣发展的事实证明了党不仅善于破坏一个旧世界,而且也善于建设一个新世界。据相关统计,1949年中国的国内生产总值只有近123亿美元,人均23美元。2021年我国经济总量达114.367万亿元,比2012年增长112.2%,[③]稳居世界第二,人均国内生产总值超过10000美元。70多年实现这样大跨越、如此大跃升的发展,令世界对中国刮目相看。

1978年底党中央作出改革开放的历史抉择,"实现了新中国成立以来党的历史上具有深远意义的伟大转折"[④],标志着国家进入加快推进社会主义现代化建设的历史新阶段。2018年12月,习近平总书记在庆祝改革开放四十周年大会上发表重要讲话指出:"改革开放是中国人民和中华民族发展史上一次伟大革命,正是这个伟大革命推动了中国特色社会主义事业的伟大飞跃","四十年来,我们解放思想、实事求是,大胆地试、勇敢地改,干出了一片新天地","我们用几十年时间走完了发达国家几百年走过的工业化历程。在中国人民手中,不可能成为了可能"。[⑤]在改革开放深入推进中,党中央从开创中国特色社会主义,到成功把中国特色社会主义推向21世纪,再到成功在新形势下坚持和发展了中国特色社会主义,国家事业开拓创新的发展呈现从开启新时期到跨入新世纪,从站上新起点到进入新时代的前进轨迹,中国人民向往美好生活的期待不断得到满足。

2012年党的十八大是党引领中国发展进入新历史阶段的标志,推动中国特色社会主义进入新时代,我国发展新的历史方位为国家建设创造了蓬勃发展的历史契机。全党全国各族人民在习近平新时代中国特色社会主义思想指导下,全面贯彻党的基本路线、基本方略,采取一系列战略性举措,推进一系列变革性实践,实现一系列突破性进展,取得一系列标志性成果。党的二十大报告从16个方面对新时代十年取得的重大成就进行了全面总结,作出"新时代十年的伟大变革,在党史、新中国史、改革开放史、社会主义发展史、中华民族发展史上具有里程碑意义"的历史评价。这座里程碑分量厚重,记录了党

---

①《毛泽东文集》第6卷,人民出版社1999年版,第312、357、358页。

②《毛泽东文集》第6卷,人民出版社1999年版,第358、362、495页。

③《党的十九大以来大事记》,人民出版社2022年版,第87页。

④《十九大以来重要文献选编》下,中央文献出版社2023年版,第497页。

⑤《十九大以来重要文献选编》上,中央文献出版社2019年版,第721、723、728页。

和人民在遭遇极不寻常、极不平凡的环境下书写了经济快速发展和社会长期稳定两大奇迹新篇章的成就。新时代党和人民一道拼出来、干出来的伟大成就，对坚定历史自信、增强历史主动，昂扬斗志、振奋精神，锚定目标勇毅前行是巨大的激励。

从方位叙事认识中国特色社会主义进入新时代这件大事，有助于提高全党全国各族人民奋斗新时代新征程的思想和实践自觉。中国特色社会主义是改革开放最大最重要的成果，改革开放之所以成为决定当代中国前途命运的关键一招，不仅是因为它为国家发展注入了强大生机活力，而且更因为它也是决定实现中华民族伟大复兴的关键一招。中国特色社会主义进入新时代之前，改革开放已经走过了34年的历程，党的十八大作出全面深化改革的战略部署，以把改革开放进行到底的决心和意志，啃硬骨头、涉险滩、破难题，以果断勇气和巨大魄力坚决排除各种影响全面深化改革的体制机制障碍，推动国家建设提升到一个新的境界。新时代十年来，我国社会主义现代化建设在新的历史方位上发展，取得的最大最重要的成果是创造性地形成了中国式现代化的深刻认知和系统理论。党的二十大报告从人口规模巨大、全体人民共同富裕、物质文明和精神文明相协调、人与自然和谐共生、走和平发展道路五个方面揭示中国式现代化特色，代表着中国共产党对现代化的创新认知。中国式现代化的特色体现坚持中国共产党领导，坚持中国特色社会主义，实现高质量发展，发展全过程人民民主，丰富人民精神世界，实现共同富裕，促进人与自然和谐共生，推动构建人类命运共同体，创造人类文明新形态的本质要求，共同构成与世界上既有现代化模式相区别的显著标志。这就表明，新时代是我们党成功推进和拓展中国式现代化的时代，是彰显中国人民和中华民族创造人类文明新形态的时代。党的二十大发出为全面建设社会主义现代化强国、实现第二个百年奋斗目标，以中国式现代化全面推进中华民族伟大复兴而共同奋斗的号召，正是党和人民经历了中国特色社会主义进入新时代这件大事的必然要求。以"中国特色社会主义进入新时代"的大事为砥砺，党引领中国发展形成政治定力的把握。

四、第三件大事：标志中华民族站在实现伟大复兴新的历史起点

完成脱贫攻坚、全面建成小康社会的历史任务，实现第一个百年奋斗目标，是"三件大事"中的第三件大事，突出民族复兴新的历史方位。从1840年鸦片战争起，实现中华民族伟大复兴就成为萦绕中国人民脑海的长期夙愿，一代又一代人为之进行了前赴后继的伟大斗争，以实现国家富强、民族振兴、人民幸福为基本内涵的伟大中国梦，激励着中华儿女不断在奋斗历程上迈出新的步伐。

纵览世界，实现民族复兴是中华民族独有的使命。中国曾经长期领先世界发展却承

受了一百多年落后挨打的凄惨遭遇,留下中华民族发展史上一段耻辱的经历,中国人民刻骨铭心。一个强盛过的民族衰落了还能不能再振兴起来,世界上没有先例,在一些人眼里是不可能、做不到的事情。[①]但中国人民从来就不认这个理,不服这个输,"一个民族多少世纪以来不仅保存了而且发展了,一定有它的长处"[②]。中华民族伟大精神蕴藏着改变悲惨命运的巨大能量,无论是在反帝反封建的伟大斗争中,还是在进行社会主义建设的社会革命中,为民族复兴而不懈奋斗构成近现代中国社会发展的一条主线。中国人民以不断走向胜利的历史事实给世界提供了中华民族的能力证明,经历衰落遭遇的中国将以实现民族复兴的创举展示中华民族的伟大精神。

中国共产党成立前的80年里,中国人民和爱国志士仁人为救亡图存进行的抗争可歌可泣,但由于缺乏科学思想的指导和先进政党的领导,付出的努力都没有取得成功,许多先进中国人"振兴中华"的志向因受到重挫而遗憾不已。中华民族伟大复兴的发展历程在中国共产党登上历史舞台后才出现转机,中国和中华民族的前途命运由此而发生历史性转变。毛泽东指出:"自己要掌握自己的命运。自己不能掌握自己的命运,那是不好的,每天难过日子。"[③]半殖民地半封建社会,中国人民实现民族复兴的斗争之所以一次次以失败而告终,根本原因在于命运掌握在帝国主义和封建主义统治集团手里。中国共产党一经诞生就义无反顾地肩负起实现中华民族伟大复兴的使命,"一百年来,中国共产党团结带领中国人民进行的一切奋斗、一切牺牲、一切创造,归结起来就是一个主题:实现中华民族伟大复兴"[④]。围绕这个主题,中国共产党人践行初心使命,弘扬伟大建党精神,锤炼鲜明品格,在百年奋斗实践中充分激活中华民族伟大精神,凝聚起全体中国人民齐心合力为实现伟大中国梦而共同奋斗的磅礴力量,推进中华民族在伟大复兴征程上不断向前迈进。中国共产党团结带领人民书写了中华民族几千年历史上最恢宏的史诗,绘就了人类发展史上波澜壮阔的壮美画卷。党的二十大号召全党全国各族人民接续奋斗,奋力谱写全面建设社会主义现代化国家崭新篇章,赋予中华民族伟大复兴以新的动力,中国人民将迎来更加灿烂光明的前景。

中国共产党百年奋斗历程与中华民族伟大复兴历史进程相向而行、同步发展,不断开辟出新的境界。党团结带领人民取得新民主主义革命的伟大成就,为实现中华民族伟

---

① 19世纪末有一位英国作家就在发表的文章中断言:"世界史中,尚未见有回春复活之民族,重为世界之强国也。"参见《李大钊文集》第2卷,人民出版社1999年版,第206页。

②《毛泽东文集》第6卷,人民出版社1999年版,第410页。

③《毛泽东文集》第6卷,人民出版社1999年版,第494页。

④《习近平谈治国理政》第四卷,外文出版社2022年版,第4页。

大复兴创造根本社会条件;取得社会主义革命和建设的伟大成就,为实现中华民族伟大复兴奠定根本政治前提和制度基础;取得改革开放和社会主义现代化建设的伟大成就,为实现中华民族伟大复兴提供充满活力的体制保证和快速发展的物质条件;取得新时代中国特色社会主义的伟大成就,在朝着实现中华民族伟大复兴的宏伟目标继续前进的道路上创造出新的奇迹。中国人民距离实现中华民族伟大复兴的目标越来越近,信心越来越足,能力越来越强。中国特色社会主义进入新时代,中华民族伟大复兴已经走向不可逆转的历史进程,任何人和任何势力都阻挡不了中华民族伟大复兴的强劲步伐。

长期实践使中国人民深切认识到,实现中华民族伟大复兴必须有三个前提条件,一是坚持党的全面领导。没有中国共产党,就没有中华民族伟大复兴,"全面建设社会主义现代化国家、全面推进中华民族伟大复兴,关键在党"①。二是走中国特色社会主义道路。从独立自主走出一条新民主主义革命道路,到创新开辟中国特色社会主义道路,中华民族伟大复兴成败得失的命运都是由道路决定的,中国特色社会主义是实现中华民族伟大复兴的必由之路。三是全体人民共同奋斗。中华民族伟大复兴是全体中国人民的伟大梦想,必须靠共同奋斗来实现,人心涣散实现不了中华民族伟大复兴,团结奋斗是中国人民创造历史伟业的必由之路。这些前提条件形成全党全国各族人民的最大政治共识,是中华民族伟大复兴奋斗目标胜利实现的根本保证。

完成脱贫攻坚、全面建成小康社会的历史任务,实现第一个百年奋斗目标,标志着中华民族站在实现伟大复兴新的历史起点。在邓小平提出建设小康社会构想后,党的十三大制定了推动我国经济发展的"三步走"战略,明确了党和国家事业发展的长期目标。这一战略的"第二步"包含着"人民生活达到小康水平"②的美好希冀。此后,党的十四大、十五大又对"三步走"战略作出具体部署。2000年10月,党的十五届五中全会提出"从新世纪开始,我国进入了全面建设小康社会,加快推进社会主义现代化的新的发展阶段"③。党的十六大、十七大继续加快小康社会的建设步伐,变压力为动力,化挑战为机遇,对建成总体小康社会后实现全面小康作出新谋划。2012年11月,党的十八大将"全面建成小康社会"写到大会主题之中,明确宣示"决胜全面建成小康社会"。2021年中国共产党成立100周年时,习近平总书记庄严宣告全面建成小康社会的第一个百年奋斗目标胜利实现。从1921年建党到1949年新中国成立,党团结人民取得革命胜利花了28年

---

① 《习近平著作选读》第一卷,人民出版社2023年版,第52页。
② 《十三大以来重要文献选编》上,人民出版社1991年版,第16页。
③ 《十五大以来重要文献选编》下,人民出版社2003年版,第2415页。

时间,而从1979年底邓小平首次提出小康社会建设任务到2021年取得最后胜利用了42年时间,其奋斗的艰辛在时间维度上就得以显示,全面建设小康社会成色十足。

脱贫攻坚是全面建成小康社会的底线任务,与全面建成小康社会是一件相辅相成的大事。新时代十年来,以习近平同志为核心的党中央把脱贫攻坚作为重大战役,"坚持精准扶贫、尽锐出战,打赢了人类历史上规模最大的脱贫攻坚战,全国八百三十二个贫困县全部摘帽,近一亿农村贫困人口实现脱贫,九百六十多万贫困人口实现易地搬迁,历史性地解决了绝对贫困问题,为全球减贫事业作出了重大贡献"[1]。联合国《2021年可持续发展目标报告》显示,2020年全球共有1.19亿至1.24亿人重新回到极端贫困状态,饥饿人口大幅增加。[2]这与中国共产党完成脱贫攻坚、实现全面建成小康社会历史任务取得的辉煌成就形成了鲜明对比。

党的二十大报告指出:"我们经过接续奋斗,实现了小康这个中华民族的千年梦想,我国发展站在了更高历史起点上。"[3]全面建设社会主义现代化国家、以中国式现代化全面推进中华民族伟大复兴新的使命就是从这个更高历史起点上揭开历史大幕,党团结带领人民将用新的伟大奋斗创造新的伟业,推动"中国号"巨轮朝着实现中华民族伟大复兴的宏伟目标行驶,确保取得最终的胜利。以"完成脱贫攻坚、全面建成小康社会的历史任务,实现第一个百年奋斗目标"的大事为砥砺,中华民族伟大复兴一定能够实现。

五、"三件大事"的意蕴:激发奋进新征程的斗志

新时代的十年实践在中华民族伟大复兴战略全局和世界百年未有之大变局加速演进中展开,中华大地发生伟大变革的场景全党全国各族人民感同身受。在以习近平同志为核心的党中央坚强有力的领导下,党和人民"经受住了来自政治、经济、意识形态、自然界等方面的风险挑战考验,党和国家事业取得历史性成就、发生历史性变革,推动我国迈上全面建设社会主义现代化国家新征程"[4]。党的二十大擘画了全面建设社会主义现代化国家、以中国式现代化全面推进中华民族伟大复兴的宏伟蓝图,吹响了奋进新征程的时代号角。"三件大事"作为已完成的经历记入史册,它所产生的耐力则将迸发出全党全国各族人民奋斗新征程的强大力量。

向历史汲取前进动力,把握一些重大时间节点具有十分重要的意义。"历史是以若干

---

① 《习近平著作选读》第一卷,人民出版社2023年版,第6—7页。
② 王新萍等:《全球发展倡议,"时代之问"的中国答案》,《人民日报》2022年3月23日。
③ 《习近平著作选读》第一卷,人民出版社2023年版,第6页。
④ 《习近平著作选读》第一卷,人民出版社2023年版,第5页。

年为单位来计算的"[1]，每段历史都蕴藏着智慧和精神的财富。人们的实践活动总是在一些具有历史意义的时间节点上进行，由此经历的重大事件体现特殊意义。2017年10月25日，习近平总书记在十九届中共中央政治局常委同中外记者见面时发表讲话，指出从中共十九大到二十大的五年中我们将面对四个时间节点：2018年将迎来改革开放四十周年；2019年将迎来中华人民共和国成立七十周年；2020年将全面建成小康社会；2021年将迎来中国共产党成立一百周年，强调这些"重要的时间节点，是我们工作的坐标"[2]。这些重大时间节点正是党的二十大作出"三件大事"方位叙事的依据。

"三件大事"的完成形成了政党、国家、社会三维视角的方位叙事，具有内在的逻辑关系。中国共产党成立一百周年这件大事意味着引领中国发展有了久经锤炼的坚强领导核心；中国特色社会主义进入新时代这件大事意味着推动国家进步站在了一个全新的历史起点上；完成脱贫攻坚、全面建成小康社会的历史任务，实现第一个百年奋斗目标这件大事意味着促进社会昌盛奠定了厚实基础。这样的关联性鲜明体现了当代中国执政党、国家、社会高度同质性的制度特征，因此全党全国各族人民把这"三件大事"作为共同参与的重大政治议题和重大政治生活，从中受到深刻的政治洗礼和思想教育。经历"三件大事"后建构起的历史认知，增强了中国人民对执政党、国家和社会的政治情感，坚定了全党全国各族人民全面建成社会主义现代化强国、以中国式现代化全面推进中华民族伟大复兴的历史自信。

"三件大事"的方位叙事具有深刻的意蕴，对时刻保持牢记我们从哪里来、要到哪里去的清醒和坚定具有极其重要的意义。习近平总书记依据历史必然性和发展阶段性相统一的马克思主义思想，精准研判我国现阶段的历史方位，指出今天我们处在"经过几十年积累、站到了新的起点上的一个阶段"，"今天，我们正在此前发展的基础上续写全面建设社会主义现代化国家新的历史"。[3]中国特色社会主义进入新时代，到党的二十大发出奋斗新征程的动员令，党团结带领人民以砥砺奋进的新姿态迈上新的发展阶段。党的二十大报告用"从现在起"的话语表述提出党的中心任务，标志着全面建设社会主义现代化国家新征程从"开启"到"迈上"的完成。"三件大事"成为党和人民立志再创新辉煌的强大动力，坚持和发展新时代中国特色社会主义将以此为历史起点迈出新的步伐。

习近平总书记指出："新征程是充满光荣和梦想的远征。蓝图已经绘就，号角已经吹

①《毛泽东文集》第6卷，人民出版社1999年版，第340页。
②《十九大以来重要文献选编》上，中央文献出版社2019年版，第86页。
③《习近平谈治国理政》第四卷，外文出版社2022年版，第162、163页。

响。我们要踔厉奋发、勇毅前行，努力创造更加灿烂的明天。"①从新的历史方位出发奋斗新时代新征程，全面贯彻党的二十大精神，全党必须统一思想、统一意志、统一行动，高举中国特色社会主义伟大旗帜，深刻领悟"两个确立"的决定性意义，增强"四个意识"、坚定"四个自信"、做到"两个维护"，牢记"三个务必"，弘扬伟大建党精神，勇于自我革命，破解大党独有难题，坚定不移以中国式现代化全面推进中华民族伟大复兴的伟大胜利，向历史和人民交出一份更加优异、更加出彩的答卷。

第四节　毫不动摇坚持和加强党的全面领导②

习近平总书记在省部级主要领导干部专题研讨班上发表的重要讲话，深刻阐述了过去五年工作和新时代十年的伟大变革。中国特色社会主义进入新时代以来，以习近平同志为核心的党中央采取一系列重大战略举措，坚持和加强党的全面领导，着力解决过去一个时期党内存在的落实党的领导弱化、虚化、淡化、边缘化问题，使党的领导更加坚强有力。坚持和加强党的全面领导，不仅是坚持和发展中国特色社会主义取得的历史性成就之一，也是新时代十年伟大变革的根本保证。

一、取得重大政治成果

办好中国的事情，关键在党。治理好我们这个世界上最大的马克思主义政党和人口最多的社会主义国家，必须坚持党的全面领导特别是党中央集中统一领导。新时代十年的创新实践坚持和加强党的全面领导取得重大政治成果，主要体现为"两个确立"的决定性意义深入人心，全党进一步增强"四个意识"、坚定"四个自信"、做到"两个维护"的政治自觉、思想自觉、行动自觉空前提升，坚决维护党中央权威和集中统一领导得到全面加强，党的事业发展具有更加坚强的政治保证。

习近平总书记强调，坚持党的领导，首先是坚持党中央权威和集中统一领导，这是党的领导的最高原则。党的十八大以来，以习近平同志为核心的党中央旗帜鲜明坚持和加强党的全面领导，把保证全党服从中央、维护党中央权威和集中统一领导作为党的政治建设的首要任务，要求把加强和维护党中央集中统一领导作为全党共同的政治责任。围绕坚决维护党中央权威和集中统一领导提出的一系列原创性新理念新思想新战略、作出

---

① 习近平：《在二十届中央政治局常委同中外记者见面时的讲话》，《求是》2022年第22期。
② 原文载于《人民日报》2022年10月11日，收入本书时文字略有修改。

的一系列重要制度安排,使党中央权威和集中统一领导得到有力保证,党的全面领导更加坚强有力。

　　坚持和加强党的全面领导、维护党中央权威和集中统一领导,有坚强有力的领导核心是重中之重、要中之要。党的十八届六中全会正式提出"以习近平同志为核心的党中央"。党的十九大把"坚定维护以习近平同志为核心的党中央权威和集中统一领导"写入党章。党的十九届六中全会通过的《中共中央关于党的百年奋斗重大成就和历史经验的决议》指出:"党确立习近平同志党中央的核心、全党的核心地位,确立习近平新时代中国特色社会主义思想的指导地位,反映了全党全军全国各族人民共同心愿,对新时代党和国家事业发展、对推进中华民族伟大复兴历史进程具有决定性意义。"①新时代十年的伟大变革让全党上下更加深刻认识到,只有深刻领悟"两个确立"的决定性意义,坚决做到"两个维护",才能统揽伟大斗争、伟大工程、伟大事业、伟大梦想,不断夺取新时代中国特色社会主义新胜利。

二、取得重大理论成果

　　党的十八大以来,习近平总书记深刻阐述了坚持和加强党的全面领导的极端重要性,澄清了重大理论是非,为毫不动摇坚持和加强党的全面领导提供了根本指针。

　　习近平总书记关于坚持和加强党的全面领导的一系列重要论述,立意高远、思想深邃、内涵丰富。强调"中国共产党领导是中国特色社会主义最本质的特征,是中国特色社会主义制度的最大优势,是党和国家的根本所在、命脉所在,是全国各族人民的利益所系、命运所系",深刻揭示党的全面领导与中国特色社会主义的内在关系。强调"党的领导必须是全面的、系统的、整体的,必须体现到经济建设、政治建设、文化建设、社会建设、生态文明建设和国防军队、祖国统一、外交工作、党的建设等各方面",赋予党的全面领导新的时代内涵。强调"新的征程上,我们必须坚持和加强党的全面领导,充分发挥党总揽全局、协调各方的领导核心作用,提高党科学执政、民主执政、依法执政水平",为全面提高党的领导科学化水平指明了方向。强调"坚持和加强党的全面领导,首先要维护党中央权威和集中统一领导",深刻揭示坚持党的全面领导与维护党中央权威和集中统一领导的内在关系。强调"如果没有中国共产党领导,完成民族独立和解放的任务就可能拖得更久、付出的代价更大""没有中国共产党的领导,民族复兴必然是空想",深刻阐明党的全面领导是实现中华民族伟大复兴的根本保证。这些重大理论成果,进一步丰富和发

---

　　①《十九大以来重要文献选编》下,中央文献出版社2023年版,第505页。

展了马克思主义建党学说,深化了我们党对共产党执政规律的认识。

三、取得重大制度成果

制度问题带有根本性、全局性、稳定性、长期性。新时代十年来,在以习近平同志为核心的党中央坚强领导下,在习近平新时代中国特色社会主义思想科学指引下,中国共产党形成了一套比较完善的党的领导制度机制,为坚持加强党的全面领导和党中央集中统一领导提供了坚强制度保障。

党的十九大把"中国共产党的领导是中国特色社会主义最本质的特征,是中国特色社会主义制度的最大优势。党政军民学,东西南北中,党是领导一切的"这一重大政治原则写入党章,强化了党总揽全局、协调各方的领导核心作用。十三届全国人大一次会议把"中国共产党领导是中国特色社会主义最本质的特征"写入宪法,以国家根本法形式确保党总揽全局、协调各方的领导核心地位。党的十九届四中全会明确党的领导制度是我国的根本领导制度,强调健全总揽全局、协调各方的党的领导制度体系。制定实施《关于新形势下党内政治生活的若干准则》《中共中央政治局关于加强和维护党中央集中统一领导的若干规定》《中国共产党重大事项请示报告条例》等党内法规,把坚决做到"两个维护"的要求具体化,为坚持和加强党的全面领导作出了明确规定。建立健全党中央对重大工作的领导体制,严格执行向党中央请示报告制度。不断完善党领导人大、政府、政协、监察机关、审判机关、检察机关、武装力量、人民团体、企事业单位、基层群众性自治组织、社会组织等制度。在重要领域设立党中央决策议事协调机构,加强党中央对涉及党和国家事业全局的重大工作的集中统一领导。完善推动党中央重大决策落实机制,完善党委督促检查工作领导体制和工作机制。修订地方党委工作条例、党组工作条例等,完善地方党委、党组的领导制度和工作制度。修订国有企业、农村、高校等领域基层党组织的工作法规,完善各类基层党组织的领导制度和工作制度。这些重大制度成果,让党的领导制度体系越来越完善,确保全党思想上更加统一、政治上更加团结、行动上更加一致。

四、取得重大实践成果

新时代十年来,坚持和加强党的全面领导取得重大实践成果,党中央权威和集中统一领导得到全面加强,党的领导更加坚强有力。

以雷霆万钧之势推进全面从严治党。全面从严治党,核心是加强党的领导,基础在全面,关键在严,要害在治。党的十八大以来,以习近平同志为核心的党中央以刀刃向内的勇气向党内顽瘤痼疾开刀,以雷霆万钧之势推进全面从严治党,以钉钉子精神把管党治党要求落实落细,清除了党内存在的严重隐患,化解了党面临的严重政治风险,正本清源、拨正船头,保证全党沿着正确航向前进,确保党的全面领导更加坚强有力,对党、对国家、对民族都产生了不可估量的深远影响。

开创党的建设新的伟大工程新局面。面对新形势新任务新要求,中国共产党高度重视对自身建设的领导,鲜明提出新时代党的建设总要求,作出在新的历史条件下推进党的建设新的伟大工程的顶层设计,包括把党的政治建设纳入党的建设总体布局并摆在首位,把坚定理想信念作为党的思想建设的首要任务,提出新时代党的组织路线、不断加强党的组织建设,坚决反对"四风"、强调作风建设永远在路上,加强党的纪律建设、把守纪律讲规矩摆在更加重要的位置,把制度建设贯穿到党的各项建设之中,坚定不移推进党风廉政建设和反腐败斗争,一体推进不敢腐、不能腐、不想腐,等等。

确保党始终成为中国特色社会主义事业的坚强领导核心。党的十八大以来,以习近平同志为核心的党中央统筹推进"五位一体"总体布局、协调推进"四个全面"战略布局,把坚持和加强党的全面领导落实到国家治理各领域各方面各环节,确保党始终成为中国特色社会主义事业的坚强领导核心。我们党以全局观念和系统思维谋划推进伟大事业,从全局上确立了新时代坚持和发展中国特色社会主义的战略规划和部署,蹄疾步稳、有力有序解决各领域各方面体制性障碍、机制性梗阻、政策性创新问题。新时代十年来的伟大变革再次证明,正是因为始终坚持和加强党的全面领导,我们才能有效应对重大挑战、抵御重大风险、克服重大阻力、解决重大矛盾,才能不断推动新时代中国特色社会主义伟大事业砥砺奋进、壮阔前行。

第五节　中国共产党领导国家治理的优势论析①

坚持党的全面领导在党的二十大建构的中国式现代化理论中具有重要分量,中国式现代化是中国共产党领导的社会主义现代化,党中央概括提出的中国式现代化的九个本质要求中,"坚持中国共产党领导"居于首要地位。国家治理现代化是推进和拓展中国式现代化的重大议题,中国式现代化遵循坚持中国共产党领导的本质要求,与充分发挥国家治理实践中党的领导优势相统一。新时代十年来,在中国共产党的坚强领导下,党和国家事业取得了历史性成就,经济快速发展和社会长期稳定两大奇迹充分显示了我国国家治理的卓著成效。世界现代化的历史进程已经超越了工业化、科学技术等生产力和物质层

---

① 原文载于《治理研究》2023年第1期,收入本书时文字略有修改。

面的发展阶段,国家治理成为认知现代化的重要方面,各国治理的比较优势集中体现在国家现代管理的水平上。以习近平同志为核心的党中央以高度历史自觉和精神主动,坚持和完善中国特色社会主义制度、推进国家治理体系和治理能力现代化,创造了中国共产党领导国家治理的"中国之治"成功经验。从多个维度诠释我国国家治理实践中的中国共产党领导优势,加深认识和牢牢把握坚持党的全面领导这个重大战略定力,对全面建成社会主义现代化强国、以中国式现代化全面推进中华民族伟大复兴具有重大意义。

一、党的领导与国家治理的方向引领性

国家的发展过程就是国家的治理过程,治理水平高低很大程度上影响国家发展程度。人类社会形成国家后的演进中,从纵向看经历了不同历史时期的国家治理发展阶段,从横向看呈现出各个国家治理的不同样式。当今时代,"世界上既不存在定于一尊的现代化模式,也不存在放之四海而皆准的现代化标准……我们所推进的现代化,既有各国现代化的共同特征,更有基于国情的中国特色"①。我国建设社会主义现代化具有许多重要特征,其中最重要的就是中国共产党对国家治理的全面领导。

如果说先行起步的西方国家走了一条以资本主义市场推动的现代化道路的话,那么,我国走的则是一条以马克思主义政党力量推动的现代化道路,两条道路形成经济主导与政治主导的显著区别。马克思主义强调经济基础决定上层建筑,现代化建设必须建立在生产力高度发展的基础上。然而现代化绝不是经济现象,而是包括政治、文化、社会等在内的系统构造。较长时间里把现代化等同于工业化的认知显然具有历史局限性,这样的认知随着世界现代化进程的发展而显得肤浅。党的二十大关于中国式现代化作出的全面论述,以丰富的内涵和深刻的思想形成了当今世界认知现代化的最新成果,大大超越既有的认知水平。

近代中国社会先进人士追求现代化最初形成的是模仿西方国家道路的思维,从学习"船坚炮利"开始,到开办工厂,引进机器、电讯、铁路及自然科学,就是试图以经济为主导把中国引上现代化道路。但在帝国主义和封建主义统治下,这条道路屡试屡败,根本找不到实现现代化的方向。中国共产党领导中国革命取得胜利后,在经济文化落后的条件下领导社会主义建设,团结带领中国人民在推进现代化发展中取得一个又一个伟大胜利,凸显先进政党主导现代化的政治优势。

中国共产党人从来就是从政治上认识现代化问题。新民主主义革命时期,毛泽东就

---

① 《习近平谈治国理政》第四卷,外文出版社2022年版,第123页。

指出:"中国应该发展成为近代化的国家、丰衣足食的国家、富强的国家。这就要解放生产力,破坏帝国主义和封建主义……不破坏它们,中国就不能发展和进步。"①改革开放后,邓小平指出:"社会主义现代化建设是我们当前最大的政治。"②这些观点确立了在中国搞现代化建设的政治思维,对引领我国现代化发展起着极其重要的作用。

中国特色社会主义进入新时代的创新实践中,习近平就推进中国现代化作出一系列重要论述,内容丰富,理论深刻,为成功推进和拓展中国式现代化提供了强大思想武器。习近平精辟揭示我国现代化的政治优势、制度优势和理论优势,强调必须加强党对社会主义现代化建设的全面领导,"不断推进国家治理体系和治理能力现代化,把坚持党的全面领导的政治优势、坚持中国特色社会主义制度的制度优势同坚持新发展理念的理论优势统一起来,推动党对社会主义现代化建设的领导在职能配置上更加科学合理、在体制机制上更加完善、在运行管理上更加高效"③。这是从政治高度揭示中国现代化的比较优势,赋予中国现代化与西方现代化不同的内涵。

从政治思维认知中国式现代化道路的核心问题是解决方向问题,作为体现国家意志和社会意愿的整体行为,国家治理总是循着一定的方向和轨迹开展。习近平指出:"我们党领导人民治国理政,很重要的一个方面就是要回答好实现什么样的发展、怎样实现发展这个重大问题"④,要回答好"在我国国家制度和国家治理体系上应该坚持和巩固什么、完善和发展什么这个重大政治问题"⑤,这就是方向问题的揭示。对于国家治理来说,确定方向就是明确举什么旗、走什么路、以什么样的精神状态、朝着什么样的目标前进。中国共产党就是引领方向的核心主体,在推进中国现代化发展进程中,高举旗帜、走正道路、饱满精神、锚定目标,必须坚持党的全面领导。

党的领导引领国家治理的方向,是团结带领人民成功走出中国式现代化道路的根本保证。无论是国家治理还是现代化建设,中国共产党领导具有领航把舵的意义,方向偏了就会南辕北辙,从而陷入邪路迷境。"治理好我们这个世界上最大的政党和人口最多的国家,必须坚持党的集中统一领导,维护党中央权威,确保党始终总揽全局、协调各方"⑥,"中国共产党具有无比坚强的领导力、组织力、执行力,是团结带领人民攻坚克难、

①《毛泽东文集》第3卷,人民出版社1996年版,第432页。
②《邓小平文选》第二卷,人民出版社1994年版,第163页。
③《习近平谈治国理政》第四卷,外文出版社2022年版,第46页。
④《习近平谈治国理政》第四卷,外文出版社2022年版,第167页。
⑤《十九大以来重要文献选编》中,中央文献出版社2021年版,第299页。
⑥《习近平谈治国理政》第四卷,外文出版社2022年版,第50页。

开拓前进最可靠的领导力量"①。习近平反复强调中国共产党领导是中国特色社会主义最本质的特征,是中国特色社会主义制度的最大优势,国家治理现代化坚持正确方向必须充分彰显这个最本质的特征,充分发挥这个最大的制度优势。

方向决定道路,道路决定命运。中国近代以后的历史命运得到根本扭转,靠的就是中国共产党高举马克思主义旗帜昭示正确的前进方向,找到了正确的发展道路。历史证明,中国人民和中华民族之所以能够以"中国之治"创造现代化建设举世瞩目的成就,最根本的就是有中国共产党的坚强领导。"只要我们坚持党的全面领导不动摇,坚决维护党的核心和党中央权威,充分发挥党的领导政治优势,把党的领导落实到党和国家事业各领域各方面各环节,就一定能够确保全党全军全国各族人民团结一致向前进。"②这是党团结带领人民在百年奋斗实践中得出的重大历史结论。坚定不移走好党的全面领导必由之路,是引领国家治理沿着正确方向健康发展的内在要求。

二、党的领导与国家治理的制度规范性

从人治方式的国家治理向制度方式的国家治理转变,是人类社会走向现代化的重要表征。这个历史性转变使国家治理不再是按照主观意志随意任性的作为,而是遵循客观规律秩序运行的规范。新中国成立后,确立社会主义制度为党治国理政奠定了根本政治前提和根本制度基础,不断加强制度建设为推进中国现代化发展提供了根本保证。

改革开放深入发展中,邓小平提出制度具有根本性、全局性、稳定性、长期性的重大论断,不仅对加强党的建设具有重大意义,而且成为指导国家建设的遵循准则。"党坚决推进经济体制改革,同时进行政治、文化、社会等各领域体制改革,推进党的建设制度改革,不断形成和发展符合当代中国国情、充满生机活力的体制机制。"③在党中央领导下,一系列制度的制定和实施形成国家有序治理的体制机制,在创新发展中不断健全完善人民代表大会根本政治制度、中国共产党领导的多党合作和政治协商制度、民族区域自治制度、基层群众自治制度,中国特色社会主义法律体系,公有制为主体、多种所有制经济共同发展的基本经济制度,以及建立在这些制度基础上的经济体制、政治体制、文化体制、社会体制等各项具体制度。④以邓小平、江泽民、胡锦涛等同志为主要代表的中国共产党人开创、坚持、发展中国特色社会主义的实践,始终遵循制度规范,推动中国大踏步

---

① 《习近平谈治国理政》第四卷,外文出版社2022年版,第133页。
② 《十九大以来重要文献选编》下,中央文献出版社2023年版,第533—534页。
③ 《十九大以来重要文献选编》下,中央文献出版社2023年版,第499页。
④ 《十八大以来重要文献选编》上,中央文献出版社2014年版,第10页。

赶上了时代。

2012年党的十八大以来,以习近平同志为核心的党中央把制度建设提到更加重要的位置上来,实现了从制度建设到制度体系建构的突破性发展。有两次重要会议具有代表性,一次是2013年召开的党的十八届三中全会,一次是2019年召开的党的十九届四中全会。第一次会议提出了"完善和发展中国特色社会主义制度,推进国家治理体系和治理能力现代化"的全面深化改革总目标。第二次会议就"坚持和完善中国特色社会主义制度、推进国家治理体系和治理能力现代化"问题进行专题研究,加强制度建设成为共同的聚焦点。习近平把党的十八届三中全会与党的十一届三中全会相比拟,指出它"也是划时代的,开启了全面深化改革、系统整体设计推进改革的新时代"①。同时,对党的十九届四中全会进行的专题研究和部署作出"是从政治上、全局上、战略上全面考量,立足当前、着眼长远作出的重大决策"的评价。这两次会议相隔六年,坚持和完善中国特色社会主义制度、推进国家治理体系和治理能力现代化的认识不断深化,实践深入发展,成为新时代十年取得历史性成就的一大亮点。

国家治理现代化重大命题的提出,标志着中国共产党人对"怎样治理社会主义社会这样全新的社会"这个重大问题形成认真思考。把现代化作为国家治理的价值取向,在社会主义发展史上具有原创性的意义。新中国成立以来,现代化始终是中国共产党推进国家治理实践的执政诉求,为把农业国转变成为工业国不懈奋斗、形成"四个现代化"奋斗目标、实现全面建设小康社会,呈现一条循序渐进的现代化建设历史轨迹。新时代十年伟大变革创造性地从现代化视角提出国家治理重大议题,以现代化为坐标研究和部署国家治理体系和治理能力,是思想认识升华的重大战略性成果,体现以习近平同志为核心的党中央深刻把握历史大势、洞察时代走向的睿智,为成功推进和拓展中国式现代化开辟了新的领域。

国家治理体系和治理能力现代化实践的发展,促进许多领域实现历史性变革、系统性重塑、整体性重构,为推动形成系统完备、科学规范、运行有效的制度体系,使各方面制度成熟成型有了更加坚实的基础。习近平总书记把这些历史性变革称之为"一场思想理论的深刻变革""一场改革组织方式的深刻变革""一场国家制度和治理体系的深刻变革""一场人民广泛参与的深刻变革"②。这四个"深刻变革"的论断蕴含着国家治理现代化的丰富内涵,全面揭示了中国式现代化建设的理论逻辑、实践逻辑和历史逻辑。

---

①《十九大以来重要文献选编》中,中央文献出版社2021年版,第263页。
②《习近平谈治国理政》第四卷,外文出版社2022年版,第233页。

从党的十八届三中全会到党的十九届四中全会,国家治理现代化实践发展以制度体系构建为鲜明特征。自执掌全国政权开展治国理政起,党的制度建设的实践一以贯之,是领导社会主义建设的规范性依据。然而由于分散于各领域的制度缺乏体系性的配套设计,国家治理中制度的合力作用发挥受到一定的影响和限制。面对"啃硬骨头""涉险滩"的艰巨任务,"注重系统性、整体性、协同性是全面深化改革的内在要求"①。把坚持和完善中国特色社会主义制度同推进国家治理体系和治理能力现代化紧密相联系,就是要实现制度体系与国家治理体系融为一体。国家治理体系是在党领导下管理国家的制度体系,国家治理能力是运用国家制度管理社会各方面事务的能力。国家治理体系和治理能力的有机整体,依赖国家制度体系才能合起来产生相辅相成的作用。

党的十九届四中全会通过的《中共中央关于坚持和完善中国特色社会主义制度、推进国家治理体系和治理能力现代化若干重大问题的决定》(以下简称《决定》),是制度体系建构的历史性文献。该决定在从13个方面总结揭示中国特色社会主义制度体系优势的同时,提出了13个方面的制度体系建构任务。这些任务包括党的领导制度体系、人民当家作主制度体系、中国特色社会主义法治体系、中国特色社会主义行政体系、社会主义基本经济制度、繁荣发展社会主义文化的制度、统筹城乡的民生保障制度、共建共治共享的社会治理制度、生态文明制度体系、党对军队的绝对领导制度、"一国两制"制度体系、独立自主的和平外交政策、党和国家监督体系等,具有制度体系的集大成的意义。值得指出的是,这些任务中有6项直接使用了"体系"标明构建的要求,其他7项的每项任务下面都列出多个体制机制和相关制度的建设要求,体系建构的思想和进路非常清晰。由此体现的从制度建设到体系建构的突破性发展,为推进国家治理现代化提供了巨大的奋斗动力和创新空间。

在《决定》提出的制度体系建构任务中,"坚持和完善党的领导制度体系,提高党科学执政、民主执政、依法执政"摆在第一位,凸显了党的领导对国家治理现代化的统领作用。习近平总书记指出:"中国特色社会主义制度是一个严密完整的科学制度体系,起四梁八柱作用的是根本制度、基本制度、重要制度,其中具有统领地位的是党的领导制度。党的领导制度是我国的根本领导制度。"②政治学原理告诉我们,制度以刚性约束的功能形成行为规范。每项制度都具有规范意义。而在我国国家治理体系中,党的领导制度在所有制度规范中居于最高地位,是各项制度规范的灵魂。在国家治理的制度规范性中,必须

---

① 《习近平谈治国理政》第二卷,外文出版社2017年版,第109页。
② 《十九大以来重要文献选编》中,中央文献出版社2021年版,第305页。

充分发挥好党的全面领导的统领作用,从而为国家治理现代化奠定制度规范的基石。

三、党的领导与国家治理的体制系统性

国家治理体制是按照制度规范开展各项社会事务管理的运行框架,体制在制度基础上形成,制度的有效执行以构建完善的体制为保证。国家治理体制受国家治理制度制约,中国特色社会主义制度决定国家治理体制的建构。世界各国国家制度的性质不同,国家治理体制也不一样。以政党、国家、社会利益高度一致性为鲜明特征的我国国家治理制度,在国家治理体制系统建构上具有显著优势。

一些政治学家认为社会是一个有机体,关系人类生存的各个方面都相互关联。马克思主义把人的全面发展作为理想社会的图景,是对现代化最高境界的揭示。从当今世界各国现实看,即使是现代化水平较高的国家在全面发展上都存在很大的缺陷。这当然与现代化进程还没有发展到这一步有关,但国家治理体制系统协调性不足也是重要原因。

新中国成立后,党领导社会主义建设形成的国家治理体制总体上是协调的,但由于我国受经济文化落后的条件、物质匮乏、商品短缺等情况的掣肘,以及受苏联模式的影响,国家治理体制建构的实践探索遭遇过挫折。改革开放前党中央曾于1954年、1956年、1970年集中进行过三次行政体制的改革,目的就是协调方方面面的关系,理顺国家治理体制。改革开放后,党领导人民在开创中国特色社会主义创新实践中,坚决摆脱苏联模式的束缚,建立适应社会主义商品经济体制要求和市场经济体制要求的行政体制,以完善政府职能体系深化中国特色社会主义行政体制改革,为国家治理体制的现代化建构积累了丰富经验。政治体制、文化体制、社会体制改革与经济体制改革相适应,推动了国家治理体制的协调发展。

新时代十年来,以习近平同志为核心的党中央从建构国家治理现代体系出发推进体制改革,啃下了很多"硬骨头"。第一,2013年11月成立全面深化改革领导小组(2018年改为"领导委员会"),由习近平总书记担任组长(主任),"负责改革总体设计、统筹协调、整体推进、督促落实"[1]。这个重大举措树立了对全面深化改革进行统一谋划、部门协调、部署落实的最高权威。第二,以深化行政审批制度改革为突破口,放权、管理、服务齐头并进,加快政府职能转变,取消和下放权力,尤其是进行审批权改革,加强市场监管,不断优化公共服务,推进了政府治理体系和治理能力的现代化。2018年政府工作报告显示,五年来,国务院部门行政审批事项削减44%,非行政许可审批彻底终结。中央政府层面核准的企

---

①《十八大以来重要文献选编》上,中央文献出版社2014年版,第544页。

业投资项目减少90%,行政审批中介服务事项压减74%。[①]这一系列改革为释放国家治理多元主体的活力创造了条件。第三,全方位建构国家治理体制,强化党的统一领导。党的十八届三中全会作出全面部署,紧紧围绕使市场在资源配置中起决定性作用深化经济体制改革;紧紧围绕坚持党的领导、人民当家作主、依法治国有机统一深化政治体制改革;紧紧围绕建设社会主义核心价值体系、社会主义文化强国深化文化体制改革;紧紧围绕更好保障和改善民生、促进社会公平正义深化社会体制改革;紧紧围绕建设美丽中国深化生态文明体制改革;紧紧围绕提高科学执政、民主执政、依法执政深化党的建设制度改革。[②]党的十九届二中、三中全会分别就修改宪法、深化党和国家机构改革作出部署,组建国家监察委员会、中央全面依法治国委员会、中央审计委员会、中央教育工作领导小组、中央和国家机关工作委员会等。通过这些重大举措,一些深层次体制机制问题得到解决,一些利益固化的藩篱被打破,"实现改革由局部探索、破冰突围到系统集成、全面深化的转变"[③],极大提高了国家治理体制系统协调、相互支持、合理运行的水平。

党领导国家治理体制系统性建构,以理顺党政军各部门职能关系为路径,作用于中国特色社会主义经济、政治、文化、社会、生态文明建设的"五位一体"总体布局。中国特色社会主义制度安排决定了党的领导体制与国家治理体制密不可分,国家治理体制以落实党的领导为根本原则,党和国家机构设置和职能配置基本框架都体现了党对一切工作的领导。国家治理体制的系统建构,促进党和国家机构职能优化协同高效,为国家治理现代化实践中发挥中国共产党领导这一最大制度优势,提供了完善有力的体制机制保障、坚实的组织基础和有效的工作体系。党的二十大作出"发展全过程人民民主,保障人民当家作主"的部署,从"加强人民当家作主制度保障""全面发展协商民主""积极发展基层民主""巩固和发展最广泛的爱国统一战线"等方面,提出完善制度体系和工作体系的要求。[④]把党的领导落实到国家治理体系的系统架构之中,是中国式现代化坚持"发展全过程人民民主"这个本质要求的题中应有之义。

四、党的领导与国家治理的能力现代性

把国家治理能力现代化与国家治理体系现代化连在一起提出来,体现党中央的高瞻远瞩。20世纪末期,鉴于东欧剧变、苏联解体以及许多资本主义国家长期执政的大党纷

---

① 《十九大以来重要文献选编》上,中央文献出版社2019年版,第307页。
② 《十八大以来重要文献选编》上,中央文献出版社2014年版,第512—513页。
③ 《十九大以来重要文献选编》下,中央文献出版社2023年版,第513页。
④ 《中国共产党第二十次全国代表大会文件汇编》,人民出版社2022年版,第31—33页。

纷遭遇失败的教训,党中央把加强党的执政能力建设摆到重要位置,作出全面部署,采取一系列举措加强党的执政能力建设。以习近平同志为核心的党中央提出推进国家治理能力现代化,形成加强党执政能力建设的新聚焦点。

能力体现驾驭事物的本领,能力强弱直接影响党和国家各项工作的完成。没有卓越高超的国家治理能力,再完善的国家治理体系也难以有效运转起来。从党的十八大强调全面提高党的建设科学化水平,牢牢把握加强党的执政能力建设、先进性和纯洁性建设主线,推进新时代党的建设新的伟大工程,到党的十九大提出新时代党的建设总要求和形成新的部署,强调全面增强执政本领,推进国家治理能力现代化成为实践创新的着力点。习近平指出:"领导十三亿多人的社会主义大国,我们党既要政治过硬,也要本领高强。"[1]党的十九大提出了增强学习本领、政治领导本领、改革创新本领、科学发展本领、依法执政本领、群众工作本领、狠抓落实本领、驾驭风险本领的要求。这八个执政本领既与新时代前党中央提出加强党的执政能力建设任务的思想一脉相承,又集中体现了聚焦国家治理现代化能力建设的鲜明特点。新时代十年来,党结合国内外形势深刻变动的新情况新问题新要求,形成了国家治理能力现代性的深刻认识。

第一,提高国家治理现代化的思维能力。思维能力由方法论决定,推进国家治理能力现代化必须以科学方法为指导。习近平总书记反复强调坚持辩证唯物主义和历史唯物主义,坚持和发展中国特色社会主义指明方向。在实践过程中,习近平总书记提出了许多加强思维能力训练的要求,不仅提出增强辩证思维、创新思维、系统思维的要求,而且还提出增强历史思维、战略思维、法治思维、底线思维、精准思维、专业思维等原创性概念。习近平新时代中国特色社会主义思想包含的科学方法论,为推进国家治理能力现代化提供了强大思想武器。提高运用国家制度管理社会各方面事务的能力,要在提高国家治理现代化的思维能力上下功夫。

第二,提高国家治理现代化的统筹能力。我国国家现代治理体系的合力作用通过统筹能力来实现,协调好国家治理方方面面的关系,是提高统筹能力的实践要求。新时代十年伟大实践中,全面推进深化改革,统筹推进"五位一体"总体布局,协调推进"四个全面"战略布局,统筹中华民族伟大复兴战略全局和世界百年未有之大变局等,都是国家治理统筹能力现代性的体现。习近平作出一系列重要论述,他强调:"我们党要领导一个十几亿人口的东方大国实现社会主义现代化,必须坚持实事求是、稳中求进、协同推进,加强前瞻性思考、全局性谋划、战略性布局、整体性推进,实现发展质量、结构、规模、速度、

---

① 《十九大以来重要文献选编》上,中央文献出版社2019年版,第48页。

效益、安全相统一。"①这些必须做到的要求是提高国家治理现代化统筹能力的根本遵循。

第三，提高国家治理现代化的执行能力。国家治理现代化是行动方略，高效执行才能使推进国家治理现代化在实践中落地。执行力不强，形成的制度就会陷于虚置、空转的境地，国家治理的实践就会形成梗阻、断层的局面。现实中对党的路线方针政策和工作部署搞选择性、灵活性、变通性执行的现象，严重削弱党对国家治理的领导力，必须予以切实解决。习近平对制度的刚性作用作了突出强调，要求各级领导各个部门必须反对和杜绝"上有政策下有对策"的思想和行为，不折不扣地执行好党的路线方针政策和工作部署。他指出："在贯彻落实上，要防止徒陈空文、等待观望、急功近利，必须有时不我待的紧迫意识和夙夜在公的责任意识抓实、再抓实。"②提高国家治理现代化的执行能力，是畅通国家治理各环节的重要保证。

第四，提高国家治理现代化的抗压能力。在当今时代经济全球化、政治多极化、科学技术高端化、信息传播网络化等环境下，各国治理一方面遇到发展的机遇，另一方面也遇到诸多严峻风险挑战。抵御风险挑战的抗压能力成为推进国家治理现代化的重大问题，"应对和战胜前进道路上的各种风险和挑战，关键在党"③。习近平指出"没有一个国家、民族的现代化是顺顺当当实现的"，"我们党建党近百年、新中国成立70多年、改革开放40多年的历史，从来都不是一帆风顺的。志不求易者成，事不避难者进"，"我们要增强机遇意识、风险意识，准确识变、科学应变、主动求变，勇于开顶风船，善于化危为机"，"事实充分证明，中国共产党领导和我国社会主义制度是抵御风险挑战、聚力攻坚克难的根本保证"，④"我们必须把防风险摆在突出位置，'图之于未萌，虑之于未有'，力争不出现重大风险或在出现重大风险时扛得住、过得去"⑤。这些重要论述，凸显了提高国家治理现代化抗压能力的极端重要性。

在中国特色社会主义制度下，国家治理现代性能力不能简单理解为行政能力，更要从党的领导能力上加以深刻把握。党的领导能力不强，国家治理的现代化能力就无从谈起。党对一切工作的领导目的就是为了"保证党领导人民有效治理国家，切实防止出现

① 《习近平谈治国理政》第四卷，外文出版社2022年版，第47页。
② 《习近平谈治国理政》第一卷，外文出版社2018年版，第107页。
③ 习近平：《论坚持党对一切工作的领导》，中央文献出版社2019年版，第58页。
④ 《习近平谈治国理政》第四卷，外文出版社2022年版，第59、106、122、134页。
⑤ 习近平：《论坚持党对一切工作的领导》，中央文献出版社2019年版，第39页。

群龙无首、一盘散沙的现象"①。提高国家治理能力现代化水平,与提高党的领导力相辅相成。这是党中央把推进国家治理能力现代化作为聚焦点的战略考量,也是从党的领导角度加深认识国家治理能力现代性的逻辑所在。

五、党的领导与国家治理的领域覆盖性

国家治理是庞大的系统工程,既有内部结构,又有外在层面。内部结构主要表现在核心中轴、制度设计、组织设置、计划部署、运行机制等方面。外在层面主要表现在领域分布、过程关联、环节铺展、任务安排、目标指向等方面。国家治理的内部结构与外在层面相统一,才能确保国家治理形成格局的全面性。

新中国成立以来,党在治国理政实践中,一方面不断进行国家治理内部结构的调整,另一方面形成国家治理外在层面的布局。在社会主义革命和建设时期,党团结带领人民建立起独立的比较完整的工业体系和国民经济体系,注重农业、轻工业、重工业发展的关系,树立建设具有现代工业、现代农业、现代国防和现代科学技术的社会主义强国奋斗目标。改革开放和社会主义现代化建设新时期,"为了加快推进社会主义现代化,党领导人民进行经济建设、政治建设、文化建设、社会建设,取得一系列重大成就"②,"我国实现了从生产力相对落后的状况到经济总量跃居世界第二的历史性突破,实现了人民生活从温饱不足到总体小康、奔向全面小康的历史性跨越,推进了中华民族从站起来到富起来的伟大飞跃"③。国家治理布局的日益完善为新时代创新发展打下了坚实基础。

党的十八大以来,以习近平同志为核心的党中央加强国家治理的顶层设计,在把全面深化改革不断向前推进的创新发展中形成"五位一体"总体布局和"四个全面"战略布局,使国家治理覆盖政治、经济、文化、社会、生态文明、法治、国防和军队、国家安全、"一国两制"、外交建设以及党的建设各个领域各个方面各个环节。加强党对一切工作的领导不是空洞的、抽象的,要在各方面各环节落实和体现。"党的领导必须是全面的、系统的、整体的……哪个领域、哪个方面、哪个环节缺失了弱化了,都会削弱党的力量,损害党和国家事业"④,"国家治理体系是由众多子系统构成的复杂系统。这个系统的核心是中国共产党,党是领导一切的,人大、政府、政协、法院、检察院、军队,各民主党派和无党派人士,各企事业单位,工会、共青团、妇联等群团组织,既各负其责,又相互配合,一个都不

① 习近平:《论坚持党对一切工作的领导》,中央文献出版社2019年版,第8页。

② 《十九大以来重要文献选编》下,中央文献出版社2023年版,第500页。

③ 《十九大以来重要文献选编》下,中央文献出版社2023年版,第502页。

④ 《十九大以来重要文献选编》上,中央文献出版社2019年版,第275—276页。

能少"①。习近平的这些重要论述,精辟揭示了国家治理全领域覆盖的现代化理念。

从中国特色社会主义制度看我国国家治理优势,有两个显著特点至关重要:一是党长期执政,二是党全面领导。强化党的领导是巩固执政地位的前提,党的长期执政以党的全面领导为保证。党的长期执政和全面领导打造了我国富有韧劲的国家治理体系,锻造了我国可持续发展的国家治理能力。世界上许多国家机械采用政治与行政二分法理论,客观上造成政党与国家截然分开的结果,竞争型政党制度与国家治理制度完全相脱离,执政党因缺乏集中统一领导的权威根本没有可能扮演国家领导角色。这样的制度设计给政党执政带来不确定性、可变性甚至是暂时性的因素,因此不可能在国家治理中形成像我国这样定期制定国民经济五年计划(规划)、重大领域十年甚至更长时间的规划纲要,也不可能像中国共产党这样提出"两个一百年"奋斗目标、"三步走"发展战略、"两个十五年"步骤安排。

新时代十年伟大历史性变革,体现党的领导覆盖国家治理各领域的成效。党的十九届六中全会审议通过的历史决议重点从13个方面总结新时代各个领域取得的重大成就,正是对坚持和完善中国特色社会主义制度、推进国家治理体系和治理能力现代化深入发展作出的实效证明。"党的十八大以来,我们对坚持党的领导不仅在理论上有了新认识,而且在实践中有了新探索,完善了党对一切工作领导的体制机制。"②坚持把党的领导贯彻和体现到改革发展稳定、内政外交国防、治党治国治军各个领域和各个方面,贯穿并落实到坚持与发展中国特色社会主义事业的整个时段和整个过程,必须在国家治理中不留领域盲区、方面遗漏和环节缝隙,确保党总揽全局、协调各方的领导作用得到全方位的发挥。

六、党的领导与国家治理的资源整合性

国家治理需要资源支撑,现代国家治理建立在充裕的资源基础上。从大的方面说,国家治理资源可以分为三大类型:一为行政资源,包括主体组织、制度和体制机制等;二为人力资源,包括党员、干部、群众等;三为物质资源,包括生产力、自然条件等。经验告诉我们,资源只有实现高度整合才能发挥最大价值,国家治理资源分散性与集中使用的矛盾是各国治理面临的普遍问题。

新中国成立以来,国家治理的各种资源通过统一安排发挥作用的特点自始至终,党的领导为整合国家治理资源提供了政治前提和制度保证。领导社会主义建设实践中,国

---

① 习近平:《论坚持党对一切工作的领导》,中央文献出版社2019年版,第9—10页。

② 习近平:《论坚持党对一切工作的领导》,中央文献出版社2019年版,第11—12页。

家治理各种资源都在党的领导下统一安排、集中使用、合理调配,整合资源使党在领导国家发展进步中有效克服了许多困难,从而成功改变了一穷二白的面貌,在经济文化相对落后的基础上将中国带进了全面建设社会主义现代化强国的历史进程。

党领导国家治理在物质资源整合方面的效能最具直观性。资源是动态发展的,既有可能流失和减少,也一定有丰富和增加,各种资源日益丰富才使国家发展进步成为可能。相对而言,物质资源是国家治理各种资源中变量系数最大的方面。新中国成立初期,由于帝国主义和封建主义一百多年的统治以及长期遭受战争破坏,国家建设资源非常匮乏,生产力水平落后,商品供给紧张,再加上地域广袤、城乡差异和区域发展不平衡的矛盾突出,如何把有限的资源集中起来使用成为党进行治国理政的棘手问题。党首先采取计划经济体制,通过指令性计划统一调配各种物质资源,取得了恢复国民经济、奠定经济基础、平衡区域发展等方面的成绩。改革开放后,党探索建立社会主义市场经济体制,解放和发展生产力,推动经济快速发展,国家综合国力大幅度提升,商品充裕,物质资源得到极大丰富,为国家治理的物质资源整合创造了良好条件。

新时代十年来,以习近平同志为核心的党中央坚持全国一盘棋推进国家整体性发展,国家治理的各种资源形成高度整合,为推进历史性变革、取得历史性成就提供了强大支撑。党的十九届六中全会审议通过的历史决议把"坚持全国一盘棋,调动各方面积极性,集中力量办大事"作为我国国家制度和国家治理体系的显著优势之一,是对党整合国家治理资源推动国家发展进步的经验总结。"党的十八大以来,我国经济发展平衡性、协调性、可持续性明显增强,国内生产总值突破百万亿大关,人均国内生产总值超过一万美元,国家经济实力、科技实力、综合国力跃上新台阶,我国经济迈上更高质量、更有效率、更加公平、更可持续、更为安全的发展之路。"[①]就物质资源而言,当今中国已经拥有雄厚的基础,经济总量跃居世界第二的历史性跨越使国家具备强大的实力,不仅在国内建设中具有施展身手的充足物质资源,而且也有了为世界作更大更多贡献的能力。

必须指出,我国国家治理的资源整合以行政资源、人力资源、物质资源相统一而彰显优势。从三大类型资源的关系说,物质资源为行政资源和人力资源发挥作用奠定基础,行政资源和人力资源的整合为物质资源合理使用提供前提。试想在我们这样一个人口大国,假如没有行政资源和人力资源的有效整合,物质资源无论怎样丰富,也会产生很多矛盾。以"集中力量办大事"的优势为例,这里说的"集中"包括行政、人力和物质三种类型资源的力量集中。我国办成的许多大事,如成功举办世博会、北京"双奥会"、全面建成

---

①《十九大以来重要文献选编》下,中央文献出版社2023年版,第512页。

小康社会、打赢脱贫攻坚战等,都充分体现国家治理的资源整合优势。事实证明,有效整合国家治理资源可以取得1+1大于2的效果,让局部资源体现整体意义上的价值,使有限资源释放出无限作用的功能。

党是国家治理资源整合的领导核心。"中国特色社会主义大厦需要四梁八柱来支撑,党是贯穿其中的总的骨架,党中央是顶梁柱。"[1]党在国家政权结构中总揽全局、协调各方的核心地位,决定了党在国家治理资源整合中的最高权威性。党对一切工作的领导从一定意义上说就是要把各种国家治理的资源有效整合起来发挥整体作用,中国特色社会主义政治、经济、文化、社会、生态文明建设需要各种资源在统一安排下相互支撑,形成合力,共同促进党和国家事业兴旺发达。

坚持党的全面领导是全面建设社会主义现代化国家、以中国式现代化全面推进中华民族伟大复兴前进道路上必须牢牢把握的重大原则。中华民族伟大复兴进入不可逆转的历史进程的新阶段,党和人民迈上全面建设社会主义现代化国家、以中国式现代化全面推进中华民族伟大复兴的新征程,只有坚定不移坚持中国共产党领导,才能全面提高国家治理现代化水平,才能确保中国式现代化建设的正确方向。充分发挥好党领导国家治理的优势,对于深入贯彻党的二十大精神,以成功推进和拓展中国式现代化创造人类文明新形态具有极其重要的意义。可以相信,有中国共产党的坚强领导,我国国家制度和国家治理体系必将在国际竞争中赢得更大的比较优势,中国式现代化必将展现出更为旺盛的生机活力。

第六节　中国共产党领导是具有根本性的战略问题[2]

党的百年奋斗历史呈现了中国人民在中国共产党领导下不断从一个胜利走向又一个胜利的前进历程。事实证明,自从中国共产党诞生后,中国人民和中华民族的前途命运就与中国共产党的发展壮大紧紧联系在一起。作为党的百年奋斗取得重大成就的一条历史经验,坚持党的全面领导具有重大战略意义。在中国人民表达的心愿中,坚持党的全面领导是在长期实践中形成的最大共识。中国特色社会主义新时代,从引领中国发展的重大战略问题角度进一步加深对党的全面领导的认识,有助于党和人民坚定历史自

---

① 习近平:《论坚持党对一切工作的领导》,中央文献出版社2019年版,第11页。
② 原文载于《中国领导科学》2022年第5期,收入本书时标题和文字略有修改。

信,为夺取更加伟大的胜利而不懈奋斗。

一、从重大战略问题认识党的全面领导的思想依据

习近平指出:"战略问题是一个政党、一个国家的根本性问题","我们是一个大党,领导的是一个大国,进行的是伟大的事业,要善于进行战略思维,善于从战略上看问题、想问题"。①战略是从全局、长远、大势上作出判断和决策,具有统领性、根本性、决定性的意义。军事战争讲究战略,党的治国理政实践也必须树立战略意识。党在治国理政实践中提出过很多与战略相关的概念,比如党的基本方略、依法治国基本方略以及治疆方略等。方略一般指计划和策略,不同于宏观谋划的战略。此外,新时代中国特色社会主义实践中"四个全面"战略布局、中华民族伟大复兴战略全局的概念,也与战略相关,但都不是指战略本身,而是体现"四个全面"和中华民族伟大复兴具有战略意义。习近平总书记关于战略思维有许多重要论述,他还要求全党必须牢牢把握战略定力。到目前为止,党的文献中,还没有找到把党的领导作为战略进行论述的明确提法,但是习近平的一系列重要论述则为我们从战略高度认识党的全面领导提供了思想指导。

第一,用几个"最"强调坚持党的全面领导的极端重要性。中国特色社会主义新时代十年里,习近平关于坚持党的领导重要论述十分丰富,其中,用"最"话语的表达具有代表性。他指出,"中国特色社会主义有很多特点和特征,但最本质的特征是坚持中国共产党领导","在当今中国,没有大于中国共产党的政治力量或其他什么力量","党是最高政治领导力量,党的领导是我们的最大制度优势","中国最大的国情就是中国共产党的领导",②"推进改革的目的是要不断推进我国社会主义制度自我完善和发展,赋予社会主义新的生机活力。这里面最核心的是坚持和改善党的领导、坚持和完善中国特色社会主义制度,偏离了这一条,那就南辕北辙了"③。这些最本质特征、最高领导力量、最大优势、最大国情、最核心的话语表述,深刻揭示了党的领导关系党的生死存亡,是党和国家的根本命脉,是全国各族人民幸福安康的根本所在重大结论的思想和实践逻辑。

第二,基于敌对势力的挑衅,强调动摇、放弃党的领导将犯颠覆性的错误。从新中国成立之日起,党的领导就成为国内外敌对势力进行攻击的矛头所指,长期以来颠覆中国共产党领导的图谋始终没有中断过。"西方国家策划'颜色革命',往往从所针对的国家的政治制度特别是政党制度开始发难,大造舆论,大肆渲染,把不同于他们的政治制度和政

---

① 《习近平谈治国理政》第四卷,外文出版社2022年版,第31页。
② 习近平:《论坚持党对一切工作的领导》,中央文献出版社2019年版,第6、8—9、10—11、57页。
③ 《习近平关于社会主义政治建设论述摘编》,中央文献出版社2017年版,第25—26页。

党制度打入另类,煽动民众搞街头政治。"①敌对势力攻击我国政治制度和政党制度的焦点就是中国共产党领导,对中国策划"颜色革命"重点就是企图用多党制推翻中国共产党长期执政和全面领导的地位。近些年,西方国家一些政客散布各种舆论挑拨中国共产党同人民的关系,制造党和人民的对立,达到从根本上动摇坚持中国共产党领导基础的目的。习近平指出,坚持党的全面领导"要理直气壮讲、大张旗鼓讲","在坚持党的领导这个重大原则问题上,我们脑子要特别清醒、眼睛要特别明亮、立场要特别坚定,绝不能有任何含糊和动摇"。②这是对各种怀疑、反对、攻击中国共产党领导作出的有力回击,在坚持党的领导这个根本问题上产生思想动摇就将犯颠覆性的错误。

第三,从党的工作要求强调坚持党的全面领导的首要地位。党的工作千头万绪,坚持党的领导最为重要。党的治国理政实践中,政治、经济、文化、社会、军事、教育、医疗卫生等各个领域都在党的领导之下。"党政军民学,东西南北中,党是领导一切的",党的领导核心作用"形象地说是'众星捧月',这个'月'就是中国共产党",没有党的坚强领导,"不仅我们确定的目标不能实现,而且必定会产生灾难性后果"。③在庆祝中国共产党成立100周年大会上,习近平发表重要讲话,提出以史为鉴、开创未来的"九个必须","必须坚持中国共产党坚强领导"摆在首位,指出"没有中国共产党,就没有新中国,就没有中华民族伟大复兴"。④2022年3月全国"两会"期间,习近平总书记在参加内蒙古代表团审议时发表讲话,提出党和人民奋进的"五个必由之路",坚持党的全面领导位于第一条必由之路。在看望参加全国政协第十三届五次会议的农业界、社会福利和社会保障界委员时发表的讲话中,提出我国发展具有"五个战略性有利条件",中国共产党的坚强领导是第一个有利条件。如此突出党的全面领导首要性鲜明地赋予其重大战略意义。

第四,论述中国特色社会主义制度体系中强调党的领导制度是根本领导制度。进入新时代的十年里,坚持和发展中国特色社会主义的一个重大创新成果是实现从制度建构向制度体系建构的转变。党的十八届三中全会、十九届四中全会围绕全面深化改革,把中国特色社会主义制度体系与国家治理现代化体系紧密结合,形成把中国特色社会主义制度体系优势全面转化为国家治理效能的领导思维。习近平指出:"中国特色社会主义大厦需要四梁八柱来支撑,党是贯穿其中的总的骨架,党中央是顶梁柱",必须"为有效发挥中国共产党领导这一最大制度优势提供完善有力的体制机制保障、坚实的组织基础和

---

①《习近平关于社会主义政治建设论述摘编》,中央文献出版社2017年版,第18页。

②《习近平关于社会主义政治建设论述摘编》,中央文献出版社2017年版,第30、32—33页。

③习近平:《论坚持党对一切工作的领导》,中央文献出版社2019年版,第9页。

④《习近平谈治国理政》第四卷,外文出版社2022年版,第8页。

有效的工作体系,确保党对国家和社会实施领导的制度得到加强和完善"。①他强调: "制度优势是一个国家的最大优势,制度竞争是国家间最根本的竞争。制度稳则国家 稳","中国特色社会主义制度是一个严密完整的科学制度体系,起四梁八柱作用的是根 本制度、基本制度、重要制度,其中具有统领地位的是党的领导制度。党的领导制度是我 国的根本领导制度"。②在党的十九届四中全会通过的决议中,"坚持和完善党的领导制 度体系"居于十三个方面制度建设的首位,体现它在中国特色社会主义制度体系总框架 中的根本性。

以上四个方面可以表明,坚持党的全面领导是党的实践中极其重大的战略问题。习 近平总书记的一系列重要论述,为从最大战略的高度认识坚持党的全面领导问题提供了 思想依据。深入学习和深刻领悟习近平新时代中国特色社会主义思想,把握坚持党的全 面领导的重大战略意义,是坚持正确政治方向的内在要求,是全党全国各族人民紧密团 结在以习近平同志为核心的党中央周围凝聚起磅礴力量的内在要求。

二、坚持党的领导在百年实践中创新发展

党的十九届六中全会审议通过的历史决议,系统总结党的全部实践,精辟揭示了百 年奋斗十条历史经验,第一条就是"坚持党的领导",强调有中国共产党的坚强领导,是中 国人民和中华民族能够扭转近代以后的历史命运、取得伟大成就最根本的原因。③这个 来自实践、经过事实检验的重大结论,为全面认识中国共产党领导提供了贯穿历史的知 识路径。近代政党是民族国家建构的产物,作为组织型的政治集团,政党诞生后就与国 家形成互动的内在关系。当今世界,政党政治成为各国普遍实行的国家体制,虽然存在 政治和政党制度性质、形式、特征等方面的显著差异,但绝大多数国家都采取由政党执政 的政治运行模式。中国共产党在帝国主义、封建主义统治下诞生,近代中国发展逻辑演 绎了中国共产党主导民族国家建构的历史机理,党的领导是历史的选择、人民的选择。

1921年中国共产党成立后以争取民族独立、人民解放为民主革命奋斗目标,深度参 与到建构民族国家的行动之中。在中华人民共和国成立之前,中国共产党虽然不具有全 国的执政地位,但党的领导是客观事实。建党之初和大革命时期,"领导全国反帝反封建 伟大斗争,掀起大革命高潮";土地革命时期,中国共产党"独立领导革命战争",创建人民 军队,武装夺取政权;抗日战争时期,"领导八路军、新四军、东北抗日联军和其他人民抗

---

① 习近平:《论坚持党对一切工作的领导》,中央文献出版社2019年版,第11页。
②《习近平谈治国理政》第三卷,外文出版社2020年版,第119、125页。
③《十九大以来重要文献选编》下,中央文献出版社2023年版,第533页。

日武装英勇作战,成为全民族抗战的中流砥柱";解放战争时期,"党领导广大军民逐步由积极防御转向战略进攻……党领导的人民军队在人民支持下,以一往无前的英勇气概同穷凶极恶的敌人进行殊死斗争,为夺取新民主主义革命胜利建立了历史功勋"。①新民主主义革命时期,中国共产党团结带领中国人民一步步走向胜利,是建构党的领导历史认知的客观事实。

新中国成立后,中国共产党走上全面执政道路。1954年毛泽东就作出"领导我们事业的核心力量是中国共产党"的明确定位。②"党领导人民战胜政治、经济、军事等方面一系列严峻挑战";"党领导建立和巩固工人阶级领导的、以工农联盟为基础的人民民主专政的国家政权";"党领导人民完成社会主义革命,消灭一切剥削制度";党领导人民开展社会主义建设,"实现了一穷二白、人口众多的东方大国大步迈进社会主义社会的伟大飞跃"。③在从民族国家建构到多民族统一的现代国家建设发展过程中,中国共产党以坚强有力的领导彰显了强大的执政能力,赢得了广大中国人民对党的全面领导的思想上的认同、政治上的支持、实践上的执行。

1978年底,党的十一届三中全会作出改革开放伟大抉择,深刻反省历史,解放思想,锐意进取,以坚持党的领导保证正确的政治方向,闯出一条中国特色社会主义新路。党领导人民进行经济建设、政治建设、文化建设、社会建设,取得一系列重大成就。在"摸着石头过河"的艰辛探索中,党中央坚定不移地坚持党的领导,顶住一切内外压力,排除各种思想疑惑的困扰,把坚持以经济为中心与推进政治体制改革相结合,对加强党的领导作出一系列论述,提出许多重要思想。邓小平把坚持党的领导作为四项基本原则之一,提出必须"更好地改善党的领导,加强党的领导","我们人民的团结,社会的安定,民主的发展,国家的统一,都要靠党的领导"④。江泽民指出:"党的执政地位是通过党对国家政权机关的领导来实现的……任何削弱、淡化党的领导的想法和做法,都是错误的。"⑤胡锦涛指出:"坚持中国特色社会主义政治发展道路,关键是要坚定不移坚持党的领导、人民当家作主、依法治国有机统一。党的领导是人民当家作主和依法治国的根本保证。"⑥正是在始终坚持党的领导下,中国特色社会主义实现了人民生活从温饱不足到总体小

①《中共中央关于党的百年奋斗重大成就和历史经验的决议》,人民出版社2021年版,第4—7页。

②《毛泽东文集》第6卷,人民出版社1999年版,第350页。

③《中共中央关于党的百年奋斗重大成就和历史经验的决议》,人民出版社2021年版,第9—14页。

④《邓小平文选》第二卷,人民出版社1994年版,第340、342页。

⑤《江泽民文选》第1卷,人民出版社2006年版,第112页。

⑥《胡锦涛文选》第3卷,人民出版社2016年版,第74页。

康、奔向全面小康的历史性跨越,推进了中华民族从站起来到富起来的伟大飞跃。

2012年党的十八大以来,中国特色社会主义进入新时代。以习近平同志为核心的党中央继往开来,在治国理政创新实践中把坚持党的全面领导提升到前所未有的高度,使党的全面领导制度优势得到充分发挥。从实践逻辑看,新时代把坚持党的全面领导放到突出位置,是因为受到改革开放带来经济体制和社会结构深刻变化的影响,党的领导存在淡化、弱化、虚化和被边缘化的现象,党的领导在一些地方、一些领域、一些部门贯彻不力,阻碍全面深化改革,不利于坚持和发展中国特色社会主义。从思想逻辑看,由于历史上曾发生过以党代政、以党干政造成挫折的原因,党内外对党领导什么、如何领导、怎样实现有效领导存在一些模糊认识,以致在坚持党的领导上缩手缩脚,出现对一些方面的问题不想管、不愿管、不去管的情况。习近平以强烈的责任心和使命感思考党的全面领导问题,作出丰富论述体现了思想的彻底性。他提出一系列具有原创性的观点:如"改革开放任务越繁重,越要加强和改善党的领导,越要确保党始终成为中国特色社会主义事业的坚强领导核心","坚持党的领导,发挥党总揽全局、协调各方的领导作用,是我国社会主义市场经济体制的一个重要特征","党的领导和社会主义法治是一致的","加强党对经济工作的领导","加强和改进党对文艺工作的领导","加强党对统战工作的领导","群团组织必须自觉坚持中国共产党的领导","坚持党对新闻舆论工作的领导","加强和改善党对哲学社会科学工作的领导","坚持党对国有企业的领导是重大政治原则","加强党对金融工作的领导","加强党对深化党和国家机构改革的领导","坚持党对国家安全工作的绝对领导","党的全面领导要靠党的坚强组织体系去实现","加强党对教育工作的全面领导是办好教育的根本保证","坚持党对工会工作的领导","加强党对思想政治理论课建设的领导",等等。①这些重要观点鲜明体现了"党领导一切"的统领作用,全面领导就是全方位、全覆盖的领导,党和国家事业的各个领域各个方面不能存在脱离党的领导的盲区,也不允许在坚持党的领导上搞灵活性、变通性、选择性。

习近平指出:"如果没有中国共产党领导,我们的国家、我们的民族不可能取得今天这样的成就,也不可能具有今天这样的国际地位。"②党团结带领中国人民创造了新民主主义革命的伟大成就,创造了社会主义革命和建设的伟大成就,创造了改革开放和社会主义现代化建设的伟大成就,创造了新时代中国特色社会主义的伟大成就,凝结着坚持

---

① 习近平:《论坚持党对一切工作的领导》,中央文献出版社2019年版,第5—6、7、13、44、73、95、98、127、143、148、188、233、245、259、277、282、290页。
② 《习近平谈治国理政》第二卷,外文出版社2017年版,第20页。

党的领导的历史经验。党的百年奋斗实践不断积累、丰富、创新坚持党的领导历史经验，值得百倍珍惜，必须长期坚持。

三、新时代新征程必须把握好党的全面领导这个根本的战略问题

习近平指出："战略上判断得准确，战略上谋划得科学，战略上赢得主动，党和人民事业就大有希望"，"如果在战略上出现了偏差，那后果将是很严重的，付出的代价将会很大"。①这个重要论述，对从当代中国发展最大战略问题角度加深认识党的全面领导具有重要指导意义。

在全党全国各族人民具有普遍共识的情况下，强调坚持党的全面领导决不是多余之事。一方面，国外敌对势力和反华阴谋对坚持党的全面领导造成的挑战不会消失；另一方面，国内有些人的政治怀疑、思想动摇、行为抵触的表现也潜伏着隐患。在坚持党的全面领导问题上，任何松懈造成危害的严重性不可低估。把坚持党的全面领导作为当代中国发展最大战略问题，就是要进一步强化意识，提高本领、增强落实、彰显成效，确保党的全面领导贯彻于坚持和发展中国特色社会主义的全过程，执行于党治国理政的各领域各方面各环节。

从最大战略问题把握党的全面领导，要同思考和回答建设什么样的长期执政的马克思主义政党、怎样建设长期执政的马克思主义政党这个重大时代课题相结合。党的十九届六中全会审议通过的历史决议揭示的这个重大时代课题，深刻意义在"长期"二字。中国共产党在百年奋斗实践中对建设马克思主义政党有着高度的思想自觉和历史主动精神，然而能不能长期执政还有待实践的进一步检验。习近平指出："我一直在思考一个问题，这就是：我们中国共产党人能不能打仗，新中国的成立已经说明了；我们中国共产党人能不能搞建设搞发展，改革开放的推进也已经说明了；但是，我们中国共产党人能不能在日益复杂的国际国内环境下坚持住党的领导、坚持和发展中国特色社会主义，这个还需要我们一代一代共产党人继续作出回答。"②强调坚持党的领导还需要继续回答下去，意味深长。坚持党的全面领导是党长期执政的前提，怎样更加有力地坚持党的全面领导，是重大时代课题必须首先回答的问题。

党的十九大以来，党领导人民在"两个一百年"奋斗目标的历史交汇期取得了全面建成小康社会的伟大胜利，打赢了脱贫攻坚战，历史性地解决了绝对贫困问题，开启了向着全面建成社会主义现代化强国的第二个百年奋斗目标迈进的历史新征程。新的征程上，

---

① 习近平：《更好把握和运用党的百年奋斗历史经验》，《求是》2022年第13期。
② 《习近平关于社会主义政治建设论述摘编》，中央文献出版社2017年版，第25页。

必须始终坚持党的全面领导,不断完善党的领导,全面提高党的领导科学化水平。

第一,必须把握战略定力,为坚持党的全面领导提供根本保证。"当前,世界百年未有之大变局加速演进,世界之变、时代之变、历史之变的特征更加明显。我国发展面临新的战略机遇、新的战略任务、新的战略阶段、新的战略要求、新的战略环境,需要应对的风险和挑战、需要解决的矛盾和问题比以往更加错综复杂。"[①]身处这样的场景,"没有很强的战略定力是不行的"[②],坚持党的全面领导是统筹"两个大局"的战略要求,也是把握战略定力的内在要求。新时代新征程上,面对国际风云的变幻莫测和世界局势的复杂演化,坚持党的全面领导对把握历史大势和时代潮流具有重要意义,是党和人民战胜任何大风大浪必须把握的战略定力。只有始终坚持党的全面领导,坚定不移地举自己的旗、走自己的路、做自己的事,沿着正确的航道,朝着锚定的方向不断前进,"中国号"这艘巨轮才能乘风破浪、行稳致远。

第二,必须加强党的政治建设,为坚持党的全面领导提供政治保证。新时代坚持党的领导思想和实践的一个重大创新是在党的政治建设上得到认识的提升。党的政治建设是党的建设史中一以贯之的实践内容,但从思想上明确它的首要位置是在新时代实践的创新发展中。党的十九大以"根本性建设"定位党的政治建设,这就为坚持党的全面领导扎牢了政治基础。新时代新征程上,在加强党的政治建设上作出新作为,必须深刻领悟"两个确立"的决定性意义,坚定不移维护习近平总书记党中央的核心、全党的核心地位,进一步学懂弄通做实习近平新时代中国特色社会主义思想,不断增强政治判断力、政治领悟力、政治执行力。

第三,必须加强全面从严治党,为坚持党的全面领导提供组织保证。在党治国理政实践中,党的领导的全面性体现为政党建设与国家建设的有机统一。治国必先治党、治党务必从严的政治逻辑蕴含着坚持党的全面领导的机理。习近平提出"打铁必须自身硬"原则,坚持用严要求、严标准、严举措推进全面从严治党,使中国共产党得到了强有力的革命性锻造,党的全面领导也因此而得到空前的加强。新时代新征程上,不断把全面从严治党向纵深推进,以党的政治建设统领党的各方面建设,提高党的建设质量,发扬光大伟大建党精神,传承红色基因,赓续革命血脉,以伟大自我革命引领伟大社会革命,才能以党组织的健康肌体为坚持党的全面领导提供保证。

---

①《高举中国特色社会主义伟大旗帜 奋力谱写全面建设社会主义现代化国家崭新篇章》,《人民日报》2022年7月28日。

②习近平:《论坚持党对一切工作的领导》,中央文献出版社2019年版,第29页。

　　第四，必须加强制度体系建设，为坚持党的全面领导提供制度保证。坚持党的领导从来就不是空话，如果成为挂在嘴上的口号，不从行动上加以落实，对党和国家事业是毫无意义的。落实党的全面领导必须建立在制度基础上，党的十八大以来，坚持党的全面领导在中国特色社会主义制度体系建设中占有重要地位，党的领导制度形成体系建构的创新发展。习近平提出明确要求："把坚持党的全面领导的政治优势、坚持中国特色社会主义制度的制度优势同坚持新发展理念的理论优势统一起来，推动党对社会主义现代化建设的领导在职能配置上更加科学合理、在体制机制上更加完备完善、在运行管理上更加高效。"①新时代新征程上，坚持党的全面领导必须加强制度的根本性、全局性、稳定性和长期性功能，把党发挥总揽全局、协调各方的领导核心作用落实在健全的制度基础上，为坚持党的全面领导提供思想遵循的准则和实践遵循的规范。

　　习近平强调："全面建设社会主义现代化国家，实现新时代新征程各项目标任务，关键在党。我们党是世界上最大的马克思主义执政党，要巩固长期执政地位、始终赢得人民衷心拥护，必须永葆'赶考'的清醒和坚定"，②"只要坚定不移坚持党的全面领导、维护党中央权威和集中统一领导，我们就一定能够确保全党全国拥有团结奋斗的强大政治凝聚力、发展自信心，集聚起守正创新、共克时艰的强大力量，形成风雨来袭时全体人民最可靠的主心骨"③。中国特色社会主义进入新时代以来的十年极不寻常、极不平凡。党和国家事业取得历史性成就、发生历史性变革。新时代十年的伟大变革，在党史、新中国史、改革开放史、社会主义发展史、中华民族发展史上具有里程碑意义。迈进新征程、建功新时代，是党领导中国人民建树新的里程碑的历史伟业。中华民族将在党坚强有力的领导下实现伟大复兴的中国梦，将以创造中国式现代化新道路、创造人类文明新形态的伟大贡献向世界展示中国形象。党和人民对夺取新的伟大胜利和迎接光明前景充满自信和底气，中国共产党将以实现全面建成社会主义现代化强国奋斗目标的执政业绩证明坚持党的全面领导的重大意义。

---

　　①《习近平谈治国理政》第四卷，外文出版社2022年版，第46页。

　　②《高举中国特色社会主义伟大旗帜 奋力谱写全面建设社会主义现代化国家崭新篇章》，《人民日报》2022年7月28日。

　　③《习近平谈治国理政》第四卷，外文出版社2022年版，第34页。

第三章　深刻领会党的二十大主题

第一节　灵魂与总纲：党的二十大主题深刻意蕴的理论阐释[①]

党的二十大精准分析了国际国内形势,对中国的未来发展作出科学的战略谋划,为奋斗新时代新征程,推进党和国家事业继续发展、实现第二个百年奋斗目标指明了方向、确立了行动指南。大会通过的《中国共产党第二十次全国代表大会关于十九届中央委员会报告的决议》指出:"大会认为,报告阐明的主题是大会的灵魂,是党和国家事业发展的总纲。"[②]2022年10月29日,《中共中央关于认真学习宣传贯彻党的二十大精神的决定》要求"深刻领会党的二十大的主题"[③]。从灵魂和总纲的意义上加强认识党的二十大主题的深刻意蕴,对深入领会和把握党的二十大精神十分重要。

一、大会主题与党团结带领人民接续奋斗的郑重宣示

每一次党的代表大会都有明确的主题,体现了党中央领导党和国家事业发展进行科学谋划和作出完整战略部署的任务聚焦。从党的一大到党的二十大,时隔一百年,中国共产党团结带领全国各族人民实现全面建成小康社会奋斗目标后,又站到了一个新的历史起点上,党和国家事业的接力赛传递到新的一棒。党的二十大提出"高举中国特色社会主义伟大旗帜,全面贯彻新时代中国特色社会主义思想,弘扬伟大建党精神,自信自强、守正创新,踔厉奋发、勇毅前行,为全面建设社会主义现代化国家、全面推进中华民族伟大复兴而团结奋斗"[④]的主题。这个大会主题内涵丰富、思想鲜明、指向明确。

党的二十大主题集中体现了党中央对旗帜道路精神目标的郑重宣示。2022年7月26—27日,习近平总书记在省部级主要领导干部专题研讨班上发表重要讲话指出,即将召开的党的二十大将对新征程奋斗实践中的旗帜道路精神目标等重大问题作出明确宣示,这"对团结和激励全国各族人民为夺取中国特色社会主义新胜利而奋斗具有十分重

[①] 原文载于《行政论坛》2023年第2期,收入本书时文字略有修改。
[②] 《中国共产党第二十次全国代表大会文件汇编》,人民出版社2022年版,第61页。
[③] 《中共中央关于认真学习宣传贯彻党的二十大精神的决定》,《人民日报》2022年10月31日。
[④] 《习近平著作选读》第一卷,人民出版社2023年版,第1页。

大的意义"①。在由86个字组成的党的二十大主题中,前面两句话对举什么旗、走什么路作出明确宣示,具有领航把舵的重要意义。全党只有坚持以马克思主义中国化时代化最新成果为指导,坚定"四个自信",才能"坚持道不变、志不改,确保党和国家事业始终沿着正确方向胜利前进"②。中间三句话对保持什么样的精神状态作出明确宣示,具有光大传统的重要意义。"弘扬伟大建党精神,自信自强、守正创新,踔厉奋发、勇毅前行",旨在要求全党"保持党同人民群众的血肉联系,保持谦虚谨慎、艰苦奋斗的政治本色和敢于斗争、敢于胜利的意志品质,确保党始终成为中国特色社会主义事业的坚强领导核心"。③后面两句话对朝着什么样的目标继续前进作出明确宣示,具有奋斗指向的重要意义。全党必须紧紧扭住新时代新征程党的中心任务团结奋斗,形成同心共筑中国梦的强大合力。党的二十大的主题词提纲挈领,以对旗帜道路精神目标的郑重宣示,为大会铸魂立纲,贯穿党的二十大报告全文。

旗帜引领方向,旗帜凝聚力量,旗帜集合队伍。一百多年前,毛泽东在与新民学会会员讨论思想选择问题时认为,改造中国的奋斗"不可徒然做人的聚集,感情的结合,要变为主义的结合才好。主义譬如一面旗子,旗子立起了,大家才有所指望,才知所趋赴"④。中国共产党以马克思主义为指导立党兴党强党,高举旗帜旨在加强科学理论的武装,从而形成全党思想统一意志统一行动统一。"拥有马克思主义科学理论指导是我们党坚定信仰信念、把握历史主动的根本所在。"⑤对于马克思主义政党来说,不把旗帜高高举起,理想信念就有动摇和丧失的危险,党的凝聚力、战斗力、创造力就会受到影响,党的队伍就会软弱涣散。始终高举旗帜使全党全国各族人民有了思想的根本遵循,中国共产党不断推进理论创新、进行理论创造,在马克思主义中国化时代化实践深入发展中结出党的指导思想新成果,在引领中国发展进步中使旗帜更加鲜艳。习近平指出:"党要在新的历史方位上实现新时代党的历史使命,最根本的就是要高举中国特色社会主义伟大旗帜。"⑥中国特色社会主义是社会主义,不是别的什么主义,体现科学社会主义理论逻辑和中国社会发展历史逻辑的辩证统一。高举中国特色社会主义伟大旗帜的郑重宣示,为

①《高举中国特色社会主义伟大旗帜 奋力谱写全面建设社会主义现代化国家崭新篇章》,《人民日报》2022年7月28日。

②《中共中央关于认真学习宣传贯彻党的二十大精神的决定》,《人民日报》2022年10月31日。

③《中共中央关于认真学习宣传贯彻党的二十大精神的决定》,《人民日报》2022年10月31日。

④《毛泽东早期文稿(1912.6—1920.11)》,湖南出版社1990年版,第554页。

⑤《习近平著作选读》第一卷,人民出版社2023年版,第14页。

⑥《习近平谈治国理政》第三卷,外文出版社2020年版,第70页。

党和国家事业不断发展壮大提供根本保证。

道路决定命运,道路指明航向,道路铺展轨迹。走什么路需要形成正确的选择,选错了路就会迈偏了步,即使有明确奋斗目标也会南辕北辙,到不了目的地。鸦片战争后求解中国社会向何处去的答案,许多爱国志士仁人探索救亡图存道路费尽周折而迷茫困惑,直至中国共产党成立后才找到一条走向光明的道路。党的百年奋斗表明,找到一条正确的道路很不容易,始终坚持下去更加不容易。中国特色社会主义是党历经艰辛和长期探索树立起来的伟大旗帜,习近平新时代中国特色社会主义思想包含坚定不移走中国特色社会主义道路的丰富内容,为确保党和人民既不走封闭僵化的老路,也不走改旗易帜的邪路提供了强大思想指南。习近平指出:"道路问题直接关系党和人民事业兴衰成败。中国特色社会主义道路是党和人民历经千辛万苦、克服千难万险取得的宝贵成果……无论遇到什么风浪,在坚持中国特色社会主义道路这个根本问题上都要一以贯之,决不因各种杂音噪音而改弦更张。"①汲取照搬苏联模式搞社会主义建设遭遇曲折的历史教训,中国共产党以开创中国特色社会主义创新实践找到的正确道路展现了实现中华民族伟大复兴的灿烂前景,党和人民在这条道路上越走越踏实。党的二十大对走什么路作出的郑重宣示,增强了全党全国各族人民为夺取新时代中国特色社会主义新的伟大胜利而不懈奋斗的强大动力。

精神焕发斗志,精神是力量的化身,精神所在就是力量所在。一个国家、一个民族在历史洪流中屹立不倒依靠强大的精神力量,一个政党要挺立潮头、兴旺发达,就需要精神力量的支撑。中国共产党创建之时就树立起自己的精神标识,形成了"坚持真理、坚守理想,践行初心、担当使命,不怕牺牲、英勇斗争,对党忠诚、不负人民"②的伟大建党精神,以此为源头衍生出各种革命精神构建起中国共产党人的精神谱系。伟大建党精神贯穿党的百年奋斗全部和整体实践,成为中国共产党革命精神之源,锤炼出中国共产党人的鲜明政治品格。党的二十大主题以弘扬伟大建党精神为引领,强调"自信自强、守正创新,踔厉奋发、勇毅前行"的精神状态,体现奋斗新时代新征程上继承优良传统、赓续革命血脉、传承红色基因的要求。伟大事业需要伟大精神,伟大精神感召伟大政党。伟大建党精神已经深深融入中华民族血脉之中,与伟大民族精神有机融合,为坚持和发展中国特色社会主义提供了强大力量支撑。在完成全面建成小康社会的历史任务后,党和人民迈上全面建成社会主义现代化强国新的奋斗目标的历史征程,弘扬伟大建党精神和"自

---

① 《十九大以来重要文献选编》中,中央文献出版社2021年版,第675页。
② 《习近平著作选读》第二卷,人民出版社2023年版,第480页。

信自强、守正创新,踔厉奋发、勇毅前行"的郑重宣示,将为全党全国各族人民团结奋斗形成无往而不胜的力量提供强大支撑。

目标产生动力,目标是奋斗的指向,目标昭示就是行动纲领。中国共产党以共产主义远大理想为最终奋斗目标,在奋斗实践的各个历史时期都形成明确的目标追求。新民主主义革命时期以实现国家统一、民族独立、人民解放为奋斗目标。社会主义革命和建设时期以把"农业国转变成为工业国,改变一穷二白落后面貌,建设社会主义国家"为奋斗目标。改革开放和社会主义现代化建设新时期在开创中国特色社会主义新事业中迈出新步伐,建设富强民主文明和谐的国家成为奋斗目标。中国特色社会主义新时代以全面建成小康社会,成功走出中国式现代化新道路为奋斗目标。党的百年历史实践以循序渐进的奋斗目标胜利实现,呈现中华大地沧海桑田般巨变的图景。实践不断向前推进,历史发展不断在实现一个奋斗目标后锚定新的奋斗目标,党以高度的历史自觉形成前进的历史动力。"时代呼唤着我们,人民期待着我们,唯有矢志不渝、笃行不息,方能不负时代、不负人民。"[1]为全面建成社会主义现代化强国,以不断拓展中国式现代化全面推进中华民族伟大复兴而团结奋斗的郑重宣示,为确保新时代中国特色社会主义巍巍巨轮朝着胜利彼岸前进提供了战略动力。

二、大会主题与新时代新征程中国共产党的中心任务

贯彻党的二十大主题,习近平在大会报告中提出:"从现在起,中国共产党的中心任务就是团结带领全国各族人民全面建成社会主义现代化强国、实现第二个百年奋斗目标,以中国式现代化全面推进中华民族伟大复兴。"[2]这个新时代新征程中国共产党的中心任务,使党的二十大关于目标的郑重宣示形成更加明确的内涵揭示,把中国式现代化与中华民族伟大复兴相联系,成为党的二十大提出新时代新征程中国共产党的中心任务的创新点。

党的中心任务随着时代环境、历史条件和社会主要矛盾的变化而及时更新,并以此形成党的工作重心转移。在新民主主义革命时期,党的主要任务是反对帝国主义、封建主义、官僚资本主义,争取民族独立、人民解放,解决半殖民地半封建社会主要矛盾成为党的使命担当;在社会主义革命和建设时期,党的主要任务是实现从新民主主义到社会主义的转变,进行社会主义革命,推进社会主义建设,着力解决人民对于建立先进的工业国的要求同落后的农业国的现实之间的矛盾;在改革开放和社会主义现代化建设新时

---

①《习近平著作选读》第一卷,人民出版社2023年版,第57页。

②《习近平著作选读》第一卷,人民出版社2023年版,第18页。

期,党的主要任务是继续探索中国建设社会主义的正确道路,解放和发展社会生产力,使人民摆脱贫困、尽快富裕起来,大踏步赶上时代,夯实国家繁荣富强的基础;在中国特色社会主义新时代,党的主要任务是实现第一个百年奋斗目标,开启实现第二个百年奋斗目标新征程,紧紧围绕解决新时代人民日益增长的美好生活需要和不平衡不充分的发展之间的社会主要矛盾推进中国特色社会主义。经过长期奋斗,党的二十大把党的中心任务与历史实践相衔接,提出新时代新征程党的中心任务,"从现在起"的表达就是发出砥砺奋进的动员令,吹响百年大党再出发的集结号。

提出新时代新征程中国共产党的中心任务,重大意义在于赋予党的奋斗目标新内涵。从新中国成立起,中国共产党就立志要在不远的将来赶上世界上最发达的国家,1964年12月,毛泽东就提出:"把我国建设成为一个社会主义的现代化的强国。"[①]这个奋斗目标始终没有放弃过,虽然艰辛探索中遭遇了曲折,但进行的不懈努力贯穿全部历史实践。党的十一届三中全会后,邓小平提出"中国式的现代化"概念,形成"两个一百年"奋斗目标,并不断细化具体要求。改革开放40余年发展取得的重大成就为党中央深化中国式现代化的认知奠定了基础,党的二十大构建起的中国式现代化系统理论,为党的奋斗目标注入了时代新内涵。现代化的中国道路历经艰辛探索,鲜明特色日益彰显出来。人口规模巨大、全体人民共同富裕、物质文明和精神文明相协调、人与自然和谐共生、走和平发展道路等五大特色形成独特面相。坚持中国共产党领导、坚持中国特色社会主义、实现高质量发展、发展全过程人民民主、丰富人民精神世界、实现全体人民共同富裕、促进人与自然和谐共生、推动构建人类命运共同体和创造人类文明新形态九个方面的中国式现代化本质要求成为根本遵循。这就使中华民族伟大复兴的内容得到极大丰富,以全新的内涵提升了实现中华民族伟大复兴中国梦的思想境界。

提出新时代新征程中国共产党的中心任务,重大意义在于明确党的中心任务贯穿未来二十多年实践的全过程。党的中心任务从来就是服从党的根本使命,形成各个时期的奋斗要求,组织动员全党进行具体的斗争。自建党以来,完成党的中心任务和实现阶段性的目标时间长短不一。党团结带领人民完成新民主主义革命的任务和建立新中国花了28年的时间,团结带领人民完成社会主义革命和建设的任务经历了29年的奋斗,团结带领人民进行改革开放和社会主义现代化建设以34年构成一个历史时段。党的十八大以来10年的新时代伟大实践完成了40余年的历史任务,赢得了全面建成小康社会的第一个百年奋斗目标的伟大胜利。党的二十大提出新时代新征程党的中心任务也将经历

[①]《毛泽东文集》第8卷,人民出版社1999年版,第341页。

一个较为漫长的过程,在全面建成社会主义现代化强国、以中国式现代化全面推进中华民族伟大复兴胜利实现之前,这个中心任务必须始终持之以恒加以贯彻执行。

提出新时代新征程中国共产党的中心任务,重大意义在于擘画中国未来的蓝图形成了新定位。党的中心任务决定着历史将以什么样的方式展开,党团结带领人民将以什么样的风貌展现于世界。奋斗新时代新征程上中国共产党的使命任务,定位于"全面建成社会主义现代化强国、实现第二个百年奋斗目标,以中国式现代化全面推进中华民族伟大复兴",昭示了中国人民新的光明前景。自鸦片战争以降中国变成备受别国欺凌的弱国后,谋求强大起来就成为全体中国人民的志向,一代又一代人孜孜不倦为之奋斗,在创造苦难辉煌中使变弱为强成为事实。中国共产党从提出"四个现代化"奋斗目标,到形成建设小康社会的构想,到完成全面建成小康社会的历史任务,再到迈上全面建设社会主义现代化国家新征程,把近现代中国社会演进的强国目标锁定在中国式现代化的伟大创举上。党的二十大提出的中心任务决定着中国人民将以创造人类文明新形态的伟大贡献,形成新时代新征程接续奋斗的历史展开方式,中华民族将创造更加非凡的奇迹让世界对中国刮目相看。

三、大会主题与中国共产党百年历史实践的主题

党的二十大主题体现党的历史实践向前延伸的思想逻辑,彰显在新时代新征程上推进中华民族伟大复兴历史进程的思想自觉和行动自觉。中国共产党自成立之日起就义无反顾肩负起实现中华民族伟大复兴的历史使命,并使近现代中国历史进程与中华民族伟大复兴历史进程同步发展,中国人民在这两个相向而行的进程中从根本上改变了自身的前途命运,一步步走向光明。

中国共产党的性质宗旨决定着奋斗的价值秉持。一百年来,中国共产党紧紧围绕实现中华民族伟大复兴的主题,团结带领中国人民进行奋斗,作出牺牲,进行创造,推动中国社会不断发展进步。为了实现中华民族伟大复兴,中国共产党人筚路蓝缕、呕心沥血、知难而上、激流勇进,战胜各种风险挑战,闯过各种艰难险阻,领导革命、建设、改革和新时代实践不断从胜利走向胜利。党的百年奋斗史记录了中华民族伟大复兴的前进轨迹。夺取新民主主义革命伟大胜利,为实现中华民族伟大复兴创造了根本社会条件和开辟了新纪元。完成社会主义革命和推进社会主义建设,为实现中华民族伟大复兴奠定了根本政治前提和打下了制度基础。进行改革开放和社会主义现代化建设,为实现中华民族伟大复兴提供了充满新的活力的体制保证和创造了快速发展的物质条件。开创中国特色社会主义新时代,朝着实现中华民族伟大复兴的宏伟目标继续前进,伟大变革塑造了一

座历史丰碑。新时代十年取得的历史性成就、发生的历史性变革实现了超越式、突破性的发展,促进中国人民迎来了中华民族从站起来、富起来到强起来的伟大飞跃。党的二十大主题与党的百年历史实践主题相吻合,以实现中华民族伟大复兴中国梦为主轴,形成新时代新征程接续奋斗的连接点。

实现中华民族伟大复兴,要求坚持以中国特色社会主义伟大旗帜为引领,以坚定不移走中国特色社会主义道路为保证。迈进新征程、建功新时代,高举中国特色社会主义伟大旗帜,必须始终坚持以习近平新时代中国特色社会主义思想凝心铸魂,毫不动摇走中国特色社会主义必由之路。"习近平新时代中国特色社会主义思想是当代中国马克思主义、二十一世纪马克思主义,是中华文化和中国精神的时代精华,实现了马克思主义中国化新的飞跃。"[1]把高举伟大旗帜与坚定正确道路相统一,必须深刻认识"两个确立"的决定性意义。必须心怀"国之大者",把握政治定力,增强"四个意识",坚定"四个自信",做到"两个维护"。必须坚持把马克思主义基本原理同中国具体实际相结合、同中华优秀传统文化相结合,紧跟时代发挥历史主动精神,不断谱写马克思主义中国化时代化新篇章。必须坚持好、运用好贯穿习近平新时代中国特色社会主义思想的立场观点方法,继续推进实践基础上的理论创新,不断回答中国之问、世界之问、人民之问、时代之问,用不断丰富发展的理论创新成果更好指导中国实践向前推进。

实现中华民族伟大复兴,要求坚持党的性质宗旨,践行初心使命,以弘扬伟大建党精神确保新时代新征程中国共产党历史使命胜利完成。党的百年奋斗取得重大成就是团结带领人民奋斗出来的,艰辛奋斗淬炼精神品质,精神力量结出胜利的果实,精神支撑坚挺奋斗的脊梁。"我们党之所以历经百年而风华正茂、饱经磨难而生生不息,就是凭着那么一股革命加拼命的强大精神。"[2]与近代中国社会各种政治力量相比,中国共产党肩负实现中华民族伟大复兴使命的优势在于其组织构造的红色基因,全心全意为人民服务的根本宗旨生成了为中国人民谋幸福、为中华民族谋复兴的初心和使命,坚持共产主义远大理想和中国特色社会主义共同理想铸就了中国共产党革命精神谱系。以这样的初心使命和理想信念担当起历史责任,成为中国共产党超越其他政治力量和政党的作为而创造出各种奇迹的根本原因。党的二十大主题突出了弘扬伟大建党精神,因为这个精神贯穿党的百年奋斗历史实践代代相传,已经深深融入中国人民的血脉之中,激活中华民族伟大精神迸发出更加强大的力量。"弘扬伟大建党精神,自信自强、守正创新,踔厉奋发、

---

①《十九大以来重要文献选编》下,中央文献出版社2023年版,第505页。

②《习近平谈治国理政》第四卷,外文出版社2022年版,第514页。

勇毅前行",是把党的百年历史实践主题继续延伸于为实现中华民族伟大复兴不懈奋斗的状态保持,成为党和人民以坚定的历史自信砥砺奋进、以充分的历史主动把握命运的底气所在。

实现中华民族伟大复兴,要求党和人民以创造人类文明新形态为世界作出重大贡献。中国人民曾以创造彪炳史册的中华文明闻名世界,中华文化深刻影响人类社会,迄今仍充满智慧的价值成为厚重的历史财富,但由于鸦片战争后的衰落,中国被挤出世界先进行列。在半殖民地半封建社会里,国家蒙辱、人民蒙难、文明蒙尘,古老中国受到的羞辱刻骨铭心。中国人民不甘命运的捉弄,中国共产党领导人民实现中华民族由不断衰落到根本扭转命运、持续走向繁荣富强的伟大飞跃,就是要通过实现中华民族伟大复兴为世界作出更大更多的贡献。改革开放以来,我国综合国力大幅增强,生产力发展表现出强大韧劲,经济快速发展和社会长期稳定的奇迹创造使中国为不景气的世界增添了一抹亮色。据国家统计局发布的《党的十八大以来经济社会发展成就系列报告之十三》的统计数据显示,2013—2021年,我国对世界经济增长的平均贡献率达38.6%,超过七国集团(G7)国家贡献率的总和。在世界经济持续低迷的不景气情况下,中国已成为推动世界经济增长的第一动力。这表明,中华民族伟大复兴不仅有利于从经济上为世界作出更大贡献,而且也将以中国式现代化的成就为世界创造出人类文明新形态。

四、大会主题与中国特色社会主义的重大时代课题

党的二十大主题反映时代特征,体现新时代坚持和发展中国特色社会主义的要求。一个时代有一个时代的主题,一代人有一代人的使命。1978年以来,党领导改革开放的伟大实践在和平与发展的时代主题下深入推进,中国共产党在国际国内形势深刻变动下及时提出新的重大时代课题,以深邃的思考作出回答,在不断认识和深刻把握共产党执政规律、社会主义建设规律、人类社会发展规律中推进党和国家事业蓬勃发展。

从党的十一届三中全会到党的十八大,以邓小平、江泽民、胡锦涛等同志为主要代表的中国共产党人,深入思考什么是社会主义、怎样建设社会主义,建设什么样的党、怎样建设党,实现什么样的发展、怎样发展等根本问题,以丰富的创新观点和重大结论对开创、坚持、发展中国特色社会主义给出新答案,引领中国在创新理论指导下不断发展进步。中国特色社会主义进入新时代,"习近平同志对关系新时代党和国家事业发展的一系列重大理论和实践问题进行了深邃思考和科学判断,就新时代坚持和发展什么样的中国特色社会主义、怎样坚持和发展中国特色社会主义,建设什么样的社会主义现代化强国、怎样建设社会主义现代化强国,建设什么样的长期执政的马克思主义政党、怎样建设

长期执政的马克思主义政党等重大时代课题,提出一系列原创性的治国理政新理念新思想新战略,是习近平新时代中国特色社会主义思想的主要创立者"①。围绕怎样坚持和发展中国特色社会主义、怎样建设社会主义现代化强国和怎样建设长期执政的马克思主义政党等重大时代课题进行的思考和形成的原创性思想,为党的二十大主题的凝练概括提供了实践来源和理论基础。

"高举中国特色社会主义伟大旗帜,全面贯彻新时代中国特色社会主义思想",与思考和回答新时代坚持和发展什么样的中国特色社会主义、怎样坚持和发展中国特色社会主义重大时代课题直接相关。党的十八大以来,以习近平同志为核心的党中央深刻把握国际国内"两个大局"的深度演进,回应时代呼声,顺应历史大势,统揽伟大斗争、伟大工程、伟大事业、伟大梦想,统筹推进"五位一体"总体布局,协调推进"四个全面"战略布局,着力解决新时代人民日益增长的美好生活需要和不平衡不充分的发展之间的我国社会主要矛盾,贯彻党的根本宗旨,坚持以人民为中心的发展思想,推动人的全面发展、全体人民共同富裕取得更为明显的实质性进展,不断为人民创造更加美好的生活。党的二十大主题与思考和回答新时代坚持和发展什么样的中国特色社会主义、怎样坚持和发展中国特色社会主义的重大时代课题相呼应。

"弘扬伟大建党精神,自信自强、守正创新,踔厉奋发、勇毅前行",这些方面的精神宣示,为思考和回答建设什么样的长期执政的马克思主义政党、怎样建设长期执政的马克思主义政党重大时代课题提供了思想指南和行动逻辑。完成新时代新征程的奋斗任务,必须坚持党的全面领导,必须把党建设得更加坚强有力。全面建设社会主义现代化国家、全面推进中华民族伟大复兴,关键在党。党的全面领导和长期执政体现显著优势,是坚持中国特色社会主义政治发展道路的制度安排,但要落实党的全面领导,巩固党的长期执政地位,只有制度提供根本保证并不能确保万无一失,世界上很多大党老党执政失败的教训为我们提供了镜鉴。因此,确保党长期执政必须全方位推进新时代党的建设新的伟大工程,坚持全面从严治党永远在路上,把党的优良传统发扬光大,把革命血脉赓续畅通,使红色基因代代传承,这是提高党的建设质量的新时代任务。党的二十大主题提出弘扬伟大建党精神等方面的要求,与思考和回答建设什么样的长期执政的马克思主义政党、怎样建设长期执政的马克思主义政党的重大时代课题相契合。

"为全面建设社会主义现代化国家、全面推进中华民族伟大复兴而团结奋斗",对形成建设什么样的社会主义现代化强国、怎样建设社会主义现代化强国的答案具有重要意

---

① 《十九大以来重要文献选编》下,中央文献出版社2023年版,第505页。

义。对党的二十大报告中三个非常重要的关键词要全面理解、融会贯通、深刻把握：一是"社会主义现代化"、二是"中华民族伟大复兴"、三是"中国式现代化"。这三个关键词都不是新概念，但把它们紧密联系在一起作为奋斗目标加以揭示，则是党的二十大的重大创新。建成社会主义现代化强国之日，就是实现中华民族伟大复兴之时。社会主义现代化国家前面加上"全面建设"，中华民族伟大复兴前面加上"全面推进"，体现新时代新征程的奋斗新要求。党的二十大系统阐述中国式现代化的特色和本质要求表明，全面建设社会主义现代化国家、全面推进中华民族伟大复兴的艰巨性，决定了它是全方位的结构性工程和各方面的系统性项目，使命光荣，任务繁重。"全面建设社会主义现代化国家，是一项伟大而艰巨的事业，前途光明，任重道远。"[1]全面推进中华民族伟大复兴势不可挡，但必须准备付出更为艰巨、更为艰苦的努力。"中国式现代化是中国共产党和中国人民长期实践探索的成果，是一项伟大而艰巨的事业。惟其艰巨，所以伟大；惟其艰巨，更显荣光"[2]。党的二十大主题提出的新时代新征程奋斗目标，与思考和回答建设什么样的社会主义现代化强国、怎样建设社会主义现代化强国的重大时代课题相匹配。

五、大会主题与解决大党独有难题

党的二十大主题在新时代党的建设新的伟大工程部署上的体现是提出了解决大党独有难题的要求。党的二十大报告指出："我们党作为世界上最大的马克思主义执政党，要始终赢得人民拥护、巩固长期执政地位，必须时刻保持解决大党独有难题的清醒和坚定。"[3]这是一个重大命题，把时刻保持解决大党独有难题的清醒和坚定与深刻领悟党的二十大主题相结合，有助于全党增强使命感和责任心。

中国共产党从建立之日起就形成加强自身建设的思想自觉和行动自觉。1939年，毛泽东在《〈共产党人〉发刊词》中提出党的建设是一项"伟大的工程"的论断，为深刻认识党的建设艰巨性、长期性奠定了思想基础。在党的百年奋斗实践中，党的建设持续推进，深入发展的实践积累了丰富的经验。如果以上百万党员的组织规模为标准的话，我们党早就是一个大党了，现在拥有9800多万名党员的中国共产党无疑是世界上超大规模的政党。这样一个大党，而且又在一个14亿多人口大国长期执政，领导社会主义国家和进行现代化建设，必然受到世界关注。

习近平总书记指出："我们党是世界上最大的政党，大就要有大的样子，同时大也有

---

① 《习近平著作选读》第一卷，人民出版社2023年版，第21页。

② 习近平：《在二十届中央政治局常委同中外记者见面时的讲话》，《求是》2022年第22期。

③ 《习近平著作选读》第一卷，人民出版社2023年版，第52页。

大的难处。把这么大的一个党管好很不容易,把这么大的一个党建设成为坚强的马克思主义执政党更不容易"①,"大党大国,既是我们办大事、建伟业的优势,也使我们治党治国面对很多独有难题"②。这是党的二十大提出解决大党独有难题重要任务的理论依据。世界上大党不止中国共产党一个,从政党发展规律说,大党建设面临许多共同性的问题,比如,组织规模庞大增加治理难度,党员人数众多带来组织凝聚难度,党内层级复杂造成畅通难度,以及管理党员、干部的精力付出和成本投入相比小党建设要困难得多。然而大党建设面临的难题不只是组织规模的数量问题,更重要的是组织的性质问题。对于中国共产党来说,时刻保持解决大党独有难题的清醒和坚定,首先要着眼于我们党是马克思主义性质的先进政党,它既有世界上大党面临的普遍问题,又有基于性质属性而具有的独有难题。把遵循大党发展规律的普遍性与注重大党建设规律的特殊性相统一,是党的二十大提出"必须时刻保持解决大党独有难题的清醒和坚定"重大命题深刻意蕴之所在。

立足世界上最大的马克思主义政党,思考解决大党独有难题必须在以下六个方面时刻保持清醒和坚定:第一,近亿党员如何保持思想统一意志统一行动统一,以强大凝聚力影响社会和团结人民。第二,如何把党领导一切贯彻到治国理政的各方面各领域各环节,确保党始终站在时代前列,成为中国特色社会主义事业的坚强领导核心,成为风雨来袭时中国人民最可信赖和依靠的主心骨。第三,如何始终坚持党的性质宗旨,践行初心使命,坚持人民至上,牢记党是什么、要干什么和为谁执政、为谁用权、为谁谋利两个根本问题,确保党不变质、不变色、不变味,永葆党的先进性和纯洁性。第四,如何不断提高党的建设质量和科学化水平,增强忧患意识,防止精神懈怠,增强兴党强党的责任感,保持党兴旺发达的韧劲。第五,如何严密党的组织体系和发挥组织功能,提高应对风险挑战的能力和本领,确保党和国家事业的安全。第六,如何保持全面从严治党的常态化,把勇于自我革命贯穿管党治党的全过程,以刀刃向内的勇气自剜腐肉,确保党的肌体健康。

经历百年历程,中国共产党交出了一份对历史负责、令人民满意的优异答卷。百年大党风华正茂再出发,时刻保持解决大党独有难题的清醒和坚定,事关中国共产党能不能团结带领人民共同奋斗,事关能不能夺取全面建设社会主义现代化国家新胜利。新时代十年的伟大变革伴随着全面从严治党创新实践,提出解决大党独有难题的重要任务,是全面从严治党实践深入推进结出的创新理论成果。走过百年奋斗历程的中国共产党

---

① 《习近平关于全面从严治党论述摘编(2021年版)》,中央文献出版社2021年版,第175页。
② 习近平:《在党的十九届七中全会第二次全体会议上的讲话》,《求是》2022年第23期。

在革命性锻造中更加坚强有力,但必须清醒认识到,党的十八大以来全面从严治党在取得卓著成效的同时,也暴露出许多党内存在不正之风和滋生腐败现象背后的深层次问题。"我们要居安思危,时刻警惕我们这个百年大党会不会变得老态龙钟、疾病缠身"[①],只有时刻保持解决大党独有难题的清醒和坚定,才能把中国共产党建设得像钢铁那般坚硬。

党的二十大主题提出"弘扬伟大建党精神,自信自强、守正创新,踔厉奋发、勇毅前行",是加强党的建设内在要求,必须时刻保持解决大党独有难题的清醒和坚定,决定着中国共产党以什么样的精神状态奋进新征程。同时,高举中国特色社会主义伟大旗帜,全面贯彻习近平新时代中国特色社会主义思想,要求把党的政治建设作为根本性建设发挥好统领作用,要求把党的思想建设作为基础性建设扎牢培元固本的根基。为全面建设社会主义现代化国家、全面推进中华民族伟大复兴而团结奋斗,是党进行伟大斗争、建设伟大工程、推进伟大事业、实现伟大梦想使命的内在要求。深刻领会党的二十大主题,保持清醒和坚定解决好大党独有难题,既是党走好新时代新征程新的赶考之路、摆脱治乱兴衰历史周期率的使命担当,也是谱写中国特色社会主义更加绚丽华章的重要保证。

党的二十大报告指出:"党用伟大奋斗创造了百年伟业,也一定能用新的伟大奋斗创造新的伟业。"[②]党中央提出了一系列重大理论和重大结论,形成了科学谋划,作出了战略性部署,为党紧紧依靠人民创造新的伟业指明了前进方向、确立了行动指南、描绘了灿烂前景。作为大会的灵魂、党和国家事业的总纲,大会主题显示的深刻意蕴体现党的二十大重大意义。历史从哪里开始,使命就从哪里生成;实践从哪里起步,创新就从哪里发展。中华民族伟大复兴战略全局和世界百年未有之大变局正在各种不确定因素中深度演进,世界之变、时代之变、历史之变正以前所未有的方式展开。在这样的大历史背景下,全面建设社会主义现代化国家、全面推进中华民族伟大复兴既是一件令全党全国各族人民精神振奋的大事,也是一件需要担当和作为的大事。从理论上深入研究党的二十大主题的深刻意蕴,有助于坚定历史自信,增强历史主动,从而把中国发展进步的命运牢牢掌握在自己手中。

---

① 《习近平谈治国理政》第四卷,外文出版社2022年版,第544页。
② 《习近平著作选读》第一卷,人民出版社2023年版,第58页。

第二节　高举中国特色社会主义伟大旗帜①

党的二十大向全党全国各族人民发出"为全面建设社会主义现代化国家、全面推进中华民族伟大复兴而团结奋斗"的号召,吹响了奋斗新征程的集结号。党的二十大报告提出了一系列新的思路、新的战略、新的举措,为全党全国各族人民踔厉奋发、勇毅前行、团结奋斗指明了方向。认真学习领会党的二十大报告,必须始终坚定不移高举中国特色社会主义伟大旗帜,锚定目标奋勇前进。

一、高举伟大旗帜,谱写绚丽华章

旗帜引领方向,旗帜凝聚力量,旗帜集合队伍。中国共产党在百年奋斗历程中,高举马克思主义旗帜,指导革命、建设、改革和新时代伟大实践不断从胜利走向胜利,历史证明了举旗鲜明对党和国家事业发展壮大的极端重要性。

2022年7月,习近平总书记在省部级主要领导干部专题研讨班上发表重要讲话指出:"明确宣示党在新征程上举什么旗、走什么路、以什么样的精神状态、朝着什么样的目标继续前进,对团结和激励全国各族人民为夺取中国特色社会主义新胜利而奋斗具有十分重大的意义。"党的二十大主题中第一句话就是"高举中国特色社会主义伟大旗帜"。党的二十大报告通篇突出中国特色社会主义这面伟大旗帜的引领作用,对奋力谱写新时代中国特色社会主义更加绚丽的华章具有立纲铸魂的重大意义。

中国特色社会主义是一面什么样的旗帜?用最简单的话说,就是一面打上马克思主义科学理论深深烙印的旗帜,就是科学社会主义思想在当代中国实践的旗帜。具体地说,第一,中国特色社会主义是党团结带领中国人民经过长期实践树立起来的伟大旗帜,是历经艰辛探索和挫折找到的正确旗帜。第二,中国特色社会主义是集道路、理论、制度、文化为一体的伟大旗帜,是增强全党全国各族人民坚定"四个自信"的鲜明旗帜。第三,中国特色社会主义是中国共产党人把马克思主义基本原理同中国具体实际相结合、同中华优秀传统文化相结合的伟大旗帜,是确保既不走封闭僵化的老路又不走改旗易帜的邪路的正确旗帜。第四,中国特色社会主义是指引中华民族实现伟大复兴走向胜利的伟大旗帜,是推进中国人民成功走出中国式现代化道路和创造人类文明新形态的正确旗

---

① 原文载于《天津日报》2022年10月31日,收入本书时文字略有修改。

帜。具有这样多重意义的伟大旗帜,党和人民没有任何理由不高高举起,没有任何情况可以动摇,没有任何例外选择放弃。

党的二十大报告强调:"拥有马克思主义科学理论指导是我们党坚定信仰信念、把握历史主动的根本所在。"举旗立纲铸魂,必须在新时代新征程的奋斗全过程中,以始终不变的韧劲、坚定不移的执着,高举中国特色社会主义伟大旗帜,推动党和国家事业不断向纵深发展,为谱写新时代中国特色社会主义更加绚丽的华章点睛增色。

罗网之有纪纲而万目张,旗帜就是纲,举起这个纲,新时代中国特色社会主义各项事业开展才有顺利发展的保证。奋力谱写新时代新征程更加绚丽的华章必须以中国特色社会主义伟大旗帜引领方向,凝聚起全体中华儿女同心共筑中国梦的磅礴力量,集合起全体中国人民团结奋斗的强大队伍,夺取全面建设社会主义现代化国家的伟大胜利。

二、高举伟大旗帜,创造新的伟业

党的百年奋斗实践经验告诉我们,找到一面伟大正确的旗帜不容易,旗帜树立起来后要始终高举也不是一件轻松的事情。中国共产党高举马克思主义旗帜一以贯之,然而让这面旗帜高高飘扬则经受了大风大浪的考验。各种敌对势力不停地加以攻击和污蔑,企图毁掉这面旗帜,党在高举旗帜的探索中也曾遭遇过挫折。正是在经受考验的磨炼中,中国共产党人以高举中国特色社会主义伟大旗帜的奋斗实践,彰显了马克思主义在当今世界和当代中国的强大生命力。

领导社会主义建设是马克思主义政党在取得政权后建设新世界的使命,各国共产党为之进行了各种探索。新中国成立后,中国共产党成为领导社会主义事业的核心力量,在社会主义革命和建设中团结带领中国人民创造了重大成就。同时也由于缺乏经验,很长时期里照搬苏联模式,走了一段弯路。改革开放后,以邓小平、江泽民、胡锦涛等同志为主要代表的中国共产党人解放思想、锐意进取,坚持走自己的路,开创了中国特色社会主义伟大事业。党的十八大以来,中国特色社会主义进入新时代,以习近平同志为核心的党中央坚持继承和创新相统一,以一系列治国理政新理念新思想新战略把党和国家事业提升到新境界新高度新水平,创造出令世界瞩目的非凡成就和惊人奇迹。

中国特色社会主义伟大旗帜在四十多年改革开放深入发展的实践基础上树立起来。党的十二大上邓小平提出"中国特色的社会主义"重大概念后,从党的十三大到党的十九大,党的历次全国代表大会主题词中都包含中国特色社会主义这个核心词语,与此相应,先后形成道路、事业、理论、制度、文化、法治、现代化等诸多的概念表述,而"旗帜"代表所有概念的总标识,具有统领意义。党的二十大把中国特色社会主义旗帜高高举起,代表党中央引领未来中国发展的政治宣示,既体现了党把握正确方向的政治坚守,又体现了党团结带领人民奋斗新时代新征程政治定力的清醒把握。

改革开放四十多年发展中,我们党高举中国特色社会主义伟大旗帜的思想和实践,始终受到走封闭僵化的老路和改旗易帜的邪路两种企图的干扰,东欧剧变和苏联解体又对我们党坚持和发展中国特色社会主义带来巨大冲击。在党团结带领人民进行伟大斗争的当代实践中,五花八门的噪音此起彼伏。但这些都是徒劳的。广大中国人民从生活一天天变美好的事实感受中认识到中国特色社会主义伟大旗帜的光辉。在这面旗帜的指引下,党和人民团结奋斗、方向明确、干劲十足,聚集在中国特色社会主义伟大旗帜下奋勇前进是全体中国人民的共同心愿。

党的十八大以来,以习近平同志为核心的党中央在开创党和国家事业发展新格局的伟大实践中,使中国特色社会主义伟大旗帜更加光彩熠熠。新时代十年在极不寻常、极不平凡的环境下创造了极不寻常、极不平凡的成就,铸造了党史、新中国史、改革开放史、社会主义发展史、中华民族发展史上一座厚重的里程碑。这座里程碑飘扬的是中国特色社会主义伟大旗帜,镌刻的是党团结带领人民坚持和发展中国特色社会主义不断走向胜利的伟业。

党用伟大奋斗创造了百年伟业,也一定能用新的伟大奋斗创造新的伟业。百年大党风华正茂,党的二十大的召开,意味着党在胜利完成全面建成小康社会的任务后,从"两个一百年"奋斗目标的历史交汇期向实现第二个百年奋斗目标迈进的转变。党中央重申高举中国特色社会主义伟大旗帜,对在党和国家事业向前推进的接力赛中跑出更加出色的一棒,创造更加优异的成绩具有重大意义。

三、高举伟大旗帜,推进伟大复兴

中国共产党团结带领人民艰辛奋斗,一百年创造的奇迹震撼世界。党的十八大以来,中国特色社会主义进入新时代,以习近平同志为核心的党中央接过历史的接力棒,采取一系列战略性举措,推进一系列变革性实践,实现了一系列突破性进展,取得一系列标志性成果,推动我国迈上全面建设社会主义现代化国家新征程。

党的二十大在进入全面建设社会主义现代化国家新征程的关键时刻召开,科学谋划未来五年乃至更长时期党和国家事业发展的目标任务和大政方针,事关党和国家事业继往开来,事关中国特色社会主义前途命运,事关中华民族伟大复兴。

新时代新征程上谱写崭新篇章使命十分艰巨,需要艰辛地付出、顽强地拼搏。未来奋斗之路上有许多绊脚石、拦路虎,许多不可预测和不确定的因素需要去排除,必须对风高浪急、惊涛骇浪的风险挑战做好心理上和能力上的充分准备。高举中国特色社会主义伟大旗帜,是党团结带领人民战胜风险挑战的根本保证。

不负时代、不负人民,必须聆听时代的呼唤,满足人民的期待。唯有矢志不渝、笃行不怠,方能跟随时代的脉动,回应人民的要求。如今的中国,中华民族伟大复兴进入不可逆转的历史进程,中国人民实现伟大梦想的目标越来越近,信心越来越足,能力越来越强。胜利的曙光已经在中华民族面前展露,胜利的目标在向中国人民招手。中国特色社会主义是实现中华民族伟大复兴的必由之路,高举中国特色社会主义伟大旗帜是走好这条必由之路的题中应有之义。

全党全国各族人民集结聚拢在中国特色社会主义伟大旗帜下团结奋斗,必须深刻领悟"两个确立"对新时代党和国家事业发展、对推进中华民族伟大复兴历史进程的决定性意义,牢固树立"四个意识",坚定"四个自信",坚决做到"两个维护"。这是新时代坚持和发展中国特色社会主义最为重要的政治坚守,高举中国特色社会主义伟大旗帜,党团结带领中国人民奋斗新时代新征程努力创造的历史新辉煌,必将使中国特色社会主义这面伟大旗帜更加光彩熠熠。

第三节　新时代新征程弘扬伟大建党精神的使命任务①

党的二十大发出了全面建设社会主义现代化国家、以中国式现代化全面推进中华民族伟大复兴的奋斗号角,迈上了充满光荣和梦想的新征程。伟大时代呼唤伟大精神,伟大事业需要伟大精神,神圣的事业与伟大的精神相映衬。伟大建党精神是党和国家的宝贵精神财富,弘扬伟大建党精神激励全党用伟大奋斗创造了百年伟业,也将在伟大建党精神的传承光大中用新的伟大奋斗创造新的伟业。迈进新征程,建功新时代,必须以弘扬伟大建党精神为完成党的使命任务提供强大精神支撑,在谱写新时代中国特色社会主义更加绚丽的华章中继续弘扬伟大建党精神。

一、弘扬伟大建党精神与党的二十大郑重宣示

2021年7月1日,庆祝中国共产党成立一百周年大会上,习近平总书记发表重要讲话时首次提出"伟大建党精神"的概念,他指出:"一百年前,中国共产党的先驱们创建了

---

① 原文载于《思想理论教育》2023年第1期,收入本书时文字略有修改。

中国共产党,形成了坚持真理、坚守理想,践行初心、担当使命,不怕牺牲、英勇斗争,对党忠诚、不负人民的伟大建党精神,这是中国共产党的精神之源。"①这个精辟概括凝练了中国共产党精神的精髓,揭示了马克思主义先进政党精神世界的内核。

从概念界定和内涵概括看,伟大建党精神包含两个层面的含义:其一,它是一个历史概念,形成于中国共产党创建之初,虽然明确提出伟大建党精神概念是在中国共产党成立一百周年的时候,但它贯穿于党的实践整个历史进程,彰显于党各个历史时期奋斗的全过程。其二,它是一个母体概念,是中国共产党的精神源头,对实践发展中铸造的各种革命精神具有哺育、涵养和滋润的功能,代表中国共产党革命精神谱系的"元精神"。伟大建党精神是中国共产党的精神之源,具有永恒的价值。

2022年10月12日,习近平总书记在十九届七中全会第二次全体会议上的讲话中提出,全党同志要更加紧密地团结在党中央周围凝心聚力,"高举中国特色社会主义伟大旗帜,弘扬伟大建党精神,扎实工作,开拓进取,奋力谱写新时代中国特色社会主义新篇章"②,为即将召开的党的二十大召开定下了基调。党的二十大对弘扬伟大建党精神作出突出强调,"弘扬伟大建党精神"被纳入党的二十大主题词之中,党的二十大报告有三处论及伟大建党精神,要求全党"弘扬以伟大建党精神为源头的中国共产党人精神谱系"。③党的二十大通过《中国共产党章程(修正案)》的决议,把弘扬伟大建党精神写入党章。党的二十大突出弘扬伟大建党精神,为奋斗新时代新征程提供了思想和行动的根本遵循。认真贯彻落实党的二十大精神,必须以高度的思想自觉发扬主动精神,在全面建成社会主义现代化强国、以中国式现代化全面推进中华民族伟大复兴的创新实践中,大力发扬光大伟大建党精神。

党的二十大闭幕不到一周,新一届中共中央政治局常委就在习近平总书记的带领下专程从北京前往陕西,瞻仰延安革命纪念地。这个政治仪式的安排进一步向全党传递了强化弘扬伟大建党精神的信息。在中国共产党人精神谱系中,延安精神是伟大建党精神结出的硕果,留下了激励全党不懈奋斗的珍贵资源。习近平总书记到中央工作后曾先后三次到延安考察调研,他说每次来都温故而知新,受到教育和启示。习近平总书记强调:"要弘扬伟大建党精神,弘扬延安精神,坚定历史自信,增强历史主动,发扬斗争精神,为实现党的二十大提出的目标任务而团结奋斗",勉励大家弘扬革命精神,讲好党的故事,

---

① 《习近平谈治国理政》第四卷,外文出版社2022年版,第7页。
② 习近平:《在党的十九届七中全会第二次全体会议上的讲话》,《求是》2022年第23期。
③ 《中国共产党第二十次全国代表大会文件汇编》,人民出版社2022年版,第36页。

激励人们坚定不移听党话、跟党走，为实现中华民族伟大复兴而不懈奋斗。[①]这次延安之行意义重大，为弘扬伟大建党精神增添了动力。

弘扬伟大建党精神，是党中央对新时代新征程上全党必须保持什么样的精神状态的宣示。2022年7月26日，习近平总书记在省部级主要领导干部专题研讨会上发表重要讲话指出，党的二十大将"明确宣示党在新征程上举什么旗、走什么路、以什么样的精神状态、朝着什么样的目标继续前进，对激励全国各族人民为夺取中国特色社会主义新胜利而奋斗具有十分重大的意义"[②]。把"弘扬伟大建党精神"纳入党的二十大主题，就是揭示奋斗新时代新征程的精神秉持。《中共中央关于认真学习贯彻党的二十大精神的决定》指出："弘扬伟大建党精神，是要郑重宣示，全党必须恪守伟大建党精神，保持党同人民群众的血肉联系，保持谦虚谨慎、艰苦奋斗的政治本色和敢于斗争、敢于胜利的意志品质，确保党始终成为中国特色社会主义事业的坚强领导核心。"[③]

党的二十大通过的《关于十九届中央委员会报告的决议》对包含"弘扬伟大建党精神"的大会主题作了强调，指出："大会认为，报告阐明的大会主题是大会的灵魂，是党和国家事业发展的总纲。"[④]大会阐明的主题由86个字组成，以"高举中国特色社会主义伟大旗帜，全面贯彻新时代中国特色社会主义思想"表明对旗帜和道路的宣示，以"弘扬伟大建党精神，自信自强、守正创新，踔厉奋发、勇毅前行"表明对精神的宣示，以"为全面建设社会主义现代化国家、全面推进中华民族伟大复兴"表明对目标的宣示。这个贯穿大会的灵魂和总纲，全面展现了党引领新时代新征程伟大实践的历史自觉和精神主动。作为大会主题中对以什么样的精神状态继续前进的郑重宣示，弘扬伟大建党精神是党的二十大精神的重要内容构成，对深刻把握党中央提出的重大理论创新观点、贯彻落实好党中央作出的各项战略部署具有重要保证作用。

二、弘扬伟大建党精神与牢记"三个务必"

党的二十大报告指出："全党同志务必不忘初心、牢记使命，务必谦虚谨慎、艰苦奋斗，务必敢于斗争、善于斗争，坚定历史自信，增强历史主动，谱写新时代中国特色社会主

---

①《习近平瞻仰延安革命纪念地时强调 弘扬伟大建党精神和延安精神 为实现党的二十大提出的目标任务而团结奋斗》，《人民日报》2022年10月28日。

②《高举中国特色社会主义伟大旗帜 奋力谱写全面建设社会主义现代化国家崭新篇章》，《人民日报》2022年7月28日。

③《中共中央关于认真学习贯彻党的二十大精神的决定》，《人民日报》2022年10月31日。

④《中国共产党第二十次全国代表大会文件汇编》，人民出版社2022年版，第61页。

义更加绚丽的华章。"①这"三个务必"是新时代新征程弘扬伟大建党精神的内在要求,弘扬伟大建党精神与提出"三个务必"有着内在逻辑关系。

毛泽东在中国革命胜利前夕召开的七届二中全会上提出:"务必使同志们继续地保持谦虚、谨慎、不骄、不躁的作风,务必使同志们继续地保持艰苦奋斗的作风。"②这"两个务必"的思想逻辑体现对党执政后面临严峻考验的头脑清醒,以毛泽东同志为主要代表的中国共产党人认识到中国革命胜利以后还有更长的路要走,党的工作更伟大、更艰苦,由此提出的告诫成为全党的座右铭。2013年7月11日,习近平总书记参观西柏坡时强调,"两个务必"要结合新的形势加以弘扬。他指出,毛泽东同志提出"两个务必""是经过深入思考的。这里面,包含着对我国几千年历史治乱规律的深刻借鉴,包含着对我们党艰苦卓绝奋斗历程的深刻总结,包含着对胜利了的政党永葆先进性和纯洁性、对即将诞生的人民政权实现长治久安的深刻忧思,包含着对我们党坚持全心全意为人民服务根本宗旨的深刻认识,思想意义和历史意义十分深远"③。这段论述从理论内涵上深刻揭示了"两个务必"的思想旨意。

"三个务必"是从新时代新征程党的中心任务和奋斗目标的要求出发,对牢记和践行"两个务必"作出的新思考。在完整继承和保留"两个务必"的基础上,增加了"不忘初心、牢记使命"和"敢于斗争、善于斗争"的新"两个务必",凸显了党的奋斗路程向前延伸的时代新要求。保持谦虚谨慎、艰苦奋斗的优良作风在任何时候都不能变,而践行初心使命、进行伟大斗争所形成的"务必"新要求,则成为奋斗新时代新征程必须发扬党的优良作风和伟大建党精神的标识。

把"不忘初心、牢记使命"摆在"三个务必"首要位置,是对坚持党的性质宗旨的强化。以习近平同志为核心的党中央在推进新时代党的建设新的伟大工程实践发展中,揭示为中国人民谋幸福、为中华民族谋复兴的中国共产党人初心和使命,其思想内核就是全心全意为人民服务的根本宗旨,而用"初心使命"的概念加以揭示,则体现新时代十年来党中央进行理论创新的重要成果。习近平总书记围绕践行初心使命作出一系列内容丰富、思想深刻、观点鲜明的重要论述,他指出,"我们干事业不能忘本忘祖、忘记初心"④,"不忘初心、牢记使命,必须作为加强党的建设的永恒课题和全体党员、干部的终身课题常抓

①《中国共产党第二十次全国代表大会文件汇编》,人民出版社2022年版,第2页。
②《毛泽东选集》第4卷,人民出版社1991年版,第1438—1439页。
③习近平:《论中国共产党历史》,中央文献出版社2021年版,第25页。
④《习近平关于全面从严治党论述摘编(2021年版)》,中央文献出版社2021年版,第167页。

不懈"。①习近平总书记还特别强调,初心使命"我反复在讲,目的就是提醒全党不要忘了中国共产党是什么、要干什么这个根本问题,不要在日益复杂的斗争中迷失了自我、迷失了方向"。②作为回答中国共产党是什么、要干什么的答案,不忘初心、牢记使命把"根本问题""根本宗旨""永恒课题""终身课题"紧密相联,为新时代新征程坚持党的性质宗旨提供了根本原则。

把"敢于斗争、善于斗争"作为一个"务必"提出来,体现党对所肩负的神圣使命的清醒和坚定。"中国共产党和中国人民是在斗争中成长和壮大起来的,斗争精神贯穿于中国革命、建设、改革各个时期"③,"我们党依靠斗争创造历史,更要依靠斗争赢得未来"④。自党的十八大报告提出"必须准备进行具有许多新的历史特点的伟大斗争"后,党和人民在新时代十年的伟大变革中深刻认识到这个论断的重大意义。国际社会风云变幻的复杂局势、国内发展攻坚克难的奋斗阻力,给全党全国各族人民上了必须进行伟大斗争的生动一课。面对各种重大风险和强大对手,承受各种巨大困难和压力,不想斗争是不切实际的,躲避斗争是没有退路的。斗争摆在面前,心存幻想、逃避退缩、妥协退让只会招致失败和屈辱,只能是死路一条。唯有主动迎战、坚决斗争才会有生路出路,唯有知难而上、勇毅前行,才能赢得尊严、求得发展。党的二十大报告要求全党:"坚持发扬斗争精神。增强全党全国各族人民的志气、骨气、底气,不信邪、不怕鬼、不怕压,知难而进、迎难而上,统筹发展和安全,全力战胜前进道路上各种困难和挑战,依靠顽强斗争打开事业发展新天地。"⑤敢于斗争、善于斗争,是奋斗新时代新征程必须牢牢把握的战略定力,坚持这个"务必"是党和人民在应对和战胜风高浪急甚至惊涛骇浪的重大考验中砥砺奋进的强大力量支撑。

从"两个务必"到"三个务必"的思想升华,体现党认识和把握共产党执政规律、社会主义建设规律、人类社会发展规律的与时俱进。"三个务必"就是深入推进新时代党的建设新的伟大工程的座右铭,全党以"三个务必"为思想圭臬和行为准则,对确保党永不变质、永不变色、永不变味,确保党的基业万古长青,具有极其重大的意义。"两个务必"与"三个务必"思想一脉相承,内涵创新发展,境界开拓提升。"务必不忘初心、牢记使命,务

---

① 《习近平关于全面从严治党论述摘编(2021年版)》,中央文献出版社2021年版,第179页。
② 《习近平关于"不忘初心、牢记使命"论述摘编》,中央文献出版社、党建读物出版社2019年版,第15页。
③ 《习近平谈治国理政》第四卷,外文出版社2022年版,第71页。
④ 《习近平谈治国理政》第四卷,外文出版社2022年版,第83页。
⑤ 《中国共产党第二十次全国代表大会文件汇编》,人民出版社2022年版,第23页。

必谦虚谨慎、艰苦奋斗,务必敢于斗争、善于斗争",深刻反映了党所处的历史方位、世情国情党情的变化和肩负新的使命任务提出的新要求,体现百年大党风华正茂再出发的清醒和坚定。

"三个务必"鲜明体现了伟大建党精神。"践行初心、担当使命"和"不怕牺牲、英勇斗争"的伟大建党精神内涵形成"务必不忘初心、牢记使命"和"务必敢于斗争、善于斗争"的两个要求,"对党忠诚、不负人民"的伟大建党精神内涵要求全党务必继续地发扬谦虚谨慎、艰苦奋斗的优良作风。"三个务必"相辅相成,构成具有内在逻辑关系的整体。"务必不忘初心、牢记使命"突出以坚持党的性质宗旨为前提,"务必谦虚谨慎、艰苦奋斗"是践行初心使命所要求的作风,"务必敢于斗争、善于斗争"彰显践行初心使命的实践品性。全党同志要把牢记"三个务必"的座右铭与弘扬伟大建党精神相统一,才能始终坚持党的性质宗旨。全体党员、领导干部身体力行"三个务必",就能团结带领人民在夺取新时代中国特色社会主义伟大胜利中焕发出战无不胜的强大力量。

三、弘扬伟大建党精神与全面建设社会主义现代化国家

党的二十大报告指出:"从现在起,中国共产党的中心任务就是团结带领全国各族人民全面建成社会主义现代化强国、实现第二个百年奋斗目标,以中国式现代化全面推进中华民族伟大复兴。"[1]随着这个中心任务的明确,全面建成小康社会后实现确立起新的奋斗目标,党中央向全党全国各族人民吹响了踔厉奋发、勇毅前行、团结奋斗的进军号,迈上了党的"第二个百年"新的历史征程,党和人民接续奋斗完成了一次历史的交接棒。

领会和把握党的二十大精神,加深认识新时代新征程党的中心任务极其重要。以建设社会主义现代化国家和实现中华民族伟大复兴明确党的第二个百年奋斗目标,从改革开放起就成为我们党团结带领人民不懈奋斗的诉求表达,党的历次代表大会报告中都有明确的论述。党的二十大揭示新时代新征程中国共产党的使命任务,在体现党中央矢志不渝的追求目标基础上又赋予其新的内涵。新时代新征程党的中心任务形成了"社会主义现代化国家""中华民族伟大复兴""中国式现代化"三个核心词语的有机融合,为实现伟大梦想注入了富有时代特点的新内容。据统计,党的二十大报告全文15次使用"中华民族伟大复兴",86次使用"现代化",其中,"社会主义现代化"使用了33次、"中国式现代化"使用了11次。"以中国式现代化全面推进中华民族伟大复兴"揭示党的中心任务,把伟大梦想提升到一个新境界,意味着党和人民将以成功走出中国式现代化道路的创举为

---

① 《中国共产党第二十次全国代表大会文件汇编》,人民出版社2022年版,第18页。

实现中华民族伟大复兴作出注脚,将以创造人类文明新形态为世界作出贡献。

党的二十大报告通过回顾新时代十年的伟大成就,从理论和实践结合上对中国式现代化作出全面论述,形成系统思想构建起的理论体系代表了中国共产党认知现代化的先进水平。中国式现代化的鲜明体现基于自己国情的中国特色,人口规模巨大的现代化、全体人民共同富裕的现代化、物质文明和精神文明相协调的现代化、人与自然和谐共生的现代化、走和平发展道路的现代化,五大鲜明特色成为中国式现代化独有的标识。中国式现代化形成坚定不移的方向引领,坚持中国共产党领导,坚持中国特色社会主义,实现高质量发展,发展全过程人民民主,丰富人民精神世界,实现全体人民共同富裕,促进人与自然和谐共生,推动构建人类命运共同体,创造人类文明新形态,成为中国式现代化的本质要求。这样一幅现代化图像的呈现,改变了自英国工业革命以来延续两百多年世界对现代化模式的观感,刷新了世人对现代化的认知,"为人类实现现代化提供了新的选择"[1]。

现代化是近代以来世界各国的普遍追求,然而究竟怎样走通现代化道路却始终是一个长期令世人困惑的问题。综观世界,一些国家受既有现代化模式的束缚,抄现成经验的作业,照固定标准的模板,亦步亦趋学别国的样子,结果失败者居多。世界各国现代化建设呈现出三种情况:一是有的国家曾取得过现代化建设的辉煌成绩,但因后来国家解体而宣告失败;二是有的国家谋求快速发展,但因仰仗别国丧失自主独立而导致国内社会动荡;三是有的国家虽然取得现代化建设的成功,但因缺乏深刻认识和有效组织而难以持续发展。世界经验充分证明,搞现代化没有定于一尊的标准模式,人类文明的多样化发展表现为现代化建设的特色化发展。

党的百年奋斗历程留下探索现代化的艰辛足迹,党团结带领人民在持之以恒的实践中不断加深对现代化建设的认识,不断实现思想的升华。从提出把农业国转变成为工业国的任务、到确定"四个现代化"的目标,然后到形成建成小康社会的构想,再到明确"以中国式现代化全面推进中华民族伟大复兴",党和人民循序渐进的实践构成了为建设现代化国家不懈奋斗的历史全链条。党的二十大提出了中国式现代化的系统理论,这一理论建立在党团结带领人民长期探索现代化建设的实践基础上,是中国特色社会主义进入新时代以来党中央形成的重大理论创新成果。

弘扬伟大建党精神是全面建设社会主义现代化国家的重要力量支撑。自从现代化成为新鲜事物登上历史舞台以来,人们关于现代化的认识都聚焦于经济发展、生产力水

①《中国共产党第二十次全国代表大会文件汇编》,人民出版社2022年版,第13页。

平、科学技术等物质层面,缺少精神力量的认知内容。党的二十大报告阐明,中国式现代化坚持的方向和彰显的特色突破了传统认知的局限,其中,揭示了"物质文明和精神文明相协调的现代化"的中国式现代化特色,提出"丰富人民精神世界"的中国式现代化本质要求,强调"大力发展社会主义先进文化,加强理想信念教育,传承中华文明",①都突出了精神力量的内容。伟大建党精神是彰显党的性质宗旨、立场态度、价值取向、工作作风、目标追求的精神标识,它已经深深融入中国人民的血脉之中,是焕发积极进取、奋斗向上的强大精神力量。对全面建设社会主义国家来说,弘扬伟大建党精神具有两方面的重要意义:其一,有利于党团结带领人民在共同奋斗的伟大实践中凝聚起实现中国梦的磅礴力量;其二,有利于以弘扬伟大建党精神和伟大民族精神彰显中国式现代化的精神面貌。在全面建成社会主义现代化国家的新的历史征程上,必须继续大力弘扬伟大建党精神。

四、弘扬伟大建党精神与解决大党独有难题

党的二十大报告指出:"全面建设社会主义现代化国家、全面推进中华民族伟大复兴,关键在党。我们党作为世界上最大的马克思主义执政党,要始终赢得人民拥护、巩固长期执政地位,必须时刻保持解决大党独有难题的清醒和坚定。"②深入推进新时代党的建设新的伟大工程,必须以清醒的头脑和坚定的意志着力破解大党独有难题。

提出解决大党独有难题具有极其重大意义,既体现我们党对政党建设规律的遵循,更突出了基于马克思主义政党性质的立场对大党独有难题的特殊性进行思考。大党是个数量意义上的概念,一般来说,组织规模达到数十万党员的都可以称为大党,世界上大党也有不少。大党的建设无疑要比小党难度要高,管几千人与管几十万人无论在成本投入、精力付出上,还是在关系处置、矛盾呈现、治理方式等方面都会有很大差别。因此,大党治理有共同性难题。党的二十大提出的"必须时刻保持解决大党独有难题的清醒和坚定",体现了在遵循政党发展客观规律的前提下加强马克思主义政党建设的思想自觉。中国共产党不仅是以数量规模呈现的大党,而且是以性质属性代表的最大马克思主义政党。在大党独有难题的求解实践中,既要着眼于大党治理的普遍性问题,更必须在具有特殊意义的大党独有难题上时刻保持清醒和坚定。

习近平总书记指出:"我们党是世界上最大的政党,大就要有大的样子,同时大也有大的难处。把这么大的一个党管好很不容易,把这么大的一个党建设成为坚强的马克思

①《中国共产党第二十次全国代表大会文件汇编》,人民出版社2022年版,第19页。
②《中国共产党第二十次全国代表大会文件汇编》,人民出版社2022年版,第52—53页。

主义执政党更不容易。"①中国共产党在百年奋斗实践中淬炼出鲜明的政治品格,形成了许多优良传统,积累了党的建设的丰富经验。然而党的发展中各种矛盾不可避免,党的建设存在这样那样的问题是客观事实。新时代十年的伟大变革中,全面从严治党创新实践实现了管党治党从宽松软向严紧硬的转变,取得了卓著成效,但暴露出来的深层次问题表明,必须以解决大党独有难题的清醒和坚定推进全面从严治党向纵深发展。在全面建成社会主义现代化强国、以中国式现代化全面推进中华民族伟大复兴的伟大实践中,解决好大党独有难题就是抓住了新时代党的建设新的伟大工程的"牛鼻子"。

习近平总书记指出:"大党大国,既是我们办大事的优势,也使我们党治国理政面对很多独有难题。"②我们要着眼于世界上最大的马克思主义执政党,立足中国的国情,坚持和发展中国特色社会主义,在以下一些党面临的独有难题上保持清醒和坚定:第一,如何把超大规模的体量型政党建设成为肌体健康的质量型政党,不断提高党的建设质量?第二,如何确保近亿党员的组织思想统一、意志统一、行动统一,像一整块钢铁那样坚硬?第三,如何坚持党的性质宗旨,践行初心使命,传承红色基因,赓续革命血脉,确保永不变质、永不变色、永不变味?第四,如何时刻坚持党的全面领导的清醒和坚定,把党的全面领导贯彻到治国理政的各方面各领域各环节,贯穿于推动中国发展进步的全过程?第五,如何始终牢记中国共产党是什么、要干什么和为谁执政、为谁用权、为谁谋利两个根本问题,巩固党长期执政的地位,不断夯实党长期执政的基础?第六,如何在重大成就的光环下,在日益增多的掌声、鲜花、赞誉下,防止精神懈怠,保持自我警觉,焕发积极进取、奋发向上的精神?第七,如何时刻保持以坚持人民至上的实践赢得民心的清醒和坚定,以为人民创造更加美好生活的实绩凝聚起十四亿多人共同奋斗的磅礴力量?第八,如何始终保持马克思主义政党的政治品格,以勇于自我革命精神深入推进全面从严治党,锻造一支战无不胜的强大政党?

弘扬伟大建党精神是解决大党独有难题的强大武器。精神是灵魂的一种外在表现,立人需要树精神,强国需要塑精神,塑造政党精神对其组织发展壮大有着十分重要的意义。"我们党之所以历经百年而风华正茂、饱经磨难而生生不息,就是凭着那么一股革命加拼命的强大精神。"③中国共产党百年奋斗的历史实践充分验证了这个论断,无论是残酷的战争环境下敌强我弱的险恶情势,还是和平建设时期应对风险挑战和遭遇挫折的艰

①《习近平关于全面从严治党论述摘编(2021年版)》,中央文献出版社2021年版,第175页。
②习近平:《在党的十九届七中全会第二次全体会议上的讲话》,《求是》2022年第23期。
③《习近平谈治国理政》第四卷,外文出版社2022年版,第514页。

辛奋斗,党团结带领人民闯过一道道沟坎,取得一次次胜利,伟大建党精神都是重要的依赖。用伟大建党精神作滋养,才能把党建设得更加坚强有力。

解决大党独有难题,必须时刻保持弘扬伟大建党精神的清醒和坚定。大党体量只是个数量概念,组织规模大小当然对一个政党的战斗力有着重要影响,但却不是决定性因素。小党未必弱,大党也不一定就强,小党打败大党的例子很多。苏联共产党的失败就很典型,它在20万党员的不大规模时夺取了政权,在拥有200万党员时取得了打败希特勒的胜利,而到拥有近2000万党员时却一夜之间失去了政权,组织规模的数量优势荡然无存。正反两方面的经验教训告诉我们,解决大党独有难题之难不在于数量而是质量问题。信仰信念动摇、党的性质宗旨淡薄、意志力衰退、精气神不足、党心涣散、组织松懈,政党规模再大也无济于事。弘扬伟大建党精神为解决大党独有难题创造了良好的党内政治生态,以"坚持真理、坚守理想,践行初心、担当使命,不怕牺牲、英勇斗争,对党忠诚、不负人民"为内涵的伟大建党精神,是净化党内政治生态最有效的清洁剂。时刻保持解决大党独有难题的清醒和坚定,必须大力发扬光大伟大建党精神。

五、弘扬伟大建党精神与跳出历史周期率

党的二十大报告指出:"经过不懈努力,党找到了自我革命这一跳出治乱兴衰历史周期率的第二个答案。"[①]这是新中国七十多年党长期执政实践探索和汲取世界各国政党兴衰成败经验教训形成的深刻认识,把党的自我革命作为摆脱历史周期率困境的新答案加以揭示,是以习近平同志为核心的党中央深邃思考建设什么样的长期执政的马克思主义政党、怎样建设长期执政的马克思主义政党重大时代课题的重大理论成果,体现对解决我们这样一个马克思主义政党独有难题的清醒和坚定。

历史周期率是1945年毛泽东与著名民主人士黄炎培在延安窑洞里聊谈的话题,这场谈话一直流传至今,成为佳话。在中国共产党取得革命胜利的曙光已经初现的情况下,黄炎培以中国历代王朝盛衰存亡的历史循环现象,与毛泽东聊这个话题的意思很明白,潜在之意就是问假如中国共产党执掌政权的话能不能跳出这样的历史周期率。毛泽东很有自信地作出了肯定的回答,说道:"我们已经找到新路,我们能跳出这周期率。这条新路,就是民主。只有让人民来监督政府,政府才不敢松懈。只有人人起来负责,才不会人亡政息。"[②]毛泽东提出的这个答案,深刻地切中了历史上各个朝代统治阶级不可避免陷入衰落和灭亡命运的症结所在,很有说服力。延安"窑洞对"的谈话形成毛泽东提出

---

①《中国共产党第二十次全国代表大会文件汇编》,人民出版社2022年版,第12页。

②《毛泽东年谱(一八八三——一九四九)》(中),中央文献出版社2013年版,第611页。

"赶考"话题的思想逻辑,1949年3月23日,中共中央机关和人民解放军总部离开西柏坡向北平进军,毛泽东对周恩来说我们进京赶考决不能做李自成,其意蕴就是必须跳出历史周期率。

新中国成立以来党的全面执政实践的历史过程,就是始终审慎而行探索如何跳出治乱兴衰历史周期率的过程。毛泽东提出的答案为党巩固长期执政地位提供了思想和实践的指南,让人民来监督政府保证了党始终保持治国理政的审慎,坚持为人民掌好权、执好政、谋好利的原则,使党的领导赢得广大人民群众的支持和拥护。长期执政实践的深入发展不断深化党对历史周期率问题的思考,尤其是当社会主义发展史上发生东欧剧变、苏共垮台的悲剧后,马克思主义政党也有丧失执政地位的危险现实地摆在面前,这就使历史周期率问题更加引起中国共产党人的高度警觉。从20世纪末21世纪初党中央提出加强执政能力建设的任务,到中国特色社会主义进入新时代以来习近平总书记提出必须发扬勇于自我革命精神的要求,清晰显示了中国共产党人探索跳出历史周期率的思想演进脉络,为形成第二个答案奠定了基础。

党的十八大后,习近平总书记在一系列讲话中反复提及"赶考"和延安"窑洞对"的话题。2013年7月,习近平总书记在革命圣地西柏坡同县乡村干部、老党员和群众代表座谈时指出:"当年党中央离开西柏坡时,毛泽东同志说是'进京赶考'。60多年过去了,我们取得了巨大进步,中国人民站起来了,富起来了,但我们面临的挑战和问题依然严峻复杂,应该说,党面临的'赶考'远未结束。"同年12月26日,习近平总书记在纪念毛泽东同志诞辰120周年座谈会上发表讲话强调,必须"着力解决好'其兴也勃焉,其亡也忽焉'的历史性课题,增强党要管党、从严治党的自觉,提高党的执政能力和领导水平,增强党自我净化、自我完善、自我革新、自我提高能力"[1]。2014年10月,习近平总书记在党的十八届四中全会第二次全体会议上指出,如何跳出历史周期率、实现长期执政是"需要我们深入思考的重大问题"。[2]2018年1月5日,习近平总书记论述政权兴衰存亡规律时指出:"导致悲剧的原因很多,其中一个共同的也是极其重要的原因就是统治集团贪图享乐、穷奢极欲,昏庸无道、荒淫无耻,吏治腐败、权以贿成,又自己解决不了自己的问题,搞得民不聊生、祸乱并生,终致改朝换代。"[3]2020年1月13日,习近平总书记在十九届中央纪委四次全会上发表重要讲话强调:"党的十八大以来,我们探索出一条长期执政条件下解决

① 习近平:《论中国共产党历史》,中央文献出版社2021年版,第66页。
②《习近平关于社会主义政治建设论述摘编》,中央文献出版社2017年版,第84页。
③ 习近平:《推进党的建设新的伟大工程要一以贯之》,《求是》2019年第19期。

自身问题、跳出历史周期率的成功道路,构建起一套行之有效的权力监督制度和执纪执法体系,这条道路、这套制度必须长期坚持并不断巩固发展。"①2021年11月,习近平总书记在党的十九届六中全会第二次全会上发表的重要讲话中,首次把自我革命作为继毛泽东提出跳出历史周期率的第一个答案之后我们党找到的第二个答案加以明确,赋予党的自我革命以新的思想内涵和形成新的价值定位。

弘扬伟大建党精神是跳出历史周期率的题中应有之义。中国传统社会一个个王朝之所以难逃治乱兴衰的历史宿命,一个重要原因是精神懈怠。综观世界政党的政治实践,执政党陷入失败危机往往与精神丧失有关。从一定意义上说,能不能跳出历史周期率就是考验执政集团精神的历练。从东欧剧变、苏共垮台的悲剧可以看到放弃意识形态斗争、动摇信仰信念、丢掉革命精神产生的致命性危害。从我们党的建设现状看,党内存在各种不正之风和领导干部腐败现象的根子都在理想信念出了问题。党中央提出党长期执政条件下的"四大考验""四种危险",就是警示全党必须铸牢思想篱笆和精神防线。精神懈怠、能力不足、脱离群众、消极腐败的危险不加防范,就会销蚀马克思主义政党的先进性。必须深刻认识到,虽然党的百年奋斗以取得重大成就的业绩赢得了广大中国人民群众的信任和拥戴,但巩固党的长期执政地位既要建立在创造雄厚物质财富的基础上,更要以一身正气塑造马克思主义政党的先进形象。习近平总书记论述以自我革命跳出历史周期率有一个十分重要的思想值得深刻领会,他强调堡垒是最容易从内部攻破的,"没有什么外力能够打倒我们,能够打倒我们的只有我们自己"②。精神失防等于缴械投降,精神萎靡是党自毁长城最大的危险,勇于自我革命是弘扬伟大建党精神的内在要求。不断弘扬伟大建党精神,坚持真理、坚守理想,践行初心、担当使命,不怕牺牲、英勇斗争,对党忠诚、不负人民,是我们党跳出历史周期率必须始终把握的政治定力。

习近平总书记在党的二十大闭幕后新一届中央政治局常委同中外记者见面会上发表重要讲话指出:"新征程是充满光荣和梦想的远征。蓝图已经绘就,号角已经吹响。我们要踔厉奋发、勇毅前行,努力创造更加灿烂的明天。"③中国共产党已走过百年奋斗历程,我们必须用新的伟大奋斗创造新的伟业谱写弘扬伟大建党精神新篇章。百年大党再出发,弘扬伟大建党精神永远在路上。全面贯彻党的二十大精神,坚决落实党中央作出的各项战略部署,必须深刻认识新时代新征程继续弘扬伟大建党精神的重要意义。以伟

---

①《习近平谈治国理政》第三卷,外文出版社2020年版,第547页。

②《十八大以来重要文献选编》下,中央文献出版社2018年版,第591页。

③习近平:《在二十届中央政治局常委同中外记者见面时的讲话》,《求是》2022年第22期。

大建党精神提升全党的精气神,把弘扬伟大建党精神贯穿于全面建成社会主义现代化强国、以中国式现代化全面推进中华民族复兴的全过程,我们党就能团结带领人民在新时代新征程的伟大实践中夺取中国特色社会主义新的伟大胜利,引领和保障中国特色社会主义巍巍巨轮乘风破浪、行稳致远。

第四节　"三个务必"的理论思考:思想逻辑、内在关系、时代意蕴①

党的二十大报告提出:"全党同志务必不忘初心、牢记使命,务必谦虚谨慎、艰苦奋斗,务必敢于斗争、善于斗争,坚定历史自信,增强历史主动,谱写新时代中国特色社会主义更加绚丽的华章。"②把这"三个务必"揭示出来,是对习近平总书记关于践行党的初心使命、发扬党的优良作风和进行伟大斗争一系列重要论述的思想凝练。百年大党风华正茂再出发,"三个务必"是迈进新征程、建功新时代的强大思想武器。从理论上研究"三个务必"的思想逻辑、内在关系和时代意蕴,有助于全党提高思想自觉政治自觉行动自觉。

一、守正创新:"三个务必"的思想逻辑

"务必"代表托付性的规定,表示一定、必须和不能违背的意思。用"务必"话语对全党提出要求始于毛泽东,1949年3月,毛泽东在党的七届二中全会上作报告指出:"务必使同志们继续地保持谦虚、谨慎、不骄、不躁的作风,务必使同志们继续地保持艰苦奋斗的作风。"③这"两个务必"为全党永葆先进本质敲响了警钟。

新中国成立以来加强党的建设历史实践中,"两个务必"始终是全党恪守奉行的座右铭,谦虚谨慎、艰苦奋斗成为塑造中国共产党执政形象的精神标识。历届党中央践行"两个务必"的思想一脉相承,坚定不移,意志坚定。习近平总书记指出:"西柏坡我来过多次,每次都怀着崇敬之心来,带着许多思考走","每次来西柏坡,我想得最多的是,毛泽东同志当年提出'两个务必',主要基于哪些考虑?我们学的还有没有不深、不透的?'两个务必'耳熟能详,但在当前形势下我们能不能深刻领会并使之更好指导当前党的建设?今天如何结合新的形势加以弘扬?我们坚持'两个务必'重点应该抓什么?怎么抓?"④

① 原文载于《理论视野》2023年第1期,收入本书时文字略有修改。

② 《习近平著作选读》第一卷,人民出版社2023版,第1—2页。

③ 《毛泽东选集》第4卷,人民出版社1991年版,第1438—1439页。

④ 习近平:《论中国共产党历史》,中央文献出版社2021年版,第24、25页。

党的二十大提出"三个务必",正是结合新的形势弘扬"两个务必"的理论创新成果。

1."不忘初心、牢记使命"与坚定理想信念

党的初心使命是习近平总书记用以强化党的性质宗旨的创新概念,党的十九大用"为中国人民谋幸福,为中华民族谋复兴"揭示党的初心和使命,强调"这个初心使命是激励中国共产党人不断前进的根本动力",集中体现了党的政治品质和政治追求,为坚持党的性质宗旨注入了新的内涵。

初心使命是对党是什么、要干什么这个根本问题的回答。坚定理想信念作为中国共产党人精神追求的坚守,集中体现为践行初心使命的始终不渝。作为安身立命的根本,理想信念具体落实在践行初心使命的思想和行动上。"不忘初心、牢记使命"既是对马克思主义关于无产阶级历史使命学说的创新,又是对中国优秀传统文化中民本思想的升华,同时还体现对党的百年奋斗经验的深刻总结。为广大人民群众谋利益,不断实现全人类的解放是马克思主义政党的使命追求。中国共产党以马克思主义为指导,自成立起就把实现民族独立和人民解放作为自己的使命任务,在革命、建设、改革和新时代伟大实践的历史进程中,不断推进马克思主义中国化时代化,把人民对美好生活的向往始终作为奋斗目标,成为坚定理想信念的实践要求。

马克思主义在中华大地上不断焕发出新的生机活力,成功密码在于"两个结合"。坚持把马克思主义基本原理同中国具体实际相结合,使科学理论在本土化实践中找到适合国情的正确道路。坚持把马克思主义基本原理同中华优秀传统文化相结合,使科学理论在具体实践中激活中华文化的本土资源。"不忘初心、牢记使命"是对传统民本思想的传承和发扬,也与中华民族爱国主义情怀相贯通。为人民谋幸福、为民族谋复兴的初心使命,体现中国共产党理想信念与中华优秀传统文化相契合,中国共产党人的理想信念折射着中华民族孜孜不倦的目标追求。

习近平总书记指出:"全党理想信念坚定,党就拥有无比强大力量;全党理想信念淡薄,党就会成为乌合之众,风一吹就散。"[①]践行初心使命就是对共产主义理想的坚定信仰,就是对党和人民事业的永远忠诚。中国共产党人只有树立了崇高且坚定的理想信念,才能做到"不忘初心、牢记使命"。历史变化使党不断进入新的方位,但初心保持、使命恒守则是百年大党风华正茂和党的基业长青的不变定力。

---

① 《习近平关于"不忘初心、牢记使命"论述摘编》,中央文献出版社、党建读物出版社2019年版,第87页。

2.谦虚谨慎、艰苦奋斗与新时代新征程党的作风建设

谦虚谨慎的指向是防止骄傲自满,艰苦奋斗的指向是反对奢靡享乐,两者以不同的指向构成涵养党的优良作风共同意蕴。骄傲自满必然导致奢靡享乐的滋长,谦虚谨慎才有艰苦奋斗的自觉。作为党在长期实践中形成的优良作风,谦虚谨慎、艰苦奋斗始终是党团结带领人民群众攻坚克难、开拓进取、勇毅前行的实践品性。

毛泽东在党的七届二中全会报告中指出:"因为胜利,党内的骄傲情绪,以功臣自居的情绪,停顿起来不求进步的情绪,贪图享乐不愿再过艰苦生活的情绪,可能生长。"①中国共产党来自人民,为人民而生,因人民而兴,不负历史、不负人民,就必须始终保持谦虚谨慎。务必保持谦虚谨慎的优良作风不是一时一刻的事,党团结带领人民奋斗取得一个又一个重大成就,如果以此作为骄傲自满的资本,那就违背了历史对党的要求和人民对党的期待。谦虚谨慎看似精神层面的表现,但却不是无关紧要的小事。尤其是在掌声、鲜花、喝彩、赞誉日益增多的光环笼罩下,保持谦虚谨慎的清醒和坚定更加凸显重要性。

党团结带领人民取得的重大成就都是艰苦奋斗出来的,创造苦难辉煌靠艰苦奋斗,谱写新时代中国特色社会主义更加绚丽的华章,同样依靠艰苦奋斗。党的百年历史记录了艰辛探索和不懈奋斗的心路历程,经历的事、走过的路、闯越的坎都刻骨铭心,前进的每一步都留下艰苦奋斗的足迹,取得的每一个成就都凝结着呕心沥血的艰辛。改革开放以来尤其是中国特色社会主义进入新时代,党中央以巨大勇气和魄力"啃硬骨头""涉险滩",迎难而上推进全面深化改革,取得历史性成就,彰显艰苦奋斗精神。党的百年奋斗表明,艰苦奋斗是党和人民披荆斩棘、知难而进的制胜法宝,新时代新征程必须永远保持艰苦奋斗的作风。

3.敢于斗争、善于斗争与战胜前进道路上的风险挑战

党的十九届六中全会审议通过的历史决议中,"坚持敢于斗争"是党中央总结百年奋斗十条历史经验之一,强调"敢于斗争、敢于胜利,是党和人民不可战胜的强大精神力量"②。不斗争,就没有胜利可言,回避斗争就等于缴械投降,放弃斗争就意味着停止前进。"斗争"是共产党人词典中的常见词,马克思恩格斯合著的《共产党宣言》中32处使用了"斗争"一词。列宁指出:"马克思主义这一学说,在其生命的途程中每走一步都得经过战斗。"③党的百年奋斗一路走来,无论面对多么复杂的矛盾、多么严峻的形势,正是凭借

---

① 《毛泽东选集》第4卷,人民出版社1991年版,第1438页。

② 《十九大以来重要文献选编》下,中央文献出版社2023年版,第536页。

③ 《列宁选集》第2卷,人民出版社1995年版,第1页。

敢于斗争、敢于胜利的精气神才取得了一个又一个胜利,创造了一个又一个奇迹。

敢于斗争、善于斗争,是党和人民坚定历史自信战胜风险挑战的力量支撑。缺乏历史自信就不敢进行斗争,坚定历史自信来自敢于斗争,增强历史自觉体现为善于斗争。党的百年奋斗干成任何一件事都不是轻轻松松、敲锣打鼓就可以完成的,党团结带领人民攻克许多看似不可攻克的难题,创造出许多世人惊叹的奇迹,都是通过发扬伟大斗争精神而获得的成功。

敢于斗争、善于斗争,是党和人民发挥历史主动战胜风险挑战的精神密码。历史遵循客观规律向前发展,因此不以人的意志为转移,但人民创造历史就是客观规律,历史意志与人民意志又是相统一的。党的百年奋斗进程中,阻挡历史前进的逆流时常泛起,由此构成的各种风险挑战带来历史遭遇挫折的危险。党引领中国不断发展进步也是在历史曲折中实现的,团结带领人民在进行伟大斗争中排难化险,才取得了不断走向胜利的成果。敢于斗争、善于斗争是党和人民发挥历史主动的内在要求。

习近平总书记指出:"一百年来,不管形势和任务如何变化,不管遇到什么样的惊涛骇浪,我们党都始终把握历史主动、锚定奋斗目标,沿着正确方向坚定前行。"[1]一代代中国共产党人不畏艰险、直面风险挑战,顽强拼搏、不懈奋斗,敢于斗争、善于斗争是党和人民战胜风险挑战必须牢牢把握的政治定力,充分运用好这个武器是我们党战无不胜、攻无不克的优势所在。新时代新征程上战略机遇和风险挑战并存,必须"准备经受风高浪急甚至惊涛骇浪的重大考验",把"坚持发扬斗争精神"作为前进道路上必须牢牢把握的重大原则,要求"增强全党全国各族人民的志气、骨气、底气,不信邪、不怕鬼、不怕压,知难而进、迎难而上,统筹发展和安全,全力战胜前进道路上各种困难和挑战,依靠顽强斗争打开事业发展新天地"。[2]把"敢于斗争、善于斗争"作为一个"务必"提出来,体现党对肩负神圣使命的清醒和坚定。

二、有机统一:"三个务必"内在关系统一于坚持自我革命的要求

在"两个务必"基础上形成的"三个务必",不仅是发扬党的优良传统的作风要求,而且是彰显党的崇高品质的意志表达。如果说"务必谦虚谨慎、艰苦奋斗"是党始终保持同人民群众的血肉联系必须发扬的优良作风的话,那么"务必不忘初心、牢记使命"和"务必敢于斗争、善于斗争"则是奋斗新时代新征程必须弘扬的伟大精神。

"三个务必"形成具有内在逻辑关系的整体,内涵深刻、意义丰富,是新时代加强党的

---

[1]《十九大以来重要文献选编》下,中央文献出版社2023年版,第144页。

[2]《习近平著作选读》第一卷,人民出版社2023年版,第23页。

建设新的伟大工程的思想和实践指南。"不忘初心、牢记使命"是对党的性质宗旨、理想信念和奋斗目标的思想强化,具有前提条件的意义。谦虚谨慎、艰苦奋斗是党的优良作风的集中体现,具有光大传统的意义。敢于斗争、善于斗争是对党不惧风险、奋发有为精神的高度凝练,具有本领锻造的意义。"三个务必"相辅相成,坚持自我革命构成连接"三个务必"要求的契合点。"自我革命精神是党永葆青春活力的强大支撑。"①不断推进新时代党的建设新的伟大工程向前发展,必须把牢记"三个务必"与坚持党的自我革命紧密相联。

1.不忘初心、牢记使命构成党坚持自我革命的前提条件

把"不忘初心、牢记使命"摆在"三个务必"的首位,突出党坚持自我革命的新时代新征程奋斗要求。首先,初心使命是党的根本宗旨,坚持自我革命就是坚持党的性质宗旨。其次,初心使命回答党的根本问题,坚持自我革命就是诠释党是什么、要干什么。守初心,必须牢记全心全意为人民服务的根本宗旨,担使命,必须牢记实现中华民族伟大复兴的历史使命。在风雨如磐的百年奋斗历程中,党始终以赤子情怀守初心、担使命,坚定人民立场,坚持以人民为中心的发展理念,想人民之所想,行人民之所嘱。这是党永葆蓬勃生机、青春活力的成功秘诀。

为什么要以"务必"的要求提出"不忘初心、牢记使命"? 因为践行初心使命贯穿于党的奋斗全过程,时间和场域的变化考验中国共产党人践行初心使命的意志。初心不会随着时间推移而自然存续和坚守,使命也不会因为实践深入发展而自然地增强担负意识。党的千秋伟业决定了不懈奋斗伴随着漫长的征程,初心恒守、使命在肩,才能使党的事业完成一代又一代的接力棒传递。经验告诉我们,路走长了人容易产生倦怠,精神一旦松懈就容易产生健忘症,逐渐失去自己从哪来、要到哪里去的历史记忆。坚持自我革命就是要求全体党员时刻以党章的各项规定为准绳,始终以不忘初心的警醒和牢记使命的觉悟,对标理想信念的政治标准,校准自己践行初心使命的思想和行为。不忘初心,方得始终;牢记使命,方有前途。作为坚持自我革命的前提条件,"务必不忘初心、牢记使命"凸显其"三个务必"首要位置的重大意义。

习近平总书记指出:"我们党之所以有自我革命的勇气,是因为我们党除了国家、民族、人民的利益,没有任何自己的特殊利益。"②把为人民谋利益、为民族谋复兴作为中国共产党敢于自我革命的勇气之源、底气所在,既体现为始终做到"三个代表"的立场坚守,

①《十九大以来重要文献选编》下,中央文献出版社2023年版,第537页。
②《十八大以来重要文献选编》下,中央文献出版社2018年版,第590页。

也体现为从来不代表任何利益集团、任何权势团体、任何特权阶层的利益这三个"不代表"的政治宣示。"务必不忘初心、牢记使命"强化党的性质宗旨,一方面需要通过坚定理想信念的教育补足共产党人的"精神之钙",另一方面还必须以勇于自我革命的清醒和坚定防止初心使命的恒心淡化丢失。"不忘初心、牢记使命"是激励中国共产党人不断前进的根本动力,也是激励中国共产党人勇于自我革命的根本动力。

2.谦虚谨慎、艰苦奋斗体现党坚持自我革命的传统光大

延安时期,以毛泽东同志为主要代表的中国共产党人总结建党以来的历史实践,把理论联系实际、密切联系群众、批评与自我批评凝练为党的优良作风,以此揭示中国共产党与其他政党相区别的显著标志,使继承和发扬党的优良作风成为代代相传的历史传统。

三大优良作风相应形成党的思想路线、群众路线和党内政治生活开展方式,是党的建设伟大工程中加强作风建设的重要内容。在党的文献中,谦虚谨慎、艰苦奋斗始终作为党的优良作风加以强调,与三大优良作风具有同样重要的意义。谦虚谨慎、艰苦奋斗是把党的三大优良作风贯彻落实到实际工作上的要求,在百年奋斗历史实践中,始终保持谦虚谨慎、艰苦奋斗作风塑造的形象,是中国人民建构中国共产党历史认知的重要方面,也是党赢得民心形象工程的基础。

谦虚谨慎是马克思主义政党的鲜明品格。毛泽东指出:"即使我们的工作得到了极其伟大的成绩,也没有任何值得骄傲自大的理由。虚心使人进步,骄傲使人落后,我们应当永远记住这个真理。"①1943年4月,周恩来在中共南方局作报告中指出:"中华民族的谦逊实际"是毛泽东工作作风的体现,要求党的领导人坚决反对"妄自尊大者","要戒慎恐惧地工作。"②习近平总书记指出:"无论什么时候我们都不能骄傲自满,党不能骄傲自满,国家不能骄傲自满,领导干部不能骄傲自满,人民不能骄傲自满,而是要增强忧患意识、慎终追远,始终保持艰苦奋斗的作风。"③发扬谦虚谨慎的历史传统,是党始终立于不败之地的保证。

艰苦奋斗是中国共产党继承中华民族美德形成的优良作风。1936年12月,毛泽东在《中国革命战争的战略问题》一文中指出:"没有中国共产党在过去十五年间的艰苦奋斗,挽救新的亡国危险是不可能的。"④1949年10月26日,毛泽东在一封回信中希望"全

---

① 《毛泽东文集》第7卷,人民出版社1999年版,第117页。
② 《周恩来选集》上,人民出版社1980年版,第132页。
③ 《十八大以来重要文献选编》中,中央文献出版社2016年版,第83页。
④ 《毛泽东选集》第1卷,人民出版社1991年版,第185页。

国一切革命工作人员永远保持过去十余年间在延安和陕甘宁边区的工作人员中所具有的艰苦奋斗的作风"①。1957年1月，邓小平主持召开中共中央书记处会议发表讲话指出："我们的传统是艰苦奋斗的传统，我们要发扬这种优良传统。"②改革开放后，邓小平强调："现在我们搞四化，情况会逐步好起来，但是好起来也要保持艰苦奋斗的精神"③，"要坚持我们历来的艰苦奋斗的传统。否则我们的事业是不会有希望的"④。江泽民指出："艰苦奋斗是我们党的优良传统，在改革开放的新形势下必须继续发扬光大"⑤，"保持和发扬艰苦奋斗的精神，说到底是牢固树立和坚持马克思主义的世界观、人生观问题"⑥。胡锦涛指出："越是改革开放和发展社会主义市场经济，越要弘扬艰苦奋斗的精神。即使将来我们的国家发达了，人民的生活富裕了，艰苦奋斗的精神也不能丢。那种认为艰苦奋斗是老一套、已经过时了的想法是错误的，也是很有害的。"⑦习近平总书记指出："我们的事业成功都是经过艰辛探索、艰苦奋斗取得的"，"过去我们党靠艰苦奋斗、勤俭节约不断成就伟业，现在我们仍然要用这样的思想来指导工作……不论我们国家发展到什么水平，不论人民生活改善到什么地步，艰苦奋斗、勤俭节约的思想永远不能丢"。⑧这些重要论述都把艰苦奋斗精神作为党的宝贵财富，发扬艰苦奋斗的历史传统，是党继往开来、再铸辉煌的保证。

毛泽东当年提出以谦虚谨慎、艰苦奋斗为内核的"两个务必"思想，重要价值是揭示走好"赶考"之路的重大命题。自我革命作为党探索跳出治乱兴衰历史周期率第二个答案，体现的正是"三个务必"继承"两个务必"的思想逻辑。全面从严治党是党坚持自我革命的生动实践，发扬谦虚谨慎、艰苦奋斗的历史传统，必须以勇于自我革命的精神坚决反对官僚主义、主观主义、享乐主义和奢靡之风。

3.敢于斗争、善于斗争增强党坚持自我革命的本领锻造

把"敢于斗争、善于斗争"作为新的务必要求提出来含义十分深刻。中国共产党和中国人民是在斗争中成长和壮大起来的，斗争精神贯穿于中国革命、建设、改革各个时期。进行伟大斗争是战胜各种风险挑战必须保持的精神状态和意志品质，坚持自我革命是敢

①《毛泽东文集》第6卷，人民出版社1999年版，第17页。
②《邓小平文集(一九四九——一九七四年)》中卷，人民出版社2014年版，第268页。
③《邓小平年谱》第5卷，中央文献出版社2020年版，第67页。
④《邓小平年谱》第5卷，中央文献出版社2020年版，第83页。
⑤江泽民：《论党的建设》，中央文献出版社2001年版，第193页。
⑥《江泽民文选》第1卷，人民出版社2006年版，第622页。
⑦《胡锦涛文选》第2卷，人民出版社2016年版，第7页。
⑧习近平参加内蒙古代表团审议，新华网，2019年3月5日。

于斗争、善于斗争的题中应有之义。

党的十八大报告提出"发展中国特色社会主义是一项长期的艰巨的历史任务,必须准备进行具有许多新的历史特点的伟大斗争"①,党的十九大把"必须进行伟大斗争"作为新时代中国共产党的历史使命,号召"全党要充分认识这场伟大斗争的长期性、复杂性、艰巨性,发扬斗争精神,提高斗争本领,不断夺取伟大斗争新胜利"②。新时代十年来,中华民族伟大复兴战略全局和世界百年未有之大变局深度演进,世界之变、时代之变、历史之变以前所未有的方式展开,新形势新情况的纷繁性、复杂性、严峻性世所罕见。党和人民在经历的一系列重大事件和遭遇接踵而至的重大风险挑战中,深刻认识到进行伟大斗争的必要性和重要性。事实告诉我们,不进行伟大斗争,党和国家事业寸步难行,中华民族伟大复兴历史进程难以推进。

敢于斗争是我们党面对矛盾和解决问题的科学态度。马克思主义认为,任何事物都充满矛盾,历史是在不断解决矛盾中前进的。党在百年奋斗历程上既要以同各种敌对势力进行斗争来解决外部矛盾,也要通过同党自身存在的各种非正确思想进行斗争来解决内部矛盾。前者构成社会革命的任务,后者构成自我革命的任务,党的自我革命和社会革命都必须进行伟大斗争。中国共产党从新民主主义革命时期形成批评和自我批评作风,到新时代强调勇于自我革命,体现的就是以敢于斗争解决党自身发展的内部矛盾。党的十八大以来,党中央大力推进全面从严治党,以壮士断腕的勇气同一切损害党的肌体健康的病毒作斗争,以零容忍态度高压反腐败,就是以进行伟大斗争彰显勇于自我革命精神。

善于斗争与敢于斗争辩证统一,展现进行伟大斗争的艺术。敢于斗争需要勇气,更需要智慧。任何斗争都处于复杂环境中,各种矛盾错综交织,真相常常被假象遮蔽,鱼目混珠有时难以分辨,在这样的情况下理不清头绪就会使斗争变成蛮干。伟大斗争要取得成效,必须以善于斗争为保证,善于斗争以提高斗争本领为基础。习近平总书记指出:"要善斗争、会斗争,提升见微知著的能力,透过现象看本质,准确识变、科学应变、主动求变,洞察先机、趋利避害。"③新时代十年,党团结带领人民取得历史性成就、发生历史性变革,既依靠敢于斗争,也是善于斗争的结果。

习近平总书记指出:"决不能丢掉革命加拼命的精神,决不能丢掉谦虚谨慎、戒骄戒

---

① 《十八大以来重要文献选编》上,中央文献出版社2014年版,第11页。
② 《十九大以来重要文献选编》上,中央文献出版社2019年版,第11页。
③ 《习近平谈治国理政》第四卷,外文出版社2022年版,第80页。

躁、艰苦奋斗、勤俭节约的传统,决不能丢掉不畏强敌、不惧风险、敢于斗争、敢于胜利的勇气。"①把"三个务必"作为一个有机联系的整体,必须坚持自我革命的历史经验,深刻把握自我革命作为党跳出治乱兴衰历史周期率第二个答案的思想要义。在"不忘初心、牢记使命"中继承发扬谦虚谨慎、艰苦奋斗的优良作风,以务必敢于斗争、善于斗争彰显不忘初心、牢记使命的政治本色,以务必谦虚谨慎、艰苦奋斗,务必敢于斗争、善于斗争维护不忘初心、牢记使命的红色基因,"三个务必"统一于党坚持自我革命的要求。

三、新座右铭:"三个务必"的时代意蕴

从"两个务必"到"三个务必",继承和创新的关系决定了两者在党的建设中都具有座右铭的意义。"三个务必"保留"两个务必"的思想因子,因此两者不是替代关系。在务必谦虚谨慎、艰苦奋斗的基础上,增加务必"不忘初心、牢记使命",务必"敢于斗争、善于斗争"的新内容,是集党的建设历史经验和新时代全面从严治党鲜活经验的重大理论创新成果,为深入推进新时代党的建设新的伟大工程确立起新的座右铭。

第一,"三个务必"确立走好新时代赶考之路的遵循。毛泽东在中国革命胜利前夕提出"两个务必",以此告诫全党必须应对不同于战火纷飞环境下的考验,决不能被"糖衣炮弹"打倒,蕴含着走好"赶考"之路的深意。新中国成立七十多年来,党在治国理政深入发展中认识到,执政考验不会随着时间延伸而逐渐减弱,相反会由于新情况新问题不断涌现而更加严峻。执政基础也不会因为成就的取得而自然增强,精神一旦懈怠,思想发生麻痹,就将导致执政基础的动摇。"赶考永远在路上"是习近平在新时代伟大实践中提出的重要论断,以"赶考远未结束"的提醒要求全党认真思考如何跳出历史周期率的问题,使毛泽东敲起的警钟在时空延续中继续鸣响。执政地位没有一劳永逸、一成不变的保险箱,东欧社会主义国家和苏联的共产党丧失执政地位的教训留下镜鉴。坚持自我革命是以习近平同志为核心的党中央思考跳出历史周期率问题形成的第二个答案,"务必不忘初心、牢记使命,务必谦虚谨慎、艰苦奋斗,务必敢于斗争、善于斗争",与这个新答案相吻合,为新时代新的赶考之路上"不做李自成"提供了根本遵循。

第二,"三个务必"筑牢确保"三个不变"的根基。"两个务必"和"三个务必"体现永葆党的先进性和纯洁性的主题,"三个务必"体现党的思想升华。党的百年奋斗尤其是改革开放以来创新实践显示了一个重要道理:党的先进性和纯洁性建设决不只是作风层面上

---

① 习近平:《用好红色资源赓续红色血脉努力创造无愧于历史和人民的新业绩》,《求是》2021年第19期。

的问题。坚定理想信念、坚持党的性质宗旨、端正政治立场,以及与各种侵蚀党的健康肌体的危害因素作斗争,对永葆党的先进性和纯洁性的重要性越来越凸显出来。习近平总书记和党中央提出确保党不变质、不变色、不变味,这"三个不变"赋予党的先进性和纯洁性建设以新的时代意蕴。一般而言,质决定色和味,变色、变味因变质而导致。由此演绎的逻辑是,要使中国共产党不变色、不变味,首先要确保党的性质不能变。党的十九大之所以把党的政治建设摆在党的建设首要位置,在很大程度上是出于确保党不变质的战略考量。"三个务必"的重要意义在于着眼永葆党的先进性和纯洁性,既把"两个务必"中保持党的优良作风加以继承,又强调务必践行初心使命、务必敢于和善于斗争,这就树立了坚持党的性质宗旨的鲜明导向。"三个务必"为确保"三个不变"铸牢根基。

第三,"三个务必"形成实现"四个自我"的路径。"三个务必"体现自我革命对跳出历史周期率第二个答案的重要价值。堡垒最容易从内部被攻破,习近平总书记反复强调:"没有什么外力能够打倒我们,能够打倒我们的只有我们自己。"①苏联共产党没有倒在希特勒法西斯的猖狂进攻下,而是自己拱手放弃了执掌的政权,东欧社会主义国家的共产党改旗易帜上演的也是自毁长城的悲剧。历史是最好的教科书,对中外政治史上那些安于现状、死于安乐的深刻教训我们不能健忘失忆。"必须不断进行自我革命,同一切影响党的先进性、弱化党的纯洁性的问题作坚决斗争,实现自我净化、自我完善、自我革新、自我提高","'四个自我'形成了依靠党自身力量发现问题、纠正偏差、推动创新、实现执政能力整体性提升的良性循环"。②提出"三个务必",为新时代新征程上党的自我净化、自我完善、自我革新、自我提高提供了实现路径。

第四,"三个务必"突出弘扬伟大建党精神的要求。党的二十大报告导言部分三段话,第一段揭示大会召开的背景,第二段提出大会主题,第三段提出"三个务必",思想逻辑十分清晰。大会主题中突出"弘扬伟大建党精神","三个务必"贯彻了伟大建党精神。习近平总书记在庆祝中国共产党成立一百周年大会上首次提出"伟大建党精神"重大概念,用4句话32个字凝练伟大建党精神的内涵。"三个务必"包含伟大建党精神中"践行初心、担当使命"和"不怕牺牲、英勇斗争"两个方面的内涵,而"坚持真理、坚守理想"和"对党忠诚、不负人民"的伟大建党精神内涵也与"三个务必"的要求相一致。习近平总书记指出:"历史川流不息,精神代代相传。我们要继续弘扬光荣传统、赓续红色血脉,永远把

---

①《十八大以来重要文献选编》下,中央文献出版社2018年版,第591页。
②《习近平关于全面从严治党论述摘编(2021年版)》,中央文献出版社2022年,第42、43页。

伟大建党精神继承下去、发扬光大!"①"三个务必"从形式上理解提出的是行为准则,从本质上理解形成的则是精神要求。把恪守"三个务必"与弘扬伟大建党精神紧密相联,符合党的二十大精神,符合党中央的要求。

第五,"三个务必"明确解决大党独有难题的定力。党的二十大对新时代新征程党的建设作出全面部署,提出了"必须时刻保持解决大党独有难题的清醒和坚定"重大命题,意义十分深刻。世界上拥有数十万、数百万党员的大党也不少,但达到近亿党员的超大规模政党则凤毛麟角,而且作为世界上最大的马克思主义执政党,扮演着全面领导和长期执政的角色,这是独一无二的。这就是说,我们党不仅面临大党治理一般性的难题,更具有坚持马克思主义政党性质的大党独有难题。2023年1月9日,习近平总书记在二十届中央纪委二次全会上强调:解决大党独有难题,"是实现新时代新征程党的使命任务必须迈过的一道坎,是全面从严治党适应新形势新要求必须啃下的硬骨头。"②保持解决大党独有难题的清醒和坚定,必须把"三个务必"作为牢牢把握的政治定力,深入推进新时代党的建设新的伟大工程。

第六,"三个务必"提供实现奋斗目标的保证。党的二十大提出新时代新征程中国共产党的使命任务,就是团结带领全国各族人民全面建成社会主义现代化强国、实现第二个百年奋斗目标,以中国式现代化全面推进中华民族伟大复兴。这个中心任务贯穿未来二十多年的奋斗历程,使命艰巨,任务繁重,并将必然伴随风高浪急甚至惊涛骇浪的重大考验。中国特色社会主义进入新时代,中国人民在从站起来、富起来到强起来的伟大飞跃中推动中华民族伟大复兴进入不可逆转的历史进程。"经过十八大以来在理论和实践上的创新突破,我们党成功推进和拓展了中国式现代化。"③党的二十大构建的中国式现代化系统理论,成为党中央的重大理论创新成果。把推进中国式现代化与创造人类文明新形态相联系,彰显中华民族的宏图大志,为党和人民奋斗未来指明了方向。胜利完成新时代新征程党的使命任务,始终恪守和践行"三个务必",才能充分发挥历史主动,把中国发展的命运牢牢掌握在自己手中。

---

①《习近平谈治国理政》第四卷,外文出版社2022年版,第7页。

②《习近平在二十届中央纪委二次全会上发表重要讲话强调　一刻不停推进全面从严治党　保障党的二十大决策部署贯彻落实》,《人民日报》2023年1月10日。

③《习近平著作选读》第一卷,人民出版社2023年版,第18页。

第五节　深刻领会新时代新征程中国共产党的使命任务①

党的二十大对全面建设社会主义现代化国家、全面推进中华民族伟大复兴进行了战略谋划,作出了全面部署,为新时代新征程党和国家事业发展、实现第二个百年奋斗目标指明了方向、确立了行动指南。党中央提出了新时代新征程中国共产党的使命任务,全面贯彻党的二十大精神,必须深刻领会这个使命任务,坚定历史自信,增强历史主动,奋力谱写新时代中国特色社会主义更加绚丽的华章。

一、立足发展新的历史方位提出党的中心任务

党的二十大提出了团结带领全国各族人民全面建成社会主义现代化强国、实现第二个百年奋斗目标,以中国式现代化全面推进中华民族伟大复兴的中心任务,揭示了迈上新征程、建功新时代中国共产党人担当和作为的努力方向。

立足我国发展新的历史方位,是深刻领会新时代新征程中国共产党使命任务的基点。根据形势变化及时提出党的中心任务,是党的光荣传统。实践表明,认清历史方位确定新的前进目标,保证了党和国家事业与时俱进地向前发展。

2021年党的十九届六中全会审议通过的第三个历史决议,把党的百年奋斗史划分成四个历史时期,总结的叙事方式都从概括党面临的主要任务开始,各个历史时期中心任务不同,决定了党团结带领人民奋斗的具体目标。一个奋斗目标完成后转向下一个目标,构成党和国家事业循序渐进的发展链。全面建设社会主义现代化国家、向第二个百年奋斗目标进军构成新发展阶段,推动党和人民站在了新的历史起点上。

党的十八大以来十年的伟大变革,在党史、新中国史、改革开放史、社会主义发展史、中华民族发展史上具有里程碑意义。在以习近平同志为核心的党中央坚强领导下,中国特色社会主义取得了历史性成就,发生了历史性变革,使十年奋斗塑造的里程碑光彩夺目。

从历史方位看,新时代十年党和人民经历的三件大事,对党和人民事业具有重大现实意义和深远历史影响:一是迎来中国共产党成立一百周年的大事,意味着百年大党再起航;二是中国特色社会主义进入新时代的大事,意味着我国发展处于新的历史方位;三

---

① 原文载于《南京日报》2023年2月1日,收入本书时文字有改动。

是完成脱贫攻坚、全面建成小康社会的历史任务,实现第一个百年奋斗目标的大事,意味着党团结带领人民迈上新的历史进程。这三件大事,对深刻认识党的二十大立足发展新的历史方位提出党的中心任务有着重要意义。

2021年是党胜利完成"两个一百年"奋斗目标历史交汇期任务的决胜年。习近平总书记在庆祝中国共产党成立一百周年大会上发表重要讲话庄严宣告:"经过全党全国各族人民持续奋斗,我们实现了第一个百年奋斗目标",指出党和人民"正在意气风发向着全面建成社会主义现代化强国的第二个百年奋斗目标迈进"。党的二十大以"从现在起"的表述提出党的中心任务,把"迈进"改为"迈上",体现了历史方位的新进入,吹响了起步新奋斗的动员号角。

习近平总书记指出:"历史接力是一棒接着一棒向前奔跑的,党和国家事业是一程接着一程向前推进的。"[1]党的千秋伟业需要通过接力赛来完成,跑好前一棒,才能奠定跑好后一棒的基础。新时代新征程中国共产党使命任务衔接第一个百年奋斗目标,接力续跑以前一棒为动力,再创新成绩才能延续辉煌。党的二十大提出的中心任务,将贯穿未来二十多年为全面建设社会主义现代化国家而奋斗的全过程,将落实在中华民族伟大复兴取得伟大胜利的各环节,党和人民为之奋斗的一切努力都将聚焦于新时代新征程这个党的中心任务。

二、中国共产党使命任务的话语新建构

党的二十大提出党的中心任务,简洁明了,指向清晰,目标明确。从话语表达看,新时代新征程中国共产党的使命任务包含四个关键词:一是"社会主义现代化强国",二是"第二个百年奋斗目标",三是"中国式现代化",四是"中华民族伟大复兴"。这些词语在以往党中央领导人和党的文献中一直在使用,但党的二十大把它们串联起来形成内在关系,建构了新时代新征程中国共产党使命任务的新话语。

1954年9月,毛泽东在全国人大一次会议上致开幕词就提出"将我国建设成为一个伟大的社会主义共和国"[2]。随着"四个现代化"目标的提出,建设社会主义现代化强国成为经常性的表述。第二个百年奋斗目标的明确提法形成于党的十五大,是对邓小平提出"三步走"战略的进一步提炼,此后党的代表大会都对"两个一百年"奋斗目标作出了论述。"中国式现代化"概念源于1979年3月邓小平的讲话,他指出:"我同外国人谈话,用了

① 习近平:《为实现党的二十大确定的目标任务而团结奋斗》,《求是》2023年第1期。
②《毛泽东文集》第6卷,人民出版社1999年版,第350页。

一个新名词：中国式的现代化。"①中华民族伟大复兴的思想由来已久，在中国共产党成立之前，先进中国人就以"振兴中华"表达民族复兴的志向。中国共产党一经诞生就义无反顾肩负起中华民族伟大复兴的使命，1949年毛泽东在撰写新年献词中提出努力"使中华民族来一个大翻身"。党的十八大后，习近平总书记用"中国梦"这一形象和通俗的话语作出新的表述，使实现中华民族伟大复兴的奋斗目标深入人心。由上可见，党的二十大建构党的中心任务新话语有着深厚的思想基础。

新话语建构体现严密的思想逻辑，社会主义现代化强国、第二个百年奋斗目标、中国式现代化、中华民族伟大复兴的表述结合为一体，形成系统的话语架构。这四个关键词表达的具体含义不同，但使命任务的内容则完全相通。社会主义现代化强国是第二个百年奋斗目标的结果呈现，是中国式现代化的成果产出，是中华民族伟大复兴的目标指向。研读党的二十大报告可知，第三部分论述新时代新征程中国共产党的使命任务，全部内容都聚焦中国式现代化问题。习近平总书记系统阐述了什么是中国式现代化、中国式现代化的特色是什么、中国式现代化有哪些本质要求、推进和拓展中国式现代化必须牢牢把握哪些重大原则，展示了全面认识新时代新征程中国共产党使命任务的丰富内容。新话语的建构为党和人民团结奋斗描绘了一幅内涵丰富、意境深远、前景璀璨的宏伟蓝图。

新话语建构形成"以中国式现代化全面推进中华民族伟大复兴"的新表达。这个新话语第一次使用是在2020年10月党的十九届五中全会，习近平总书记在第二次全体会议上发表讲话指出："我国坚定不移推进中国式现代化，以中国式现代化推进中华民族伟大复兴，不断为人类作出新的更大贡献。"党的第三个历史决议阐述习近平新时代中国特色社会主义思想内涵的"十个明确"时，把"以中国式现代化推进中华民族伟大复兴"放在坚持和发展中国特色社会主义的总任务中加以概括。党的二十大提出新时代新征程中国共产党使命任务，在"推进中华民族伟大复兴"前面加上了"全面"两字。由此形成的新话语赋予实现中华民族伟大复兴的中国梦以崭新内涵，从更加深刻的含义上提升了实现中华民族伟大复兴的境界追求。

三、走好"五个必由之路"确保党的中心任务胜利完成

确保党的中心任务胜利完成，必须全面贯彻党的二十大精神，把党中央作出的重大战略部署坚决落实到各项工作中去。奋斗新征程使命艰巨，建功新时代任重道远。坚定不移走好"五个必由之路"，为胜利完成党的中心任务提供保证。

---

①《邓小平年谱》第4卷，中央文献出版社2020年版，第497页。

2022年3月，习近平总书记参加十三届全国人大五次会议内蒙古代表团审议时发表讲话，第一次完整提出"五个必由之路"，即坚持党的全面领导、中国特色社会主义、团结奋斗、贯彻新发展理念、全面从严治党。党的二十大报告重申了这"五个必由之路"，强调"这是我们在长期实践中得出的至关紧要的规律性认识"，要求全党必须倍加珍惜、始终坚持。

党的二十大闭幕一周后，中共中央发表《关于认真学习宣传贯彻党的二十大精神的决定》，概括性提出了"九个深刻领会"的学习和把握要求，其中第四个就是"深刻领会新时代新征程中国共产党的使命任务"。这个文件在提炼党的二十大报告第三部分的主要内容后，把结尾部分论述"五个必由之路"的内容归到深刻领会新时代新征程中国共产党的使命任务之中，两者形成紧密相关的内在联系。

确保胜利完成党的中心任务，必须走好坚持党的全面领导的必由之路。中国共产党领导是历史和人民的选择，党是风雨来袭时全体人民最可靠的主心骨。坚定不移坚持党的全面领导、维护党中央权威和集中统一领导，确保全党全国各族人民拥有团结奋斗的强大政治凝聚力、发展自信心，集聚起守正创新、共克时艰的强大力量，才能以胜利完成党的中心任务创造出更加令人刮目相看的新奇迹。

确保胜利完成党的中心任务，必须走好中国特色社会主义的必由之路。不断实现人民对美好生活的向往，不断推进全体人民共同富裕，中国特色社会主义是党长期实践找到的康庄大道。这条道路决定中国人民和中华民族的前途命运。走好中国特色社会主义的必由之路，对新时代新征程党的中心任务胜利完成具有重大意义。

确保胜利完成党的中心任务，必须走好团结奋斗的必由之路。团结奋斗是中国共产党和中国人民最显著的精神标识。中国共产党凭借团结全党、紧紧依靠人民创造了辉煌历史，还要靠团结奋斗开辟美好未来。要使党的中心任务胜利完成，必须凝聚起全体人民共同奋斗的磅礴力量，9800多万中国共产党人始终与14亿多人民心连心，一起向着未来撸起袖子加油干，才能推动"中国号"巨轮行稳致远。

确保胜利完成党的中心任务，必须走好贯彻新发展理念的必由之路。发展理念具有战略性、纲领性、引领性，发展理念是党制定目标任务和政策举措的思想指导。党中央提出创新、协调、绿色、开放、共享的新发展理念，对破解发展难题、增强发展动力、厚植发展优势，促进新时代我国发展壮大具有重大指导意义。坚持人民至上，完整、准确、全面贯彻新发展理念，加快构建新发展格局，推动高质量发展，加快实现科技自立自强，有助于胜利实现党的中心任务。

确保胜利完成党的中心任务，必须走好全面从严治党的必由之路。全面建设社会主义现代化国家、全面推进中华民族伟大复兴,关键在党。新时代全面从严治党的生动实践,为党永葆生机活力、走好新的赶考之路创造了鲜活经验。大力弘扬伟大建党精神,传承红色基因,牢记"三个务必",勇于自我革命,确保党不变质、不变色、不变味,以不断提高党的建设质量打造世界最强政党,使全党如同一块坚固的钢铁,就能为胜利完成党的中心任务提供有力保证。

第四章 谱写马克思主义中国化时代化新篇章

第一节 "两个结合"与马克思主义中国化时代化的历史实践①

1920年8月,一个名叫陈望道的29岁青年人做了一件深刻影响中国历史的大事,他把1848年马克思恩格斯合著的《共产党宣言》翻译出版。这部中文全译本的问世,完成了科学社会主义在中国的首次比较完整的介绍。随后建立的中国共产党将马克思主义作为救亡图存的思想旗帜高高举起,团结带领人民不懈奋斗,在"开天辟地"的历史实践中创造出震撼世界的"苦难辉煌",实现了中国的涅槃重生,彻底扭转了近代以来中华民族不断受辱、持续衰落的凄惨命运。中华大地上一百余年里发生的巨变,彰显了真理改变命运、思想影响历史的伟力。"实践告诉我们,中国共产党为什么能,中国特色社会主义为什么好,归根到底是马克思主义行,是中国化时代化的马克思主义行。"②中国共产党推进马克思主义中国化时代化的历史实践,以不断谱写新篇章的创造性成果,诠释了"两个结合"是党青春永驻、基业长青的密钥所在。

一、马克思主义中国化时代化"两个结合"的理论逻辑

历史遵循必然法则迈出前进的步伐,不可违背的客观规律决定了历史发展不以人的主观意志为转移。然而历史发展又以人的活动为中心。唯物史观认为,人民是创造历史的主人。历史作为客观的存在由"现实的个人"决定,但人们是在直接碰到的、既定的、从过去承继下来的条件下创造历史,受这样条件限制的历史创造绝不是随心所欲的活动。恩格斯在《反杜林论》中说,人类社会发展规律就是"人们自己的社会行动的规律"③,深刻揭示了社会发展的规律性和人民创造历史的自觉性相统一的机理。马克思主义成为中国共产党团结带领人民推进创造历史活动的强大武器,历史实践中形成的行动自觉和精神主动,促进了马克思主义中国化时代化"两个结合"的深入发展。

马克思主义在中国的出场是历史演进的结果,中国人民在实践探索中选择了马克思

---

① 原文载于《中共党史研究》2023年第3期。
② 《习近平著作选读》第一卷,人民出版社2023年版,第14页。
③ 《马克思恩格斯选集》第三卷,人民出版社2012年版,第815页。

主义。追溯源头,1840年爆发的鸦片战争改变了中国的历史走向。中国人民为救亡图存奋起反抗,仁人志士为自强求富奔走呐喊,试图扶将倾之中华大厦,各种救国方案轮番出台,却都未能获得成功。先进中国人向西方寻找真理的过程,在经历了学习"船坚炮利"的军事技术、引进铁路机器电缆等先进生产力、推广声光化电自然科学知识、模仿英美议会宪政制度的阶段后,形成了"主义救国"的觉醒,这是在救亡运动屡遭失败情况下对思想价值的发现。五四运动后马克思主义的广泛传播,标志着中国人民最伟大的一次觉醒,中华民族因此而迎来前途命运的根本性扭转。

近代中国人热衷于谈"主义"始于20世纪初,虽然这个词语在中国古代文献中早就有使用,但与救亡图存相联系而赋予近代思想色彩的"主义"渲染,则从以孙中山为代表的资产阶级革命派开始。1905年7月,孙中山在日本东京华侨和学生欢迎会上发表演说指出:"鄙人往年提倡民族主义,应而和之者特会党耳,至于中流社会以上之人,实为寥寥。乃曾几何时,思想进步,民族主义大有一日千里之势,充布于各种社会之中,殆无不认革命为必要者。"①1905年8月,同盟会正式成立,发表的宣言中提出"驱除鞑虏""恢复中华""建立民国""平均地权"等主张,被视为同盟会的纲领。10月20日,孙中山为该会机关刊物《民报》撰写发刊词指出:"余维欧美之进化,凡以三大主义:曰民族,曰民权,曰民生……是三大主义皆基本于民,递嬗变易,而欧美之人种胥治化焉。"②1912年4月,孙中山在一次演说中回溯历史时说:"八、九年前,少数同志在日本发起同盟,定三大主义:一、民族主义;二、民权主义;三、民生主义。"③基于"思患预防"的愿望,孙中山创立的"三民主义"虽然力求对欧美国家呈现的弊端作出补救,但整体思想仍然在近代西方资产阶级民主主义的思想体系框架之内,基本理论未脱其窠臼。1911年爆发的辛亥革命是以"三民主义"思想为指导的一次历史实践,这场伟大变革结束了在中国延续几千年的君主专制制度,迎来了中华民国的诞生,但未能改变中国半殖民地半封建社会的性质和中国人民的悲惨命运。

近代西方资产阶级民主主义在中国遭遇失败的厄运,并不是这个思想不先进,而是水土不服所致。发源于文艺复兴运动的民主主义思想为资产阶级革命的兴起奠定了基础,西方国家依靠体现近代社会要求的新思想跨进历史发展的前列。与中国封建主义思想相比,资产阶级民主主义思想引领世界潮流的价值不言而喻。然而当中国人把西方行

①《孙中山选集》上,人民出版社2011年版,第76页。
②《孙中山全集》第2卷,人民出版社2015年版,第69页。
③《孙中山选集》上,人民出版社2011年版,第98页。

得通的思想借用过来实践时,吞下的却是"败下阵来"的苦果,这一方面有帝国主义和封建主义统治阻挠破坏的因素,另一方面与资产阶级民主主义思想没有与中国具体实践相结合有重要关系。从近代社会思潮嬗变看,"西学东渐"过程中资产阶级民主主义思想被引进中国并掀起革命浪潮,显然具有先进的历史意义。相对鸦片战争以降一些先进人士为寻求救亡图存的道路而借鉴的各种国外思想来说,资产阶级民主主义无疑是反对封建主义最具革命性的思想武器,但它在中国失灵了。历史事实证明,中国先进人士一腔热血的救国愿望和改良、革命的努力奋斗,由于脱离中国实际只能收获"南橘北枳"的结果,资产阶级民主主义在近代中国仅仅风靡一时而未能生根落地。

中国人民在历史彷徨中找到了马克思主义,近代中国在徘徊中寻觅到了救国新武器。马克思主义给苦苦探寻救亡图存出路的中国人民指明了前进方向、提供了全新选择。中国共产党成立这件"开天辟地的大事变",以高举马克思主义旗帜拉开帷幕,开始了深刻改变中国的历史进程。百余年来,中国共产党把马克思主义基本原理同中国革命、建设、改革和新时代的具体实践相结合,同中华优秀传统文化相结合,推进马克思主义中国化时代化在不断创新中持续向前发展,呈现了马克思主义的命运同中国共产党的命运、中国人民的命运、中华民族的命运紧紧连在一起的历史场景。

马克思主义运用于中国的实践走过了坎坷之路,思想伟力的彰显始终伴随着伟大斗争。五四运动和建党时期,中国思想界发生过"问题与主义"的争论,一些人提出"多研究些问题,少谈些主义"的主张,抵制马克思主义对中国的影响。反动势力视马克思主义为"洪水猛兽"。20世纪30年代,张东荪提出"马克思主义不适合中国国情"的观点,认为马克思主义"不过是欧洲各国的历史的共相,而决不能当作一个普遍的范畴,亦不完全适用于我们东方"[1]。在国民党政府统治下,宣传马克思主义受到严厉查禁。但是真理的力量不是什么人什么势力可以阻挡的。马克思主义在中国的际遇最后呈现的是这样一幅历史图像:近现代中国的命运和中华民族的前途转变通过坚持马克思主义的指导得以实现。实践证明,历史和人民选择马克思主义是完全正确的。

把理论转变为实践,由实践检验理论,让灰色的理论在变动不居的实践中常青,是马克思主义中国化时代化的诉求。以此构成的"两个结合"理论机理,体现了中国共产党立足中国国情运用马克思主义的实践逻辑。中国共产党之所以能够团结带领人民创造出近代中国别的政党无法企及的重大成就和非凡奇迹,不仅是因为马克思主义具有科学性、真理性的先进品质,更是因为她在中华大地上写出了马克思主义的中国篇章。中国

---

① 张东荪:《阶级问题》,《再生》第1卷第4期(1932年8月20日)。

共产党坚持马克思主义基本原理,不仅紧密地同中国具体实际相结合,而且进一步同中华优秀传统文化相结合,这就使马克思主义中国化时代化的实践踩在深厚的沃土上。中华优秀传统文化五千多年延绵发展中形成的很多重要元素,共同塑造出中华文明连续性、创新性、统一性、包容性、和平性的突出特性,这些特性有利于国外先进思想的本土化,有利于促进马克思主义在中国立足扎根。作为中华文明智慧结晶和精华所在的中华优秀传统文化,成为中华民族的根和脉,马克思主义中国化时代化的创新实践必须借助中华优秀传统文化来发力。"两个结合"让马克思主义活起来、响起来、亮起来,中国共产党与时俱进的理论品格在百年奋斗中转化为实践能力,以不断推进理论创新、进行理论创造推动历史发展,为马克思主义中国化时代化"两个结合"的深入开展奠定了深厚的底蕴。坚持把马克思主义基本原理同中国具体实际相结合、同中华优秀传统文化相结合,把坚持和发展马克思主义这篇大文章写在中国大地上,为党团结带领人民不断从一个胜利走向另一个胜利提供了重要保证。

二、中国共产党推进"两个结合"实践的历史展开

党的二十大报告指出:"推进马克思主义中国化时代化是一个追求真理、揭示真理、笃行真理的过程。"马克思主义以科学性显示思想伟力,但它并不意味着真理的终结。在中国共产党的百余年奋斗实践中,马克思主义中国化时代化深入发展的历史过程,就是不断追求、揭示、笃行真理的历史过程。经过新民主主义革命、社会主义革命和建设、改革开放和社会主义现代化建设、中国特色社会主义新时代各历史时期循序渐进的发展,中国共产党坚持把马克思主义基本原理同中国具体实际相结合、同中华优秀传统文化相结合,以科学理论指导中国实践,创造出的辉煌成就书写了中华民族发展史上最恢宏的史诗,彰显了马克思主义的真理伟力。

中国共产党成立后,如何将从国外传播到中国的马克思主义在本国具体实际中加以正确运用,始终成为其实践探索的重要问题。理论的有效性在于实践的可行性,思想的价值只有通过成功解决具体问题才能彰显真理的力量。中国共产党领导革命面对的具体问题,既不同于马克思主义诞生那个时代欧洲无产阶级革命政党面临的问题,也不完全与俄国十月革命时布尔什维克党所要解决的问题相同。近代中国社会主要矛盾决定了领导革命的主要任务是完成民族独立、国家统一、人民解放。从中国的国情看,资产阶级虽然缺乏领导革命取得胜利的能力,但仍然保留着革命性的一面。工人阶级虽然以领导革命的资格登上历史舞台,但因产业革命落后而受到发展的制约,缺乏从城市实现革命突破的条件。这样的国情决定了马克思主义运用于中国要获得成功,就不能机械地进

行思想的移植,而必须从实际出发,结合本土思想文化资源,实现马克思主义嫁接中国沃土并存活下来。同样,在人口规模巨大、经济文化落后的大国领导社会主义建设,马克思主义书本上没有现成的答案,马克思、恩格斯、列宁不可能回答中国将面临的具体问题,走出一条什么样的社会主义建设道路必须由中国人自己来解决。中国共产党人孜孜不倦追求真理、揭示真理、笃行真理,留下了探索把马克思主义基本原理同中国具体实际相结合、同中华优秀传统文化相结合的前进足迹。

新民主主义革命时期,中国共产党推进马克思主义中国化时代化的使命任务,是找到一条在半殖民地半封建社会的国度里实现无产阶级领导革命的正确道路。在资产阶级民主主义失灵的情况下,用马克思主义作为替代性的思想运用于中国实践必然需要一个适应过程。历史文献表明,一些创建中国共产党的先驱者从一开始就表达过马克思主义必须与中国实际相结合的观点。1919年8月,李大钊在发表的一篇文章中就指出:"一个社会主义者,为使他的主义在世界上发生一些影响,必须要研究怎么可以把他的理想尽量应用于环绕着他的实境。所以现代的社会、主义包含着许多把他的精神变作实际的形式使合于现在需要的企图。"①1920年底,恽代英在一封信中说:"我们的任务,在寻求一个适合国情,而又合于共产主义的方针来。"②然而少数人的这种意识并没有成为全党的思想自觉和实践指南。

建党以后一段时间里,以俄国十月革命为模板的实践模仿痕迹很明显,工人武装暴动、城市中心的斗争方式,使马克思主义的应用脱离了中国国情。同时,由于理论准备不充分和马克思主义认知水平的历史局限,马克思主义中国化时代化在实践中遭遇挫折。20世纪20年代后期和30年代前期,党内盛行把马克思主义教条化、把苏联经验神圣化的错误倾向,曾使中国革命几乎陷于绝境。以毛泽东同志为主要代表的中国共产党人在走上创建农村革命根据地道路后,把应用马克思主义转向"山沟"里的创新实践,不受"本本"束缚,开展与教条主义的斗争,向中国革命具体实际探讨马克思主义真理,从实践和理论上谱写马克思主义的中国篇章。1938年10月,毛泽东鲜明揭示了马克思主义中国化的命题,指出"马克思主义必须和我国的具体特点相结合并通过一定的民族形式才能实现",要求全党克服离开中国特点抽象、空洞地谈马克思主义的倾向,"使马克思主义在中国具体化,使之在其每一表现中带着必须有的中国的特性"③。这个论断体现的马克

①《李大钊文集》第3卷,人民出版社1999年版,第3页。
②《恽代英文集》上卷,人民出版社1984年版,第258页。
③《毛泽东选集》第2卷,人民出版社1991年版,第534页。

思主义认知,标志着中国共产党人的思想成熟。通过延安整风运动,马克思主义中国化的意识成为全党统一的思想觉悟。新民主主义革命的胜利,是中国共产党成功地把马克思主义基本原理同中国具体实际相结合的成果。

社会主义革命和建设时期,中国共产党推进马克思主义中国化时代化的使命任务,是找到一条在经济文化相对落后的条件下领导社会主义建设的正确道路。新中国成立后,马克思主义成为党和国家的主流意识形态,社会主义革命和建设有了根本遵循。延续把马克思主义基本原理同中国具体实际相结合的历史传统,中国共产党探索社会主义建设道路形成了自身的特色,如实行人民代表大会制度、多党合作和政治协商制度,采取"赎买政策"对资本主义工商业进行改造以及实现农业合作化、完成从新民主主义向社会主义的转变等等,都体现了中国特色。1956年党的八大前后,中央领导人广泛开展调查研究,力求深入把握本国国情,形成适合中国具体实际的社会主义建设道路。毛泽东有走自己路的思想。他明确指出:"一定要把马克思列宁主义的普遍真理和本国的具体情况两个方面结合起来"①,"马克思活着的时候,不能将后来出现的所有的问题都看到,也就不能在那时把所有的这些问题都加以解决。俄国的问题只能由列宁解决,中国的问题只能由中国人解决","中国的党一贯遵守马列主义的原则,因为它是普遍的真理。这是普遍真理与中国具体情况的统一的问题"。②毛泽东强调,读马克思这些老祖宗的书,他们的基本原理必须遵守,"但是,任何国家的共产党,任何国家的思想界,都要创造新的理论,写出新的著作,产生自己的理论家","现在,我们已经进入社会主义时代,出现了一系列的新问题,如果单有《实践论》《矛盾论》,不适应新的需要,写出新的著作,形成新的理论,也是不行的"。③

这些论述表明,以毛泽东同志为主要代表的中国共产党人推进理论创新、进行理论创造的意识很鲜明。但由于缺乏经验,社会主义建设长时期照搬苏联模式,拄着别人的拐杖走路,阻碍了马克思主义中国化时代化实践的健康发展,导致在指导本国实践中遭遇了严重挫折。

改革开放和社会主义现代化建设新时期,中国共产党推进马克思主义中国化时代化的使命任务,是汲取失误的教训开创中国特色社会主义新道路。1978年党的十一届三中全会作出改革开放的抉择,摆脱苏联模式和思想僵化的困扰,立足中国实际设计社会

---

①《毛泽东年谱》第2卷,中央文献出版社2013年版,第635页。
②《毛泽东文集》第8卷,人民出版社1999年版,第5—6页。
③《毛泽东文集》第8卷,人民出版社1999年版,第109页。

主义建设的实践新样式。党重新确立起马克思主义的思想路线、政治路线、组织路线,实现指导思想上的拨乱反正,从新的实践和时代特征出发坚持和发展马克思主义,科学回答了建设中国特色社会主义的一系列基本问题,马克思主义中国化时代化结出的理论创新成果为党引领中国发展进步提供了强大思想武器。党领导人民创造性地把社会主义与市场经济相结合,激活生产力发展的各种要素,取得了一系列重大成就。这个时期,党中央领导人对闯出一条社会主义建设的中国特色道路意志坚定,坚决排除各种干扰,对推进马克思主义中国化时代化保持着高度的思想自觉。邓小平指出:"把马克思主义的普遍真理同我国的具体实际结合起来,走自己的道路,建设有中国特色的社会主义,这就是我们总结长期历史经验得出的基本结论","马克思主义必须是同中国实际相结合的马克思主义,社会主义必须是切合中国实际的有中国特色的社会主义"[1]。他强调:"不解放思想,什么事情只搬马克思、列宁和毛主席的词句和语言,我们进行的事业就不可能得到提高和发展","真正的马克思主义者一定要根据本国的实际制定自己的政策。"[2]江泽民指出:"一代又一代的马克思主义者,从时代的发展和本国的国情出发,以创造性的态度对待马克思主义,从而保持了它的巨大的影响和旺盛的生命力"[3],"一定要以我国改革开放和现代化建设的实际问题、以我们正在做的事情为中心,着眼于马克思主义理论的运用,着眼于对实际问题的理论思考,着眼于新的实践和新的发展"[4]。胡锦涛指出:"《共产党宣言》发表以来近一百六十年的实践证明,马克思主义只有与本国国情相结合、与时代发展同进步、与人民群众共命运,才能焕发出强大的生命力、创造力、感召力"[5],"在新的历史条件下坚持马克思主义,关键是要及时回答实践提出的新课题,为实践提供科学指导"[6]。这些丰富论述,鲜明体现了马克思主义中国化时代化在中国共产党生命中的基因遗传。

中国特色社会主义进入新时代,中国共产党推进马克思主义中国化时代化的使命任务,是在"两个大局"深度演进中以奋发有为精神把中国特色社会主义不断向前推进。新时代十年的伟大变革,在党史、新中国史、改革开放史、社会主义发展史、中华民族发展史上具有里程碑意义。这座历史丰碑记录了马克思主义中国化时代化新里程的理论创造

①《邓小平文选》第三卷,人民出版社1993年版,第3、63页。

②《邓小平年谱》第5卷,中央文献出版社2020年版,第242、272页。

③《江泽民论有中国特色社会主义(专题摘编)》,中央文献出版社2002年版,第22—23页。

④《江泽民文选》第2卷,人民出版社2006年版,第12页。

⑤《胡锦涛文选》第2卷,人民出版社2016年版,第621页。

⑥《胡锦涛文选》第3卷,人民出版社2016年版,第529页。

成果,"两个结合"的创新实践为新时代书写经济快速发展和社会长期稳定两大奇迹新篇章提供了保证。习近平总书记指出:"只有把科学社会主义基本原则同本国具体实际、历史文化传统、时代要求紧密结合起来,在实践中不断探索总结,才能把蓝图变为美好现实","我们要坚持用马克思主义观察时代、解读时代、引领时代,用鲜活丰富的当代中国实践来推动马克思主义发展"①,"马克思主义能不能在实践中发挥作用,关键在于能否把马克思主义基本原理同中国实际和时代特征结合起来","马克思主义之所以行,就在于党不断推进马克思主义中国化时代化并用以指导实践",当代中国正在经历人类历史上最为宏大而独特的实践创新,坚持用马克思主义科学回答中国之问、世界之问、人民之问、时代之问,必须"更好把坚持马克思主义和发展马克思主义统一起来,坚持用马克思主义之'矢'去射新时代中国之'的',继续推进马克思主义基本原理同中国具体实际相结合、同中华优秀传统文化相结合,续写马克思主义中国化时代化新篇章"。②这些关于"两个结合"的精辟论述,极大地提升了马克思主义中国化时代化的思想自觉和精神主动。

"两个结合"的实践发展深化了马克思主义中国化时代化的规律认知,推动中国共产党人不断地实现从必然王国向自由王国的飞跃。在较长时期里,马克思主义中国化时代化以把马克思主义基本原理同中国具体实际相结合而彰显鲜明的实践特色,而同中华优秀传统文化相结合还只包含在此过程中。中国特色社会主义进入新时代,习近平总书记把"两个结合"鲜明揭示出来,标志着深化马克思主义中国化时代化的认识提高到一个新水平。2023年6月2日,习近平总书记在文化传承发展座谈会上发表重要讲话,深刻论述"两个结合"的规律性认识,从"结合"的前提是彼此契合,"结合"的结果是互相成就,"结合"铸牢了道路根基,"结合"打开了创新空间,"结合"巩固了文化主体性的角度作出深刻概括。这五条规律性认识,体现"两个结合"的辩证关系、历史逻辑、价值意义和实践力量的系统性、全面性、统一性,为在推进马克思主义基本原理同中国具体实际相结合、同中华优秀传统文化相结合的新时代发展中,担负起新的文化使命,努力建设中华现代化文明指明了方向。习近平总书记进一步指出:"'第二个'结合是又一次的思想解放,让我们能够在更广阔的文化空间中,充分运用中华优秀传统文化的宝贵资源,探索面向未来的理论和制度创新","'第二个结合',是我们党对马克思主义中国化时代化历史经验的深刻总结,是对中华文明发展规律的深刻把握,表明我们党对中国道路、理论、制度的

---

①《习近平谈治国理政》第三卷,外文出版社2020年版,第76页
②《习近平谈治国理政》第四卷,外文出版社2022年版,第29、30页。

认识达到了新高度,表明我们党的历史自信、文化自信达到了新高度,表明我们党在传承中华优秀传统文化中推进文化创新的自觉性达到了新高度"。①这"三个新高度"的揭示,成为中国共产党人"两个结合"认识升华的新标尺,把同中华优秀传统文化相结合纳入其中,赋予马克思主义中国化时代化创新实践的新内涵。

党的百年奋斗构成推进马克思主义中国化时代化的历史全链条,虽然在探索过程中某些时段经历的曲折出现了局部脱节现象,走过一些弯路,但追求真理、揭示真理、笃行真理的韧劲驱动,保持了马克思主义中国化时代化历史实践的完整性。提出把马克思主义基本原理同中华优秀传统文化相结合的创新论断,为推进马克思主义中国化时代化开辟了更为广阔的空间。深入挖掘中华文化蕴藏的丰富思想资源,把坚持马克思主义真理与汲取中华优秀传统文化的智慧有机融合,成为更好地解决中国实际问题的内在要求。

三、马克思主义中国化时代化"两个结合"实现"三次飞跃"

党的二十大报告指出:"拥有马克思主义科学理论指导是我们党坚定信仰信念、把握历史主动的根本所在。"经验告诉我们,马克思主义中国化时代化不是一蹴而就的,"两个结合"贯穿于党的全部实践,决定了把马克思主义基本原理同中国具体实际相结合、同中华优秀传统文化相结合是一个不断创新发展的历史过程,其间产生的理论成果凝结着推进理论创新、进行理论创造的心血。

综观中国共产党历史,把马克思主义基本原理同中国具体实际相结合、同中华优秀传统文化相结合深入发展的实践在理论创新上形成了"三次飞跃"。以毛泽东同志为主要代表的中国共产党人完成了第一次飞跃。中国共产党建立后高举马克思主义旗帜,把中国革命引上了正确道路。然而处于幼年时期的党还不善于根据自己国情运用马克思主义,机械照搬的教条主义一度在党内盛行,使革命遭遇严重挫折。中国共产党人从失败教训中逐渐认识到把马克思主义基本原理同中国具体实际相结合的极端重要性,由此形成的认知成为1938年党的六届六中全会上毛泽东提出"使马克思主义在中国具体化"深刻命题的思想基础。20世纪40年代初延安整风运动树立毛泽东思想的全党指导地位,党的七大党章指出:"中国共产党,以马克思列宁主义的理论与中国革命的实践之统一的思想——毛泽东思想,作为自己一切工作的指针,反对任何教条主义的或经验主义的偏向。"②以毛泽东同志为主要代表的中国共产党人成功解决了半殖民地半封建社会如何进行革命的问题。社会主义革命和建设时期,毛泽东提出把马克思列宁主义基本原

①《担负起新的文化使命 努力建设中华民族现代文明》,《人民日报》2023年6月3日。
②《建党以来重要文献选编(一九二一——一九四九)》第22册,中央文献出版社2011年版,第533页。

理同中国具体实际进行"第二次结合",努力探索中国社会主义建设道路,提出一系列重要思想和独创性理论。"毛泽东思想是马克思列宁主义在中国的创造性运用和发展,是被实践证明了的关于中国革命和建设的正确的理论原则和经验总结,是马克思主义中国化的第一次历史性飞跃。"[①]

1978年底,党的十一届三中全会作出改革开放的历史抉择,在实现党和国家工作中心战略转移的过程中不断推进理论创新、进行理论创造,在马克思主义中国化时代化发展中迈出了新的步伐。1982年9月,党的十二大提出:"把马克思主义的普遍真理同我国的具体实际结合起来,走自己的道路。"冲破苏联模式的中国实践为推进马克思主义中国化时代化提供了巨大的创新空间。以邓小平同志、江泽民同志、胡锦涛同志为主要代表的中国共产党人,在开创、推进和坚持中国特色社会主义的实践中,深刻总结新中国成立以来正反两方面经验,围绕什么是社会主义、怎样建设社会主义,建设什么样的党、怎样建设党,实现什么样的发展、怎样发展等重大问题进行认真思考,以先后确立的邓小平理论、"三个代表"重要思想、科学发展观推动党的指导思想不断与时俱进。在马克思主义中国化时代化深入发展中,党中央坚持以理论创新引领事业发展,"形成中国特色社会主义理论体系,实现了马克思主义中国化新的飞跃。"[②]

2012年党的十八大以来,中国特色社会主义进入新时代。以习近平同志为核心的党中央坚持守正创新,以全新的视野深化对共产党执政规律、社会主义建设规律、人类社会发展规律的认识,着眼解决新时代改革开放和社会主义现代化建设的实际问题,对中国之问、世界之问、人民之问、时代之问作出符合中国实际和时代要求的正确回答,得出符合客观规律的科学认识,把坚持和发展中国特色社会主义提高到一个新境界。围绕新时代坚持和发展什么样的中国特色社会主义、怎样坚持和发展中国特色社会主义,建设什么样的社会主义现代化强国、怎样建设社会主义现代化强国,建设什么样的长期执政的马克思主义政党、怎样建设长期执政的马克思主义政党等重大时代课题,习近平同志进行了深邃思考和科学判断,提出一系列原创性的治国理政新理念新思想新战略,成为习近平新时代中国特色社会主义思想的主要创立者。"习近平新时代中国特色社会主义思想是当代中国马克思主义、二十一世纪马克思主义,是中华文化和中国精神的时代精华,实现了马克思主义中国化新的飞跃。"[③]

[①]《十九大以来重要文献选编》下,中央文献出版社2023年版,第495页。
[②]《十九大以来重要文献选编》下,中央文献出版社2023年版,第499页。
[③]《十九大以来重要文献选编》下,中央文献出版社2023年版,第505页。

"两个结合"创新发展的历程展现了马克思主义基本原理在中国实践运用中"三次飞跃"的层层递进。在把马克思主义基本原理同中国具体实际相结合长期实践积累的经验基础上,明确添加同中华优秀传统文化相结合的内容,形成"两个结合"重大命题,为马克思主义中国化时代化注入了时代新内涵。党的二十大通过的《中国共产党章程(修正案)》指出:"大会一致同意,把党的十九大以来习近平新时代中国特色社会主义思想新发展写入党章,以更好反映以习近平同志为核心的党中央推进党的理论创新、实践创新、制度创新成果。"作为"两个结合"的新时代创新理论成果,习近平新时代中国特色社会主义思想鲜明打上了马克思主义基本原理同中国具体实际相结合、同中华优秀传统文化相结合的时代烙印,在马克思主义中国化时代化实现"三次飞跃"的层层递进过程中形成新的亮点。

四、谱写马克思主义中国化时代化"两个结合"新篇章

习近平总书记指出:"不断谱写马克思主义中国化时代化新篇章,是当代中国共产党人的庄严历史责任。"①党的二十大向全党全国各族人民吹响了全面建成社会主义现代化强国、实现第二个百年奋斗目标,以中国式现代化全面推进中华民族伟大复兴的进军号。谱写新时代中国特色社会主义更加绚丽的华章,与谱写马克思主义中国化时代化新篇章相向而行。迈上新征程、建功新时代,必须始终坚持和充分运用好"两个结合"的经验,把马克思主义基本原理同中国具体实际相结合、同中华优秀传统文化相结合的实践不断向前推进。

第一,把握好习近平新时代中国特色社会主义思想的世界观和方法论,坚持好、运用好贯穿其中的立场观点方法。实事求是是马克思主义活的灵魂,坚持以习近平新时代中国特色社会主义思想武装头脑,既要坚决贯彻落实这个思想指导下形成的各项行动部署,更要从立场观点方法上深刻把握坚持人民至上、自信自立、守正创新、问题导向、系统观念、胸怀天下的要求,在创新发展中回应时代的呼声,满足人民的期待,指导现实的实践,始终保持习近平新时代中国特色社会主义思想的蓬勃生机和旺盛活力。

第二,传承好马克思主义中国化时代化的基因,为中国共产党充分彰显先进的思想品质提供保证。马克思主义思想是中国共产党红色基因的维系养料,把马克思主义基本原理同中国具体实际相结合、同中华优秀传统文化相结合,是维护党的红色基因构成元素的内在要求。坚持"两个结合"集中体现中国共产党的先进思想,不断推进马克思主义

---

① 《习近平著作选读》第一卷,人民出版社2023年版,第15—16页。

中国化时代化是赓续革命传统的具体体现。夺取新时代中国特色社会主义新胜利,必须促进党的红色基因代代相传,让马克思主义旗帜在中国高高飘扬。

第三,发挥好理论创新和理论创造的优势,不断提出真正解决问题的新理念新思路新办法,引领和保障中国特色社会主义巍巍巨轮乘风破浪、行稳致远。"我们党的历史,就是一部不断推进马克思主义中国化的历史,就是一部不断推进理论创新、进行理论创造的历史。"[1]马克思主义真理之树常青通过理论创新和理论创造而实现,历史实践中曾经发生的教条主义是中国共产党没有忘记的深刻教训。以更加积极的历史担当和创造精神为发展马克思主义作出新的贡献,必须在推进理论创新、进行理论创造中写好"两个结合"这篇大文章。

第四,利用好中华优秀传统文化的资源,用马克思主义真理的力量激活伟大的中华文明。坚持和发展马克思主义,必须同中华优秀传统文化相结合。只有植根本国、本民族历史文化沃土,马克思主义真理之树才能根深叶茂。把马克思主义精髓同中华优秀传统文化精华贯通起来、同人民群众日用而不觉的共同价值观念融通起来,不断夯实马克思主义中国化时代化的历史基础和群众基础。推进马克思主义中国化时代化的创新发展,着力把马克思主义基本原理同中华优秀传统文化相结合,必将使中华民族历经几千年创造的伟大文明再次迸发出强大精神力量。

第五,贯彻好自信自强的要求,坚定马克思主义信仰信念,把中国发展进步的命运牢牢掌握在自己手中。历史证明,中国人民和中华民族的前途命运通过中国共产党高举马克思主义旗帜的不懈奋斗才得到彻底改变。不管国内外各种敌对势力如何诋毁马克思主义,也不管社会主义发展进程中遭遇怎样的挫折,中国共产党坚持马克思主义信仰信念的意志都不会动摇。马克思主义中国化时代化不断向前推进的历史实践,为坚定中国特色社会主义道路自信、理论自信、制度自信、文化自信铸牢了根基。"马克思主义的中国篇章是中国共产党人依靠自身力量实践出来的,贯穿其中的一个基本点就是中国的问题必须从中国基本国情出发,由中国人自己来解答。"[2]在马克思主义中国化时代化创新发展中续写"两个结合"新篇章,是党和人民牢牢掌握自己前途命运的重要保证。

---

[1]《习近平谈治国理政》第四卷,外文出版社2022年版,第510页。
[2]《习近平著作选读》第一卷,人民出版社2023年版,第16页。

第二节　移植与嫁接:马克思主义中国化时代化的两个概念①

党的二十大报告指出:"中国共产党为什么能,中国特色社会主义为什么好,归根到底是马克思主义行,是中国化时代化的马克思主义行。"②这"两个行"的重大论断揭示了科学思想在中国实践的成功密钥。马克思主义中国化时代化的思想和实践贯穿党的百年奋斗历程,新时代十年来,以习近平同志为核心的党中央大力推进马克思主义中国化时代化深入发展,在领导中国发生历史性变革中结出了新时代的标志性成果。历史实践中,移植和嫁接的不同样式决定着马克思主义中国化时代化的成功与否。经验证明,向外国学来的马克思主义只有通过适合本国实际的本土化转换才具有符合时代要求的强大生命力。在党团结带领中国人民高举中国特色社会主义伟大旗帜,全面建设社会主义现代化国家、实现第二个百年奋斗目标,以中国式现代化全面推进中华民族伟大复兴的历史新征程上,坚持把马克思主义基本原理同中国具体实际相结合、同中华优秀传统文化相结合,是推进党和国家事业再创新辉煌的重要保证。

一、中国共产党人不当移植马克思主义的"搬运工"

人类社会发展史也是一部思想演进的创新史,古往今来,不断推陈出新的思想创造结出人们认识、改造主观世界和客观世界的丰硕成果,历史长河筑起了内容丰富、形式多样、思想精辟的财富宝库。在世界发展进程中,作为整体性的思想,马克思主义是迄今以来世界上传播持续时间最长远、影响范围最广泛、思想伟力最强大的科学理论。"在人类思想史上,没有一种思想理论像马克思主义那样对人类产生了如此广泛而深刻的影响。"③从马克思恩格斯发表《共产党宣言》以来,马克思主义以强大的理论影响力和真理彰显力深刻影响了世界发展进程,也深刻改变了中国人民和中华民族的前途命运。

传统中国是一个思想创造的大国,中国人民贡献的中华文明在人类思想发展史上具有重要地位。1840年鸦片战争后,深刻影响世界的历史转折使中国遭遇了落伍时代的不幸,国家蒙辱、人民蒙难、文明蒙尘的劫难严重抑制了中华民族思想创造力的发挥。不屈不挠的中国人民向半殖民地半封建社会的悲惨命运抗争,一些先进中国人开始"睁开

---

① 原文载于《理论与改革》2023年第1期,收入本书时文字略有修改。

② 《习近平著作选读》第一卷,人民出版社2022年版,第14页。

③ 《十九大以来重要文献选编》上,中央文献出版社2019年版,第425页。

眼睛看世界",向域外寻找救国救民的真理,为"挽狂澜于既倒、扶大厦之将倾"而不懈奋斗。然而在马克思主义广泛传入中国之前,各种各样的西方思想、方案、道路在中国的试验性实践都吞下了失败的苦果,就连辛亥革命这样一场结束了在中国延续几千年的封建君主专制制度的伟大变革也没有能够改变中国的前途走向和中华民族的命运遭遇。

马克思主义取代资产阶级民主主义的思想嬗变,揭开了近代中国改变命运的历史扉页。1919年五四运动前后,"中国迫切需要新的思想引领救亡运动,迫切需要新的组织凝聚革命力量"[①]。1921年7月中国共产党应运而生,举起马克思主义旗帜,以新型政党登上历史舞台,中国革命面貌由此焕然一新。中国共产党坚持以马克思主义为指导,为实现民族独立、人民解放而顽强奋斗,为国家富强、民族复兴、人民幸福而不懈努力,实现了一穷二白、人口众多的东方大国大步迈进社会主义社会的伟大飞跃,实现了人民生活从温饱不足到总体小康、奔向全面小康的历史性跨越,实现了中华民族从站起来、富起来到强起来的伟大飞跃。中国共产党以百年奋斗的重大成就对马克思主义思想伟力作出了最好的诠释,党团结带领人民进行的伟大实践证明近现代中国选择马克思主义无比正确。

人类发展中形成的各种思想十分繁杂,但不是所有思想都能对社会产生影响。历史证明,凡是具有广泛影响力的思想必定是对社会实践形成重大推动力的思想。马克思用"理论在一个国家实现的程度,总是决定于理论满足这个国家的需要的程度"[②]的观点,揭示了思想供给与实践需求的内在关系,表明具有生命力的思想是社会需求制造的产品,实践效果检验思想力量的强弱。从鸦片战争到五四运动的近八十年里,中国一批批仁人志士煞费苦心地向西方寻找真理,最后选择资产阶级民主主义作为思想旗帜,这本身也是近代中国救亡图存社会需求的体现。从当时世界发展看,资产阶级民主主义具有思想的先进性,而且在西方国家确实取得了成功。为什么当先进的中国人把西方先进的思想拿到中国来实践时却遭遇失败的厄运呢?道理在于学习外国思想没有实现与本国具体国情相结合,"水土不服"造成了先进思想的夭折。孙中山先生进行的实践最具有代表性,他的思想轨迹和遭遇的结果很典型。作为伟大的爱国者,孙中山先生"思患预防"的思路使他提出过诸如"五权分立""举政治革命、社会革命,毕其功于一役"等与西方思想不同的观点,客观说并非完全没有一点对中国实际的考量。作为欧美思想的崇拜者,孙中山先生执着地把西方自由、民主、平等、博爱的思想以及选举制、议会制、多党制的政

---

①《十九大以来重要文献选编》下,中央文献出版社2023年版,第489页。
②《马克思恩格斯选集》第一卷,人民出版社1995年版,第11页。

治模式原封不动地搬到中国来实行,得到的结果是不适合半殖民地半封建社会的具体国情而败下阵来。辛亥革命以建立中华民国为胜利成果,但"共和其名、专制其实"的统治却生成了"南橘北枳"的变异怪胎。如果说西方资产阶级民主主义也曾因为满足中国社会的需求而掀起过思想波澜的话,那么不适合中国国情则决定了它不可能在中国落地生根。

中国共产党超越前人的地方不仅表现在以科学理论为思想武装,而且还表现在形成了运用马克思主义必须与本国实际相结合的深刻认识。马克思主义与资产阶级民主主义从形式上说都是国外思想,只是阶级属性不同。从五四运动后马克思主义在中国广泛传播的史实看,具有初步共产主义觉悟的知识分子有一个认识值得重视,即他们受俄国十月革命胜利的启发,相信马克思主义也能够在中国实行。当时还发生过"问题与主义"的思想论战,马克思主义是否适合中国成为争论中涉及的焦点。正因为如此,随着中国革命实践深入发展,中国共产党人不断深化马克思主义中国化时代化的意识,对科学运用先进思想保持高度的历史主动。

明确提出马克思主义中国化的命题是在1938年党的六届六中全会上,毛泽东在作政治报告中总结了党建立以来走过的历程,指出:"我们的党,一般地已经学会了使用马克思列宁主义的思想斗争的武器","但是马克思主义必须和我国的具体特点相结合并通过一定的民族形式才能实现……使马克思主义在中国具体化,使之在其每一表现中带着必须有的中国的特性,即是说,按照中国的特点去应用它,成为全党亟待了解并亟须解决的问题"。[①]在中国共产党人的早期实践中,李大钊、陈独秀、瞿秋白、邓中夏等人都曾有过运用马克思主义需要考虑中国国情的阐述,但缺乏系统性和深刻性,也没有成为全党的思想自觉。自毛泽东以"民族形式"揭示马克思主义中国化这个重大命题后,坚持把科学思想与本国具体实际相结合的理念开始在全党树立起来,中国共产党人推进理论创新、进行理论创造也因此而形成思想上和行动上的自觉。

推进马克思主义中国化时代化的过程既是实践深入发展的过程,也是思想升华演进的过程。一方面,中国共产党需要解决的实践问题总是在不断发生变化,从领导革命、建设、改革到新时代伟大实践,不同历史方位、社会环境、工作任务和奋斗目标决定了中国共产党运用马克思主义的历史实践面对着层出不穷的新情况新问题。另一方面,国内外形形色色的错误思潮对中国共产党坚持马克思主义形成挑战,各种质疑、攻击、诋毁的舆论压力和实践阻碍始终考验着中国共产党坚持马克思主义的韧性。在马克思主义中国

①《毛泽东选集》第2卷,人民出版社1991年版,第530、534页。

化时代化的发展进程中,由于受历史的和认识的局限,中国共产党曾出现过思想僵化的错误,导致指导实践的失误。在新民主主义革命时期,教条主义在20世纪20年代后期和30年代前期盛行党内,曾使中国革命几乎陷于绝境。在社会主义革命和建设时期,因为照搬苏联模式,在较长时间里没有把马克思主义基本原理同中国具体实际相结合,导致社会主义建设遭遇重大挫折。中国共产党正是在经历失败的磨难中及时总结马克思主义中国化时代化的经验教训,不断深化把马克思主义基本原理同中国具体实际相结合的思想认识。

党的百年奋斗实践表明,无论是把欧洲诞生的马克思主义运用于东方半殖民地半封建中国的实践,还是用马克思主义基本原理指导中国社会主义建设,都不能像搬运工那样进行简单的思想移植。中国共产党之所以能、中国特色社会主义之所以好、马克思主义之所以行,就是因为中国共产党人不是马克思主义的思想"搬运工"。习近平总书记指出:"我们要坚持马克思主义基本原理,牢牢立足于中国自身的历史、现实、需要,积极借鉴人类文明发展的一切优秀成果,不断解放思想、开拓进取,但不能搞教条主义、作茧自缚,不能鹦鹉学舌、食洋不化。"①马克思主义在中国的成功,是中国共产党人积极借鉴人类文明发展优秀成果的实践体现,马克思主义中国化时代化是中国共产党人不机械搬用人类文明发展优秀成果的实践创举。

二、马克思主义成功嫁接中国实践彰显思想伟力

马克思主义中国化时代化构成中国共产党理论创新和理论创造发展的一条主线,不断深入推进的创新实践呈现党的指导思想与时俱进的历史轨迹。毛泽东思想、邓小平理论、"三个代表"重要思想、科学发展观、习近平新时代中国特色社会主义思想,先后被作为马克思主义中国化时代化的创新成果确立为党的指导思想,使马克思主义生命力不断被激活,马克思主义思想伟力不断得以彰显。

把马克思主义基本原理同中国具体实际相结合,形象地说做的是一件"嫁接"的工作。嫁接与移植是两个不同概念,"移植"的意思是指把某个东西从一个地方挪到另一个地方,只是位置变化的物理现象。如同以上所说,做的只是"搬运"的事情,教条主义恪守"本本"就是把马克思主义基本原理搬到中国来实行的机械性行为。因此教条主义就是"拿来主义",它可以不考虑任何因素。"嫁接"的意思是指把某个东西与另一个东西进行合成,形成内涵变化的化学现象。嫁接是两个肌体的交融,需要考虑合成后能不能存活

---

① 习近平:《论中国共产党历史》,中央文献出版社2021年版,第113页。

的多方面因素。"移植"只是原样的复制,而"嫁接"必须解决合成的主客体关系问题。毛泽东用"有的放矢"揭示马克思主义中国化时代化的遵循,就是要求把马克思主义基本原理作为主体性资源,把中国具体实际作为客体性对象,强调只有在把中国的历史、文化和革命的具体实际弄清楚搞明白的基础上,才能使马克思主义基本原理之"矢"射准中国具体实际之"的"。其中就蕴含着"嫁接"的意思,马克思主义中国化时代化的成功就是实现马克思主义基本原理"嫁接"中国具体实际的成功。

习近平总书记关于马克思主义中国化时代化的论述内容十分丰富,思想非常深刻。习近平总书记继承党中央一贯的思想,指出"马克思主义就是我们党和人民事业不断发展的参天大树之根本,就是我们党和人民不断奋进的万里长河之泉源。背离或放弃马克思主义,我们党就会失去灵魂、迷失方向。在坚持以马克思主义为指导这一根本问题上,我们必须坚定不移,任何时候任何情况下都不能动摇"[1]。习近平总书记始终用大历史观揭示中国共产党坚持以马克思主义指导实践的深厚底蕴,同时又强调:"当代中国的伟大社会变革,不是简单延续我国历史文化的母版,不是简单套用马克思主义经典作家设想的模板,不是其他国家社会主义实践的再版,也不是国外现代化发展的翻版。"[2]中国共产党结合本国实际和时代发展开创的中国特色社会主义,是马克思主义中国化时代化的新版。习近平新时代中国特色社会主义思想是当代中国马克思主义、二十一世纪马克思主义,是马克思主义中国化时代化的新版。

从马克思主义中国化发展历程看,党的每一次指导思想与时俱进的发展,都是马克思主义基本原理同中国具体实际实现成功嫁接的结果。毛泽东思想成功解决了在半殖民地半封建的东方大国里如何进行革命的一系列复杂问题,创造性地形成新民主主义革命道路,并引领中国走上社会主义建设道路。邓小平理论、"三个代表"重要思想、科学发展观等党的指导思想,在改革开放和社会主义现代化建设新时期先后树立起来,体现党中央坚持马克思主义"走自己的道路",摆脱僵化思维的束缚,解放思想、锐意进取,以开创中国特色社会主义伟大事业创新实践丰富发展了马克思主义。习近平新时代中国特色社会主义思想孕育诞生于中华民族迎来从站起来、富起来到强起来伟大飞跃的新时代,在中华民族伟大复兴战略全局和世界百年未有之大变局深度演进的时代背景下,这一思想蕴含的党中央治国理政新理念新思想新战略,把马克思主义提升到一个新境界,推进马克思主义中国化时代化在与新时代伟大实践的深度结合中达到一个新水平。中

①《习近平谈治国理政》第二卷,外文出版社2017年版,第66页。
②《十九大以来重要文献选编》上,中央文献出版社2019年版,第434页。

国共产党自建立之日起就高举马克思主义旗帜,从毛泽东思想到习近平新时代中国特色社会主义思想,在马克思主义中国化时代化推进过程中形成的以党的指导思想为标识的每一个成果,都体现了"嫁接"的成功。经验告诉我们,坚持马克思主义如果只是依葫芦画瓢地照搬马克思主义基本原理,就不可能有毛泽东思想、邓小平理论、"三个代表"重要思想、科学发展观和习近平新时代中国特色社会主义思想的诞生,也不可能创造出新民主主义革命道路、中国特色社会主义道路。

理论的生命力在于创新,思想伟力彰显于实践。真理的科学价值决定了它是颠扑不破的,科学的思想指导为推动历史前进提供保证。中国共产党以自身的实践向世界证明:马克思主义不是什么人、什么势力进行攻击和诋毁就能够被否定和击垮的。20世纪八九十年代,受东欧剧变、苏联解体的波动冲击,社会主义运动跌入低谷,国际社会逆流涌动,有人以"历史终结论"宣告社会主义将被送进博物馆,马克思主义遭遇前所未有的挑战。然而历史毕竟不是一些人嘴上说的儿戏,人类社会演进的客观规律是不以人的意志为转移的。在以习近平同志为核心的党中央坚强领导下,坚持和发展新时代中国特色社会主义取得的历史性成就和发生的历史性变革,使"历史终结论"彻底破产。"马克思主义中国化时代化不断取得成功,使马克思主义以崭新形象展现在世界上,使世界范围内社会主义和资本主义两种意识形态、两种社会制度的历史演进及其较量发生了有利于社会主义的重大转变。"①中国依然屹立不倒,马克思主义旗帜依然在中国高高飘扬,中国共产党紧密结合国内外形势深刻变动的时代特点,以"千磨万击还坚劲,任尔东西南北风"的坚定意志,挺直腰板,顶住压力,击退逆流,在推进马克思主义中国化时代化的创造性实践中开创出一块新天地。

从嫁接的视角认识,存活是目的,马克思主义中国化时代化的成功嫁接不仅要使马克思主义在中国落地生根,而且能够枝叶茂盛、花开鲜艳、常青常新。马克思恩格斯明确表示,决不能把他们的学说当作教条,做好把马克思主义基本原理与中国具体实际有机地嫁接,是推进马克思主义中国化时代化的科学态度。在党的百年奋斗实践中,究竟用什么样的马克思主义指导中国发展,是马克思主义中国化时代化破解的核心问题。延安时期,毛泽东曾使用过"死的""活的"话语表达应该坚持什么样的马克思主义。改革开放前夕,邓小平曾使用过"假的""真的"话语表达应该怎样坚持毛泽东思想。党中央领导人反复强调"老祖宗不能丢,但要讲出新话",马克思主义中国化时代化就是以不断讲出新话使其成为中国化时代化的马克思主义。习近平总书记强调"马克思主义之所以行,就

①《十九大以来重要文献选编》下,中央文献出版社2023年版,第532页。

在于党不断推进马克思主义中国化时代化并用以指导实践",揭示的也是让马克思主义鲜活起来的道理。中国共产党把马克思主义基本原理同中国具体实际成功嫁接的实践,推动马克思主义中国化时代化不断深入发展。

习近平总书记指出:"实践证明,马克思主义的命运早已同中国共产党的命运、中国人民的命运、中华民族的命运紧紧连在一起,它的科学性和真理性在中国得到了充分检验,它的人民性和实践性在中国得到了充分贯彻,它的开放性和时代性在中国得到了充分彰显!"①这个重要论述概括的"科学性""真理性""人民性""实践性""开放性""时代性"六大特征,揭示的正是马克思主义中国化时代化不断向前推进的要旨,对这些鲜明特征保持高度思想和实践的自觉,是中国共产党不断收获马克思主义中国化时代化崭新成果的原因所在。中国共产党在运用马克思主义深刻改变中国的同时,也以自己的创造性贡献极大丰富了马克思主义。

三、新时代十年马克思主义中国化时代化结出党的理论创新标志性成果

党的二十大对新时代十年的伟大变革作出"在党史、新中国史、改革开放史、社会主义发展史、中华民族发展史上具有里程碑意义"的评价,这不仅是对以习近平同志为核心的党中央治国理政取得丰功伟绩的充分肯定,而且也为全党全国各族人民踔厉奋发、勇毅前行、团结奋斗提供了坚定"四个自信"和增强历史自信的依据,提供了接续奋斗、再创辉煌、谱写崭新篇章的动力。

新时代树起的里程碑上铭刻着习近平新时代中国特色社会主义思想的标志性成果。2021年党的十九届六中全会审议通过的历史决议,在全面总结党的百年奋斗重大成就和历史经验时,重点从十三个方面对新时代创造的伟大成就作出详细论述,党和人民从中受到极大鼓舞。这些重大创造性成就,都是在习近平新时代中国特色社会主义思想指导下收获的硕果。十年来,习近平总书记对关系新时代党和国家事业发展的一系列重大理论问题和实践问题进行了深邃思考和科学判断,围绕三大重大时代课题:一是坚持和发展什么样的中国特色社会主义、怎样坚持和发展中国特色社会主义;二是建设什么样的社会主义现代化强国、怎样建设社会主义现代化强国;三是建设什么样的长期执政的马克思主义政党、怎样建设长期执政的马克思主义政党,以一系列原创性的治国理政新理念新思想新战略,构建新时代新思想的整体框架。马克思主义中国化时代化的发展与党的指导思想与时俱进相同步,迈进新征程、建功新时代的创新实践,因为有了习近平新

---

① 《十九大以来重要文献选编》上,中央文献出版社2019年版,第427页。

时代中国特色社会主义思想这一马克思主义中国化时代化最新理论成果的思想武装，坚持和发展中国特色社会主义放射出更加耀眼的光芒。

党的二十大报告指出："推进马克思主义中国化时代化是一个追求真理、揭示真理、笃行真理的过程。"[①]马克思主义是富有科学价值的真理，却不是真理的终结，因此把马克思主义教条化就是把真理凝固化。在追求真理中不断发现和揭示真理，在笃行真理中不断丰富和发展真理，成为中国共产党不懈探索的实践中推进马克思主义中国化时代化的动力。由此而言，马克思主义中国化时代化就不是一成不变、一劳永逸的事情。从领导中国革命取得胜利，到领导新中国社会主义革命和建设，到领导改革开放创新实践，再到领导新时代中国特色社会主义发生伟大变革，中国共产党百余年奋斗中追求真理、揭示真理、笃行真理的历史过程，呈现马克思主义中国化时代化与时俱进的演进过程。

作为新时代十年马克思主义中国化时代化创新发展中结出的标志性成果，习近平新时代中国特色社会主义思想与马克思主义同根同脉，是对毛泽东思想、邓小平理论、"三个代表"重要思想、科学发展观的继承和发展。就继承而言，党的百年奋斗主题、党的理想信仰、党的性质宗旨、党的奋斗目标、党的执政诉求始终不变、一以贯之决定了党的思想传承关系。就发展而言，时代变迁、历史演进、环境变化、方位转变推动实践不断变化，党的指导思想必须在与时俱进中及时回应马克思主义中国化时代化面对的新情况新问题。作为马克思主义中国化时代化又一次新的飞跃，习近平新时代中国特色社会主义思想建立在对进入新时代以来全球局势和中国发展的现实精准审视和深刻洞察的基础上，是回答中国之问、世界之问、人民之问、时代之问的思想精髓。习近平新时代中国特色社会主义思想在中国共产党"两个一百年"奋斗目标交替过程中形成，在新时代创新治国理政实践中发展，在全面建设社会主义现代化国家、以中国式现代化全面推进中华民族伟大复兴的新征程中延伸，为党和国家事业发展提供了根本遵循。

马克思主义中国化时代化的实践进程通过不断实现伟大飞跃而实现跨越发展，一个党的指导思想的诞生总是表现为阶段性的理论成果，由此形成的思想历史链记录了中国共产党人推进马克思主义中国化时代化深入发展的心路历程。从既有党的指导思想到新的指导思想的诞生，每一次跨越都是一次思想的新历练，如何运用马克思主义基本原理解决现实发展中的新问题，成为推动马克思主义中国化时代化实现新飞跃的动力。在继承和发展毛泽东思想的基础上，改革开放后，以邓小平、江泽民、胡锦涛等同志为主要代表的中国共产党人，接续奋斗开创改革开放和社会主义现代化建设新局面，坚持以理

①《习近平著作选读》第一卷，人民出版社2023年版，第14页。

论创新引领事业发展,从新的实践和时代特征出发坚持和发展马克思主义,科学回答了建设中国特色社会主义的一系列基本问题,形成了中国特色社会主义理论体系,实现了马克思主义中国化新的飞跃。党的十八大以来,以习近平同志为核心的党中央高举中国特色社会主义伟大旗帜,在创新治国理政的实践中推进一系列变革性实践,实现了一系列突破性进展,取得了一系列标志性成果,攻克了许多长期没有解决的难题,办成了许多事关长远的大事要事,推动党和国家事业取得举世瞩目的重大成就。习近平新时代中国特色社会主义思想是我国发展进入新的发展方位、中国特色社会主义进入新时代以来伟大实践创造出来的伟大理论成果,集中体现了新时代中国共产党人对共产党执政规律、社会主义建设规律、人类社会发展规律的新认识新把握,把马克思主义中国化时代化提高到一个新水平新境界。

习近平新时代中国特色社会主义思想是在党团结带领人民昂首迈进新时代、推动我国迈上全面建设社会主义现代化国家新征程中收获的马克思主义中国化时代化新成果。习近平以一系列原创性、突破性的理论成为习近平新时代中国特色社会主义思想的主要创立者。"习近平新时代中国特色社会主义思想是当代中国马克思主义、二十一世纪马克思主义,是中华文化和中国精神的时代精华,实现了马克思主义中国化新的飞跃。"党中央提出,"党确立习近平同志党中央的核心、全党的核心地位,确立习近平新时代中国特色社会主义思想的指导地位,反映了全党全军全国各族人民共同心愿,对新时代党和国家事业发展、对推进中华民族伟大复兴历史进程具有决定性意义"①。这"两个确立"重大政治论断,把领袖统领与思想引航有机统一,对全党全军全国各族人民为全面建成社会主义现代化强国、实现第二个百年奋斗目标,以中国式现代化全面推进中华民族伟大复兴而砥砺奋进具有重大战略意义,体现了当代中国全党和全国各族人民的最大政治共识。在新时代新征程上撸起袖子加油干,有全党的、党中央的领袖把舵领航,有习近平新时代中国特色社会主义思想的指引,"中国号"巨轮乘风破浪、行稳致远就有了根本保证。

习近平总书记指出:"我们党的历史,就是一部不断推进马克思主义中国化的历史,就是一部不断推进理论创新、进行理论创造的历史。"②马克思主义中国化时代化发展史就是党的理论创新、理论创造发展史,理论不断创新和创造体现了马克思主义中国化时代化不断深入发展的规律。"时代在变化,社会在发展,但马克思主义基本原理依然是科学真理。尽管我们所处的时代同马克思所处的时代相比发生了巨大而深刻的变化,但从

---

①《十九大以来重要文献选编》下,中央文献出版社2023年版,第505页。
②《习近平谈治国理政》第四卷,外文出版社2022年版,第510页。

世界社会主义500年的大视野来看,我们依然处在马克思主义所指明的历史时代。这是我们对马克思主义保持坚定信心、对社会主义保持必胜信念的科学根据。"①习近平新时代中国特色社会主义思想依然定位于马克思主义所指明的历史时代,"当代中国马克思主义、二十一世纪马克思主义"和"中华文化和中国精神的时代精华"新内涵,则赋予习近平新时代中国特色社会主义思想以中国共产党理论创新和创造的贡献价值。在坚持把马克思主义基本原理同中国具体实际相结合的同时,更加注重同中华优秀传统文化相结合,为推进马克思主义中国化时代化注入了新内涵。中华民族创造的优秀传统文化凝结了中国人民智慧,是党和国家事业发展的深厚沃土,党团结带领人民奋斗在中华大地上,把坚持马克思主义与充分挖掘优秀传统文化资源紧密相结合,必将在新时代新征程的伟大实践中谱写出马克思主义中国化时代化的崭新篇章。习近平新时代中国特色社会主义思想是马克思主义基本原理同中国具体实际、同中华优秀传统文化相结合的产物,是"两个结合"形成的理论创新,为深刻认识习近平新时代中国特色社会主义思想实现马克思主义中国化时代化新的飞跃提供了依据。

四、不断谱写马克思主义中国化时代化新篇章

党的二十大报告指出:"实践没有止境,理论创新也没有止境。不断谱写马克思主义中国化时代化新篇章,是当代中国共产党人的庄严历史责任。"②全面建成社会主义现代化强国、实现第二个百年奋斗目标,以中国式现代化全面推进中华民族伟大复兴的号角已经吹响。谱写新时代中国特色社会主义更加绚丽的华章,要求谱写马克思主义中国化时代化新篇章。思想先行、理论引领,历来是中国共产党领导中国发展进步的历史传统和宝贵经验。新时代新征程的新奋斗必须不断坚持理论创新和理论创造,在谱写马克思主义中国化时代化新篇章上作出新作为,形成新气象,收获新成果。

第一,牢牢把握实事求是的思想灵魂,奋力谱写马克思主义中国化时代化新篇章。始终坚持一切从实际出发,是丰富和发展马克思主义的思想遵循。"党的百年奋斗成功道路是党领导人民独立自主探索开辟出来的,马克思主义的中国篇章是中国共产党人依靠自身力量实践出来的,贯穿其中的一个基本点就是中国的问题必须从中国基本国情出发,由中国人自己来解答。"③奋斗新时代新征程,全面贯彻习近平新时代中国特色社会主义思想,首先要把握好这一马克思主义中国化时代化最新成果的世界观和方法论,必

① 《习近平谈治国理政》第二卷,外文出版社2017年版,第66页。
② 《习近平著作选读》第一卷,人民出版社2023年版,第15—16页。
③ 《习近平著作选读》第一卷,人民出版社2023年版,第16页。

须坚持好、运用好贯穿其中的坚持人民至上、坚持自信自立、坚持守正创新、坚持问题导向、坚持系统观念、坚持胸怀天下的立场观点方法。

第二，坚持党的全面领导，奋力谱写马克思主义中国化时代化新篇章。中国共产党团结带领人民百余年奋斗取得重大成就的根本保证是党的领导。马克思主义的中国篇章最亮的一笔就是坚定不移坚持党的全面领导。新时代十年来，习近平提出中国共产党领导是中国特色社会主义最本质的特征，是中国特色社会主义制度的最大优势；中国共产党是最高政治领导力量；中国共产党领导是中国最大的国情；党中央集中统一领导是党的领导的最高原则。这些重大论断树牢了党领导一切的政治意识。党的十九届六中全会总结党的百年奋斗实践，"坚持党的领导"是总结的十条经验中的第一条经验，习近平总书记提出新时代必须坚持的"五个必由之路"，揭示的第一条道路就是"坚持党的全面领导"。历史和现实都证明，"中国人民和中华民族之所以能够扭转近代以后的历史命运、取得今天的伟大成就，最根本的是有中国共产党的坚强领导"①。党的二十大报告系统阐述了中国式现代化必须坚持的方向和彰显的特色，提出中国式现代化的本质要求，把坚持中国共产党领导放在突出的位置上。因此，谱写马克思主义中国化时代化新篇章，需要写好坚持党的全面领导这篇大文章。

第三，坚定"四个自信"，奋力谱写马克思主义中国化时代化新篇章。中国共产党团结带领人民在艰辛奋斗中找到了解决中国革命和建设具体问题的两条正确道路：一条是新民主主义革命道路，另一条是中国特色社会主义道路。这两条正确道路对改变中国人民和中华民族前途命运具有决定性意义。找到正确道路不容易，沿着正确道路坚定不移地走下去也不容易。新时代十年来，党中央要求全党必须坚定"四个自信"，提出坚定历史自信，既不走封闭僵化的老路，也不走改旗易帜的邪路。党的二十大报告指出："我们要坚持对马克思主义的坚定信仰、对中国特色社会主义的坚定信念，坚定道路自信、理论自信、制度自信、文化自信，以更加积极的历史担当和创造精神为发展马克思主义作出新的贡献，既不能刻舟求剑、封闭僵化，也不能照抄照搬、食洋不化。"②坚定中国特色社会主义道路自信、理论自信、制度自信、文化自信，夺取全面建成社会主义现代化强国、实现第二个百年奋斗目标，以中国式现代化全面推进中华民族伟大复兴的伟大胜利，构成谱写马克思主义中国化时代化新篇章的重要内容。

第四，围绕"两个结合"，奋力谱写马克思主义中国化时代化新篇章。马克思主义中

---

① 《十九大以来重要文献选编》下，中央文献出版社2023年版，第533页。
② 《习近平著作选读》第一卷，人民出版社2023年版，第16页。

国化时代化实践的深入发展呈现两条重要的演进路径:一是同中国具体实际相结合,二是同中华优秀传统文化相结合。"中国共产党人深刻认识到,只有把马克思主义基本原理同中国具体实际相结合、同中华优秀传统文化相结合,坚持运用辩证唯物主义和历史唯物主义,才能正确回答时代和实践提出的重大问题,才能始终保持马克思主义的蓬勃生机和旺盛活力。"①党在艰辛探索中不断深化"两个结合"的认识,盘活马克思主义"嫁接"中国的本土资源,为马克思主义在中国落地生根提供本国沃土。在新时代中国特色社会主义伟大实践中,习近平总书记在坚持把马克思主义基本原理同中国具体实际相结合的同时,高度重视深入挖掘中华优秀传统文化资源,进一步拓展了马克思主义中国化时代化理论和实践创新的空间,也为新时代新征程上谱写马克思主义中国化时代化新篇章指明了努力方向。

第五,发扬伟大斗争精神,奋力谱写马克思主义中国化时代化新篇章。党团结带领人民百年奋斗构成一部进行伟大斗争的历史长卷,勇于斗争是中国共产党的鲜明品格。我们党依靠斗争走到今天,也必然要依靠斗争赢得未来。习近平总书记指出:"敢于斗争、敢于胜利,是中国共产党不可战胜的强大精神力量。"②从党的十八大报告提出我们要准备进行具有许多新的历史特点的伟大斗争,到党的二十大报告把"敢于斗争、善于斗争"作为"三个务必"之一提出来,新时代十年取得的历史性成就、发生的历史性变革,是通过进行伟大斗争而实现的。面对中华民族伟大复兴战略全局和世界百年未有之大变局深度演化的新形势,面对风高浪急有时甚至是惊涛骇浪的风险挑战,动摇进行伟大斗争的意志,缺乏敢于斗争的勇气,党和国家事业就难以迈出前进的步伐。在以习近平同志为核心的党中央坚强领导下,全党和全国各族人民坚定信心、迎难而上,一仗接着一仗打,风雨无阻向前行,义无反顾进行伟大斗争,战胜了各种接踵而至的风险挑战。党的二十大要求:"坚持发扬斗争精神,增强全党全国各族人民的志气、骨气、底气,不信邪、不怕鬼、不怕压,知难而上、迎难而上,统筹发展和安全,全力战胜前进道路上各种困难和挑战,依靠顽强斗争打开事业发展新天地。"③谱写马克思主义中国化时代化新篇章必须始终发扬伟大斗争精神,在敢于斗争、善于斗争中排除前进道路上一切障碍,确保中华民族伟大复兴在不可逆转的历史进程中胜利前进。

第六,推进全面从严治党深入发展,奋力谱写马克思主义中国化时代化新篇章。从

---

① 《习近平著作选读》第一卷,人民出版社2023年版,第14页。
② 《习近平谈治国理政》第四卷,外文出版社2022年版,第12页。
③ 《习近平著作选读》第一卷,人民出版社2023年版,第23页。

在半殖民地半封建社会建设领导新民主主义革命的无产阶级政党,到在改革开放后尤其是中国特色社会主义进入新时代以来建设长期执政的马克思主义政党,不断推进党的建设伟大工程创新发展始终是马克思主义中国化时代化的重要内容。全面建设社会主义现代化国家、全面推进中华民族伟大复兴,关键在党。党的二十大对迈上新时代新征程坚定不移全面从严治党,深入推进新时代党的建设新的伟大工程作出全面部署,提出"必须时刻保持解决大党独有难题的清醒和坚定",这对我们这样一个世界上最大的马克思主义执政党来说,是在加强自身建设中需要抓住的"牛鼻子"问题。如何以勇于自我革命的精神解决好大党独有难题,在全面建设社会主义现代化国家、全面推进中华民族伟大复兴的新时代新征程上,通过深入推进全面从严治党把党建设得更加坚强有力,对谱写马克思主义中国化时代化新篇章具有极其重大的意义。

习近平总书记指出:"新征程是充满光荣和梦想的远征。蓝图已经绘就,号角已经吹响。我们要踔厉奋发、勇毅前行,努力创造更加灿烂的明天。"①认真学习贯彻落实党的二十大精神,开辟马克思主义中国化时代化新境界,是全党全国各族人民坚定信仰信念、把握历史主动的内在要求。马克思主义是我们党和人民事业不断发展的参天大树之根本。继承和发扬马克思主义中国化时代化的历史传统,必须着眼全面建设社会主义现代化国家、以中国式现代化全面推进中华民族伟大复兴奋斗实践中的实际问题,不断回答中国之问、世界之问、人民之问、时代之问,作出符合中国实际和时代要求的正确回答,得出符合客观规律的科学认识,形成与时俱进的理论成果,更好地指导中国实践。

第三节 前提、过程和动力:马克思主义中国化百年回眸②

习近平指出:"我们党的历史,就是一部不断推进马克思主义中国化的历史,就是一部不断推进理论创新、进行理论创造的历史。"③增强理论生命力,重在创新,贵在延续。只有不断创新,理论才能愈加鲜活。缺少创新发展,理论终将走向僵化。实践是创新的基础,也是理论的根基。中国共产党的实践任务不断转变,思想认识也在波浪式向前延伸,作为实践指南的指导思想必须与时俱进。因此,要"不断根据实践要求进行创新。"④

① 习近平:《在二十届中央政治局常委同中外记者见面时的讲话》,《求是》2022年第22期。
② 原文载于《江苏大学学报(社会科学版)》2022年第3期,收录本书时文字略有修改。
③ 习近平:《在党史学习教育动员大会上的讲话》,人民出版社2021年版,第12页。
④《十八大以来重要文献选编》下,中央文献出版社2018年版,第389页。

回顾马克思主义中国化发展史,党在奋斗实践中实现了三次飞跃。结合党的十九届六中全会审议通过的《中共中央关于党的百年奋斗重大成就和历史经验的决议》(下称《决议》),解析马克思主义中国化深入推进的内在机理,研究中国化马克思主义发展历程中"两个结合"与"三次飞跃"的演进关系,对加深思想认识和阐释理论发展有着重要意义。

一、前提:"两个结合"是推进马克思主义中国化的实践遵循

2021年7月1日,习近平在庆祝中国共产党成立一百周年大会上发表的重要讲话中,提出了"坚持把马克思主义基本原理同中国具体实际相结合、同中华优秀传统文化相结合"的重大理论命题。这是关于中国共产党百年理论发展史的深刻总结,揭示了推进马克思主义中国化的实践遵循。同年11月,党的十九届六中全会总结出百年来中国共产党取得成功的十条宝贵经验,"坚持理论创新"是其中之一,"两个结合"也被写进《决议》中。这标志着中国共产党不仅将马克思主义中国化的发展历程置于中国革命、建设、改革和新时代的实践中加以揭示,而且将其放到中华优秀传统文化的场域中加以拓展。

1.树立科学态度是马克思主义中国化的实践前提

马克思主义是改造世界的科学理论。推进马克思主义中国化必须正确对待这一理论。19世纪40年代诞生的马克思主义,"为人民指明了实现自由和解放的道路"[1]。20世纪初,列宁在俄国具体实践中将马克思主义擘画的政治蓝图变成现实,建成了世界上第一个无产阶级专政的国家。十月革命的胜利极大鼓舞了世界落后国家的斗争。同样,十月革命胜利的消息迅速吸引了中国国内仁人志士的目光。诚如毛泽东所言:"十月革命一声炮响,比飞机飞得还快。"[2]随后爆发的五四爱国运动,促进了马克思主义的广泛传播近代中国政治变革由此转换了思想武器,马克思主义成为用新思想引领救亡运动的一面旗帜。1921年,中国共产党应运诞生,成为以新组织凝聚革命力量的新型政党。从此中国革命的面目焕然一新,中国人民和中华民族迎来了前途命运根本扭转的历史契机。

中国共产党经历了由小到大,由弱到强的发展过程。初建时的中国共产党理论水平较低,加之受共产国际直接指导的影响,马克思主义中国化的思想自觉尚未形成。先是仿效俄国革命经验,在攻打大城市的斗争中走了弯路,后又在20世纪20年代末30年代初盛行教条主义,使革命遭受重大挫折。结果表明:机械搬用马克思主义的个别原理用以指导中国革命,只能失败。这段历史留下了背离马克思主义中国化实践遵循的深刻教训。

---

①《十九大以来重要文献选编》上,中央文献出版社2019年版,第424页。
②《毛泽东文集》第3卷,人民出版社1996年版,第290页。

1930年，毛泽东对"本本主义"进行的批评斗争，为思考马克思主义中国化问题开了先河。然而受共产国际领导的影响，毛泽东的正确主张没有得到党内应有的重视，更谈不上付诸实践。直到40年代开展的延安整风运动，弥漫党内的教条主义才得到有效祛除。毛泽东把对待马克思列宁主义态度的学风问题归结为"第一个重要的问题"。[①]1945年党的六届七中全会通过的《关于若干历史问题的决议》指出："教条主义的特点，是不从实际情况出发，而从书本上的个别词句出发。"[②]这是在总结中国革命遭遇挫折的深刻教训中形成的清醒认识。

中国共产党历史实践的发展表明，当教条主义盛行的时候，党的事业便会遭遇挫折。邓小平指出："如果一切从本本出发，思想僵化，迷信盛行，那它就不能前进，它的生机就停止了，就要亡党亡国。"[③]马克思主义是动态发展的，也是与时俱进的，不断推动马克思主义与本国实际相结合，才能更好指导实践。因此，必须科学认识和深刻把握马克思主义基本原理的精神实质，而不能仅凭经典作家的话语字句指导中国实践。显然，这是推进马克思主义中国化实践必须树立的前提。

2.立足本国具体实际是马克思主义中国化的实践基础

理论只有契合实际，才具有指导价值，方能行之有效。毛泽东指出："马克思列宁主义的伟大力量，就在于它是和各个国家具体的革命实践相联系的。"[④]相较于马克思恩格斯所处的时代，近代中国面临的时代境况有很大不同。在半殖民地半封建社会条件下，帝国主义不允许中国的民族资本主义发展。加之受小农经济影响，中国的资产阶级存在先天不足。而这又引起连锁反应，导致中国工人阶级人数较少。可见，在近代中国进行无产阶级领导的社会革命，无法搬用十月革命的俄国道路。

中国共产党决定"走俄国人的路"，并不意味着就是要把十月革命的经验直接套用到中国进行实践。机械复制和照搬别国革命模板注定失败。马克思主义必须扎根中国本土，才能落地生根、开花结果。回顾历史，中国共产党之所以在建党初期和后来的发展中遭遇挫折，就在于没有很好地将马克思主义与中国具体实际相结合。

推动马克思主义基本原理同中国具体实际相结合，首先要从"体用关系"上理解马克思主义运用于中国的可行性。1942年2月1日，毛泽东强调："对于马克思主义的理论，

①《毛泽东选集》第3卷，人民出版社1991年版，第813页。

②《建党以来重要文献选编(一九二一——一九四九)》第22册，中央文献出版社2011年版，第102页。

③《邓小平文选》第二卷，人民出版社1994年版，第143页。

④《毛泽东选集》第2卷，人民出版社1991年版，第534页。

要能够精通它、应用它,精通的目的全在于应用。"①马克思主义是否适用于中国,只有通过具体实践来检验。将马克思主义运用于中国革命实践的本体,就需要对理论进行创造性的转化。其次要立足中国实际,要处理好马克思主义基本原理与中国经验的关系。结合时代条件,在一定范畴内把中国共产党具体实践经验与基本观点上升为马克思主义中国化的理论成果,符合"理论联系实际"的基本要求。最后要正确处理马克思主义中国化理论与马克思主义经典原著之间的关系。马克思主义是科学真理,它只有寓于特殊性之中才显示真理伟力,不结合具体实际的马克思主义,就被抽掉了普遍意义的基础。因此,推动马克思主义中国化必须立足中国实际,否则便会使马克思主义成为空中的思想楼阁,丧失理论鲜活的生命价值。

3.结合中华优秀传统文化是马克思主义中国化的实践依托

推动马克思主义中国化固然需要立足实践,但也不能割断历史。马克思主义在中国的实践受到中华优秀传统文化的深刻影响。《决议》强调:"中华优秀传统文化是中华民族的突出优势,是我们在世界文化激荡中站稳脚跟的根基。"②中华优秀传统文化积淀着中国历史的深厚底蕴,中国共产党执政兴国必须用好这一优势资源。

中华优秀传统文化是具体国情的重要组成部分,它深嵌于中国人民的血脉之中。"我们共产党人,应该继承和发扬中华民族的优秀文化传统,应该在马克思主义的思想基础上,培养和弘扬高尚的人格品质。"③延绵不竭的"道"称之为"传统",传统断不开、舍不去、割不了,在批判中继承中华文化传统历来是中国共产党人的鲜明立场,充分利用中华传统文化中的优秀资源,是推进马克思主义中国化实践的依托。习近平指出:"中华优秀传统文化已经成为中华民族的基因,植根在中国人内心,潜移默化影响着中国人的思想方式和行为方式。"④中华优秀传统文化时刻影响着人们的行为习惯和政党的组织行为,这就决定着中国共产党在治国理政的实践中必须大力弘扬中华优秀传统文化。马克思主义基本原理只有同中华优秀传统文化相结合,才能转化为中国人民听起来懂、理解得准、领会得透的话语,从而为马克思主义中国化实践提供有力的依托。

马克思主义基本原理同中华优秀传统文化相结合,对打造中国共产党百年奋斗实践的中国特色、中国风格、中国气派具有重要意义。早在新民主主义革命时期,中国共产党就十分重视这一点。毛泽东倡导新民主主义文化的民族风格、民族特色就是例证。习近

---

①《毛泽东选集》第3卷,人民出版社1991年版,第815页。

②《十九大以来重要文献选编》下,中央文献出版社2023年版,第519页。

③《江泽民文选》第3卷,人民出版社2006年版,第368页。

④《习近平谈治国理政》第一卷,外文出版社2018年版,第170页。

平强调:"中华民族在几千年历史中创造和延续的中华优秀传统文化,是中华民族的根和魂。"①从毛泽东到习近平,中国共产党在治国理政的实践过程中形成的路线、方针、政策也带有中华优秀传统文化的基因。推动马克思主义基本原理同中华优秀传统文化相结合,是开辟马克思主义中国化新境界的必由路径。

二、过程:马克思主义中国化"三次飞跃"的实现

理论照亮未来,实践没有穷期。掌握实践发展的主动权,下好干事创业的先手棋,就必须推进理论创新、进行理论创造。及时总结马克思主义中国化最新成果,将其确立为指导思想,为党和国家事业发展提供实践指南,能够彰显中国共产党与时俱进的理论品格。同中国具体实际相结合、同中华优秀传统文化相结合的实践奋斗记录了中国共产党人进行理论创新和理论创造的心路历程。坚持"两个结合"的理论创新,中国共产党确立了毛泽东思想、中国特色社会主义理论体系、习近平新时代中国特色社会主义思想,实现了马克思主义中国化发展历程上的三次飞跃。

1.马克思主义中国化第一次历史性飞跃与"第二次结合"的开启

形成马克思主义中国化的重大命题,是中国共产党把握历史主动,提升理论自觉的重要体现。这个命题自1938年党的六届六中全会上明确提出后,一代又一代中国共产党人进行着不懈探索。毛泽东指出:"马克思列宁主义的普遍真理一经和中国革命的具体实践相结合,就使中国革命的面目为之一新,产生了新民主主义的整个历史阶段。"②马克思主义中国化实践贯穿中国共产党的全部艰辛探索之中。

新民主主义革命时期,马克思主义中国化历史实践围绕反对帝国主义、封建主义、官僚资本主义,争取民族独立、人民解放的斗争而展开。针对党内对马克思主义还知之不多、理解不透、把握不深的情况,毛泽东尖锐地说:"公式的马克思主义者,只是对于马克思主义和中国革命开玩笑。"③此种表述并非戏谑之言,而是从深刻的历史教训中总结提炼而来。在看待马克思主义中国化问题上,毛泽东有过经典概括:"马克思主义是普遍的东西,中国有特殊情况,不能一下子就完全中国化。"④延安整风运动通过清算教条主义,为确立毛泽东思想的指导地位奠定了坚实基础。1945年,刘少奇在党的七大上指出:"毛泽东思想,就是马克思列宁主义的理论与中国革命的实践之统一的思想,就是中国的

①《习近平谈治国理政》第二卷,外文出版社2017年版,第426页。
②《毛泽东选集》第3卷,人民出版社1991年版,第1093页。
③《毛泽东选集》第2卷,人民出版社1991年版,第707页。
④《毛泽东思想年谱(一九二一——一九七五)》,中央文献出版社2011年版,第245页。

共产主义,中国的马克思主义。"①至此,马克思主义中国化实现了第一次历史性飞跃。

新中国成立后,探索社会主义建设道路提上党的工作议程,毛泽东思想必须对此作出回答。以毛泽东同志为主要代表的中国共产党人继承历史传统,基于马克思主义必须与中国实际相结合的历史经验,提出"以苏为鉴",防止苏联社会主义建设出现的错误在中国发生。1956年三四月间,毛泽东在讨论修改《关于无产阶级专政的历史经验》一文时多次提出:"我们要进行第二次结合,找出在中国怎样建设社会主义的道路。"②理论需要与时俱进,理论创造需要在新的起点上开展。毛泽东进行了有益探索,提出了关于社会主义建设的一系列重要思想,形成了具有独创性的理论成果。

"第二次结合"的观点激发了党中央推进马克思主义中国化发展的创新意识,迈出了新的步伐。"遗憾的是,党的八大形成的正确路线未能完全坚持下去"③,社会主义社会阶级斗争的理论和实践上的错误发展,脱离了马克思主义中国化的正确轨道,实际上中断了"第二次结合"的过程。1978年底,党的十一届三中全会作出改革开放的历史抉择,邓小平号召解放思想,使马克思主义基本原理同中国具体实际相结合的思想重新树立起来。1981年,党的十一届六中全会通过《关于建国以来党的若干历史问题的决议》,实事求是地界定了毛泽东思想。通过正本清源,恢复了党的优良传统,为开创中国特色社会主义奠定了思想前提。

1982年党的十二大召开,邓小平在开幕词中提出:"走自己的路,建设具有中国特色的社会主义,这就是我们总结长期历史经验得出的基本结论。"④从"以苏为鉴"到"走自己的路",中国共产党人在遭遇曲折的探索历程后再次回到马克思主义中国化的正确轨道上,邓小平领导党中央进行改革开放的第二次革命,重新开启了被实践中断的"第二次结合",毛泽东关于社会主义建设的一系列独创性理论成果,在改革开放的创新实践中得到进一步的丰富和发展。

2."第二次结合"形成了马克思主义中国化新的飞跃

《决议》指出,改革开放和社会主义现代化建设新时期,党面临的主要任务是,继续探索中国建设社会主义的正确道路。这一概括切中肯綮,"继续探索"这一用词,表达了改革开放和社会主义现代化建设新时期的实践是对毛泽东初步探索社会主义道路的继承与深化,马克思主义中国化实践翻开了新的历史篇章。

①《刘少奇选集》上卷,人民出版社1981年版,第333页。
②《毛泽东年谱(一九四九——一九七六)》第2卷,中央文献出版社2013年版,第557页。
③《十九大以来重要文献选编》下,中央文献出版社2023年版,第496页。
④《邓小平文选》第三卷,人民出版社1993年版,第3页。

在建设中国特色社会主义道路上,邓小平提出了一系列适合中国国情的原创性理论,概括社会主义本质,提出社会主义初级阶段重大结论等,创立了邓小平理论。这一理论是马克思主义基本原理同中国改革开放具体实际相结合的产物。这次新的结合是在总结正反两个方面经验基础上展开的,为马克思主义中国化找到了新的道路。党的十三届四中全会后,以江泽民同志为主要代表的中国共产党人,在国内外复杂形势面前,不断促进马克思主义基本原理同中国具体实际相结合,形成了“三个代表”重要思想。党的十六大后,在国际形势风云变幻、发展问题日益突出的情况下,以胡锦涛同志为主要代表的中国共产党人,深刻回答了“实现什么样的发展、怎样发展”等重大问题,形成了科学发展观,推进了马克思主义中国化实践的丰富和发展。

在“第二次结合”延续发展的过程中,中国共产党先后创立了邓小平理论,形成了“三个代表”重要思想,形成了科学发展观等马克思主义中国化的三个理论成果。2007年,党的十七大提出:“中国特色社会主义理论体系,就是包括邓小平理论、‘三个代表’重要思想以及科学发展观等重大战略思想在内的科学理论体系。”[1]党的十八大、十九大又对中国特色社会主义理论体系的内容进行了系统阐释。中国特色社会主义理论体系在改革开放和社会主义现代化建设新时期创造形成,以邓小平、江泽民、胡锦涛等同志为主要代表的中国共产党人,为推进马克思主义中国化作出了重要贡献。

邓小平理论、“三个代表”重要思想、科学发展观三个马克思主义中国化新成果组合而成的系统化理论体系,形成于20世纪和21世纪相交的历史阶段,以“中国特色社会主义理论体系”重大概念为标识,代表着改革开放和社会主义现代化建设新时期马克思主义中国化新进程中推进理论创新、进行理论创造取得的重大成就。《决议》指出,我们党“从新的实践和时代特征出发坚持和发展马克思主义”,“形成中国特色社会主义理论体系,实现了马克思主义中国化新的飞跃。”[2]这一新的飞跃完成了“第二次结合”的任务,为新时代把马克思主义基本原理同中国具体实际相结合、同中华优秀传统文化相结合的创造性发展作出了贡献。

3.新时代原创性思想实现马克思主义中国化新的飞跃

毛泽东指出:“马克思主义一定要向前发展,要随着实践的发展而发展,不能停滞不前。”[3]党的十八大以来,以习近平同志为核心的党中央带领人民群众在党和国家事业上

[1]《十七大以来重要文献选编》上,中央文献出版社2009年版,第9页。
[2]《十九大以来重要文献选编》下,中央文献出版社2023年版,第499页。
[3]《毛泽东文集》第7卷,人民出版社1999年版,第281页。

取得了重大成就。中国共产党展现了伟大的历史主动精神和强烈的责任担当,立足中国国情,提出了许多具有原创性的理论观点,创立了习近平新时代中国特色社会主义思想,开辟了马克思主义中国化的崭新境界。《决议》指出:"习近平新时代中国特色社会主义思想是当代中国马克思主义、二十一世纪马克思主义、是中华文化和中国精神的时代精华,实现了马克思主义中国化新的飞跃。"[①]这一定义深刻揭示了习近平新时代中国特色社会主义思想的理论渊源、时代面相和思想地位。

从理论渊源看,习近平新时代中国特色社会主义思想与毛泽东思想、中国特色社会主义理论体系同根同源,一脉相承,是马克思列宁主义基本原理同中国实际相结合的理论成果,彰显着马克思主义的理论光辉。在经济建设上,中国共产党立足新发展阶段、提出新发展理念、构建新发展格局,强调市场在资源配置中的决定性作用,促进更加公平的分配制度,大力推动共同富裕。这些观点是马克思主义关于经济发展诸多观点的时代表达。在政治建设上,统筹顶层设计与基层实践,强调实现治理体系与治理能力现代化。统筹党的建设与国家建设,强调全面从严治党,保证党的全面领导。这些思想发展了马克思主义无产阶级政党学说。在社会建设上,统筹"百年未有之大变局"与实现中华民族伟大复兴的战略全局,强调"胸怀国之大者",强调以人民为中心,切实增强人民群众的获得感幸福感、安全感。这一理念鲜明体现了马克思主义的人学理论。在文化建设上,强调意识形态的极端重要性,强调社会主义核心价值观的引领作用。在生态文明建设上,强调"绿水青山就是金山银山"。在军事上,结合新时代军事发展特点,提出新时代强军目标,走出一条中国特色强军之路。在外交上,强调构建人类命运共同体,推动"一带一路"倡议落到实处,日益走近世界舞台中央。这些成果继承并发展了毛泽东思想、中国特色社会主义理论体系中的思想。

从时代面相看,习近平新时代中国特色社会主义思想回应了"世界怎么了"的时代之问,对世界发展走向和全球治理提出了一系列具有战略意义的观点。进入新时代,国际力量对比发生深刻调整,世界进入动荡变革期。以习近平同志为核心的党中央统筹国内国际两个大局,在世界变局中开创新局、在世界乱局中化危为机,弘扬和平、发展、公正、正义、民主、自由的全人类共同价值,引领人类进步潮流。"中国共产党始终坚信,大党之大、大国之大,不在于体量大、块头大、拳头大,而在于胸襟大、格局大、担当大。"[②]习近平新时代中国特色社会主义思想以一系列精湛的战略思想为当今世界发展和全球治理遇

①《十九大以来重要文献选编》下,中央文献出版社2023年版,第505页。
②《中国共产党的历史使命与行动价值》,人民出版社2021年版,第91页。

到的问题释疑解惑、指点迷津、引航清道、擘画蓝图,在国际上产生广泛影响。习近平新时代中国特色社会主义思想的世界意义表明,马克思主义中国化实现新飞跃也深刻影响着世界的格局和发展趋势。

从思想地位看,习近平新时代中国特色社会主义思想实现马克思主义中国化的飞跃之新,在于其在继承和发展中国特色社会主义理论体系的基础上把马克思主义提升到一个更新更高的境界。"当代中国马克思主义、二十一世纪马克思主义"、"中华文化和中国精神的时代精华"两个重要标记,彰显了新时代马克思主义中国化实现新飞跃的鲜明特征。"确立习近平同志党中央的核心、全党的核心地位,确立习近平新时代中国特色社会主义思想的指导地位,反映了全党全军全国各族人民共同心愿。"①捍卫"两个确立",与树牢"四个意识"、坚定"四个自信"、做到"两个维护"构成当代中国共产党人政治定力的统一体。牢牢把握新时代坚持和发展中国特色社会主义的政治定力,必须把习近平新时代中国特色社会主义思想的长期指导地位,与新时代马克思主义中国化新飞跃的思想内涵相联系,在实现全面建成社会主义现代化强国的第二个百年奋斗目标新征程上,始终保持贯彻执行习近平新时代中国特色社会主义思想的思想自觉、政治自觉、行动自觉。

三、动力:马克思主义中国化不断实现新飞跃的力量

一个时代有一个时代的问题,一代人有一代人的使命。伟大的时代呼唤伟大的理论,伟大的理论映衬伟大的时代。马克思主义中国化百年实践的持续推进基于紧扣时代发展面对的实践问题,开创马克思主义中国化新境界,是多重动力共同作用的结果。其中,正确把握社会主要矛盾变化是根本动力,充分尊重人民群众首创精神是内在动力,始终发扬斗争精神是直接动力,深刻把握"三大规律"是重要动力。多种动力具有多重面相,构成动力组合,共同作用于马克思主义中国化历史实践的深入发展。

1.正确把握社会主要矛盾是推进马克思主义中国化深入发展的根本动力

马克思主义认为,矛盾是事物发展的源泉和动力。推动马克思主义中国化,同样依据社会主要矛盾的变化而形成理论创造力。从逻辑关系看,社会主要矛盾决定着实践的方向和形式,实践又推动着马克思主义中国化。毛泽东发表的《矛盾论》《实践论》两篇光辉著作,在哲学上为马克思主义中国化的历史实践提供了方向指引和方法遵循。矛盾是普遍性与特殊性的统一,要求坚持具体问题具体分析。新民主主义革命时期,帝国主义与中华民族之间的矛盾,人民大众与封建主义的矛盾是近代中国社会的主要矛盾。这两

---

① 《十九大以来重要文献选编》下,中央文献出版社2023年版,第505页。

对矛盾相互联系,决定着近代中国的历史走向。正确分析这两对主要矛盾并提出相应的解决方案,是马克思主义中国化实现第一次历史性飞跃的集中体现,确立毛泽东思想成为中国共产党人收获的标志性成果。

当社会主要矛盾发生变化,历史实践也需作出相应调整。新中国成立后,中华民族与帝国主义之间的矛盾尽管在某些方面依然存在,人民大众与封建主义的矛盾也时常浮现,但已经不是我国社会的主要矛盾。1956年,党的八大对中国社会主要矛盾作出新结论:"人民对于建立先进的工业国的要求同落后的农业国的现实之间的矛盾,人民对于经济文化迅速发展的需要同当前经济文化不能满足人民需要的状况之间的矛盾。"①在这种情况下,如何解决这一矛盾成为毛泽东思想必须回答的问题。此后,中国共产党正确分析国内形势,提出"四个现代化"的奋斗目标,形成探索社会主义道路的新动力。遗憾的是,党的八大二次会议忽视了客观经济规律,使"左"的错误严重起来。后来实践中遭遇的曲折告诉我们,认识社会主要矛盾问题上发生错误,马克思主义中国化的推进就会受到阻碍,正确认识中国国情和深刻把握社会主要矛盾,是把马克思主义基本原理同中国具体实际相结合的关键。

为了追赶世界潮流,重启现代化事业,党的十一届六中全会对我国社会主要矛盾作出新的结论:"在社会主义改造基本完成以后,我国所要解决的主要矛盾,是人民日益增长的物质文化需要同落后的社会生产之间的矛盾。"②这个新结论不是对党的八大关于社会主要矛盾结论的恢复,"人民日益增长的物质文化需要""落后的社会生产"两个新表述,揭示了我国社会主义建设曲折探索后对社会主要矛盾的新判断。改革开放一切创新举措就是为了解决这个社会主要矛盾,党团结带领中国人民走上日益富裕起来的道路,对解决社会主要矛盾起到显著作用。深入发展的实践中确立邓小平理论,形成"三个代表"重要思想和科学发展观,都体现了解决改革开放和社会主义现代化建设新时期我国社会主要矛盾的要求。在中国特色社会主义理论体系的指导下,党在有效解决社会主要矛盾的实践中取得的成就,推动了我国社会主要矛盾的转化,形成推进马克思主义中国化发展的新动力。

党的十八大以来,在我国经济总量跃居世界第二的基础上,以习近平同志为核心的党中央在推动党和国家事业取得历史性成就和发生历史性变革中,统筹推进中国特色社会主义事业"五位一体"总体布局,协调推进"四个全面"战略布局,全面建成小康社会,赢

---

① 《建国以来重要文献选编》第9册,中央文献出版社1994年版,第341页。
② 《三中全会以来重要文献选编》下,人民出版社1982年版,第839页。

得脱贫攻坚战全面胜利,经济快速发展和社会长期稳定奇迹不仅极大改变了中国社会面貌,也极大丰富了人民生活。党的十九大更新社会主要矛盾的判断,强调"中国特色社会主义进入新时代,我国社会主要矛盾已经转化为人民日益增长的美好生活需要和不平衡不充分的发展之间的矛盾。"①"人民日益增长的美好生活需要""不平衡不充分的发展"两个新表述,揭示了开创中国特色社会主义新时代解决我国社会主要矛盾的新意境。"人民精神面貌发生由内而外的深刻变化。中国人民不仅在物质上富了起来,也在精神上强了起来,意气风发地迈向更加美好的未来。"②明确新时代我国社会主要矛盾,是习近平新时代中国特色社会主义思想的核心内容之一,马克思主义中国化在新时代实现新的飞跃,与在我国社会主要矛盾的认识上形成的新结论密切相关。

2.充分尊重人民首创精神是推进马克思主义中国化深入发展的内在动力

中国共产党一贯重视人民群众的首创精神,坚持把马克思主义基本原理同中国实际相结合,鲜明地体现在人民创造历史的唯物史观运用上。"党的根基在人民、血脉在人民、力量在人民,人民是党执政兴国的最大底气。"③马克思主义中国化历史进程在党团结带领中国人民不懈奋斗中深入发展,充分尊重人民的首创精神,形成中国共产党坚持人民至上,坚持一切为了人民、一切依靠人民的强大动力。

领导新民主主义革命实践中,毛泽东把人民视为取得革命胜利的依靠力量,强调离开人民党将一事无成。新中国成立后,毛泽东把充分调动人民群众的积极性作为社会主义革命和建设的方针,团结带领人民为改变一穷二白的落后面貌不懈奋斗。改革开放和社会主义现代化建设新时期,以邓小平、江泽民、胡锦涛等同志为主要代表的中国共产党人,发扬党的群众路线,尊重人民群众的创新实践,汲取人民群众的创新智慧,总结人民群众的创新经验,充分体现了改革开放创新实践的人民主体地位。中国特色社会主义新时代,以习近平同志为核心的党中央把新时代伟大实践建立在紧密依靠人民群众的基础上,提出坚持以人民为中心的发展理念,坚定"江山就是人民、人民就是江山,打江山、守江山,守的是人民的心"思想,④强调必须坚持为人民执政、为人民用权、为人民谋利。"我们坚持加强党的领导和尊重人民首创精神相结合",⑤中国特色社会主义新时代的辉煌,是人民群众首创精神得到充分彰显的结果。

①《十九大以来重要文献选编》上,中央文献出版社2019年版,第8页。
②《中国共产党的历史使命与行动价值》,人民出版社2021年版,第20页。
③《十九大以来重要文献选编》下,中央文献出版社2023年版,第534页。
④《习近平著作选读》第二卷,人民出版社2023年版,第482页。
⑤《十九大以来重要文献选编》上,中央文献出版社2019年版,第736页。

习近平指出："人民是真正的英雄，激励人民群众自力更生、艰苦奋斗的内生动力，对人民群众创造自己的美好生活至关重要。"①人民群众的首创精神不仅是推动实践发展的内在动力，也是开创马克思主义中国化理论新境界的内在动力。人民群众在实践中创造的鲜活经验是中国共产党理论创新的宝贵财富，也是马克思主义中国化深入发展的思想资源。中国共产党的事业就是人民的事业，马克思主义中国化的实践就是体现人民利益的实践。坚持人民至上的历史经验，必须以充分尊重人民首创精神来不断推进马克思主义中国化深入发展，把党依靠人民群众治国理政的经验上升为马克思主义中国化的理论成果。

3. 始终发扬斗争精神是推进马克思主义中国化深入发展的直接动力

《决议》指出："敢于斗争、敢于胜利，是党和人民不可战胜的强大精神力量。"②把"敢于斗争"作为党的百年奋斗历史经验作出总结，显示了中国共产党人对马克思主义真谛的深刻理解。

在斗争中诞生、发展、胜利，是马克思主义的特征，敢于斗争正是马克思主义在中国彰显强大生命力的底蕴所在。1957年2月，毛泽东在最高国务会议上发表讲话指出："马克思主义必须在斗争中才能发展，不但过去是这样，现在是这样，将来也必然还是这样。"③国内外针对马克思主义的争辩从来就没有间断过，但是"马克思主义是打不倒的。打不倒，并不是因为大本子多，而是因为马克思主义的真理颠扑不破。"④马克思主义不惧斗争，不怕挑战，真理越辩越明。马克思主义在中国化历程中坚持敢于斗争，一方面是与国内外各种反马克思主义思潮进行斗争，另一方面是与党内各种僵化、教条化、机械化、形式化、片面化的错误倾向开展斗争。马克思主义在坚持斗争中发展，马克思主义中国化在敢于斗争中不断开辟新的历程。

中国特色社会主义进入新时代，进行伟大斗争成为推动马克思主义中国化发展的直接动力。党的十八大报告中指出："发展中国特色社会主义是一项长期的艰巨的历史任务，必须准备进行具有许多新的历史特点的伟大斗争。"⑤党的十九大报告中指出："我们党要团结带领人民有效应对重大挑战、抵御重大风险、克服重大阻力、解决重大矛盾，必须进行具有许多新的历史特点的伟大斗争，任何贪图享受、消极懈怠、回避矛盾的思想和

---

① 习近平：《在全国脱贫攻坚总结表彰大会上的讲话》，人民出版社2021年版，第17页。

②《十九大以来重要文献选编》下，中央文献出版社2023年版，第536页。

③《毛泽东文集》第7卷，人民出版社1999年版，第230页。

④《邓小平文选》第3卷，人民出版社1993年版，第382页。

⑤《十八大以来重要文献选编》上，中央文献出版社2014年版，第11页。

行为都是错误的。"①习近平强调："我们面临的各种斗争不是短期的而是长期的,至少要伴随我们实现第二个百年奋斗目标全过程。"②从马克思主义中国化实践的角度说,新时代始终发扬伟大斗争精神,既要在领导伟大社会革命中坚定不移地坚持马克思主义,又要在进行自我革命中把全面从严治党不断向纵深推进。把"坚持敢于斗争"与"坚持自我革命"两条党的百年奋斗历史经验相结合,是马克思主义中国化创新实践的题中应有之义。

4.深刻把握"三大规律"是推动马克思主义中国化深入发展的重要动力

马克思主义中国化推进的发展历程就是中国共产党把握规律的深化过程,坚持把马克思主义基本原理同中国实际相结合、同中华优秀文化相结合的经验,夯实了马克思主义中国化深入发展的基础。毛泽东思想、中国特色社会主义理论体系、习近平新时代中国特色社会主义思想,形成马克思主义中国化一次次飞跃,体现了中国共产党人尊重规律、遵循规律、认识规律、把握规律的历史自觉和精神主动。

在推进马克思主义中国化实践的历程中,领导革命、建设、改革和新时代实践,都有很多规律需要认识和把握,其中最重要的是"三大规律",即共产党执政规律、社会主义建设规律、人类社会发展规律。这"三大规律"从宏观上把政党建设、国家发展、社会发展趋势相统一,把崇高理想与奋斗目标相统一,把使命担当与胸怀天下相统一,把立足中华大地与放眼人类未来相统一,为马克思主义中国化的实践提供了宽阔的视野。"我们积极探索共产党执政规律、社会主义建设规律、人类社会发展规律,不断开辟马克思主义中国化新境界。"③马克思主义中国化历史实践中实现的每一次飞跃,都体现为中国共产党人认识和把握客观规律的一次次升华,认识和把握"三大规律"的广度和深度,检验马克思主义中国化历史实践的程度和水平。

实践永无止境,认识和把握规律没有尽头。党的百年奋斗历程上,领导革命、建设、改革和新时代实践的过程中,在规律上不断有新的发现、新的认识、新的揭示,推动着马克思主义中国化深入发展。以毛泽东同志为主要代表的中国共产党人,在深刻认识和把握规律的基础上,创立了新民主主义革命理论,提出了关于社会主义建设的一系列重要思想,实现了马克思主义中国化第一次历史性飞跃。以邓小平、江泽民、胡锦涛等同志为主要代表的中国共产党人,在深刻认识和把握规律的基础上,创立了邓小平理论,形成了

---

①《十九大以来重要文献选编》上,中央文献出版社2019年版,第11页。

②《习近平谈治国理政》第三卷,外文出版社2020年版,第226页。

③《十九大以来重要文献选编》上,中央文献出版社2019年版,第728页。

"三个代表"重要思想和科学发展观,实现了马克思主义中国化新的飞跃。以习近平同志为主要代表的中国共产党人,在深刻认识和把握规律的基础上,创立了习近平新时代中国特色社会主义思想,实现了马克思主义中国化新的飞跃。新时代新征程,实现共同富裕,实现全面建成社会主义现代化强国,实现中华民族伟大复兴,必须在把握"三大规律"中继续推进马克思主义中国化的创新发展。

中国化马克思主义百年发展历程上的"两个结合"与"三次飞跃",记录了中国共产党人进行理论创新和理论创造的心路历程。马克思主义深刻改变了中国,中国也极大丰富了马克思主义。"在近代中国最危急的时刻,中国共产党人找到了马克思列宁主义,并坚持把马克思列宁主义同中国实际相结合,用马克思主义真理的力量激活了中华民族历经几千年创造的伟大文明,使中华文明再次迸发出强大精神力量。"①党的百年奋斗实践积累了丰富的历史经验,为现实提供的启示主要体现为"四个坚持",即坚持解放思想、实事求是、与时俱进、求真务实,坚持把马克思主义基本原理同中国具体实际相结合、同中华优秀传统文化相结合,坚持实践是检验真理的唯一标准,坚持一切从实际出发。《决议》在"坚持理论创新"历史经验中把坚持"两个结合"概括其中,"只要我们勇于结合新的实践不断推进理论创新、善于用新的理论指导新的实践,就一定能够让马克思主义在中国大地上展现出更强大、更有说服力的真理力量"。②推动马克思主义中国化时代化不断发展,是中国共产党人的神圣职责,也是中国共产党人走好新赶考之路的内在要求。坚持用马克思主义观察时代、解读时代、引领时代,用鲜活丰富的当代中国具体实践、用优势资源的中华优秀传统文化来推动马克思主义中国化的发展,始终坚持以习近平新时代中国特色社会主义思想为武装,不断开辟当代中国马克思主义、二十一世纪马克思主义新境界,对于确保中国这艘巨轮行稳致远和胜利抵达彼岸具有重大意义。

第四节 "同中华优秀传统文化相结合": 对马克思主义中国化历史实践的新认识③

2021年7月1日,习近平总书记在庆祝中国共产党成立100周年大会上发表的重要讲话,第一次提出"坚持把马克思主义基本原理同中国具体实际相结合、同中华优秀传统

---

① 《习近平著作选读》第二卷,人民出版社2023年版,第418页。
② 《十九大以来重要文献选编》下,中央文献出版社2023年版,第535页。
③ 原文载于《理论与改革》2022年第2期,收入本书时文字略有修改。

文化相结合",理论界对这个重大论断进行了深入研究。同年11月,党的十九届六中全会在总结"坚持理论创新"的历史经验时,把"两个结合"的重大论断写进《中共中央关于党的百年奋斗重大成就和历史经验的决议》(下文简称《决议》)中。"两个结合"重大论断是新时代以习近平同志为核心的党中央进行理论创造形成的深刻认识,在马克思主义基本原理"同中国具体实际相结合"的基础上,进一步提出"同中华优秀传统文化相结合",形成"两个结合"的重大论断,这是中国共产党推进马克思主义中国化实践深入发展的理论创新成果,具有鲜明的时代意义。

一、从"一个结合"到"两个结合"的思想逻辑

把马克思主义基本原理同中国具体实际相结合,是中国共产党在领导革命、建设、改革和新时代的长期实践中形成的深刻认识,贯穿于党的百年历史发展的全过程。习近平总书记指出:"我们党的历史,就是一部不断推进马克思主义中国化的历史,就是一部不断推进理论创新、进行理论创造的历史。"[①]党凭借同中国具体实际相结合深入发展中产出的中国化马克思主义理论成果,团结带领人民跨过一道又一道沟坎,取得一个又一个伟大胜利。

马克思主义在1919年五四运动后才在中国广泛传播开来,1921年成立的中国共产党把马克思主义作为救亡图存的新思想树立起来,使中国革命的面目为之一新。鸦片战争以降的"西学东渐"演进中,许多国外先进思想曾被搬用到中国试验过,但都品尝了失败的苦涩。马克思主义在中国实践中呈现出强大生命力,虽然也不断遭遇了国内外各种敌对势力的反对和攻击,但最终经受住了历史的考验。实践检验证明,马克思主义站得住、行得通、显得灵。

从认识史看,中国共产党对马克思主义的认识也有一个深化的过程。文献资料表明,建党时期,在马克思主义必须与中国具体实际相结合的问题上,中国共产党的先驱们就有初步的认知,李大钊就是代表。在1919年与胡适开展问题与主义的论战中,李大钊发表文章指出:凡是一种主义"只可认作一些假设的见解,不可认作天经地义的信条","所以现代的社会、主义包含着许多把他的精神变作实际的形式使合于现在需要的企图"。[②]据此,有研究者认为"马克思主义中国化的历史起点源自李大钊的思想","李大钊是马克思主义中国化第一人"。这样的评价,从历史叙事的角度看合乎思想逻辑。但需要指出的是,李大钊还有瞿秋白、邓中夏等中国共产党先驱们,强调马克思主义运用于

---

① 习近平:《在党史学习教育动员大会上的讲话》,《求是》2021年第7期。
② 《李大钊文集》第3卷,人民出版社1999年版,第3页。

中国的国情问题,主要是为了驳斥那些反对马克思主义的观点,还很难说已经形成马克思主义中国化的思想认知。否则就很难解释为什么党建立后最初的革命实践走了照搬俄国十月革命经验的弯路。毛泽东曾说:"我党在幼年时期,我们对于马克思列宁主义的认识和对于中国革命的认识是何等肤浅,何等贫乏",①这个反映历史事实的评论正是说明了党创建初期对马克思主义中国化认知的缺乏。而20世纪20年代末30年代初发生教条主义盛行党内的情况,也与缺乏马克思主义中国化的意识有着直接的关系,毛泽东在这个过程中开展反对"本本主义"的斗争,对全党确立马克思主义中国化的意识起到了重要作用。

事实表明,中国共产党并非从创建后就形成了马克思主义中国化的思想自觉和行动自觉,从建党初期先驱们思想的萌芽,到马克思主义基本原理必须同中国具体实际相结合意识的确立,是党汲取中国革命遭遇挫折的历史教训促成的。从实践发展的角度看,1927年大革命失败后,毛泽东率领秋收起义部队上井冈山创建革命根据地,是马克思主义中国化的实践开端。从思想发展的角度看,1938年党的六届六中全会上毛泽东提出"使马克思主义在中国具体化"的理论命题,标志着马克思主义中国化实践进入了理论自觉的发展阶段。

延安时期是中国共产党深化马克思主义中国化认知的重要时期,从毛泽东关于整风运动的报告和一系列讲话看,围绕的一个核心问题就是如何科学对待马克思主义。毛泽东在总结中国革命经验的基础上指出:"只会片面地引用马克思、恩格斯、列宁、斯大林的个别词句,而不会运用他们的立场、观点和方法,来具体地研究中国的现状和中国的历史,具体地分析中国革命问题和解决中国革命问题。这种对待马克思列宁主义的态度是非常有害的",对待马克思主义的科学态度"就是应用马克思列宁主义的理论和方法,对周围环境作系统的周密的调查和研究","就是要有目的地去研究马克思列宁主义的理论,要使马克思列宁主义的理论和中国革命的实际运动结合起来,是为着解决中国革命的理论问题和策略问题而去从它找立场,找观点,找方法的","这种态度,就是党性的表现,就是理论和实际统一的马克思列宁主义的作风。"毛泽东强调,对待马克思主义态度上的学风问题"就是一个非常重要的问题,就是第一个重要的问题。"②这些论述标志着中国共产党人在马克思主义中国化认识上的思想成熟。

延安整风运动是建党20年后开展的第一次全党范围的马克思主义思想教育运动,

---

① 《毛泽东选集》第3卷,人民出版社1991年版,第795—796页。
② 《毛泽东选集》第3卷,人民出版社1991年版,第797、799、800—801、803页。

它的重大意义表现在很多方面,最重要的就是马克思主义基本原理只有与中国具体实际相结合才能保证中国革命取得胜利的思想在全党达成统一。在此基础上确立的毛泽东思想,是把马克思主义基本原理同中国具体实际相结合产生的理论成果,是马克思主义中国化的第一次历史性飞跃。刘少奇在党的七大作修改党章的报告中指出:"我们党从它产生时起,就有明确的阶级自觉,就以无产阶级的立场去领导中国的资产阶级民主革命,就以马克思列宁主义的普遍真理与中国工人运动和中国革命的具体实践相结合,就具有无产阶级先进政党的各种优良作风,……经过毛泽东同志的集中与创造,使马克思列宁主义的普遍真理与中国革命具体实践的结合得到了高度发展。"[①]这个结论揭示了一条历史线索,从党创建起,经过24年艰苦、曲折而极端复杂的伟大革命斗争的实际锻炼,中国共产党的马克思主义中国化认知达到思想成熟的水平。延安整风运动在马克思主义中国化发展历程上具有里程碑的意义。

新中国成立后,中国共产党继承马克思主义中国化的历史传统,开始了把马克思主义基本原理同中国具体实际相结合新的历程。毛泽东要求全党"以苏为鉴",提出"第二次结合"任务,提出关于社会主义建设的一系列重要思想,形成独创性理论成果,迈出了马克思主义中国化的新步伐。从新中国成立到中国特色社会主义进入新时代,不断结合中国具体实际推进马克思主义中国化深入发展,成为党完成社会主义革命和推进社会主义建设、进行改革开放和社会主义现代化建设、开创中国特色社会主义新时代的实践主线,并先后确立了邓小平理论,形成了"三个代表"重要思想,形成了科学发展观,确立了习近平新时代中国特色社会主义思想,以马克思主义中国化新的理论成果推动党的指导思想与时俱进。

然而,马克思主义基本原理同中国具体实际相结合的认识不是一经树立就宣告完成的。事实上,在进行"第二次结合"过程中,马克思主义中国化历程又一次遭遇了曲折。1956年党的八大后,党探索社会主义建设的中国道路留下不成功的遗憾,党的正确路线未能完全坚持下去,先后出现的"大跃进"运动、人民公社化运动以及"文化大革命",违背了客观规律,严重脱离中国具体实际的错误实践,致使马克思主义中国化偏离了正确的轨道。1978年底党的十一届三中全会通过深刻反省历史和总结实践教训,恢复了实事求是、一切从实际出发的思想路线。改革开放初,邓小平首先解决的一个重大问题是如何正确认识和评价毛泽东思想,这对树立对待马克思主义的科学态度具有重大意义。邓小平反复重申一个道理:我们党坚持马克思主义,必须同中国具体实际紧密地结合起来。

---

① 《刘少奇选集》上卷,人民出版社1981年版,第323页。

"一个国家的革命要取得胜利,最根本的一条经验就是,各国共产党应该根据自己国家的情况,找出自己的革命道路"①,"不解放思想,什么事情只搬马克思、列宁和毛主席的词句和语言,我们进行的事业就不可能得到提高和发展"。②改革开放就是把马克思主义基本原理同中国具体实际相结合而作出的历史抉择,这场被称为"中国第二次革命"的伟大实践,为马克思主义中国化创造了新的场域,改革开放和社会主义现代化建设新时期,以邓小平理论、"三个代表"重要思想、科学发展观的系统整合,形成中国特色社会主义理论体系,实现了马克思主义中国化新的飞跃。中国共产党人在改革开放和社会主义现代化建设新时期,收获了把马克思主义基本原理同中国具体实际相结合的理论成果。

党的十八大以来,以习近平同志为核心的党中央在创新治国理政的实践中,开辟了马克思主义中国化的新境界。习近平总书记指出,必须"坚持把马克思主义基本原理同当代中国实际和时代特点紧密结合起来,推进理论创新、实践创新,不断把马克思主义中国化推向前进",③"理论的生命力在于不断创新,推动马克思主义不断发展是中国共产党人的神圣职责。我们要坚持用马克思主义观察时代、解读时代、引领时代,用鲜活丰富的当代中国实践来推动马克思主义发展,……不断开辟当代中国马克思主义、二十一世纪马克思主义新境界"④。把握国内国际两个大局,揭示中华民族伟大复兴的战略全局和世界百年未有之大变局,统筹推进"五位一体"总体布局,协调推进"四个全面"战略布局,全面建成小康社会,取得脱贫攻坚伟大胜利,取得抗击新冠肺炎疫情重大战略成果,是新时代坚持和发展中国特色社会主义创造的重大成就,是把马克思主义基本原理同中国具体实际相结合的结果,充分彰显了马克思主义中国化的实践力量。

党的百年奋斗推进马克思主义中国化历程不断深入发展,把马克思主义基本原理同中国革命、建设、改革和新时代的具体实际相结合,呈现了中国共产党在马克思主义中国化历程上循序渐进的历史轨迹。马克思主义基本原理同中国具体实际相结合,包含着同中华优秀传统文化相结合的实践内容,但把这个相结合明确揭示出来,则是基于新时代实践的要求形成的新命题。

习近平总书记揭示马克思主义基本原理"同中华优秀传统文化相结合"的思想由来已久。2013年8月19日,习近平总书记在全国宣传思想工作会议上发表的重要讲话中指出:"宣传阐释中国特色,要讲清楚每个国家和民族的历史传统、文化积淀、基本国情不

①《邓小平文选》第三卷,人民出版社1993年版,第27页。
②《邓小平年谱》第5卷,中央文献出版社2020年版,第242页。
③《十八大以来重要文献选编》下,中央文献出版社2018年版,第345页。
④《十九大以来重要文献选编》上,中央文献出版社2019年版,第434—435页。

同,其发展道路必然有着自己的特色;讲清楚中华文化积淀着中华民族最深沉的精神追求,是中华民族生生不息、发展壮大的丰厚滋养;讲清楚中华优秀传统文化是中华民族的突出优势,是我们最深厚的文化软实力;讲清楚中国特色社会主义植根于中华文化沃土、反映中国人民意愿、适应中国和时代发展进步要求,有着深厚历史渊源和广泛现实基础。"①这四个"讲清楚",已经从党的实践上提出了马克思主义基本原理同中华优秀传统文化相结合的要求。2018年5月4日,习近平总书记在纪念马克思诞辰二百周年大会上发表的重要讲话中指出:"社会主义并没有定于一尊、一成不变的套路,只有把科学社会主义基本原则同本国具体实际、历史文化传统、时代要求紧密结合起来,在实践中不断探索总结,才能把蓝图变为美好现实。"②这里已提出了结合"历史文化传统"的要求。在中国共产党成立100周年的重要时刻,把"两个结合"完整揭示出来,建立在党的十八大以来习近平总书记对中华优秀传统文化一系列重要论述的基础上。

从"一个结合"到"两个结合",有着内在的思想逻辑,从马克思主义中国化的话语表达说,"两个结合"重大论断的揭示不只是内容丰富上的增添,更是深刻意境的开拓。如果说把马克思主义基本原理同中国具体实际相结合呈现党的百年历史实践重大原则的话,那么,把马克思主义基本原理同中华优秀传统文化相结合则呈现了坚持和发展新时代中国特色社会主义的新要求。坚持把马克思主义基本原理同中国具体实际相结合、同中华优秀传统文化相结合有机地统一起来,是马克思主义中国化开辟发展新历程的时代要求。"两个结合"为新时代中国特色社会主义伟大实践中推进马克思主义中国化创新发展指明了方向。

二、"同中华优秀传统文化相结合"新论断的时代意蕴

中华民族历史延绵5000多年,优秀传统文化成为凝聚中国人民的强大精神力量。历史地看,虽然由56个民族组成的中国也曾有过分分合合的场景,但闹独立、搞分裂不得人心。在地域广袤的国家范围内,不同民族能够形成同一个命运共同体,患难与共,同舟共济,为相同的目标而奋斗,与中华优秀传统文化的支撑密切相关。习近平总书记指出:"为什么中华民族能够在几千年的历史长河中生生不息、薪火相传、顽强发展呢? 很重要的一个原因就是中华民族有一脉相承的精神追求、精神特质、精神脉络。"③什么是传统? 传统就是历史积淀和传下来的东西,它一旦形成,就成为一种潜在力量影响人们

---

① 《习近平谈治国理政》第一卷,外文出版社2018年版,第155—156页。
② 《十九大以来重要文献选编》上,中央文献出版社2019年版,第434页。
③ 《十八大以来重要文献选编》中,中央文献出版社2016年版,第133页。

的思想方式和行为准则。传统是断不开、舍不掉、割不了的,任何人都做不到把传统抛弃,历史就是延续传统的载体,不管有什么样的意外情况发生,传统总是不以人的意志为转移地在历史演进中发挥作用。马克思关于传统有很深刻的论述,他在《路易·波拿巴的雾月十八日》一文中,一方面指出"一切已死的先辈们的传统,像梦魇一样纠缠着活人的头脑",另一方面又指出"通过传统和教育承受了这些情感和观点的个人,会以为这些情感和观点就是他的行为的真实动机和出发点。"①马克思对旧传统持批判的态度,但对传统的历史作用则加以肯定。马克思创立的科学社会主义本身就是继承传统的产物,"它并没有抛弃资产阶级时代最宝贵的成就,相反地却吸收和改造了两千多年来人类思想和文化发展中一切有价值的东西。"②习近平总书记指出:"一部马克思主义发展史就是马克思、恩格斯以及他们的后继者们不断根据时代、实践、认识发展而发展的历史,是不断吸收人类历史上一切优秀思想文化成果丰富自己的历史。"③马克思主义对待传统的科学态度,为深刻认识把马克思主义基本原理同中华优秀传统文化相结合提供了思想启迪。

怎样认识和对待中华民族的历史传统,是党的百年奋斗实践中的重大问题。在领导新民主主义革命时期,毛泽东就对继承和发扬中华民族历史传统作出精辟论述,他指出:"学习我们的历史遗产,用马克思主义的方法给以批判的总结,是我们学习的另一任务。我们这个民族有数千年的历史,有它的特点,有它的许多珍贵品","我们是马克思主义的历史主义者,我们不应当割断历史。从孔夫子到孙中山,我们应当给以总结,承继这一份珍贵的遗产"。④在领导社会主义革命和建设时期,毛泽东也很重视传统的继承,1956年8月24日,他在同音乐工作者谈话中说:"历史总是要重视的。历史久,有好处也有坏处……我们历史久,也有它的好处。把老传统丢掉,人家会说是卖国,要砍也砍不断,没有办法。"⑤历史实践中,民族的、科学的、大众的新民主主义文化,以及面向现代化、面向世界、面向未来的社会主义文化,都体现对中华优秀传统文化的继承和发展。中国共产党在建设先进文化的历史实践中形成的科学态度,奠定了把马克思主义基本原理同中华优秀传统文化相结合的思想基础。

需要指出的是,正确对待历史传统是一个十分复杂的问题,有很多因素会干扰人们

---

①《马克思恩格斯选集》第一卷,人民出版社2012年版,第669、695页。

②《列宁选集》第4卷,人民出版社1972年版,第362页。

③《十九大以来重要文献选编》上,中央文献出版社2019年版,第425页。

④《毛泽东选集》第2卷,人民出版社1991年版,第533—534页。

⑤《毛泽东文集》第7卷,人民出版社1999年版,第78页。

的认识。近代中国有个特殊情况:中华民族因落后于世界先进文明而遭遇耻辱,传统式微曾让中国人民处于尴尬的处境。"一八四○年鸦片战争以后,由于西方列强入侵和封建统治腐败,中国逐步成为半殖民地半封建社会,国家蒙辱、人民蒙难、文明蒙尘,中华民族遭受了前所未有的劫难。"①这样的遭遇产生民族优越感与时代落伍感的纠结,许多人在思想挣扎中陷入迷茫。近代中国社会几次发生东西方文化孰优孰劣的论争,体现了对历史传统认识上的差异和观点对峙。从社会表现的现象看,既有以提倡国学来弘扬中华民族传统的主张,甚至有捍卫传统的"殉道者",又有批判中国的历史传统而欣赏外国文化的青睐者。社会呈现的这两面,使对待历史传统问题上的差异始终伴随着中国究竟向何处去的道路探索。

1915年中国思想界掀起的五四新文化运动对近现代中国历史产生了深刻影响,陈独秀等人高举"科学"和"民主"两面旗帜,推出"赛先生"和"德先生"两位西方代表登场,在把近代文明思想介绍于中国的同时,也催生了中西文化比较的历史性思考。五四时期东西方文化论战中,以陈独秀、李大钊等为主要代表的"新青年派"与以杜亚泉、章士钊为主要代表的"东方文化派"争论不休,在如何对待中华传统文化上各抒己见。"新青年派"人士批评东方文化代表农业文明的落后性,认为代表工业文明的西方文化具有先进性。海外研究者如林毓生等人把他们称为"全盘化反传统主义者"。②"东方文化派"人士持反对意见,更倾向于肯定东方文化,同时主张将东西方文化杂糅并蓄,其中梁漱溟的态度更坚决,认为西方文化已经"走到末路"而宣告破产。两派观点的是非评判不是本书讨论的主题,但这场东西方文化论战形成了一种僵硬的思维和机械的逻辑,即认为凡是反传统就是革命的,守传统就必然反革命。这样的认知很容易被主张革命的人所接受,形成对待传统的基本倾向。确实,在一般认知逻辑上,坚持创新必须变革传统,困于传统必然趋于保守。这样的思维和逻辑在党的历史实践中也有不同程度的反映,历史实践中在对待中华民族历史传统上出现认识上的偏差与此有关。

社会主义革命和建设时期,党积极开展文化建设,取得的成绩不容抹煞。毛泽东、周恩来、陈云等领导人对继承历史传统作出过许多重要指示,对继承和弘扬中华优秀传统文化起到了指导作用。《决议》在这段历史时期的叙事中对党在思想文化建设方面的成就作出肯定的总结和评价。然而由于很长时间里党把改变"一穷二白"落后面貌作为搞社会主义建设的主要任务,影响了对继承中华民族优秀传统文化的重视。1980年8月18

---

① 《十九大以来重要文献选编》下,中央文献出版社2023年版,第488页。

② 林毓生:《中国传统的创造性转化》,生活·读书·新知三联书店2011年版,第466页。

日,邓小平在《党和国家领导制度的改革》报告中,深刻揭示了封建主义残余影响尚未肃清的问题,指出"旧中国留给我们的,封建专制传统比较多,民主法制传统很少",提出"划清文化遗产中民主性精华同封建性糟粕的界限"①的要求。虽然这是针对官僚主义存在严重问题而说的,但从一个侧面说明对历史传统缺乏批判性继承的缺憾。尤其在"文化大革命"期间,我们党片面理解马克思和恩格斯在《共产党宣言》中提出的"共产主义革命就是同传统的所有制关系实行最彻底的决裂,毫不奇怪,它在自己的发展进程中要同传统的观念实行最彻底的决裂"的观点,在全社会开展"扫四旧"、批孔和反儒学,给继承和弘扬中华优秀传统文化带来思想混乱。"两个决裂"的观点被错误地演化成否定历史传统的激进思想,在正确对待中华民族优秀传统文化问题上留下深刻的历史教训。

改革开放后,为了加快推进社会主义现代化,"党加强理想信念教育,推进社会主义核心价值体系建设,建设社会主义精神文明,发展社会主义先进文化,推动社会主义文化大发展大繁荣",②取得的思想文化成就包含对中华优秀传统文化的继承和发展。2011年10月18日,党的十七届六中全会通过的《中共中央关于深化文化体制改革推动社会主义文化大发展大繁荣若干重大问题的决定》指出,"源远流长、博大精深的中华文化,为中华民族发展壮大提供了强大精神力量,为人类文明进步作出了不可磨灭的重大贡献。中国共产党从成立之日起,就既是中华优秀传统文化的忠实传承者和弘扬者,又是中国先进文化的积极倡导者和发展者",要求"用以爱国主义为核心的民族精神和以改革创新为核心的时代精神鼓舞斗志","弘扬中华传统美德"、建设社会主义文化强国。③改革开放和社会主义现代化建设新时期,继承和弘扬中华优秀传统文化受到高度重视,取得的成就鼓舞人心。但又要看到问题的另一面,国内一些别有用心的人总想把改革开放向"西化"的方向引,国外敌对势力也企图使中国的改革开放走上改旗易帜的邪路。尤其是大量国外思潮涌入国内,热衷西方话语一度成为比较流行的现象,西方思想和制度受到热捧,"有的人奉西方理论、西方话语为金科玉律,不知不觉成了西方资本主义意识形态的吹鼓手。"④与此相联系的另一个现象是历史虚无主义、文化虚无主义滋长,有些人借助网络媒体散布各种奇谈怪论,歪曲党的历史、贬低自己的民族、损毁国家声誉、颠覆英雄形象,扰乱人心,对继承和弘扬中华优秀传统文化构成

---

① 《邓小平文选》第二卷,人民出版社1994年版,第332、335页。
② 《十九大以来重要文献选编》下,中央文献出版社2023年版,第500页。
③ 《十七大以来重要文献选编》下,中央文献出版社2013年版,第558、566页。
④ 《习近平关于社会主义政治建设论述摘编》,中央文献出版社2017年版,第20页。

严峻挑战。

党的十八大以来,习近平总书记对继承和弘扬中华优秀传统文化作出了一系列重要论述,提出许多极其深刻的思想。第一,强调一个国家、一个民族不能没有灵魂,历史是树立灵魂的根基。"不忘历史才能开辟未来,善于继承才能善于创新。优秀传统文化是一个国家、一个民族传承和发展的根本,如果丢掉了,就割断了精神命脉"①,"一个抛弃了或者背叛了自己历史文化的民族,不仅不可能发展起来,而且很可能上演一场历史悲剧"②。第二,揭示新形势下宣传思想工作"举旗帜、聚民心、育新人、兴文化、展形象"的使命任务,指出"兴文化,就是要坚持中国特色社会主义文化发展道路,推动中华优秀传统文化创造性转化、创新性发展,继承革命文化,发展社会主义先进文化,激发全民族文化创新创造活力,建设社会主义文化强国"③。第三,要求把弘扬中华优秀传统文化与践行社会主义核心价值观相统一,彰显社会正能量。"核心价值观是一个民族赖以维系的精神纽带,是一个国家共同的思想道德基础","中华优秀传统文化是中华民族的精神命脉,是涵养社会主义核心价值观的重要源泉,也是我们在世界文化激荡中站稳脚跟的坚实根基",④"我们提倡的社会主义核心价值观,就充分体现了对中华优秀传统文化的传承和升华"。⑤第四,提出要以辩证态度对待历史传统。"我们要对传统文化进行科学分析,对有益的东西、好的东西予以继承和发扬,对负面的、不好的东西加以抵御和克服,取其精华、去其糟粕,而不能采取全盘接受或者全盘抛弃的绝对主义态度。"⑥第五,阐述继承和弘扬中华优秀传统文化是实现中华民族伟大复兴中国梦的内在要求。"实现中国梦,是物质文明和精神文明均衡发展、相互促进的结果。没有文明的继承和发展,没有文化的弘扬和繁荣,就没有中国梦的实现……实现中国梦,是物质文明与精神文明比翼双飞的发展过程。随着中国经济社会不断发展,中华文明也必将顺应时代发展焕发出更加蓬勃的生命力。"⑦第六,指出必须充分利用好中华优秀传统文化的宝贵资源。"中国优秀传统文化的丰富哲学思想、人文精神、教化思想、道德理念等,可以为人们认识和改造世界提供有益启迪,可以为治国理政提供有益启示,也可以为道德建设提供有益启发。"⑧从党的

---

① 《习近平谈治国理政》第二卷,外文出版社2017年版,第313页。
② 《十八大以来重要文献选编》下,中央文献出版社2018年版,第323页。
③ 《习近平谈治国理政》第三卷,外文出版社2020年版,第312页。
④ 《十八大以来重要文献选编》中,中央文献出版社2016年版,第133、135页。
⑤ 《习近平关于社会主义文化建设论述摘编》,中央文献出版社2017年版,第116页。
⑥ 《习近平主持中共中央政治局第十八次集体学习》,中央政府门户网站,2014年10月13日。
⑦ 《习近平关于社会主义文化建设论述摘编》,中央文献出版社2017年版,第4—5页。
⑧ 《习近平著作选读》第一卷,人民出版社2023年版,第278页。

历史看,在继承和弘扬中华优秀传统文化问题上作出如此丰富的论述,可以说是前所未有。在此基础上形成马克思主义基本原理"同中华优秀传统文化相结合"的重大论断,体现出鲜明的时代意蕴。

三、马克思主义基本原理"同中华优秀传统文化相结合"的新时代要求

"两个结合"构成马克思主义中国化发展进程中的新时代实践要求,在始终坚持把马克思主义基本原理同中国具体实际相结合原则的同时,进一步加强"同中华优秀传统文化相结合",具有重大现实意义。《历史决议》指出:"习近平新时代中国特色社会主义思想是当代中国马克思主义、二十一世纪马克思主义,是中华文化和中国精神的时代精华。"①这是从世界和中国两个视域对习近平新时代中国特色社会主义思想作出的新界定。

强调"中华文化和中国精神的时代精华",突出了习近平新时代中国特色社会主义思想的文化源泉和精神根基。党团结带领人民在中华大地上不懈奋斗,扎根于中华优秀传统文化的沃土,把马克思主义基本原理同中国具体实际相结合,必须实现"同中华优秀传统文化相结合"。推进马克思主义中国化实践的发展,不仅要弄清楚中国的现实是什么,而且要搞明白中国的底蕴在哪里,从中华优秀传统文化中汲取砥砺奋进的力量。中国特色社会主义新时代,必须做好马克思主义基本原理"同中华优秀传统文化相结合"这篇大文章。

第一,全面贯彻习近平新时代中国特色社会主义思想,凝聚全党全国各族人民齐心协力为实现中华民族伟大复兴中国梦而不懈奋斗的磅礴力量。坚持中国共产党的全面领导,树立政治意识、大局意识、核心意识、看齐意识,坚决维护习近平同志党中央的核心、全党的核心地位,坚决维护党中央权威和集中统一领导,不仅是对全党的政治要求,而且事关国家和人民利益。这"两个确立"的重大意义是反映了全党全军全国各族人民共同心愿,对新时代党和国家事业发展、对推进中华民族伟大复兴历史进程具有决定性意义。作为新时代马克思主义中国化的理论创造成果,习近平新时代中国特色社会主义思想充分体现着中华民族的长期愿望、共同诉求、奋斗动力和前景目标。坚持马克思主义指导与弘扬中华优秀传统文化同向发力、同频共振,是夺取新时代中国特色社会主义伟大胜利的重要保证。

第二,深入挖掘中华优秀传统文化的思想资源,把它充分利用起来为新时代坚持和

---

① 《十九大以来重要文献选编》下,中央文献出版社2023年版,第505页。

发展中国特色社会主义服务。中华文化是一个取之不尽用之不竭的宝藏,它不仅蕴藏着追求共同理想的行为准则、道德伦理的建设资源、人与自然和谐的科学理念,而且包含着国家治理的哲理思想。"要治理好今天的中国,需要对我国历史和传统文化有深入了解,也需要对我国古代治国理政的探索和智慧进行积极总结。"①党的十九届四中全会对坚持和完善中国特色社会主义制度、推进国家治理体系和治理能力现代化作出全面部署,提出"弘扬民族精神和时代精神","推进中华优秀传统文化传承发展工程"的任务。②推进国家治理现代化既体现时代特点又承继历史传统,把马克思主义基本原理"同中华优秀传统文化相结合",充分发挥中华优秀传统文化中治国理政的智慧资源作用,助推国家治理体系和治理能力现代化,对创造中国式现代化新道路、创造人类文明新形态具有重要意义。

第三,以正确的历史认知为基础坚定历史自信,在继承和弘扬中华优秀传统文化中开创未来。党中央号召坚定中国特色社会主义道路、理论、制度、文化自信,建立在长期探索的经验总结基础上,深厚的历史底蕴使党和人民最有理由对中国共产党、中国和中华民族充满自信。党的十九届六中全会第二次全体会议上,习近平总书记又提出坚定历史自信的要求,指出"中国共产党人的历史自信,既是对奋斗成就的自信,也是对奋斗精神的自信"③。他还强调"历史认知是历史自信的重要基础",必须"教育广大党员、干部和全体人民特别是广大青年坚定历史自信、筑牢历史记忆,满怀信心地向前进"④。继承和弘扬中华优秀传统文化是正确构建历史认知的内在要求,坚定历史自信必须坚决反对和抵制历史虚无主义、文化虚无主义,在推进马克思主义基本原理"同中华优秀传统文化相结合"的实践中排除任何思想干扰,在推进马克思主义中国化创新发展中开创中华民族发展的美好未来。

第四,讲好中国故事,扩大中华优秀传统文化的世界影响力。把中国故事讲好,是习近平总书记反复提出的要求,并身体力行作出了榜样。《决议》总结党的百年奋斗重大成就和历史经验,就是讲好中国故事的最好范本。中国故事不仅要讲给中国人民听,而且要讲给世界各国人民听。讲好中国故事,既要把党团结带领人民创造中华民族发展史和人类社会发展史上非凡奇迹的故事讲精彩,又要把中华优秀传统文化的故事讲精彩。"要

① 《习近平主持中共中央政治局第十八次集体学习》,中央政府门户网站,2014年10月13日。
② 《十九大以来重要文献选编》中,中央文献出版社2021年版,第284页。
③ 习近平:《以史为鉴、开创未来 埋头苦干、勇毅前行》,《求是》2022年第1期。
④ 《习近平总书记在主持中共中央政治局专题民主生活会上的讲话》,《人民日报》2021年12月29日。

把优秀传统文化的精神标识提炼出来、展示出来,把优秀传统文化中具有当代价值、世界意义的文化精髓提炼出来、展示出来。"①讲好中国故事,传播好中国声音,展示真实、立体、全面的中国,提高我国国际传播能力,有利于向世界各国展示坚持马克思主义的中国共产党是中华优秀传统文化的继承者、实践者、弘扬者形象。

第五,构建中国特色哲学社会科学话语体系,立时代之潮头、通古今之变化、发思想之先声。在认识和对待中华优秀传统文化的问题上,习近平一系列重要论述的思想亮点突出体现在提出和强调中国话语构建和建设上。2016年5月17日,习近平总书记在哲学社会科学工作座谈会上发表重要讲话,提出"加快构建中国特色哲学社会科学"的要求。他指出:"要按照立足中国、借鉴国外,挖掘历史、把握当代,关怀人类、面向未来的思路,着力构建中国特色哲学社会科学,在指导思想、学科体系、学术体系、话语体系等方面充分体现中国特色、中国风格、中国气派","延绵几千年的中华文化,是中国特色哲学社会科学成长发展的深厚基础","中华民族有着深厚的文化传统,形成了富有特色的思想体系,体现了中国人几千年来积累的知识智慧和理性思辨。这是我国的独特优势"。②话语是文化的承载,不同民族的话语体现文化的民族特色。中华民族以自己的话语创造出优秀文化。推进新时代马克思主义中国化发展,必须在把马克思主义基本原理同中华优秀传统文化相结合的实践中,"更好用中国理论解读中国实践",③以中华民族最基本的文化基因与当代文化相适应、与现代社会相协调,使中华民族博大精深的灿烂文化与时代潮流相融合、与世界大势相并进,彰显马克思主义基本原理"同中华优秀传统文化相结合"的时代意蕴。

任何理论命题的提出都具有特定的历史条件,具体问题具体分析是马克思主义的基本观点。揭示马克思主义基本原理"同中华优秀传统文化相结合"的重大论断,是中国特色社会主义进入新时代,以习近平同志为核心的党中央推进理论创新、进行理论创造的成果,体现推进马克思主义中国化发展进程中的新认识。在运用马克思主义基本原理指导当代中国实践中,"同中华优秀传统文化相结合"赋予"同中国具体实际相结合"以新内容和新要求。"两个结合"共同推进,展现新时代伟大实践开创马克思主义中国化的新境界。《决议》指出:"党中央强调,中华优秀传统文化是中华民族的突出优势,是我们在世界文化激荡中站稳脚跟的根基,必须结合新的时代条件传承和弘扬

---

①《习近平谈治国理政》第三卷,外文出版社2020年版,第314页。

②《十八大以来重要文献选编》下,中央文献出版社2018年版,第322—323页。

③《习近平谈治国理政》第三卷,外文出版社2020年版,第326页。

好。"①中国特色社会主义新时代,是党团结带领中国人民强起来的时代,全面建成社会主义现代化强国成为全党全军全国各族人民的热切期待,14亿多人共同等待着这个美好愿景的实现。在中国共产党坚强有力的领导下,有马克思主义为指导,有中华优秀传统文化作支撑,中国人民有自信、有底气、有能耐朝着光明的前景勇往直前,推动中国这艘巨轮到达璀璨的彼岸。

①《十九大以来重要文献选编》下,中央文献出版社2023年版,第519页。

第五章　正确理解和大力推进中国式现代化

第一节　深刻领会以中国式现代化全面推进中华民族伟大复兴的丰富意蕴①

党的二十大明确指出,从现在起,中国共产党的中心任务就是团结带领全国各族人民全面建成社会主义现代化强国、实现第二个百年奋斗目标,以中国式现代化全面推进中华民族伟大复兴。这一重要论断明确了新时代新征程中国共产党肩负的使命任务,是党中央在新的历史条件下对全面建设社会主义现代化国家、全面推进中华民族伟大复兴的顶层设计与伟大擘画,充分彰显了中华民族的宏图大志。全面贯彻党的二十大精神和战略部署,必须深刻领会以中国式现代化全面推进中华民族伟大复兴的丰富意蕴,坚持不懈为全面推进中华民族伟大复兴而团结奋斗。

一、准确把握党的二十大关于中国式现代化科学内涵的新论断

党的二十大深入阐释了中国式现代化的科学内涵,明确了中国式现代化的中国特色、本质要求、重大原则等重大理论与实践问题。这是以习近平同志为核心的党中央总结党的百年奋斗宝贵经验,立足国家和民族发展实际,回应世界之变、时代之变、历史之变作出的科学回答;是党的现代化理论的重大丰富和发展;是党的重大理论创新成果的集中体现。迈上新征程、建功新时代,必须从理论和实践结合、历史与现实结合的角度对中国式现代化科学内涵加以深刻把握,切实增强为全面建设社会主义现代化国家、全面推进中华民族伟大复兴共同团结奋斗的历史自信和历史主动。

党的二十大指出,中国式现代化,是中国共产党领导的社会主义现代化,既有各国现代化的共同特征,更有基于自己国情的中国特色。习近平强调,中国共产党是最高政治领导力量。全面建设社会主义现代化国家、全面推进中华民族伟大复兴,关键在党。在中国式现代化的内涵中首先强调党的领导,深刻阐明了中国式现代化最鲜明的特征和最突出的优势。突出强调"社会主义现代化",深刻阐明了中国式现代化的基本性质和未来走向,指出了中国式现代化和西方现代化道路的根本区别。"既有各国现代化的共同特

---

① 原文载于《党建》2023年第1期,收入本书时文章标题和文字略有修改。

征,更有基于自己国情的中国特色",则表明中国式现代化是既遵循现代化的客观规律,又立足自身国情的中国特色社会主义现代化。中国式现代化是民族的又是世界的,中国式现代化的特殊性与世界现代化的普遍性有机统一。只有把中国式现代化自身特色与世界现代化共同特征有机结合,才能彰显党和人民创造人类文明新形态的重大意义。

党的二十大从五个方面指出了中国式现代化的中国特色,明确中国式现代化是"人口规模巨大的现代化""全体人民共同富裕的现代化""物质文明和精神文明相协调的现代化""人与自然和谐共生的现代化""走和平发展道路的现代化"。这五个方面的重要论述,体现党的性质、宗旨和根本政治立场,体现社会主义的本质要求,充分彰显了中国式现代化的价值取向,是中国共产党对现代化建设规律的科学认识与深刻总结,充分体现了把握现代化建设的思想先进性和实践自觉性。

党的二十大明确了中国式现代化的本质要求,即"坚持中国共产党领导,坚持中国特色社会主义,实现高质量发展,发展全过程人民民主,丰富人民精神世界,实现全体人民共同富裕,促进人与自然和谐共生,推动构建人类命运共同体,创造人类文明新形态"。这一创新论断,明确了中国式现代化的领导力量和坚强保证,明确了中国式现代化对社会制度的本质要求,明确了中国式现代化在经济建设、政治建设、文化建设、社会建设、生态文明建设等方面的本质要求,明确了中国式现代化在对外交往和文明形态问题的本质要求。这些本质要求的揭示与中国式现代化的中国特色紧密联系、内在统一。深刻领会、准确把握、全面贯彻中国式现代化的本质要求,才能确保我国社会主义现代化建设道路不变、方向不偏。

把我国建成富强民主文明和谐美丽的社会主义现代化强国是全面推进中国式现代化的奋斗目标。党的二十大对全面建成社会主义现代化强国作出"分两步走"总的战略安排,并重点部署未来五年的战略任务和重大举措。这一宏伟蓝图事关党和国家事业继往开来,事关中国特色社会主义前途命运,事关中华民族伟大复兴,令国人振奋、令世界瞩目,必将激励全党全国各族人民踔厉奋发、勇毅前行、团结奋斗,为谱写新时代中国特色社会主义更加绚丽的篇章注入强大力量。

二、深刻认识中国式现代化为中华民族伟大复兴注入不竭动力

习近平指出,实现中华民族伟大复兴,是近代以来中国人民最伟大的梦想,我们称之为"中国梦",基本内涵是实现国家富强、民族振兴、人民幸福。一百多年来,中国共产党团结带领中国人民进行的一切奋斗、一切牺牲、一切创造,归结起来就是一个主题,即实现中华民族伟大复兴。

中华民族是世界上伟大的民族,五千多年中华文明源远流长、辉煌璀璨,为人类文明发展作出了巨大贡献。但近代以后,中华民族遭受了前所未有的劫难,逐步沦为半殖民地半封建社会的中国在帝国主义和封建主义的统治下长期落后于西方,以致国家蒙辱、人民蒙难、文明蒙尘。从那时起,实现中华民族伟大复兴就成为中国人民和中华民族最伟大的梦想。无数革命先驱和先进分子"睁开眼睛看世界",对现代化进行苦苦探索,就以现代化推动民族复兴作出诸多努力和尝试,如洋务运动、戊戌变法、辛亥革命等。然而,从西方找来的各种方案均以失败告终,没为半殖民地半封建的中国指明出路。中国共产党成立后,坚持以马克思主义为指导,领导、推动、开创现代化,解决了中国现代化事业的领导力量问题,为中国现代化指明了正确方向、制定了不同阶段的奋斗目标、开辟了符合中国实际的发展道路。在这个过程中,中国共产党对建设社会主义现代化国家的认识不断深入、战略不断成熟、实践不断丰富,开创了中国式现代化道路,为实现中华民族伟大复兴再升起胜利的曙光。

新民主主义革命时期,以毛泽东同志为主要代表的中国共产党人深切认识到,不推翻帝国主义和封建主义统治,搞现代化就是空谈,并提出要努力实现从农业国向工业国的转变。社会主义革命和建设时期,党提出努力把我国逐步建设成为一个具有现代农业、现代工业、现代国防和现代科学技术的社会主义强国,并在实施几个五年计划后,建立起独立的比较完整的工业体系和国民经济体系,为社会主义现代化建设打下了坚实基础。改革开放和社会主义现代化建设新时期,党团结带领中国人民坚持不懈地解放和发展生产力,提出"中国式的现代化"建设思路,制定了到21世纪中叶分三步走、基本实现社会主义现代化的发展战略,对推进改革开放和社会主义现代化建设作出全面部署,使我国实现了从生产力相对落后的状况到经济总量跃居世界第二的历史性突破,实现了人民生活从温饱不足到总体小康、奔向全面小康的历史性跨越,推进了中华民族从站起来到富起来的伟大飞跃。

中国特色社会主义进入新时代,我国社会主要矛盾已经转化为人民日益增长的美好生活需要和不平衡不充分的发展之间的矛盾。以习近平同志为核心的党中央统筹中华民族伟大复兴战略全局和世界百年未有之大变局,把马克思主义基本原理同中国具体实际相结合、同中华优秀传统文化相结合,以高超的政治智慧和强烈的使命担当,继续深化对中国式现代化一系列重大理论和实践问题的认识,对什么是中国式现代化、如何实现中国式现代化等重大课题进行深入思考,提出了一系列具有原创性贡献的新理念新思想新战略,成功推进和拓展了中国式现代化。党的十八大以来,党中央坚持和发展新时代中国特色社会主义,深入推进社会主义现代化建设,攻克了许多长期没有解决的难题,办成了许多事关长远的大事要事,书写了经济快速发展和社会长期稳定两大奇迹新篇章,实现中华民族伟大复兴进入了不可逆转的历史进程。

近代以来,中国人民最伟大的梦想就是实现中华民族伟大复兴,党领导人民在取得一个又一个伟大胜利中不断探寻实现这一伟大梦想的正确道路。在实现中华民族伟大复兴进入了不可逆转的历史进程、全党全国各族人民迈上全面建设社会主义现代化国家新征程的关键时刻,回顾党在革命、建设、改革各个历史时期领导社会主义现代化建设的奋斗历程,我们更深切地感受到,党的二十大提出的以中国式现代化全面推进中华民族伟大复兴的重大论断,建立在新时代十年伟大变革的实践基础上,着眼于中华民族伟大复兴的历史进程,将中华民族伟大复兴与现代化建设的认识提升到全新高度,丰富和拓展了"国家富强、民族振兴、人民幸福"的"中国梦"的基本内涵和实现路径,为新时代新征程上全面建设社会主义现代化国家、全面推进中华民族伟大复兴注入了不竭动力。

三、全面理解以中国式现代化全面推进中华民族伟大复兴的深远意义

以中国式现代化全面推进中华民族伟大复兴是党的二十大作出的重大论断。我们党在新中国成立特别是改革开放以来的长期探索和实践基础上,经过党的十八大以来在理论和实践上的创新突破,成功推进和拓展了中国式现代化。建立在这样基础上的中国式现代化极其深刻,要从理论意义、实践意义、世界意义三个层面加以深刻把握。

中国式现代化的实践使党的理论创新达到了新的境界。不断谱写马克思主义中国化时代化新篇章,是当代中国共产党人的庄严历史责任。一百多年来,党始终坚持理论创新,坚持不懈推进马克思主义中国化时代化。党坚持以科学理论指导社会主义现代化建设,将长期以来积累的宝贵经验总结、升华为理论。党的二十大关于中国式现代化的中国特色、本质要求、战略安排等的重要论述,是习近平新时代中国特色社会主义思想的重要组成部分,极大地丰富和发展了现代化理论,是对社会主义现代化理论的原创性贡献、时代性贡献,是马克思主义中国化时代化的思想结晶,标志着我们党对社会主义建设规律、人类社会发展规律的认识达到了新的境界。我们党依靠理论创新走到今天,也必将依靠理论创新走向未来。随着中国式现代化实践的不断丰富和发展,中国式现代化理论必将取得更多新的突破与创新。

中国式现代化的创举推进党领导社会主义现代化建设伟大实践达到了新的高度。党的百年奋斗成就是我们独立自主拼出来的,中国式现代化也不是从教科书里搬来的,而是党始终立足国情谋发展,始终坚持走自己的路,通过艰辛实践、付出巨大牺牲、顶住内外部多重风险挑战才成功走出来的。党在领导社会主义现代化建设的伟大实践中

不断总结经验教训,不断深化现代化建设的规律性认知,充分体现了高度的历史自信和历史主动精神,体现了中华民族的伟大创造精神。党的十八大以来,以习近平同志为核心的党中央在理论和实践上不断创新突破,明确了中国式现代化的中国特色、本质要求等重大内容,为新时代新征程我国社会主义现代化建设指明前进道路。党的二十大确定"到本世纪中叶,把我国建设成为综合国力和国际影响力领先的社会主义现代化强国"的奋斗目标,明确了未来五年是全面建设社会主义现代化国家开局起步的关键时期,提出前进道路上必须牢牢把握的五项重大原则等,必将推动中国式现代化道路越走越宽广。中国式现代化来源于社会主义现代化建设的伟大实践,也必将推动新时代新征程我国社会主义现代化建设的伟大实践不断走向新的高度。

中国式现代化为人类实现现代化提供了新的选择。习近平指出,世界上没有放之四海而皆准的具体发展模式,也没有一成不变的发展道路。在人类历史发展进程中,当现代化首先以工业革命的方式向世界呈现时,人们更多关注生产力发展,更多关注物质财富积累,而忽视了两极分化、物质主义膨胀、生态危机、对外扩张掠夺等制约人类社会长期发展的重大问题。中国式现代化正是在总结西方现代化道路存在的各种问题、结合我国社会主义现代化建设实际的基础上提出的。中国式现代化突破了西方现代化模式的固有观念和思维束缚,摒弃了西方现代化对外扩张、两极分化、物质主义等老路,找到了规避西方现代化在环境、社会等方面存在问题的有效途径,克服了西方现代化发展模式的固有弊端,打破了长期以来"西方中心论"所认为的西方式现代化道路是唯一成功和正确的现代化发展之路,让现代化不再"定于一尊"。中国式现代化借鉴了世界现代化发展成果与经验,同时也为人类实现现代化提供了新的选择,必将对破解人类社会发展难题、推进人类现代化进程产生深远影响。

以中国式现代化全面推进中华民族伟大复兴,是党的二十大作出的重大论断,是党团结带领全国人民在社会主义现代化建设过程中的伟大创造。奋斗新时代新征程,必须全面把握党的二十大关于中国式现代化科学内涵的新论断,深刻认识中国式现代化对实现中华民族伟大复兴的重要意义,全面理解以中国式现代化全面推进中华民族伟大复兴的深远影响,坚定不移在中国式现代化道路上阔步前行!

第二节　中国式现代化:实现中华民族伟大复兴伟大梦想的新图景[①]

2023年2月7日,习近平在新进中央委员会的委员、候补委员和省部级主要领导干部学习贯彻习近平新时代中国特色社会主义思想和党的二十大精神研讨班开班式上发表重要讲话,指出"中国式现代化,打破了'现代化=西方化'的迷思,展现了现代化的另一幅图景。"[②]中国式现代化新图景给中国人民带来新憧憬。党的二十大报告指出:"在新中国成立特别是改革开放以来长期探索和实践基础上,经过十八大以来在理论和实践上的创新突破,我们党成功推进和拓展了中国式现代化。"[③]这一论述,突出中国共产党全面执政是历史起点的实践,揭示了中国式现代化实现创新突破的发展轨迹。从历史视野看,现代化的追求从近代中国发生第一次鸦片战争后就已经开始,经历19、20两个世纪延伸到21世纪,中国人民实现现代化的夙愿与实现中华民族伟大复兴的中国梦紧紧相连。从横跨三个世纪的时间维度考察中国社会的演进,党的二十大以中国式现代化理论和实践的系统阐述,为实现中华民族伟大复兴的中国梦展示了一幅宏伟壮观的新图景。

一、走出近代中国追求现代化的历史迷途

关于世界现代化进程起点的追溯学术界有不同的说法,比较普遍的观点以1640年英国资产阶级革命为开端,也有人认为18世纪60年代英国爆发的产业革命是现代化进程的起点。作为人类社会的革命性变革,现代化具有两个重大意义,一是成为世界历史划分的标识符号,现代化标志着人类从传统社会向近代社会的跨越。因此,在一段时间里,"现代化"与"近代化"两个概念往往等同使用。二是成为人类改变生活方式的依赖路径,现代化改变了人们的生存状态。因此,历史潮流的发展推动着世界各国把现代化作为普遍追求。

中国古代与近代的历史分期以1840年鸦片战争为界限,中国进入近代社会有两个基本特征,首先是卷入世界现代化大潮的形式被动性,其次是接触和感知现代化的内容主导性。就形式而言,近代中国是在闭关锁国大门被撞开后被迫去面对一个现实世界,

---

① 原文载于《当代世界与社会主义》2023年第2期,收入本书时标题和文字略有修改。
② 《正确理解和大力推进中国式现代化》,《人民日报》2023年2月8日。
③ 《中国共产党第二十次全国代表大会文件汇编》,人民出版社2022年版,第18页。

无奈地接受曾经的"天朝上国"已经幻灭的事实。就内容而言,鸦片战争后的中国人逐渐看到了与农业社会完全不同的工业文明,西方国家打败中国的武器"长技"首先成为中国人追求现代化的模板。

20世纪90年代我国研究现代化问题的著名学者罗荣渠指出:"中国走上通向现代化之路的大变革是由外力推动的",他把外力推动的现代化置于中国社会自身运动的过程中加以认识,强调中国现代化是"外因"与"内因"紧密联系而呈现"错综复杂的、多线性多方向的矛盾运动。"①这个见解是对"西方中心主义"的有力回应,对认识中国追求现代化的内生性动力富有深刻启迪。经历三个世纪的近现代中国社会,救亡图存、凤凰涅槃、民族复兴、由弱变强、繁荣昌盛的目标追求,融入中国现代化探索的历史全过程。实现中华民族伟大复兴的内生性动力,决定着中国现代化建设路径的方向寻找和道路选择。

与马克思主义认识论相符合,近代中国人认知现代化首先从感性层面开始。最早"睁开眼睛看世界"的林则徐、魏源、徐继畲等人,从西方的"船坚炮利"认识中国失败的原因,虽然具有直观感知的肤浅性,却把外国现代化一个侧面成果展示在中国人面前。先进的中国人先是从仿造兵舰、枪炮、弹药着手,接着引进铁路、机械、电缆和创办工厂企业、贸易机构、商业店铺,然后传播声光化电自然科学知识、君主立宪思想、开办新式学堂,直到移植总统制、议会制、多党制,近代中国人几乎把西方国家搞现代化的整套模式进行了尝试,结果都没有成功。历史实践一次次的失败遭遇并非偶然,近代中国先进人士孜孜不倦的现代化追求之所以陷入困境,根本原因在于没有找到正确的方向和道路。

中国近代历史文献中,民主革命先行者孙中山先生的《建国方略》堪称中国现代化探索最具代表性的经典,"被称为近代中国谋求现代化的第一份蓝图"②。《建国方略》由《心理建设(孙文学说)》《物质建设(实业计划)》《社会建设(民权初步)》三篇长文构成,写于1917年至1919年间。孙中山先生在自序中指出,此方略"规定之种种建设宏模,则必能乘时一跃而登中国于富强之域,跻斯民于安乐之天也","以我五千年文明优秀之民族,应世界之潮流,而建设一政治最修明、人民最安乐之国家"。③《物质建设》提出六大实业计划,包括海港、铁路、矿产、商埠、渔业、船业、印刷业、制造业等等,都有极其详细的布局设计和建设谋划。后人为孙中山这样一个伟大革命家竟然创作出如此周详细密、精致入微、面面俱到的中国现代化建设图景感到惊叹。《建国方略》中的谋划虽然在当时的中国

① 罗荣渠:《现代化新论》,北京大学出版社1993年版,第239—240页。
② 《习近平谈治国理政》第四卷,外文出版社2022年版,第151页。
③ 《孙中山选集》上,人民出版社2011年版,第121、123页。

没有现实可行性,但决不是空想。在中国共产党领导下,孙中山先生当年描绘的图景大多成为现实,当今中国工业化场景和现代化设施的先进水平,已经大大超越了《建国方略》的愿景范围、建设水平和发展程度。

时光荏苒,沧海桑田。"一百年前,中华民族呈现在世界面前的是一派衰败凋零的景象。今天,中华民族向世界展现的是一派欣欣向荣的气象,正以不可阻挡的步伐迈向伟大复兴。"[①]近代中国追求现代化从历史迷途中摆脱出来,缘由中国共产党诞生这件"开天辟地的大事变"。经历了救亡图存失败的挫折后,探索中国现代化道路的重任,历史地落在了中国共产党身上。党团结带领人民取得了中国革命的胜利,为进行现代化建设创造了前提条件。1949年中华人民共和国成立,向世界宣告中华民族任人宰割、饱受欺凌的时代彻底结束了,中国发展从此开启了新纪元,中国人民在中国共产党领导下昂首迈进现代化建设的新历程。

二、社会主义道路选择与现代化探索的方向转变

习近平指出:"实现中华民族伟大复兴,道路是最根本的问题。中国特色社会主义是实现中华民族伟大复兴的唯一正确道路。"[②]从近现代中国和中国人民前途命运发生根本扭转的历史事实看,找到正确方向和道路对现代化建设取得重大成就起到了决定性作用。

犹如胎儿初生到学会走路必然有个过程那样,近代中国的现代化起步发生摔跤跌倒、致伤受痛的情况在历史情理之中。中国共产党成立之前爱国仁人志士追求现代化实践的探索失败,错不在他们尝试的方案本身,而是方向没有找对,道路不适合中国。客观地说,鸦片战争后中国在半殖民地半封建社会不断沉沦中不是一点也没有进步,洋务运动时期中国一些企业在当时的亚洲还居于先进水平,近代中国现代化早期探索的成绩不容抹煞。但是,中华民族始终摆脱不了遭受外国侵略的耻辱局面,中国人民长期挣扎于水深火热的凄惨处境,使所有追求现代化的早期努力丧失了实质性的意义。1919年五四运动后,随着马克思主义在中国的广泛传播和中国共产党的诞生,中国革命以焕然一新的面貌迎来中国现代化探索的方向改变和道路转换。如果我们把之前80余年追求现代化的早期探索视为一个试错过程的话,那么中国共产党领导现代化一步步前进的历史过程就是一个拨正过程。这样一个拨正过程虽然也难以避免在探索中遭遇一些挫折,但由于始终坚定不移坚持正确方向和正确道路,中国现代化建设进程上不断从胜利走向胜

---

①《习近平谈治国理政》第四卷,外文出版社2022年版,第15页。

② 习近平:《在纪念辛亥革命110周年大会上的讲话》,人民出版社2021年版,第7页。

利就有了根本保证。

中国共产党成立后为自己确立的奋斗任务不是聚焦现代化，而是以完成革命破坏旧世界。反对帝国主义、封建主义、官僚资本主义是党的主要任务。近代中国明确提出彻底反帝反封建纲领的是中国共产党，这个革命纲领旨在从根本上祛除中国现代化建设最大的障碍。中共二大发表的宣言中明确指出："帝国主义的列强历来侵略中国的进程，最足表现世界资本的帝国主义的本相"，各个资本主义的列强对中国"垂涎不止：你争我夺，都想夺得最优越的权利"，"帝国主义的列强既然在中国政治经济上具有支配的实力，因此中国一切重要的政治经济，没有不是受他们操纵的。"①1924年9月，中国共产党发表对时局宣言中指出："我们早已看透了中国的病根是由于帝国主义的列强之剥削操纵以及国内军阀之扰乱，非人民起来以革命的手段，外而反抗列强，内而解除军阀之政权及武装，别的方法都是药不对症，白费力气。"②这样的认识表明，中国共产党成立后不是不想搞现代化建设，而是国情不具备条件。毛泽东深刻揭示了这个道理："在一个半殖民地的、半封建的、分裂的中国里，要想发展工业，建设国防，福利人民，求得国家的富强，多少年来多少人做过这种梦，但是一概幻灭了"，"在国民党政府统治之下，一切依赖外国，它的财政经济政策是破坏人民的一切经济生活的"，"没有一个独立、自由、民主和统一的中国，不可能发展工业。"③这些论述表达了非常明确的结论：进行现代化建设的前提是推翻帝国主义、封建主义、官僚资本主义的统治。

中国共产党在领导革命实践中就有现代化的目标诉求，集中的表述就是把落后的农业国转变成为先进的工业国。毛泽东在七届二中全会上作报告指出，我们已经进行了广泛的经济建设工作，中国现代性的工业比重很低，"这是旧中国半殖民地半封建社会性质在经济上的表现，这也是在中国革命的时期内和在革命胜利以后一个相当长的时期内一切问题的基本出发点"，我们将通过努力奋斗取得"使我们的农业和手工业逐步向着现代化发展的可能性。"④这样论述近代中国历史，既表明中国共产党追求现代化的志向，又展现推动现代化的担当。客观事实是，新中国成立之前执掌政权的是蒋介石为首的国民党，这个最后走向垮台的政府为维持住自己的统治，一方面把中国共产党作为对手长期实行"剿共"政策，另一方面又受地方军阀势力割据一方的内部矛盾掣肘，再加上日本帝

---

　　①《建党以来重要文献选编（一九二一——一九四九）》第1册，中央文献出版社2011年版，第122、128页。

　　②《建党以来重要文献选编（一九二一——一九四九）》第2册，中央文献出版社2011年版，第109页。

　　③《毛泽东选集》第3卷，人民出版社1991年版，第1080页。

　　④《毛泽东选集》第4卷，人民出版社1991年版，第1430页。

国主义发动侵华战争等历史因素,使其根本无暇和无力顾及现代化建设。半殖民地半封建社会条件下,中国社会中虽然不失现代化的意愿倾诉和志向表达,许多理论研究者关切中国现代化问题,20世纪30年代初以上海《申报月刊》为主在思想界进行过一场关于现代化问题的讨论,但也只是纸上谈兵而已,没有实际意义和现实价值。从近代中国发展进程看,中国共产党坚持以马克思主义为指导,明确以领导革命取得胜利走社会主义发展道路,是扭转中国现代化建设方向的重大成果。以毛泽东同志为主要代表的中国共产党人形成的深刻认识和所进行的努力,引领中国现代化建设走上一条正确的道路。

习近平指出:"历史发展、文明繁盛、人类进步,从来离不开思想引领。"[1]思想指明方向,方向决定道路,道路决定命运。自中国共产党成立起高举马克思主义的思想旗帜,中国前进的方向和道路就与社会主义紧紧连在一起,这对中国现代化发展的走向产生决定性作用。从先是独立自主、自力更生搞社会主义建设,到照搬苏联模式遭遇挫折,再到解放思想开创中国特色社会主义,党团结带领人民在坚持社会主义方向下探索现代化建设道路,在开创中国特色社会主义事业中端正现代化建设方向,收获了属于自己的可喜成就。"新中国成立70年来,中国发生了翻天覆地的变化,其根本原因在于我们找到了一条符合中国国情、顺应时代潮流、得到人民群众拥护支持的正确道路,这就是中国特色社会主义。今天,中国人民充满高度自信,将坚定不移沿着这条道路走下去。"[2]党的百年奋斗重大成就证明,中国现代化道路在正确方向引领下越走越亮堂,始终坚持正确方向才能不走老路、邪路,才能保证不走弯路、偏路。

三、新中国成立以来现代化建设的前进轨迹

1949年10月,中华人民共和国成立,"这一伟大事件,彻底改变了近代以后一百多年中国积贫积弱、受人欺凌的悲惨命运,中华民族走上了实现伟大复兴的壮阔道路。"[3]在中国共产党领导下,现代化建设循序发展的奋斗实践,在各个历史时期结出了丰硕的成果。

社会主义革命和建设时期,党团结带领人民自力更生、发愤图强,展现了奋斗现代化的崭新面貌。党中央立志发挥社会主义制度优势,尽快改变中国一穷二白的落后面貌,追上和赶超资本主义发达国家。毛泽东指出:"我们的目标是要使我国比现在大为发展,大为富,大为强","我国人民应该有一个远大的规划,要在几十年内,努力改变我国在经

---

①《习近平外交演讲集》第二卷,中央文献出版社2022年版,第178页。
②《习近平会见出席2019年"创新经济论坛"外方代表》,人民网,2019年11月22日。
③《十九大以来重要文献选编》中,中央文献出版社2021年版,第223页。

济上和科学文化上的落后状况,迅速达到世界上的先进水平。"①1954年9月15日,毛泽东在第一届全国人民代表大会第一次会议上致开幕词提出:"将我们现在这样一个经济上文化上落后的国家,建设成为一个工业化的具有高度现代文化程度的伟大的国家。"②1964年底至1965年初召开第三届全国人民代表大会,党中央正式提出把我国建设成为一个具有现代农业、现代工业、现代国防和现代化科学技术的社会主义强国,确立了"四个现代化"奋斗目标。这个历史时期,推进现代化建设取得的成就集中表现在两个方面。其一,通过完成从新民主主义向社会主义转变,确立了社会主义制度,为当代中国发展进步奠定了根本政治前提和制度基础。其二,通过把国家建设引上有计划发展的轨道,建立起独立的比较完整的工业体系和国民经济体系,农业生产条件显著改变,推动教育、科学、文化、卫生、体育事业得到很大发展。"我们现在赖以进行现代化建设的物质技术基础,很大一部分是这个期间建设起来的"③,开创中国特色社会主义事业建立在这个基础上。

改革开放和社会主义现代化建设新时期,党团结带领人民解放思想、锐意进取,为现代化建设开创了中国特色社会主义新道路。在坚决实现党和国家工作中心转移到经济建设上来的过程中,邓小平从一开始就把实施改革开放与推进现代化建设紧密相联系,强调"决心把实现四个现代化,发展自己作为压倒一切的任务"④。改革开放的深入发展推进了各领域形成历史性的深刻转变,闯出了现代化建设的一片新天地。"为了加快推进社会主义现代化,党领导人民进行经济建设、政治建设、文化建设、社会建设,取得一系列重大成就。"⑤从党的十二大到十八大,现代化建设成就显著,集中体现在以下几个方面。其一,开创、推进、坚持和发展中国特色社会主义,以理论创新引领事业发展,在社会各种思潮交融冲撞博弈的复杂局面下,牢牢把握社会主义方向,为解决现代化建设的根本问题提供思想和行动遵循。其二,把建设"小康社会"作为现代化建设的现实方案,制定了到21世纪中叶分三步走、基本实现社会主义现代化的发展战略,出台一系列步骤性的实践举措,保证现代化建设扎实推进。其三,在促进经济腾飞中保持稳定、高速、持续发展,国家综合国力大幅度提升,2010年我国经济总量跃居世界第二位。人民生活得到极大改善,实现了从温饱不足到总体小康、奔向全面小康的历史性跨越。党团结带领人民创

---

① 《毛泽东年谱(一九四九——一九七六)》第2卷,中央文献出版社2013年版,第459、520页。
② 《毛泽东文集》第6卷,人民出版社1999年版,第350页。
③ 《三中全会以来重要文献选编》下,人民出版社1982年版,第804页。
④ 《邓小平年谱》第5卷,中央文献出版社2020年版,第409页。
⑤ 《中共中央关于党的百年奋斗重大成就和历史经验的决议》,人民出版社2021年版,第19页。

造出改革开放和社会主义现代化的伟大成就举世瞩目,中华民族迎来了从站起来到富起来的伟大飞跃。

中国特色社会主义新时代,党团结带领人民自信自强、守正创新,成功走出中国式现代化新道路。党的十八大以来,习近平对关系新时代党和国家事业发展的一系列重大问题进行深邃思考,作出科学判断,提出创新理论,引领党和国家事业取得历史性成就、发生历史性变革。党的二十大报告从十六个方面对新时代十年伟大变革取得的重大成就作出的总结,呈现了一幅现代化建设全方位铺开、各领域推进的创新实践图景。概括起来说,新时代的现代化建设创新发展集中体现在以下五个方面。第一,孕育诞生了习近平新时代中国特色社会主义思想,这个新思想实现了马克思主义中国化新的飞跃,为推动现代化建设创新发展提供了坚定信仰信念、把握历史主动的强大思想武器。第二,统筹中华民族伟大复兴战略全局和世界百年未有之大变局,统揽伟大斗争、伟大工程、伟大事业、伟大梦想,部署"五位一体"总体布局和推进"四个全面"战略布局,形成新时代现代化建设崭新的发展格局。第三,坚定"四个自信"和历史自信,既不走封闭僵化的老路,也不走改旗易帜的邪路,这是党和人民成功推进和拓展中国式现代化的强大政治定力。新时代十年尤其是十九大以来的五年,党和人民深切感受到发展环境的极不寻常,来自政治、经济、意识形态、自然界等方面的风险挑战考验前所未有,推进现代化建设的难度也历史罕见。正是在这样的环境下,党领导人民创造了全面建成小康社会、打赢脱贫攻坚战的非凡成就。坚定中国特色社会主义道路、理论、制度、文化自信,坚定历史自信,为新时代开创现代化建设崭新局面提供了精神支持。第四,以大踏步赶上时代的前进步伐,为推动世界现代化发展作出了重大贡献。"中国始终坚持维护世界和平、促进共同发展的外交政策宗旨,致力于推动构建人类命运共同体。"[①]党中央推动构建新型国际关系,坚定奉行互利共赢的开放战略,践行共商共建共享的全球治理观,推动建设一个持久和平、普遍安全、共同繁荣、开放包容、清洁美丽的世界。第五。在全球政治动荡、经济不景气、思想杂乱的世界发展低迷历史背景下,书写了经济快速发展和社会长期稳定两大奇迹新篇章。新时代十年伟大实践中两个五年的数据很能说明问题。2012年至2017年的第一个五年,国民生产总值从54万亿元增长到82.7万亿元,增长28.7万亿元。2017年至2022年的第二个五年,国民生产总值在2017年的基础上预计达到超过120万亿元的水平,增长幅度超过38万亿元。我国经济发展平衡性、协调性、可持续性表现出强大的韧劲,新时代的中华民族迎来了从站起来、富起来到强起来的伟大飞跃。

[①]《中国共产党第二十次全国代表大会文件汇编》,人民出版社2022年版,第50页。

　　以上只是对新中国成立以来中国现代化建设发展作一个粗线条的勾勒,无疑难以反映全貌。2021年11月,党的十九届六中全会审议通过第三个历史决议作出党的百年奋斗宏大叙事,为认识中国现代化步步深入的发展轨迹提供了一部权威文献。党的百年奋斗重大成就证明了一个事实:我国用短短几十年的时间走过了西方发达国家几百年的工业化历程;党的百年奋斗历史经验告诉了一个道理:中国共产党是中国现代化的核心领导力量;党的百年奋斗发展历程显示了一个结论:"我们走过弯路,也遭遇过一些意想不到的困难和挫折,但建设社会主义现代化国家的意志和决心始终没有动摇。"①中国共产党没有辜负历史,没有辜负人民,交出了一份不断推进现代化建设的出色答卷。

四、党的二十大关于中国式现代化理论体系的建构

　　党的二十大报告对中国式现代化作出全面、系统的论述,初步构建起的中国式现代化理论体系,标志着中国共产党人认知现代化的最新成果。这一成果是习近平新时代中国特色社会主义思想进一步丰富和创新发展的理论结晶,建立在新时代十年伟大变革尤其是十九大以来创造历史性成就的基础上,为新时代新征程砥砺奋进提供了思想指南和行动纲领。

　　明确中国式现代化的含义,是构建理论体系首先要解决的重要问题。"中国式现代化,是中国共产党领导的社会主义现代化,既有各国现代化的共同特征,更有基于自己国情的中国特色。"②这三句话是一个整体,不能分割开来机械理解。第一句话构成前提,第二句话揭示普遍性,第三句话强调特色。用这三句话作出中国式现代化的含义诠释,既彰显了中国式现代化与世界上既有现代化模式的属性区别,又表明中国式现代化遵循世界现代化普遍规律的特征相通。强调基于自己国情的中国特色,不等于排斥现代化的普遍性,坚持中国特色并不意味着中国现代化违背客观规律另搞一套。别中有同,同中有别,中国式现代化体现普遍性与特殊性相统一的辩证机理。条条大路通罗马,中国共产党团结带领人民成功推进和拓展中国式现代化的实践表明,现代化建设决不可能走雷同的道路。"世界上既不存在定于一尊的现代化模式,也不存在放之四海而皆准的现代化标准。"③中国式现代化是创造人类文明新形态的伟大壮举,只有在坚持自身特色的同时体现各国现代化的共同特征,才能为人类实现现代化提供全新的选择。

　　揭示中国式现代化的特色,是构建理论体系的基本内容构成。党的二十大报告集中

---

　　①《习近平谈治国理政》第四卷,外文出版社2022年版,第153页。
　　②《中国共产党第二十次全国代表大会文件汇编》,人民出版社2022年版,第18页。
　　③《习近平谈治国理政》第四卷,外文出版社2022年版,第123页。

论述了中国式现代化的五大特色,第一个特色人口规模巨大突出中国式现代化的整体性,表明"我国14亿人口要整体迈入现代化社会,其规模超过现有发达国家的总和,将彻底改写现代化的世界版图",[①]它的重大意义在于将使全世界过上幸福生活的人数大幅度增长。第二个特色全体人民共同富裕彰显中国式现代化的覆盖性,表明现代化不是少数人或特定群体享有的专利品,它的重大意义在于使每个中国人都过上好日子,以中国式现代化为人民创造更加美好的生活。第三个特色物质文明和精神文明相协调突出中国式现代化的全面性,表明现代化不滞于物质的全面丰富,更表现人的全面发展,它的重大意义在于超越了长期以来把现代化局限于物质和技术层面的狭隘认知,体现中国式现代化建设多面相的立体性。第四个特色人与自然和谐共生突出中国式现代化发展的永续性,表明中国式现代化保护资源环境的友好态度,它的重大意义在于避免既有现代化发展出现的弊端,推动建设清洁美丽的世界。第五个特色走和平发展道路突出中国式现代化的共赢性,表明现代化不能通过战争、殖民、掠夺等方式去实现,它的重大意义在于以中国式现代化造福全人类,维护世界和平发展,促进全球公平正义。

提出中国式现代化的本质要求,是构建理论体系的指导原则。党的二十大报告首次概括提出了九个方面的中国式现代化本质要求:坚持中国共产党领导,坚持中国特色社会主义,实现高质量发展,发展全过程人民民主,丰富人民精神世界,实现全体人民共同富裕,促进人与自然和谐共生,推动构建人类命运共同体,创造人类文明新形态。"这个概括是党深刻总结我国和世界其他国家现代化建设的历史经验,对我国这样一个东方大国如何加快实现现代化在认识上不断深入、战略上不断成熟、实践上不断丰富而形成的思想理论结晶。"[②]中国式现代化的本质要求具有鲜明特征。首先,体现中国式现代化含义的内在要求,把必须坚持的前提条件、各国现代化共同特征的普遍性、基于自己国情的特殊性辩证相统一,形成中国式现代化的根本遵循。其次,包含中国式现代化五大特色的综合内容,把经济、政治、社会、文化、生态文明建设内在相结合,形成中国式现代化的建设的使命任务。最后,表达中国式现代化的世界担当,把发展中国与构建人类命运共同体、创造人类文明新形态有机相联系,形成中国式现代化为世界作贡献的行动准则。中国式现代化的本质要求贯彻党的性质宗旨,坚持以人民为中心的发展思想,顺应时代潮流,把握历史大势,切合世界期待,符合客观规律,代表着人类社会的前进方向。

习近平指出:"党的二十大报告对中国式现代化作出深刻阐释,包括中国特色、本质

①《习近平谈治国理政》第四卷,外文出版社2022年版,第123页。

② 习近平:《为实现党的二十大确定的目标任务而团结奋斗》,《求是》2023年第1期。

要求和必须牢牢把握的重大原则","要深刻理解中国式现代化是基于中国国情、中国现实的重大理论创新,体现了我国现代化发展方向,是对全球现代化理论的重大创新",①"中国式现代化蕴含的独特世界观、价值观、历史观、文明观、民主观、生态观等及其伟大实践,是对世界现代化理论和实践的重大创新。中国式现代化为广大发展中国家独立自主迈向现代化树立了典范,为其提供了全新选择。"②党的二十大构建的中国式现代化理论体系,以完整的架构和丰富的内涵,向全党全国各族人民送上了一份厚重的礼物,它不仅给中国擘画了璀璨的前景,而且也为世界点燃了希望的火把。人类社会发展的进程伴随现代化认知不断深化的过程,从单向思维拓展为多维考量,从平面发展到立体呈现,从局部建设延伸至全局铺展,成为现代化知识体系丰富发展的趋势。党的二十大关于中国式现代化的理论阐述,为世人认知现代化提供了一个全新的样本,为全球现代化理论提供了全新的财富,为世界共享人类文明创造性经验提供了一个全新的路径。

五、以中国式现代化全面推进中华民族伟大复兴

中华民族命运多舛,其历史遭遇为世界各国其他民族所罕见。从1840年至1949年的百余年里,中国人民是在令人窒息的社会环境下熬过来的,山河破碎,国无宁日,百姓流离失所,人民挣扎在水深火热之中。帝国主义列强在中国这片土地上横行霸道,中华民族被视为"东亚病夫"受到歧视,尤其是"南京大屠杀"中侵华日军残暴杀戮30万中国同胞的血案,中国人民刻骨铭记。在与悲惨命运抗争中,中国人民始终存有实现民族复兴的心愿和情结。党的二十大提出"以中国式现代化全面推进中华民族伟大复兴",昭示的前景振奋党心民心。

历史表明,中国人民看到自己前途命运的光明,坚定不懈奋斗的自信,充满勇往直前的底气,以党史、新中国史、改革开放史和新时代伟大变革为历史底蕴。邓小平曾指出:"中国人脸上开始有光彩是什么时候?是新中国成立以后。"③从中华人民共和国建立起,党团结带领中国人民发扬革命传统,以敢叫日月换新天的勇气和精神,知难而进,迎难而上,克服各种困难,顶住各种压力,战胜各种风险挑战,在现代化建设道路上昂首迈进,中华大地发生沧海桑田的巨变让世界对中国人民和中华民族刮目相看。经过长期努力,中华民族伟大复兴进入不可逆转的历史进程,成为新时代新征程我国发展新的历史方位,任何人任何势力企图阻挡、扰乱、破坏中华民族伟大复兴向着胜利方向发展,都不

---

① 习近平:《在二十届中央政治局第一次集体学习时的讲话》,《求是》2023年第2期。

② 《正确理解和大力推进中国式现代化》,《人民日报》2023年2月8日。

③ 《邓小平年谱》第5卷,中央文献出版社2020年版,第487页。

可能得逞。

从思想发展逻辑看，在鸦片战争以来中国人民长期奋斗实践中，许多先进人士事实上都把现代化追求与民族复兴相联系，但缺乏明确的思想揭示。中国共产党自诞生之日起就义无反顾肩负起历史使命，把实现中华民族伟大复兴作为百年实践的主题，团结带领人民进行的一切奋斗、牺牲、创造都体现为现代化建设的成效。党的十八大以来，习近平以"中国梦"的重大概念阐述中国人民和中华民族的长期夙愿，揭示"实现国家富强、民族振兴、人民幸福"的基本内涵，形成实现中华民族伟大复兴的形象表达，成为凝聚起全体人民共同奋斗磅礴力量的最大公约数。新时代十年里，习近平关于中国梦作出的重要论述内容十分丰富，其中一个鲜明特点就是把建设社会主义现代化强国与实现中华民族伟大复兴紧密联系在一起。

2020年10月29日，习近平总书记在党的十九届五中全会第二次全会上发表讲话指出："我国要坚定不移推进中国式现代化，以中国式现代化推进中华民族伟大复兴，不断为人类作出新的更大贡献。"[①]党的十九届六中全会审议通过的历史决议中，把这个论断作为阐释习近平新时代中国特色社会主义思想的重要观点。党的二十大进一步把"全面建成社会主义现代化强国""全面推进中华民族伟大复兴"与"中国式现代化"三个关键词内在地融合在一起，在新时代新征程党的中心任务揭示中得到集中体现，为实现中华民族伟大复兴的第二个百年奋斗目标描绘了一幅新图景。实现中华民族伟大复兴以中国式现代化全面推进，中国式现代化承载着中国人民生活更加美好的憧憬。实现高质量发展丰裕人民物质生活，发展全过程人民民主促进社会公平正义，丰富人民精神世界推动文化繁荣发展，实现全体人民共同富裕推动中国人民整体迈入现代化社会，加强生态文明建设创造清洁美丽的环境。这样一幅新图景使实现中华民族伟大复兴的中国梦内涵更加充实、清晰、具体、生动和可感可行。

习近平指出："新征程是充满光荣和梦想的远征。蓝图已经绘就，号角已经吹响。我们要踔厉奋发、勇毅前行，努力创造更加灿烂的明天。"[②]从理论上说，党的二十大以"从现在起"明确党的中心任务，就是用"以中国式现代化全面推进中华民族伟大复兴"作为话语标识，揭示新时代新征程的含义，在经历新时代十年伟大变革后，向全党全国各族人民吹响了砥砺奋进的集结号。习近平总书记反复强调，实现中华民族伟大复兴不是轻轻松松、敲锣打鼓就可以完成的，告诫大家必须深刻认识这项事业的长期性和艰巨性。这

---

① 《习近平谈治国理政》第四卷，外文出版社2022年版，第124页。

② 习近平：《在二十届中央政治局常委同中外记者见面时的讲话》，《求是》2022年第22期。

对认识中国式现代化是同样的道理。党和人民研究成功推进和拓展了中国式现代化,这是通过党的十八大以来在理论和实践上的创新突破已经成为事实性结论。然而,实现中国式现代化是一个过程,还有很多未尽任务需要完成,还有很多缺口需要去弥补,更有很多风险挑战需要去应对。走好充满光荣和梦想的远征之路,任重道远。

首先,坚持用习近平新时代中国特色社会主义思想凝心铸魂,领导全党全国各族人民团结一心、众志成城共创历史伟业。实现中华民族伟大复兴是全体中国人民的共同心愿,在一个14亿多人口规模的大国实现中国式现代化的创举,深刻性并不在数量意义上,而在于团结奋斗的力量彰显。人多力量大,但如果思想不统一、行动不一致,各想各的、各干其事,人的数量优势很有可能变为劣势,一盘散沙是建不成社会主义现代化强国的。习近平新时代中国特色社会主义思想,着眼解决全面深化改革和社会主义现代化建设的实际问题,"不断回答中国之问、世界之问、人民之问、时代之问,作出符合中国实际和时代要求的正确回答,得出符合客观规律的科学认识,形成与时俱进的理论成果,更好指导中国实践"①。用理论创新成果凝心铸魂,必须深刻领悟"两个确立"的决定性意义,增强"四个意识",坚定"四个自信",做到"两个维护",把握好习近平新时代中国特色社会主义思想的世界观和方法论,坚持好、运用好贯穿其中的立场观点方法,把以中国式现代化全面推进中华民族伟大复兴的全部实践,统一到以习近平同志为核心的党中央提出的使命任务和重大创新理论上来,把党的二十大作出的科学谋划和战略部署不折不扣地加以落实。

其次,增强全方位建设现代化的思想和实践的自觉,把党的二十大构建的中国式现代化理论贯彻执行到位。建成社会主义现代化强国、推进中华民族伟大复兴的"全面"内在地要求中国式现代化的"全面"。中国式现代化已经呈现的五大特色是在新时代伟大变革中日益彰显出来的,是中国特色社会主义"五位一体"总体布局统筹推进的结果,是党中央统揽伟大斗争、伟大工程、伟大事业、伟大梦想"四个全面"战略布局的体现。中国式现代化五大特色的彰显还存在不平衡的问题,比如着力促进全体人民共同富裕、促进物的全面丰富和人的全面发展、坚持人与自然和谐共生实现中华民族永续发展,都还面临着艰巨的任务,任何一个方面处理不好,就会影响中国式现代化健康发展。全方位推进现代化建设,必须把坚持中国式现代化的本质要求与发展中国式现代化五大特色相结合,实现全面拓展中国式现代化同全面建成社会主义现代化强国、全面推进中华民族伟大复兴的辩证统一。

---

① 《中国共产党第二十次全国代表大会文件汇编》,人民出版社2022年版,第15页。

　　再次,牢牢把握战略定力,不断提高拓展中国式现代化的广度和深度的实践本领。提出以中国式现代化全面推进中华民族伟大复兴,形成肩负全面领导和长期执政使命的中国共产党提高本领的新聚焦。习近平经常说,现在我们距离实现中华民族伟大复兴的目标越来越近,能力越来越强。事实完全如此,但越是这样越不能有丝毫松懈。党中央反复强调党面临的"四种危险",其中之一就是"能力不足危险",党的十九大提出新时代党的建设总要求,作出的新部署中专门强调"全面增强执政本领",并概括八个方面的本领,提出了具体任务。继续推进和拓展中国式现代化,必须清醒认识到现实中很多方面的能力与党中央的要求还存在一定的差距。迈进新征程、建功新时代,必须对"国之大者"心中有数,"关注党中央在关心什么、强调什么,深刻领会什么是党和国家最重要的利益、什么是最需要坚定维护的立场",[①]从而在错综复杂的国内外形势中确保以坚定的战略定力,把进行伟大斗争的能力与提高中国式现代化建设本领相结合,在应对和战胜许多不可预测不能确定的变数中确保中国特色社会主义巍巍巨轮行稳致远。

　　最后,必须把党建设得更加坚强有力,为完成党肩负的新时代新征程历史使命任务提供有力保证。"全面建设社会主义现代化国家、全面推进中华民族伟大复兴,关键在党。"[②]党的二十大在坚持党的十九大关于新时代党的建设总体要求的基础上,从七个方面对新时代党的建设新的伟大工程作出重点部署,体现全面建成社会主义现代化强国、以中国式现代化全面推进中华民族伟大复兴的新要求。尤其是提出"必须时刻保持解决大党独有难题的清醒和坚定"新任务,体现了党中央居安思危的清醒头脑,告诫全党牢固树立忧患意识,增强立党兴党强党的使命感和责任感。习近平多次说我们是世界上最大的马克思主义政党,大要有大的样子,大也有大难处,强调从严管好我们这样一个巨大规模的政党很不容易。以这些思想为指导,用"解决大党独有难题"的要求提出时刻保持清醒和坚定的新任务,是对以中国式现代化全面推进中华民族伟大复兴新使命任务的回应。奋斗新时代新征程,必须坚持党的全面领导,牢记"三个务必",弘扬伟大建党精神,深入研究大党独有难题有哪些、怎样保持清醒和坚定,把全面从严治党永远在路上与党的自我革命永远在路上紧密结合,以党的自我革命引领社会革命。

　　习近平指出:"在人类文明发展史上,除了中国特色社会主义制度和国家治理体系外,没有任何一种国家制度和国家治理体系能够在这样短的历史时期内创造出我国取得

①《习近平谈治国理政》第四卷,外文出版社2022年版,第39页。
②《中国共产党第二十次全国代表大会文件汇编》,人民出版社2022年版,第52页。

的经济快速发展、社会长期稳定这样的奇迹。"[1]中国共产党团结带领人民成功走出中国式现代化道路,彰显中国特色社会主义制度和国家治理体系的发展优势。党的二十大以中国式现代化的重大理论创新,为实现中华民族伟大复兴描绘了一幅新图景,中国式现代化历史伟业的创造与中华民族伟大复兴梦想的实现相连接,新时代新征程的奋斗目标敞亮了中国人民的前途。在中国共产党全面领导下,以中国式现代化创造更加美好未来的路必将越走越踏实,越走越有底气,越走越胜券在握。

第三节　中国式现代化四个维度的理论解读[2]

党的二十大擘画了全面建设社会主义现代化国家、以中国式现代化全面推进中华民族伟大复兴的宏伟蓝图,吹响了奋进新征程的时代号角。从1921年党的一大到2022年党的二十大,光阴穿梭百年,历史在把中国带进一个新天地的同时,推动中国共产党认知现代化进入新境界。党的二十大构建的中国式现代化理论体系和形成的创新成果,为人类文明发展创造了一笔宝贵的财富。认识中国式现代化,不仅要知其然,更要知其所以然。本节拟从中国式现代化的认知积累、自信来源、底气所在、世界取向等四个维度,把握党的二十大擘画中国式现代化的思想意蕴,以期加深认识全面建设社会主义现代化国家、以中国式现代化全面推进中华民族伟大复兴奋斗目标的历史厚度和世界意义。

一、中国式现代化的认知积累

任何重大理论命题都是具体的、历史的、现实的,党的二十大论述中国式现代化的理论创新成果建立在近现代中国长期探索的基础上,积淀着中国人民孜孜不倦奋斗的智慧,是中华民族奋勇前进历史的结晶。把中国式现代化的现实认知置于大历史观下进行审视,党的二十大形成的重大创新成果不是无源之水、无本之木。

近代中国人接触到现代化始于1840年爆发的鸦片战争,这场导致中国命运骤变的战争将灾难降临到中国人民头上,中华民族由此经历了长达100多年半殖民地半封建社会落后挨打的耻辱历史。鸦片战争中国的失败从本质上说是两种不同社会制度较量的必然结果,战败之后一些先进的中国人提出"师夷长技以制夷",主张睁开眼睛看世界,正是中国感知西方近代文明的发端。从震惊于列强的"船坚炮利"到兴起洋务运动,中国人

---

① 《十九大以来重要文献选编》中,中央文献出版社2021年版,第305页。
② 原文载于《江汉论坛》2023年第2期,收入本书时文字略有修改。

认知现代化聚焦于英国产业革命的物态化成果上,亦步亦趋地把西方现代化走的路拿到中国尝试了一遍,结果都夭折了。虽然后来辛亥革命结束了在中国延续几千年的封建君主专制制度,但这个非常有限的政治成果没有为中国现代化开辟出一条新的道路,中国人民依然挣扎于半殖民地半封建社会的深渊之中。

在很长时期里,现代化局限于工业化的认知,实业救国成为先进中国人救亡图存的普遍主张。这符合现代化生成的初始规律,"广义的现代化主要是指自工业革命以来现代生产力导致社会生产方式的大变革,引起世界经济加速发展和社会适应性变化的大趋势。"①中国共产党成立后就对中国国情有明确的认识,"中国经过了几千年的封建政治,人民生活基础自来都建设在农业经济上面","又因现尚停留在半原始的家庭农业和手工业的经济基础上面,工业资本主义化的时期还是很远"②。在领导中国革命的历史实践中,中国共产党鲜明地表达了对现代化的诉求。毛泽东在论述新民主主义经济时明确指出,中国"决不能建立欧美式的资本主义社会"③。1945年党的七大上毛泽东指出,"就整个来说,没有一个独立、自由、民主和统一的中国,不可能发展工业"④。"在新民主主义的政治条件获得之后,中国人民及其政府必须采取切实的步骤,在若干年内逐步地建立重工业和轻工业,使中国由农业国变为工业国。"⑤1949年党的七届二中全会上,毛泽东提出了为取得"使我们的农业和手工业逐步地向着现代化发展的可能性"而努力奋斗的要求。⑥以工业化为目标是革命战争环境下中国共产党追求现代化的最初表达。

新中国的成立为党领导现代化建设创造了条件,奠定了基础。在确立起社会主义制度后,经济建设被纳入有计划的轨道。在社会主义革命和建设时期,党中央表达了推进现代化的强烈诉求,而且追赶的目标定得很高。毛泽东说:"我们的目标是要赶上美国,并且要超过美国","中国是一个大国,但是现在还是不富不强,希望经过各族人民的共同努力,在几个五年计划之后,变成一个又富又强的国家。"⑦1957年底,毛泽东提出了15年赶超英国的要求,主要任务是在钢铁等主要工业产品产量上超过英国。20世纪60年代初党中央提出在世纪末实现"四个现代化"的奋斗目标,内容为农业、工业、国防和科学技

① 罗荣渠:《现代化新论》,北京大学出版社1993年版,第95页。

② 《建党以来重要文献选编(一九二一——一九四九)》第1册,中央文献出版社2011年版,第88、128页。

③ 《毛泽东选集》第2卷,人民出版社1991年版,第679页。

④ 《毛泽东选集》第3卷,人民出版社1991年版,第1080页。

⑤ 《毛泽东选集》第3卷,人民出版社1991年版,第1081页。

⑥ 《毛泽东选集》第4卷,人民出版社1991年版,第1430页。

⑦ 《毛泽东年谱(一九四九——一九七六)》第2卷,中央文献出版社2013年版,第460、472页。

术的现代化。在当时经济文化条件尚很落后的情况下,提出这些任务和目标表现了党和人民的雄心壮志,由此展开的中国现代化建设取得了长足的进步。

党的十一届三中全会后,因为"左"倾错误而中断的现代化建设进程伴随改革开放决策的实施得以恢复,邓小平重申"四个现代化"目标,要求全党全国人民为之奋斗。由于错失了20多年的发展机遇,党中央清醒地认识到中国与世界上发达国家差距很大,对20世纪末的现代化奋斗目标作出了调整。改革开放之初,邓小平首先用小康来诠释中国式的现代化,明确提出到20世纪末"在中国建立一个小康社会"的奋斗目标。①从20世纪末中国的发展看,以实现经济快速发展追回被耽误的时间,尽快缩小与世界发展水平的差距,成为党中央治国理政的鲜明主线。"四个现代化"奋斗目标被转换成小康社会的建设构想后,党中央虽然强调必须把握科学技术革命日新月异的战略机遇,努力在高科技领域占有一席之地,但已不再以实现农业、工业、国防的现代化为直接要求。邓小平指出:"雄心壮志太大了不行,要实事求是。所谓小康社会,就是虽不富裕,但日子好过"②,"第一步摆脱贫困状态,实现小康。"③从20世纪末完成总体小康社会建设任务,到21世纪初为建设全面小康社会而奋斗,党中央与时俱进地丰富全面小康社会的目标内涵和提高全面小康社会的建设标准,团结带领人民取得显著成就,不断开创出社会主义现代化新局面。

2012年党的十八大以来,中国特色社会主义进入新时代,以习近平同志为核心的党中央加强治国理政创新实践的顶层设计,推动现代化建设迈上新发展方位的前进轨道,在坚持和发展中国特色社会主义的新时代实践中统筹推进"五位一体"总体布局、协调推进"四个全面"战略布局,思考和回答了建设什么样的社会主义现代化强国、怎样建设社会主义现代化强国的重大时代课题,形成了一系列重大创新理论成果。依托历史实践的积累,"在新中国成立特别是改革开放以来长期探索和实践基础上,经过十八大以来在理论和实践上的创新突破,我们党成功推进和拓展了中国式现代化。"④从现代化认知看,党的二十大报告关于以人口规模巨大、全体人民共同富裕、物质文明和精神文明相协调、人与自然和谐共生、走和平发展道路等五大特色为主要内容的系统论述,建构起中国式现代化理论体系,成为实现思想上创新突破的标志性成果。这个内涵丰富、思想深刻的中国式现代化理论体系,既体现各国现代化的共同特征,又富有基于自己国情的中国特

---

①《习近平关于全面建成小康社会论述摘编》,中央文献出版社2016年版,第10页。

②《邓小平年谱》第5卷,中央文献出版社2020年版,第421页。

③《邓小平年谱》第5卷,中央文献出版社2020年版,第446页。

④《中国共产党第二十次全国代表大会文件汇编》,人民出版社2022年版,第18页。

色。以五大特色为主要内容揭示的中国式现代化建设面相,超越了长期以来世人单向度认知现代化的思想局限,向世界呈现了一幅多维立体的现代化图景。

二、中国式现代化的自信来源

半殖民地半封建社会的特殊国情,决定了近代中国历史独有的发展逻辑。只有适合国情的实践才能推动社会发展,任何事情都只有坚持从中国实际出发才能办成功,这是历史给出的结论。中国共产党之所以能在中华大地上成功推进和拓展中国式现代化,正是基于这个历史结论。

党的二十大报告指出:"中国共产党人深刻认识到,只有把马克思主义基本原理同中国具体实际相结合、同中华优秀传统文化相结合,坚持运用辩证唯物主义和历史唯物主义,才能正确回答时代和实践提出的重大问题,才能始终保持马克思主义的蓬勃生机和旺盛活力。"[①]现代化是贯穿中国革命、建设、改革和新时代实践全过程的重大问题,虽然不同历史时期党面临的主要任务不同,现代化诉求的表达和实践程度也有所不同,但实现现代化的决心和意志始终十分坚定。随着时代的变化和实践的发展,中国共产党及时审视和研判新情况,不断思考和回答新问题,团结带领人民在脚踏实地的奋斗中树立起实现现代化的历史自信。

对一个遭遇大起大落盛衰之变的民族来说,树立自信极其重要。毛泽东曾说:"一个民族能在世界上在很长的时间内保存下来,是有理由的,就是因为有其长处及特点。"[②]在中华民族被现代化潮流排挤出世界先进行列之后,由于帝国主义、封建主义、官僚资本主义统治的阻挠和破坏,中国人民追求现代化的自信一次次受到挫伤,有些人甚至从原先的狂妄自大一下子变得自卑气馁。从一定意义上说,近代中国救亡图存的过程就是重拾信心的过程,中华民族走过的复兴之路完整记录了中国人民不断坚定自信的心路历程。中国共产党历经百年奋斗形成的中国式现代化理论体系,把历史自信建立在历史认知的基础上,鲜明展示了党和人民成功推进和拓展中国式现代化的坚定自信。

中国式现代化自信的生成、发展和坚定源于主义选择。鸦片战争后先进的中国人进行救国救民的伟大斗争,呈现了从军事御敌、工商富国、变制强国到启蒙醒国的演进轨迹,爱国的志士仁人不仅希望通过增强国防能力和发展经济改变中国落后挨打的命运,而且还提出过实业救国、教育救国之类的主张,但都吞下了失败的苦果。五四运动后马克思主义在中国广泛传播,主义救国成为中国人民新的选择。中国共产党高举马克思主

---

①《中国共产党第二十次全国代表大会文件汇编》,人民出版社2022年版,第14—15页。
②《毛泽东年谱(一九四九——一九七六)》第2卷,中央文献出版社2013年版,第350页。

义旗帜,从成立之日起就义无反顾地肩负起中华民族伟大复兴的历史使命,以进行彻底的反帝反封建的革命为扫除现代化建设的障碍而艰辛奋斗,为从根本上扭转国家和民族的前途命运找到了先进的思想武器。高举马克思主义旗帜改变了中国现代化的历史走向,近代中国追求现代化没有走通的路,经过中国共产党推进马克思主义中国化时代化的创造性实践不断展露光明,"马克思主义指引中国成功走上了全面建设社会主义现代化强国的康庄大道"①。中国历史和中国人民选择了马克思主义,就把树立现代化的自信与坚持科学思想的指导紧密联系在了一起。

中国式现代化自信的生成、发展和坚定源于道路选择。中国共产党成立之前,先进的中国人在"西学东渐"中找到的前进方向是走资本主义道路。这是西方一些国家走成功的路,西方模式也因此成为近代中国追求现代化的最初样板。19世纪末以孙中山先生为主要代表的资产阶级民主派立志"振兴中华",大力宣传近代西方自由、平等、民主思想,1911年10月武昌起义掀起的革命浪潮是资产阶级民主主义在中国的一次实践,留下了近代中国人追求现代化的足迹。中国共产党成立后在发表对于时局的主张时曾指出,辛亥革命战争"是适应近代由封建制度到民主制度,由单纯商品生产制度到资本家商品生产制度之世界共同趋势的战争,是在历史进化上有重要意义的战争,不幸这种战争在中国,至今尚未能成功"②。为什么外国走通的路在中国却总是走不通,这是近代中国长期没有解开的谜团。中国共产党找到了答案,那就是资本主义道路不适合中国。习近平指出:"中国人苦苦寻找适合中国国情的道路。君主立宪制、复辟帝制、议会制、多党制、总统制都想过了、试过了,结果都行不通。最后,中国选择了社会主义道路。"③"只有社会主义才能救中国,只有坚持和发展中国特色社会主义才能实现中华民族伟大复兴。"④方向决定道路,道路决定命运。中国历史和中国人民因为选择了社会主义道路,才为树立起现代化建设的自信奠定了基础。

中国式现代化自信的生成、发展和坚定源于政党选择。从中华民族遭受耻辱的那一刻起,中国人民就在寻找能够担当领导责任的先进力量。近代中国历史舞台上,各种不同阶级、阶层的先进代表提出救国主张,主观意图就是想扮演领导角色,但实际结果总是令中国人民失望。资产阶级民主派领导的革命曾唤起中国社会的亢奋,可是他们建立起的中华民国依然未能改变半殖民地半封建的社会性质和中国人民的悲惨命运。"中国迫

---

① 《十九大以来重要文献选编》上,中央文献出版社2019年版,第428页。
② 《建党以来重要文献选编(一九二一——一九四九)》第1册,中央文献出版社2011年版,第89页。
③ 《习近平外交演讲集》第一卷,中央文献出版社2022年版,第126页。
④ 习近平:《论中国共产党历史》,中央文献出版社2021年版,第10页。

切需要新的思想引领救亡运动,迫切需要新的组织凝聚革命力量。"①中国人民在寻找能够担当领导责任的先进力量的过程中迎来了中国共产党成立这件"开天辟地的大事变",从根本上扭转国家和民族前途命运的奋斗自此有了主心骨。中国共产党百年历史实践的一切奋斗、一切牺牲、一切创造,都围绕实现中华民族伟大复兴的主题而展开。中国人民经过反复比较和无数考验,从各种政治力量中慎重选择了中国共产党。近代中国政党博弈中脱颖而出的中国共产党,彻底结束了旧中国一盘散沙的局面,使几亿、十几亿中国人民团结一心,在革命、建设、改革和新时代实践中迸发出不可战胜的强大力量。坚定不移坚持中国共产党领导是近代中国政党选择的内生逻辑,中国式现代化的本质要求首先强调坚持中国共产党领导,这揭示的正是中国人民坚定现代化自信的根本遵循。

习近平指出:"当代中国的伟大社会变革,不是简单延续我国历史文化的母版,不是简单套用马克思主义经典作家设想的模板,不是其他国家社会主义实践的再版,也不是国外现代化发展的翻版。"②党的二十大报告建构起的中国式现代化理论体系,对中国特色社会主义事业不是这些母版、模板、再版、翻版作出了最为深刻的诠释。大会首次概括提出中国式现代化的九个本质要求,体现了党的性质和宗旨,使不断为中国人民创造更加美好生活的奋斗目标与推进现代化建设的旨归有机地统一起来,使中国式现代化成就与为世界作出更大更多贡献有机地统一起来,使推进和拓展中国式现代化与创造人类文明新形态有机地统一起来。以坚持中国式现代化的本质要求彰显中国特色,以丰富中国式现代化的自身特色拓展中国道路,党和人民有坚定的自信为世界现代化贡献一个全新的中国样本。

三、中国式现代化的底气所在

虽然现代化对世界各国具有普遍意义,但对中国这样一个国家来说,不仅要求高、难度大、使命重,而且面临许多特殊性,中国现代化的路完全是靠中国人自己走出来的。"我们碰到的问题世界上其他国家没有过,从外国找不到解决的答案。历史不同,问题也不同,外国经验不可照搬,只能靠自己实践。"③一些研究现代化问题的学者把中国归为后发追赶类型的国家,只是从现代化发展进程的顺序将中国与先行进入现代化的国家作出区分,并不含有其他的意思。后发不等于永远跟在后面,追赶也不等于始终跟着别国。我国用几十年的时间走过了西方发达国家几百年的发展历程,党和人民对奋斗中国式现

---

① 《中共中央关于党的百年奋斗重大成就和历史经验的决议》,人民出版社2021年版,第4页。
② 《十九大以来重要文献选编》上,中央文献出版社2019年版,第434页。
③ 《邓小平年谱》第5卷,中央文献出版社2020年版,第538页。

代化充满了底气。

领导中国革命取得胜利后,党领导现代化建设从一个低得不能再低的起点上开始,经历长期战争破坏留下的烂摊子使新中国建设举步维艰。党的七届二中全会上,毛泽东在报告中说中国的现代性工业只占国民经济总产值的百分之十左右,"我们还有百分之九十左右的经济生活停留在古代","中国的经济遗产是落后的"[①]。1954年10月,毛泽东在国防委员会第一次会议上发表讲话指出:"中国是一个庞然大国,但工业不如荷兰、比利时,汽车制造不如丹麦……我们现在坦克、汽车、大口径的大炮、拖拉机都不能造,还是把尾巴夹起来的好。"[②]但一穷二白的落后状况没有减弱中国共产党建设现代化的决心和意志,从1953年实施第一个五年计划起,我国经济建设呈现蒸蒸日上的气象,为推进现代化迈出有力的步伐。"经过实施几个五年计划,我国建立起独立的比较完整的工业体系和国民经济体系,农业生产条件显著改变,教育、科学、文化、卫生、体育事业有很大发展。'两弹一星'等国防尖端科技不断取得突破,国防工业从无到有逐步发展起来。"[③]1979年1月,邓小平访问美国时介绍说,我们为实现"四个现代化"目标而奋斗"主要依靠过去三十年建立起来的基础和积累起来的建设经验"[④]。从新中国成立到改革开放前的30年,党团结人民为推进现代化建设打下了坚实的底子。

1978年底,党的十一届三中全会作出改革开放的历史抉择,开启了现代化建设新的进程。中国特色社会主义新道路的开创在为国家繁荣发展注入生机活力的同时,激发了党和人民建设现代化的巨大热情,经济建设走上快速轨道,一路高歌猛进。中国1978年国内生产总值为3679亿元,居全球第11位;2000年突破10万亿元,超过意大利成为世界第六大经济体;2010年突破40万亿元,超过日本成为世界第二大经济体,快速发展的奇迹令世界惊叹。现代化建设一些重要领域取得骄人成就,载人航天、探月工程、载人深潜、北斗卫星导航系统、超级计算机、高速铁路等实现重大突破,第一艘航母"辽宁舰"入列,中国现代化在加快建设的进程中大踏步赶上了时代。

新时代十年的伟大变革塑造了党史、新中国史、改革开放史、社会主义发展史、中华民族发展史上的一座里程碑,社会主义现代化国家建设成就斐然。我国国内生产总值相继跨越60万亿、70万亿、80万亿、90万亿、100万亿、110万亿元大关,从2012年的54万亿元增长到2021年的114万亿元,经济总量占世界经济的比重达到18.5%,提高了7.2个百

①《毛泽东选集》第4卷,人民出版社1991年版,第1430、1433页。
②《毛泽东文集》第6卷,人民出版社1999年版,第358页。
③《中共中央关于党的百年奋斗重大成就和历史经验的决议》,人民出版社2021年版,第11页。
④《邓小平年谱》第4卷,中央文献出版社2020年版,第480页。

分点,稳居世界第二位。我国人均国内生产总值从2012年的6300美元上升到2021年的12551美元,接近高收入国家门槛,人民生活水平大幅提升。[1]我国已经拥有全球最完整、规模最大的现代工业体系,是全世界唯一拥有联合国产业分类中全部工业门类的国家,500余种主要工业产品中有220多种产量位居世界第一,一个个重大工程为中国发展进步积累着雄厚的物质基础。从科技领域看,5G、北斗导航等重大科技创新成果层出不穷。2022年全球创新指数排名,中国升至第11位,连续十年稳步提升。尤其是通过全面深化改革推动经济高质量发展,我国实现了一系列重大结构性变革,"经济实力、经济结构、经济活力和韧性、对全球经济发展的影响力都迈上了一个新台阶"[2]。

中国现代化建设实践取得的重大成就是党和人民一道拼出来、干出来的,拼和干的过程就是现代化建设底气不断提升的过程。在遭受民族耻辱的岁月里,中国人虽然与悲惨命运进行了顽强不屈的抗争,但现代化只是一种念想。在落后条件下搞社会主义建设,党和人民虽然为取得的成就倍感自豪,但处于追赶状态还是有受压抑的不爽。经过长期奋斗,中华民族迎来了从站起来、富起来到强起来的伟大飞跃,现代化建设的前进步伐使中国在一些重要领域跻身世界先进行列,某些前沿方向开始达到并行、领跑的水平,某些高端科学技术在世界占有重要位置。党的二十大提出,"到本世纪中叶,把我国建设成为综合国力和国际影响力领先的社会主义现代化强国"[3]。擘画新时代新征程的奋斗蓝图以这"两力"领先为底色,揭示了中国式现代化的新目标。党和人民推进现代化建设的心血付出和成绩回报积淀起十足的底气,这是全面推进中国式现代化的强大精神力量。

四、中国式现代化的世界取向

人类社会以一个整体构成世界,随着科学技术的不断进步,各国、各民族之间交往和联系的不断加强,人类文明呈现出从低级形态向高级形态发展的轨迹。研究者一般认为,16世纪新航路开辟前后是历史的转折期,1640年英国资产阶级革命则是世界进入近代历史的标志性事件。迄今为止的300多年来,现代化的进程在世界广泛而深刻的变化中产生了重要影响。

现代化从发端之日起就蕴含着世界性的基因,它使任何国家、民族不再是孤立的存在。马克思、恩格斯对此有过很多论述,他们指出:"各民族的原始封闭状态由于日益完

---

① 刘元春:《全面建设社会主义现代化国家的物质基础更坚实》,《人民日报》2022年11月11日。

② 本书编写组:《中国共产党简史》,人民出版社、中共党史出版社2021年版,第398页。

③《中国共产党第二十次全国代表大会文件汇编》,人民出版社2022年版,第21页。

善的生产方式、交往以及因交往而自然形成的不同民族之间的分工消灭得越是彻底,历史也就越是成为世界历史。"①"资产阶级,由于开拓了世界市场,使一切国家的生产和消费都成为世界性的了……过去那种地方的和民族的自给自足和闭关自守状态,被各民族的和各方面的互相往来和各方面的互相依靠所代替了。"②可以说世界近代历史由现代化而开启,人类的社会存在方式因现代化而改变。现代化加强了世界融合的广度和深度,各国现代化的追求深刻地影响着人类命运共同体的构建。

现代化促进人类文明发展的历史进步意义十分显著,但现代化最初的实现方式却表现出野蛮特征,一些国家走战争、殖民、掠夺等道路给现代化抹上了血腥罪恶的味道。走这样道路实现的现代化使一些国家在创造本国繁荣的同时,给广大发展中国家的人民带来了深重灾难。半殖民地半封建社会的中国就是严重受害的国家,在帝国主义列强侵略下,中国事实上变成它们共同的殖民地了,中国人民倒悬于它们欲壑无底的巨吻中间。③由此而言,现代化来到世界上既有造福人类的先进意义,又会导致国际社会的不公正、不公平现象。如何走出一些国家实现现代化的老路旧途,使现代化成为世界各国平等共享的成果,是人类文明发展实现突破的历史期待。

党的二十大报告指出:"中国式现代化是走和平发展道路的现代化","我们坚定站在历史正确的一边、站在人类文明进步的一边,高举和平、发展、合作、共赢旗帜,在坚定维护世界和平与发展中谋求自身发展,又以自身发展更好维护世界和平与发展。"④中国式现代化的本质要求中,推动构建人类命运共同体、创造人类文明新形态鲜明地昭示了党团结带领中国人民奋斗现代化的世界取向。

坚持走和平发展的现代化道路,是中国共产党坚持胸怀天下在现代化建设上的体现。习近平在一些重要的国际会议上对中国式现代化的和平发展道路作出过深刻论述,他指出:"走和平发展道路,是中国对国际社会关注中国发展走向的回应,更是中国人民对实现自身发展目标的自信和自觉。"⑤"中国走和平发展道路,不是权宜之计,更不是外交辞令,而是从历史、现实、未来的客观判断中得出的结论,是思想自信和实践自觉的有机统一。"⑥"走和平发展道路是中国根据时代发展潮流和自身根本利益作出的战略抉

①《马克思恩格斯选集》第一卷,人民出版社1995年版,第88页。
②《马克思恩格斯选集》第一卷,人民出版社1995年版,第276页。
③《建党以来重要文献选编(一九二一——一九四九)》第1册,中央文献出版社2011年版,第122页。
④《中国共产党第二十次全国代表大会文件汇编》,人民出版社2022年版,第19—20页。
⑤《习近平外交演讲集》第一卷,中央文献出版社2022年版,第116页。
⑥《习近平外交演讲集》第一卷,中央文献出版社2022年版,第118页。

择。"①这些重要论述奠定了党的二十大提出中国式现代化本质要求的思想基础。中国式现代化理论体系的深刻意蕴在于,坚持走和平发展道路不只是与一些国家实现现代化走过的老路相区别,更体现了在世界现代化发展进程中创造人类文明新形态的价值取向。

党的二十大建构的中国式现代化理论体系有两个重大创新点值得关注:一是以中国式现代化的深刻思想为中华民族伟大复兴注入新的内涵,二是把中国式现代化的创举与人类文明新形态的创造相联系。这两个重大创新点的内在逻辑是揭示中华民族伟大复兴与为世界作出更多更大贡献的关系。中国历来是世界人口大国,当今14亿多中国人在世界80亿总人口中占很大比例,这个基本事实决定了中国对世界发展的重要分量。历史上中国人民创造的中华文明为世界作出的重大贡献举世公认,在落后于世界现代化先进水平的情况下,中国也因缺乏为世界作贡献的能力而留下历史遗憾。中国共产党"始终以世界眼光关注人类前途命运,从人类发展大潮流、世界变化大格局、中国发展大历史正确认识和处理同外部世界的关系"②,百年历史实践中发生的一系列重大事件深刻影响了世界进程和世界格局。新中国成立后,党团结带领人民为改变经济文化落后状态不懈奋斗,既是出于使本国繁荣昌盛起来的要求,也是怀揣为世界作出更多更大贡献的志向。事实证明,随着中国式现代化的成功推进和拓展,中国事实上已经成为对当今世界作出贡献最大的国家。2008年1月,英国《泰晤士报》发表的一篇署名文章中说,以亚洲国家为首的新兴国家将取代发达世界的富裕国家,成为全球经济增长最重要的集体引擎,而中国自19世纪初以来将第一次成为世界经济增长的最大贡献国。③国家统计局发布的《党的十八大以来经济社会发展成就系列报告之十三》显示,2013—2021年,我国对世界经济增长的平均贡献率达38.6%,超过七国集团国家贡献率的总和,是推动世界经济增长的第一动力。在这样的事实面前,任何对中华民族伟大复兴进行歪曲的理解都是不得人心的,任何试图阻挡中国式现代化前进步伐的行为都是不会得逞的。

党的二十大作出的战略谋划,为新时代新征程的奋斗指明了前进方向。充满光荣和梦想的远征,将围绕继续推进和拓展中国式现代化向前迈进。"全面建设社会主义现代化国家,是一项伟大而艰巨的事业,前途光明,任重道远。"④从中国式现代化的认知积累、自信来源、底气所在、世界取向等四个维度深刻认识中国式现代化的思想意蕴,有助于全

①《习近平外交演讲集》第1卷,中央文献出版社2022年版,第156页。
②《中共中央关于党的百年奋斗重大成就和历史经验的决议》,人民出版社2021年版,第68页。
③《泰晤士报:"亚洲龙"引领增长意味着什么》,网易财经2008年1月10日。
④《中国共产党第二十次全国代表大会文件汇编》,人民出版社2022年版,第21页。

党全国各族人民坚定历史自信,增强历史主动,紧密团结在以习近平同志为核心的党中央周围,踔厉奋发、勇毅前行、团结奋斗,谱写中国式现代化更加绚丽的华章。

第四节 党的二十大论述中国式现代化的理论架构①

构建中国式现代化理论体系是党的二十大重大创新成果,"中国式现代化"重大命题成为国内外关注我国未来发展走向的聚焦点。习近平在大会报告中作出全面系统的论述,丰富的内容和深刻的思想展现了当代中国共产党人对现代化的全新认知。党的二十大指出:"从现在起,中国共产党的中心任务就是团结带领全国各族人民全面建成社会主义现代化强国、实现第二个百年奋斗目标,以中国式现代化全面推进中华民族伟大复兴。"②确保新时代新征程奋斗中顺利完成党的中心任务,必须对中国式现代化理论体系形成全面和系统的认识。中国式现代化理论体系以论述概念涵义、展示特色面相、提出根本遵循、揭示价值含量为思想逻辑,形成完整的理论架构。对中国式现代化理论框架进行深入研究,对贯彻落实党的二十大精神,奋力谱写中国式现代化更加绚丽的华章,具有重要意义。

一、以普遍性与特殊性相结合作出中国式现代化概念阐述

党的二十大报告指出:"中国式现代化,是中国共产党领导的社会主义现代化,既有各国现代化的共同特征,更有基于自己国情的中国特色。"③这个阐述简洁却十分精辟,以鲜明观点对什么是中国式现代化作出了明确的涵义界定。

概念清晰是构建理论体系的逻辑基础,只有首先明确"是什么",才能形成"是怎样"的理论展开。中国式现代化这个概念在40多年前就已经提出。邓小平在会见外宾和在国内会议上的讲话中反复提及"中国式的现代化"④这个概念。邓小平用"中国式的现代化"表达与国外现代化的不同,主要有两个意思。首先,我们国家大、人口多,搞建设还在落后状态下起步,很难在短时间里达到国外的现代化水平。其次,邓小平强调中国搞现代化必须坚持社会主义的方向,他指出:"在改革中坚持社会主义方向,这是一个很重要

---

① 原文载于《中南民族大学学报》2023年第1期,收入本书时文字略有修改。
②《中国共产党第二十次全国代表大会文件汇编》,人民出版社2022年版,第18页。
③《中国共产党第二十次全国代表大会文件汇编》,人民出版社2022年版,第18页。
④《邓小平年谱》第4卷,中央文献出版社2020年版。第497页。

的问题。我们要实现工业、农业、国防和科技现代化,但在四个现代化前面有'社会主义'四个字,叫'社会主义四个现代化'。"①前一个意思体现务实精神,由此形成"小康社会"构想;后一个意思突出正确方向,由此明确中国现代化与国外现代化的属性区别。

从概念的角度看,党的二十大重大创新意义并不在于"中国式的现代化"明确为"中国式现代化"提法上的变化,而在于认知现代化的意境升华。改革开放40多年中国经济的快速发展、国家综合国力的大幅增长、国际地位的日益提高,使中国现代化话语表达的时空场域发生了极大的变化,为更清晰更准确地阐述中国式现代化的概念内涵积淀了深厚的实践基础,话语表达语境完全不同了。党的二十大以"中国共产党领导的社会主义现代化"作为中国式现代化概念涵义阐述的前提规定,继承了邓小平关于中国式的现代化必须坚持社会主义方向的思想,以"既有各国现代化的共同特征,更有基于自己国情的中国特色"作为中国式现代化概念的释义,则标志着新时代中国共产党人认知现代化上升到一个新的境界。

党的二十大阐述的"中国式现代化"概念,贯穿辩证唯物主义和历史唯物主义的基本原理,体现普遍性与特殊性相结合的科学方法论思想。自英国产业革命推动人类社会进入近代历史以来,现代化对世界发展进程产生的深刻影响驱动各国卷入追求现代化的历史大潮。现代化的问世从一开始就带有世界性的基因,并从普遍规律上体现共同特征,因此世界各国进行现代化建设都有普遍遵循的要求。但是,马克思主义强调事物发展的多样性,现代化同样如此。习近平指出:"世界上既不存在定于一尊的现代化模式,也不存在放之四海而皆准的现代化标准。"②

鸦片战争后近代中国先进人士追求现代化陷入仿照西方模式的思维,结果总是成功不了。近三百多年世界各国发展情况表明,各国搞现代化建设的模式事实上有很明显的不同,20世纪中后期以"东亚四小龙"为代表的现代化,以及近年来金砖国家的现代化发展,都以不同的样式呈现不一样的特征。新中国成立以来中国共产党团结带领人民进行现代化建设,坚持从中国实际出发是始终坚持的理念,坚持探索走出一条社会主义现代化道路的历史实践一以贯之。必须指出的是,立足中国具体实践与遵循现代化发展的客观规律是统一的。普遍性寓于特殊性之中的辩证关系揭示的道理是:任何国家现代化建设在体现自身特色的同时都有共性特征的发展要求,离开现代化普遍规律的本国特色必然不具有世界意义。党的二十大把体现"各国现代化的共同特征"用于中国式现代化概

①《邓小平文选》第三卷,人民出版社1993年版,第138页。
②《习近平谈治国理政》第四卷,外文出版社2022年版,第123页。

念涵义的阐释,就是从普遍规律的意义上形成的深刻认识,表明"中国式现代化"是一个与世界对话的通用概念,提供可资汲取中国现代化建设经验的价值所在。

人类社会发展中不存在完全一模一样的事物,世界上各个国家、各个民族历史、文化、地域、习俗不同,走的路也就不可能相同。从这个意思上说,没有特殊性就失去了自己国家和民族独立存在的价值。就现代化而言,只讲普遍性就意味着千篇一律的雷同性,这不符合人类文明创造性发展的客观规律。党的二十大用"更有基于自己国情的中国特色"阐释中国式现代化的概念涵义,揭示的是中国共产党团结带领中国人民进行现代化建设的独特价值。必须指出,"中国式现代化"概念的核心词语是"现代化",它不是一个国别的区域概念,而是一个形态的样式概念,是以"中国式"区别于"西方式"。长期以来,资本主义国家以率先进入发达国家行列的优势长期掌控着现代化的话语权,现代化被等同于"西方化"。在这样的偏见主导下,体现各国自己国情的现代化得不到认同,有些国家甚至对别国现代化样式进行诋毁和攻击。历史表明,中国现代化建设以立足本国国情不断向前推进,"在新中国成立特别是改革开放以来长期探索和实践基础上,经过十八大以来在理论和实践上的创新突破,我们党成功推进和拓展了中国式现代化"①。实践打造的鲜明特色使中国式现代化日益成型,党团结带领人民创造的现代化建设巨大成就给基于自己国情的中国特色增光添彩。

普遍性与特殊性相结合的辩证思想,为党的二十大阐述"中国式现代化"概念提供了理论依据。从邓小平提出"中国式的现代化",到新时代以习近平同志为核心的党中央阐述"中国式现代化"的涵义,时间积淀、实践深入、经验积累、成果展示使这个鲜亮的概念在科学性意义上立起来了。时过境迁,今非昔比。中国式现代化的发展以"既有各国现代化的共同特征"而彰显超越本国范围的价值,以"更有基于自己国情的中国特色"而体现创造现代化新型样式的意义。"中国式现代化"概念反映的已经不是事物各个片面之间的联系,而是以事物全体的内部联系体现现代化发展的本质。基于自己国情的中国式现代化具有开放性,一方面坚持自身特色,另一方面主动积极地汲取世界各国现代化经验的有益成果。基于自己国情的中国式现代化具有贡献性,一方面走自己的道路,另一方面以体现共同特征为世界现代化提供新的选择。"既有各国现代化的共同特征"同"更有基于自己国情的中国特色"辩证统一,使中国共产党领导的社会主义现代化体现共产党执政规律、社会主义建设规律、人类社会发展规律的深刻认识。

---

① 《中国共产党第二十次全国代表大会文件汇编》,人民出版社2022年版,第18页。

二、以五大特色形成的中国式现代化面相展示

习近平关于中国式现代化作出一系列重要论述,内容全面、理论丰富、思想深邃。2021年7月1日,党中央隆重举行庆祝中国共产党成立一百周年大会,习近平发表重要讲话指出:"我们坚持和发展中国特色社会主义,推动物质文明、政治文明、精神文明、社会文明、生态文明协调发展,创造了中国式现代化新道路,创造了人类文明新形态。"[①]

2021年11月11日,习近平在党的十九届六中全会第二次全体会议上发表重要讲话指出:"我们党领导人民不仅创造了世所罕见的经济快速发展和社会长期稳定两大奇迹,而且成功走出了中国式现代化道路,创造了人类文明新形态。"[②]在习近平一系列重要论述的基础上,党的二十大从人口规模巨大、全体人民共同富裕、物质文明和精神文明相协调、人与自然和谐共生、走和平发展道路等五大特色,揭示了中国式现代化呈现的面相,并作出全面论述,构成党的二十大构建中国式现代化理论体系的重要内容。

第一,人口规模巨大的现代化呈现中国式现代化的整体性面相。我国现代化不是几十万、几百万、几千万人的现代化,而是十四亿多人的现代化,规模差别之大凸显其艰巨性。从整体性认识中国式现代化包含两层意义。其一,中国共产党领导现代化建设以体现国家意志成为集体行动,创造中国式现代化这样各国现代化不可媲美的历史伟业,每个中国人既是"剧作者",又是"剧中人"。以中国式现代化全面推进中华民族伟大复兴,依靠所有中华儿女共同奋斗来实现。其二,以壮观规模的现象级现代化推动中国进入世界先进国家行列。习近平指出:"我国十四亿人口要整体迈入现代化社会,其规模超过现有发达国家的总和,将彻底改写现代化的世界版图,在人类历史上是一件有深远影响的大事。"[③]中国式现代化人口规模巨大的整体性面相意义非凡,既对中国人民过上更加美好的生活具有实质意义,又在很大程度上对当今世界80亿人口生活质量的结构失衡产生改善作用,国际社会贫富差距的比重关系将随着14亿多中国人民整体迈入现代化社会而得到改变。

第二,全体人民共同富裕的现代化呈现中国式现代化的覆盖性面相。"富裕"代表人们物质财富拥有的充足,在人类社会进入近代历史之前,社会制度决定了拥有物质财富的阶级性,只有受制度保护的极少数人群才能在享有社会资源上攀上富裕水平。现代化以生产力创造的巨大能量为人们追求富裕带来了更多的机会,然而同样受国家制度的制

---

① 《习近平谈治国理政》第四卷,外文出版社2022年版,第10页。

② 习近平:《以史为鉴、开创未来,埋头苦干、勇毅前行》,《求是》2022年第1期。

③ 《十九大以来重要文献选编》中,中央文献出版社2021年版,第825页。

约,现代化带来不同阶级、阶层和社会群体的财富分配不公平、资源享有不平等的矛盾依然突出,贫富差距被严重扩大。中国式现代化以成果共享覆盖全体人民,让所有人过上美好生活成为现代化的目标追求。"共同富裕是中国特色社会主义的本质要求,我国现代化坚持以人民为中心的发展思想,自觉主动解决地区差距、城乡差距、收入分配差距,促进社会公平正义,逐步实现全体人民共同富裕,坚决防止两极分化。"[①]中国式现代化全体人民共同富裕的覆盖性面相,表明现代化不是局限于少数人、哪个阶层或某些群体范围的专利品,人人都有份,个个都享受。

第三,物质文明和精神文明相协调呈现中国式现代化的全面性面相。世界现代化畸重畸轻发展的缺憾集中表现为重视经济建设而忽略文化建设,目前世界银行划分发达国家的标准以诸如人均国内生产总值、个人收入水平以及一些科学技术的量化数据为主,并无精神文明的衡量指标。现实中一些发达国家里发生富裕起来后伦理道德滑坡、价值观紊乱、精神状态颓废等现象,暴露了现代化发展不容忽视的问题。中国共产党领导现代化建设的历史实践,始终把文化建设摆在重要位置,邓小平用"两手抓、两手都要硬"的生动表述强调物质文明与精神文明协调发展。改革开放以来,党中央提出大力践行社会主义核心价值观,繁荣发展先进文化,为现代化建设提供了强大力量支撑。党的二十大报告指出:"物质富足、精神富有是社会主义现代化的根本要求。物质贫困不是社会主义,精神贫乏也不是社会主义。"[②]体现了深刻的思想意蕴。中国式现代化物质文明和精神文明相协调的全面性面相,把人的全面发展纳入现代化的认知,超越了仅仅从物质和技术层面追求现代化的单向思维,形成现代化是综合、多维、立体的全新认知。

第四,人与自然和谐共生呈现中国式现代化的永续性面相。现代化其实是一把双刃剑,它在福祉人类社会的同时也给人们生活带来不少的烦恼和痛苦。现代社会病丛生,现代化陷阱令人生畏,腐败滋生、公平赤字、贫富鸿沟、利益争夺、物欲横流、文明冲突、社会撕裂等负面效应形成的张力,使现代化发展中矛盾重重。尤其是"工业化进程创造了前所未有的物质财富,也产生了难以弥补的生态创伤"[③],现代化给生态造成破坏的危害严重影响各国发展的可持续性。习近平指出:"我国建设社会主义现代化具有许多重要特征,其中之一就是我国现代化是人与自然和谐共生的现代化,注重同步推进物质文明建设和生态文明建设。"[④]党的十八大以来,生态文明建设被纳入中国特色社会主义总体

---

① 《十九大以来重要文献选编》中,中央文献出版社2021年版,第825页。
② 《中国共产党第二十次全国代表大会文件汇编》,人民出版社2022年版,第19页。
③ 《习近平外交演讲集》第二卷,中央文献出版社2022年版,第189页。
④ 习近平:《努力建设人与自然和谐共生的现代化》,《求是》2022年第11期。

布局之中,全方位、全地域、全过程加强生态环境保护,生态环境保护发生历史性、转折性、全局性变化。据国家统计局发布的统计公报,2021年,全国万元国内生产总值能耗比上年下降2.7%,万元国内生产总值二氧化碳排放下降3.8%。2021年,全国共设立国家级自然保护区474个,国家公园5个,完成造林面积360万公顷,新增水土流失治理面积6.2万平方公里。全国339个地级及以上城市平均空气质量优良天数比例为87.5%。[1]中国式现代化人与自然和谐共生的永续性面相,跳出了以过度消耗资源、牺牲环境为代价的发展老路,避免了现代化发展的弊端。

第五,走和平发展道路呈现中国式现代化的共赢性面相。现代化的最初发生以资本逻辑而展开,英国产业革命后世界市场的打开充满着血腥味,海外扩张和殖民掠夺成为现代化资本原始积累的普遍方式。文明与野蛮交织,先期的现代化在以深刻的社会变革影响历史进程的同时,使世界上包括中国在内的很多国家陷入发展的困境。习近平指出:"一些老牌资本主义国家走的是暴力掠夺殖民地的道路,是以其他国家落后为代价的现代化。我国现代化强调同世界各国互利共赢,推动构建人类命运共同体,努力为人类和平与发展作出贡献"[2],"中国共产党是为中国人民谋幸福、为中华民族谋复兴的党,也是为人类谋进步、为世界谋大同的党","我们坚定站在历史正确的一边,站在人类文明进步的一边,高举和平、发展、合作、共赢旗帜,在坚定维护世界和平与发展中谋求自身发展,又以自身发展更好维护世界和平与发展。"[3]中国式现代化走和平发展道路的共赢性面相,体现以中国式现代化全面推进中华民族伟大复兴与福祉全人类相统一,彰显了中国人民为世界作更大更多贡献的宏图大志。

以五大特色展示中国式现代化的面相,是中国式现代化概念演绎的内容。概念是用来说事的,它的真实性在于内容的具体性。以人口规模巨大、全体人民共同富裕、物质文明和精神文明相协调、人与自然和谐共生、走和平发展道路五大特色展示的中国式现代化面相,形成由具体的、实在的内容构成中国式现代化概念内涵的外延。中国式现代化"是什么",通过展示五大特色诠释了"是怎样"的中国式现代化。党的二十大报告从明确概念内涵到论述五大特色,清晰地体现了构建中国式现代化理论架构的思想逻辑。

三、以九个本质要求揭示中国式现代化根本遵循

党的二十大构建中国式现代化理论体系的重大突破是科学概括了九个本质要求:坚

①《中华人民共和国2021年国民经济和社会发展统计公报》,《人民日报》2022年3月1日。
②《十九大以来重要文献选编》中,中央文献出版社2021年版,第825页。
③《中国共产党第二十次全国代表大会文件汇编》,人民出版社2022年版,第18—19页。

持中国共产党领导,坚持中国特色社会主义,实现高质量发展,发展全过程人民民主,丰富人民精神世界,实现全体人民共同富裕,促进人与自然和谐共生,推动构建人类命运共同体,创造人类文明新形态。党中央作出关于认真学习宣传贯彻党的二十大精神的决定指出:"这个概括是党深刻总结我国和世界其他国家现代化建设的历史经验,对我国这样一个东方大国如何加快实现现代化在认识上不断深入、战略上不断成熟、实践上不断丰富而形成的思想理论结晶,我们要深刻领会、系统把握,特别是要把这个本质要求落实到各项工作之中。"①

中国式现代化的九个本质要求,是在中国式现代化概念阐述、五大特色论述基础上进一步提出的实践准则。从内容上看,这些准则的概括与概念阐述和特色论述有交叉叠合的表述,但又不是语句的重复。需要指出,"中国式现代化的本质要求"提出的是党团结带领人民推进和拓展中国式现代化的根本遵循,不能把它等同于"中国式现代化本质"。现代化本质是由客观规律决定的,党中央科学概括中国式现代化的本质要求,旨意是以中国道路体现现代化客观规律的本质规定。"实践表明,中国式现代化既切合中国实际,体现了社会主义建设规律,也体现了人类社会发展规律。"②深刻领会、系统把握中国式现代化的本质要求,要以科学、全面、准确为原则,防止简单化和片面性的理解。

第一,中国式现代化的本质要求中,"坚持中国共产党领导"放在首位,这是基于自己国情最重要的体现,也是打造现代化中国特色的规定。习近平指出:"一定要认清,中国最大的国情就是中国共产党的领导。什么是中国特色? 这就是中国特色。"③这个最大的国情决定了中国社会发展进步的历史逻辑,"全面建设社会主义现代化国家、全面推进中华民族伟大复兴,关键在党"④。党的十八大以来,习近平把党的领导问题提升到前所未有的高度,提出中国共产党领导是中国特色社会主义最本质的特征、中国特色社会主义制度最大的优势、"党政军民学,东西南北中,党是领导一切的"等重大原创性论断,为强化中国式现代化的领导权威提供了强大思想武器。从中国式现代化理论体系的构建看,党的二十大报告首先以"中国共产党领导的社会主义现代化"阐述中国式现代化概念并揭示五大特色的面相,其次以"坚持中国共产党领导"提出中国式现代化的本质要求,最后以"坚持和加强党的全面领导"作为中国式现代化前进道路上必须牢牢把握的第一个重大原则,凸显了党的领导对推进和拓展中国式现代化的战略意义。

①《中共中央关于认真学习宣传贯彻二十大精神的决定》,《人民日报》2022年10月29日。
②《十九大以来重要文献选编》中,中央文献出版社2021年版,第825页。
③ 习近平:《论坚持党对一切工作的领导》,中央文献出版社2019年版,第57页。
④《中国共产党第二十次全国代表大会文件汇编》,人民出版社2022年版,第52页。

第二，中国式现代化的本质要求中，"坚持中国特色社会主义"紧接在"坚持中国共产党领导"之后，体现先进政党领导与正确方向把握相统一的理论逻辑。方向决定道路，道路决定命运。自鸦片战争起，一代代中国人追求现代化的过程也是不断寻找方向和道路的过程，从模仿西方现代化模式、搬用苏联现代化建设经验，寻找现代化正确方向和成功道路经历了各种挫折。中国特色社会主义是党团结带领人民经过艰辛探索才确立起的正确方向和找到的成功道路。改革开放40余年的发展，坚定了全党全国人民对中国特色社会主义道路、理论、制度、文化的自信，中国人民认准和锚定了中国特色社会主义是实现中华民族伟大复兴的必由之路，是推进中国式现代化的唯一经由。中国特色社会主义是中国共产党坚持把马克思主义基本原理同中国具体实际相结合、同中华优秀传统文化相结合，成功走出中国式现代化道路的标志性成果。"坚持道不变、志不改，既不走封闭僵化的老路，也不走改旗易帜的邪路，坚持把国家和民族发展放在自己力量的基点上，坚持把中国发展进步的命运牢牢掌握在自己手中"①，是中国式现代化前进道路上必须牢牢把握的重大原则。

第三，中国式现代化的本质要求中，"实现高质量发展""发展全过程人民民主""实现全体人民共同富裕""促进人与自然和谐共生"等规定，以回应中国式现代化概念的内涵和五大特色的内容，形成中国式现代化理论体系根本准则的内在逻辑。这些本质要求揭示了经济建设、政治建设、社会建设、文化建设、生态文明建设一体推进的实践准则。党的二十大构建的中国式现代化理论体系打开了世人认知现代化的视野，拓展了人们推进现代化建设的空间，敞亮了世界现代化的前景。中国式现代化"既有各国现代化的共同特征，更有基于自己国情的中国特色"的内涵规定，以坚持这些本质要求体现普遍性与特殊性相结合；中国式现代化的整体性、覆盖性、全面性、永续性、共赢性面相，以坚持这些本质要求得以落实。现代化历经三百多年的发展，人类社会在不断进步中遇到了许多新的问题，一些国家陷入发展困境。中国式现代化创造的成就和积累的经验，为推动世界发展和破解全球治理难题提供了中国道路、中国方案、中国智慧。

第四，中国式现代化的本质要求中，"推动构建人类命运共同体"创造人类文明新形态的价值逻辑，成为中国式现代化理论体系的落脚点。在以电子化、信息化、网络化、数字化、智能化为特征的现代科学技术推动下，世界已然成为"地球村"的存在，全球化浪潮席卷世界每个角落，生活在同一片蓝天下、拥有同一个家园的各国人民福祸相连，命运与

①《中国共产党第二十次全国代表大会文件汇编》，人民出版社2022年版，第22页。

共,前途共享,"面对共同挑战,任何人任何国家都无法独善其身"①。现代化从发端之日起就具有世界性的历史特征,当今时代现代化与全球化相融合的发展把整个世界更加紧密地联系在一起,你中有我、我中有你的现实格局推动着世界的观念向家庭的概念转变。党的十八大以来,构建人类命运共同体成为中国共产党向世界发出的倡导,获得联合国的充分肯定,得到越来越多国家和人民的欢迎和认同。习近平指出:"中国人始终认为,世界好,中国才能好;中国好,世界才更好"②,"构建人类命运共同体是世界各国人民前途所在"③。弘扬和平、发展、公平、正义、民主、自由的全人类共同价值,促进各国人民相知相亲,才能在共同应对各种全球性挑战中铸牢人类命运共同体。以"推动构建人类命运共同体""创造人类文明新形态"为中国式现代化的本质要求,体现中国共产党和中国人民的世界担当,体现新时代中华民族推进和拓展中国式现代化的思想自觉、政治自觉、行动自觉。

中国式现代化的九个本质要求是具有内在逻辑关系的整体,有立足中国国情的前提规定,有体现世界现代化客观规律和各国现代化共同特征的建设内容,有彰显党团结带领人民奋斗现代化的价值遵循,有层层递进的论述呈现严密的行动逻辑。这些本质要求全面反映中国式现代化概念内涵,是打造中国式现代化五大特色的根本遵循。

四、以创造人类文明新形态表达中国式现代化贡献世界的价值含量

党的二十大报告指出:"科学社会主义在二十一世纪的中国焕发出新的蓬勃生机,中国式现代化为人类实现现代化提供了新的选择,中国共产党和中国人民为解决人类面临的共同问题提供更多更好的中国智慧、中国方案、中国力量,为人类和平与发展崇高事业作出新的更大的贡献!"④从现代化发展的世界进程看,中国式现代化的厚重价值含量体现为人类文明新形态的创造。

人类进化在文明创造中发展,一部人类社会史就是一部文明进化史。"从茹毛饮血到田园农耕,从工业革命到信息社会,构成了波澜壮阔的文明图谱,书写了激荡人心的文明华章。"⑤文明的历史图谱上,世界各国、各民族创造的文明汇集而成品种繁多、五颜六色、姹紫嫣红的百花园。"文明因多样而交流,因交流而互鉴,因互鉴而发展。"⑥文明的价

---

①《习近平外交演讲集》第二卷,中央文献出版社2022年版,第354页。
②《习近平外交演讲集》第二卷,中央文献出版社2022年版,第23页。
③《中国共产党第二十次全国代表大会文件汇编》,人民出版社2022年版,第52页。
④《中国共产党第二十次全国代表大会文件汇编》,人民出版社2022年版,第13—14页。
⑤《习近平外交演讲集》第一卷,中央文献出版社2022年版,第98页。
⑥《习近平外交演讲集》第二卷,中央文献出版社2022年版,第195页。

值在于推动人类发展,世界各国各民族创造文明不是用来制造隔阂的,更不是用来挑起对抗的,文明的多元、多向、多样、多极发展,是世界发展源源不竭的动力。

现代化的文明创造是人类社会发展的最新成果,几百年来,因现代文明的发展,世界发生深刻的变革正在不断向纵深推进。自英国工业革命以来,各国追逐时代潮流都把国家的强大与现代化相联系,这自然合乎逻辑,但也造成现代化单向思维的僵化。哲学上的先验为经验所不可或缺,但把现代化的先验认知不恰当地当成固化的经验则是错误的。尤其是掌握话语霸权的西方国家把自己发展模式当作唯一的现代化路径,将其他国家的探索打入另类加以排斥,话语霸权变成了文明霸道,文明冲突由此而频发。习近平指出:"现代化不是单选题。历史条件的多样性,决定了各国发展道路的多样性……在发展道路的探索上,照搬没有出路,模仿容易迷失,实践才出真知。一个国家的发展道路,只能由这个国家的人民,依据自己的历史传承、文化传统、经济社会发展水平来决定。"①中国共产党在中华大地上团结带领中国人民探索现代化,中国式现代化是一条适合本国国情的成功道路。

中国推进现代化建设也体现谋求国家强大的诉求,但中国强起来是世界之福、人类之幸。由于历史上一些国家发达起来后走上侵略他国的道路,"国强必霸"似乎成为必然的逻辑。长期以来,世界上对中国发展抱持各种看法,"国强必霸"逻辑的影响根深蒂固,一些国家由此产生偏见,别有用心地歪曲中华民族伟大复兴的伟大中国梦。还在中国尚未发展起来的时候,世界上就有这样的忧虑,"东南亚有些人担心中国实现四个现代化以后是否会称霸"②。随着改革开放以来中国快速发展的腾飞,西方一些国家更是视中国强大为对世界的威胁,采取各种手段加以攻击和打压,企图阻挡中华民族伟大复兴的前进步伐。习近平在许多国际会议上反复申明中国立场,驳斥"国强必霸"的逻辑。他指出:"面对中国的块头不断长大,有些人开始担心,也有一些人总是戴着有色眼镜看中国,认为中国发展起来必然是一种'威胁'",这完全是偏见,"中国不认同'国强必霸'的陈旧逻辑。"③习近平强调,几千年来,中华民族没有对外扩张的基因,和平融入了中华民族的血脉中,"数百年前,即使中国强盛到国内生产总值占世界百分之三十的时候,也从未对外侵略扩张",实现中华民族伟大复兴是"通过推动中国发展给世界创造更多机遇,通过深化自身实践探索人类社会发展规律并同世界各国共享"④。党的二十大报告指出:"中

---

① 《习近平外交演讲集》第一卷,中央文献出版社2022年版,第372—373页。
② 《邓小平年谱》第4卷,中央文献出版社2020年版,第355页。
③ 《习近平外交演讲集》第一卷,中央文献出版社2022年版,第115、118页。
④ 《习近平外交演讲集》第二卷,中央文献出版社2022年版,第24、91页。

国的发展是世界和平力量的增长，无论发展到什么程度，中国永远不称霸、永远不搞扩张。"①中国式现代化展示的特色和坚持的本质要求，就是对"国强必霸"逻辑的有力驳斥，它将用事实证明中国式现代化对世界的贡献价值。

习近平指出，观察中国发展"要看中国取得了什么成就，更要看中国为世界作出了什么贡献"，"中国共产党将团结带领中国人民深入推进中国式现代化，为人类对现代化道路的探索作出新贡献"②。中华民族为世界作出的重大贡献世所公认，近代中国因被现代化历史大潮淘汰出局而被世界边缘化，经济凋敝、生产力落后的情况下没有能力为世界作出大的贡献。新中国成立后，中国共产党为改变一穷二白的落后现状而不懈奋斗，不仅是为了创造人民生活更加美好的条件，也是为了不断提高中国这样一个大国为世界作贡献的能力。改革开放以来，随着中国综合国力日益强大，贡献世界的能力越来越强，作用越来越大。中国事实上已经成为对当今世界作出贡献最大的国家。据国家统计局《党的十八大以来经济社会发展成就系列报告之十三》显示，2013—2021年，中国对世界经济增长的平均贡献率达38.6%，超过七国集团成员国家贡献率的总和，是推动世界经济增长的第一动力。这是中国式现代化有益世界的证明，世界上很多国家尤其是发展中国家对中国提供的帮助感受深切。

当代中国为世界作出的贡献不仅是推动世界经济发展，在维护国际公平正义，推动构建新型国际关系，营造有利于发展的国际环境，参与全球治理体系改革和建设，推动建设持久和平、普遍安全、共同繁荣、开放包容、清洁美丽的世界等方面作出的不懈努力，形成为世界作出全方位贡献的实际表现。这个事实为认知中国式现代化的价值含量提供了一扇观察窗口。从为世界作更大更多贡献的角度看，中国式现代化远远超出了本国实践的意义。党的二十大把党团结带领人民成功走出中国式现代化与创造人类文明新形态相联系，是理论创新的重大成果。如果说古代中国以创造中华优秀文化为世界作出了重大贡献的话，那么，当代中国共产党和中国人民将以创造人类文明新形态为世界作出重大贡献。中国式现代化是中国共产党坚持马克思主义指导，推动中华优秀传统文化实现创造性转化、创新性发展的伟大实践，既符合时代要求，又彰显文化底蕴。历史发展总会有惊人的相似，但绝不是简单的重复。历史车轮转了一大圈，中华优秀传统文化的生命力在中国式现代化的伟大创举中激活，在创造人类文明新形态的世界贡献中绽放。中国式现代化道路的成功走通，将打破现代化长期定于一尊的格局，世界进程中现代文明

---

① 《中国共产党第二十次全国代表大会文件汇编》，人民出版社2022年版，第60—61页。
② 《习近平外交演讲集》第二卷，中央文献出版社2022年版，第1、557页。

将走出长期被狭窄化的发展新路,人类文明发展将开辟出一条富有创造性的途径。中国共产党团结带领中国人民深入推进中国式现代化,不仅拓展了发展中国家走向现代化的途径,而且为人类实现现代化提供了新的选择。在当代中国为世界所作出的各种贡献中,以中国式现代化创造人类文明新形态的分量最重。

综上所述,党的二十大以普遍性与特殊性相结合作出中国式现代化概念的内涵阐述,以五大特色形成中国式现代化的面相展示,以九个本质要求揭示中国式现代化的本质要求,以创造人类文明新形态表达中国式现代化贡献世界的价值含量,以完整的理论架构形成系统的理论体系。中国式现代化的理论创新为全党全国各族人民踔厉奋发、勇毅前行、团结奋斗指明了方向,为引领和保障中国特色社会主义巍巍巨轮乘风破浪、行稳致远提供了指南。以中国式现代化全面推进中华民族伟大复兴,以创造人类文明新形态为世界作出更大贡献,是一项任重道远的艰巨事业,"道阻且长,行则将至,行而不辍,则未来可期"[1]。发展的历史将证明、不远的未来将验证,中国人民和中华民族将以中国式现代化的辉煌成就屹立于世界。

第五节　中国共产党领导中国式现代化的使命任务[2]

在党的二十大论述中国式现代化的理论架构中,强调党的领导问题占有很重的分量。新时代十年来以习近平同志为核心的党中央在创新治国理政实践中,把坚持党的全面领导提高到前所未有的高度并在此基础上进一步把中国共产党领导有机地与中国式现代化的使命任务相结合,这具有重大理论创新意义。自18世纪60年代英国产业革命以来,世界各国探索现代化建设走过了200多年的历程。这个过程中,不仅现代化理论的知识体系发生了很大变化,而且现代化建设的实践样式日益丰富。中国共产党领导新中国走上现代化建设道路70多年,取得了举世瞩目的成就并以鲜明的特色打造出了自己的独特道路。党的二十大全面论述中国式现代化理论,既是对现代化建设在中国发展历史经验的总结,又是对以中国式现代化创造人类文明新形态更高目标的揭示。中国共产党领导成为中国式现代化的显著标识,为现代化样式创新提供了认知路径,为人类实现现代化提供了新的选择。

---

① 《习近平外交演讲集》第二卷,中央文献出版社2022年版,第404页。
② 原文载于《江西师范大学学报》2023年第1期,收入本书时文字略有修改。

一、历史和人民选择中国共产党作为现代化建设的领导核心

一件事情为什么会出现、怎样发生以及如何演变都具有自身的内在逻辑,马克思主义者称之为规律。规律具有客观性就是说它是不可违逆和难以改变的,凡符合规律的事情就能顺利发展,违背规律的事情必然遭遇失败。现代化在世界上的发生是由人类社会从传统农业型生产方式向近代工业化生产方式变革决定的。因此早期现代化常被定义为"近代化""工业化"而混同使用,人们的认知中,首先从经济现象开始的现代化历史叙事往往围绕机器、工厂、资本和市场等概念展开。

中国社会进入近代社会以1840年鸦片战争为标志,笼统地说现代化在中国的发生也以此为历史起点。但必须指出,近代中国的现代化历程与西方国家相比不仅存在时间先后的差距,而且还与蒙受外来侵略的民族耻辱下救国救亡运动相联系,"中国百年来之现代化运动,实是一雪耻图强的运动"[①]。强调这一点对认识现代化在中国的发生非常重要。如果说时间落差只是顺序先后问题的话,那么,以维系国家、民族生存为目的的现代化追求则构成实践场域的进入差异问题。这就决定着中国现代化历程从一开始就与西方现代化不一样的发生逻辑,也注定了中国现代化发展规律具有特殊性。

在中国共产党建立之前,近代中国现代化的追求集中于三条路径:一是军事技术的革新,主要表现为从提出"师夷长技"到洋务运动的掀起;二是工业商贸的革新,主要表现为从呼喊"自强求富"到实业救国的努力;三是政治制度的革新,主要表现为从要求君主立宪到建立中华民国的实践。这三条循序渐进的路径选择,很明显的特点是试图把西方现代化走过的路在中国重走一遍,但没有一条路径走成功了。原因何在? 中国共产党建立后反省鸦片战争以来的历史作出过许多分析和结论,毛泽东就对为什么"中国人向西方学得很不少,但是行不通,理想总是不能实现"[②]的问题进行了深刻思考,提出的答案很清楚:半殖民地半封建社会中国根本不具备搞现代化的条件。

从场域看,近代中国的现代化与西方现代化呈现截然不同的发生现象。我们注意到,理论研究者一般都把1640年英国资产阶级革命视为世界近代历史的开端,而英国产业革命发生在18世纪60年代。这两件相隔100多年的事情显示一个机理,即生产力变化的经济革命跟在制度变革的政治革命之后。换句话说,英国资产阶级革命为英国产业革命扫清了障碍,由此推动的现代化在西方国家成为一场自由、自发、自演的运动,以机器化大生产开路,资本和市场对现代化起着主导性作用。近代中国追求现代化走模仿西

[①] 罗荣渠、牛大勇:《中国现代化历程的探索》,北京大学出版社1992年版,第9页。

[②]《毛泽东选集》第4卷,人民出版社1991年版,第1470页。

方的路,却先学了它的"果"而缺乏"因"的基础。虽然1911年爆发的辛亥革命上演的实际就是英国资产阶级革命的旧剧,但中国资产阶级却把戏演砸了,一场结束了在中国延续两千年的封建君主专制制度的现代革命最终没有为中国现代化发展创造条件。近代中国历史进程回到了西方现代化发生逻辑的原点,必须首先解决政治革命问题才能创造现代化建设的条件。

1921年中国共产党的成立之所以被称为"开天辟地的大事变",就因为这是近代中国政治革命结出的重大成果。作为引领救亡运动的新组织,中国共产党在登上历史舞台后就亮出彻底反帝反封建的鲜明旗帜,走上一条与前人迥然不同的革命道路。中国共产党也表达了现代化的追求目标:把落后的农业国变为先进的工业国。但要想实现这个目标,首先必须推翻帝国主义、封建主义、官僚资本主义的统治。"中国的病根是由于帝国主义的列强之剥削操纵以及国内军阀之扰乱,非人民起来以革命的手段,外而反抗列强内而解除军阀之政权及武装,别的方法都是药不对症,白费力气。"①毛泽东指出:"没有一个独立、自由、民主和统一的中国,不可能发展工业。"②这揭示的正是中国现代化场域的政治背景。

近代中国社会演进的实践证明,救亡图存根本就不是经济革命能解决的。现代化的前提是民族独立的现代国家建构。救亡图存运动靠自由、自发、自演不可能获得成功。鸦片战争后中国人民奋起反抗,仁人志士奔走呐喊,进行了可歌可泣的斗争,但始终改变不了中国半殖民地半封建的社会性质和中国人民的悲惨命运,原因就在于缺乏抗争的组织性、思想的领导性和行动的整体性。无论是在晚清政府统治、北洋军阀统治,还是国民党统治下,陷于一盘散沙局面的中国社会形不成团结奋斗的合力。毛泽东指出:"帝国主义过去敢于欺负中国的原因之一,是中国各民族不团结。"③邓小平也说:"过去帝国主义欺侮我们,还不是因为我们是一盘散沙?"④中国共产党取得胜利的密钥之一就是成功地把中国社会拧成一股绳,使几亿、十几亿人民创造历史伟业的实践成为有领导、有组织、有目标的统一行动。因此,中华人民共和国成立后的现代化建设体现的是民族集体愿望和国家整体意志,而中国共产党则在历史和人民的选择中成为表达民族集体愿望和体现国家整体意志的领导核心。

党的十九届六中全会审议通过的历史决议,系统总结了党的全部实践,精辟揭示了

①《建党以来重要文献选编(一九二一——一九四九)》第2册,中央文献出版社2011年版,第109页。
②《毛泽东选集》第3卷,人民出版社1991年版,第1080页。
③《毛泽东文集》第6卷,人民出版社1999年版,第211页。
④《邓小平文选》第三卷,人民出版社1993年版,第197页。

百年奋斗十条历史经验,第一条就是"坚持党的领导",指出"中国人民和中华民族之所以能够扭转近代以后的历史命运、取得今天的伟大成就,最根本的是有中国共产党的坚强领导"①。这个来自实践、经过事实验证的重大结论,为全面认识中国共产党领导提供了贯穿历史的知识路径。近代政党是民族国家建构的产物,作为组织型的政治集团,政党诞生后就与国家形成互动的内在关系。当今世界,政党政治成为各国普遍实行的国家体制,虽然存在政治和政党制度性质、形式、特征等方面的显著差异,但绝大多数国家都采取由政党执政的政治运行模式。中国共产党在帝国主义、封建主义统治下诞生,近代中国社会发展逻辑演绎了中国共产党主导现代国家建构的历史机理,中国人民在反复比较、无数检验中选择中国共产党作为领导现代化建设的核心力量。

二、中国共产党领导现代化建设的历史担当

党的二十大报告指出:"在新中国成立特别是改革开放以来长期探索和实践基础上,经过十八大以来在理论和实践上的创新突破,我们党成功推进和拓展了中国式现代化。"②这个论述,明确中国式现代化以新中国为起点,形成贯穿70多年探索的大背景,为认识中国式现代化提供了大历史观的视野。

任何实践都不是无根之木、无源之水的突然发生,有长期探索的历史实践才有中国式现代化理论体系的系统建构。毛泽东强调,不讲历史,就没有说服力。就使命担当而言,从习近平揭示实现中华民族伟大复兴的百年奋斗实践主题,到党的二十大提出以中国式现代化全面推进中华民族伟大复兴,内在的理论逻辑提升了党团结带领人民新时代新征程奋斗目标的思想境界。中国共产党以"全面建成社会主义现代化强国、实现第二个百年奋斗目标,以中国式现代化全面推进中华民族伟大复兴"为中心任务,连通了党的百年奋斗实践主题与中国式现代化重大命题的历史发展脉络,而坚持党的领导则成为推进现代化建设的一条历史主线。

中国共产党成立后,以争取民族独立、人民解放为民主革命奋斗目标,深度参与民族独立的现代国家建构过程中。在新中国成立之前,中国共产党虽然不具有全国的执政地位,但党的领导是客观事实。建党之初和大革命时期,"领导全国反帝反封建伟大斗争,掀起大革命高潮";土地革命时期,中国共产党"独立领导革命战争",创建人民军队,武装夺取政权;抗日战争时期,"领导八路军、新四军、东北抗日联盟和其他人民抗日武装英勇作战,成为全民族抗战的中流砥柱";解放战争时期,"党领导的人民军队在人民支持下,

---

① 《十九大以来重要文献选编》下,中央文献出版社2023年版,第533页。
② 《中国共产党第二十次全国代表大会文件汇编》,人民出版社2022年版,第18页。

以一往无前的英勇气概同穷凶极恶的敌人进行殊死斗争,为夺取新民主主义革命胜利建立了历史功勋"①。新民主主义革命时期,中国共产党团结带领中国人民一步步走向胜利,为拉开中国现代化建设历史帷幕做了充分准备。

中华人民共和国成立后,中国共产党开始全面执政。1954年毛泽东提出"领导我们事业的核心力量是中国共产党"②。"党领导人民战胜政治、经济、军事等方面一系列严峻挑战";"党领导建立和巩固工人阶级领导的、以工农联盟为基础的人民民主专政的国家政权";"党领导人民完成社会深刻变革,确立社会主义革命,消灭一切剥削制度";党领导人民开展社会主义建设,"实现了一穷二白、人口众多的东方大国大步迈进社会主义社会的伟大飞跃。"③在现代国家建构过程中,中国共产党以坚强有力的领导彰显了强大的执政能力,赢得了广大人民群众对党的全面领导的思想认同、政治支持和实践遵守。

1978年底党的十一届三中全会作出改革开放重大抉择,深刻反省历史,解放思想,锐意进取,以坚持党的领导为保证,闯出了一条中国特色社会主义新路。党领导人民进行经济建设、政治建设、文化建设、社会建设展现了现代化建设崭新格局。在"摸着石头过河"的艰辛探索中,党的历届领导人顶住一切内外压力排除各种思想疑惑的困扰,把坚持以经济为中心与推进政治体制改革相结合,对加强党的领导作出一系列论述,提出许多重要思想。邓小平把坚持党的领导作为四项基本原则之一,提出必须"更好地改善党的领导加强党的领导","我们人民的团结,社会的安定,民主的发展,国家的统一,都要靠党的领导"④。江泽民指出"任何削弱、淡化党的领导的想法和做法都是错误的"⑤。胡锦涛指出"坚持中国特色社会主义政治发展道路,关键是要坚定不移地坚持党的领导、人民当家作主、依法治国有机统一。党的领导是人民当家作主和依法治国的根本保证"⑥。正是在始终坚持党的领导下中国特色社会主义"实现了从温饱不足到总体小康、奔向全面小康的历史性跨越,推进中华民族从站起来到富起来的伟大飞跃"⑦。

2012年党的十八大以来,中国特色社会主义进入新时代。以习近平同志为核心的党中央继往开来,在治国理政创新实践中把坚持党的全面领导提升到前所未有的高度,

---

①《十九大以来重要文献选编》下,中央文献出版社2023年版,第489—491页。

②《毛泽东文集》第6卷,人民出版社1999年版,第350页。

③《十九大以来重要文献选编》下,中央文献出版社2023年版,第493—496页。

④《邓小平文选》第2卷,人民出版社1994年版,第340、342页。

⑤《江泽民文选》第1卷,人民出版社2006年版,第112页。

⑥《胡锦涛文选》第3卷,人民出版社2016年版,第74页。

⑦《十九大以来重要文献选编》下,中央文献出版社2023年版,第502页。

使党的全面领导制度优势得到充分发挥。习近平以强烈的责任心和使命感思考党的全面领导问题，作出的重要论述体现了思想的彻底性。习近平提出一系列具有原创性的观点，如"改革开放任务越繁重，越要加强和改善党的领导，越要确保党始终成为中国特色社会主义事业的坚强领导核心"；"坚持党的领导，发挥党总揽全局、协调各方的领导作用，是我国社会主义市场经济体制的一个重要特征"；"加强党对经济工作的领导"；"党的领导和社会主义法治是一致的"；"坚持党对新闻舆论工作的领导"；"坚持党对国有企业的领导是重大政治原则"；"加强党对深化党和国家机构改革的领导"；"坚持党对国家安全工作的绝对领导"；"党的全面领导要靠党的坚强组织体系去实现"；"加强党对教育工作的全面领导是办好教育的根本保证"①；等等。这些重要观点鲜明体现了"党领导一切"的统领作用，全面领导就是全方位、全覆盖、全角落的领导，党和国家事业的各个领域、各个方面不能存在脱离党的领导的盲区，也不允许在坚持党的领导上搞灵活性、变通性、选择性，这是现代化建设始终沿着正确方向发展的根本保证。

习近平指出："如果没有中国共产党领导，我们的国家、我们的民族不可能取得今天这样的成就，也不可能具有今天这样的国际地位。"②党团结带领全国人民创造新民主主义革命的伟大成就，创造社会主义革命和建设的伟大成就，创造改革开放和社会主义现代化建设的伟大成就，创造新时代中国特色社会主义的伟大成就，凝结着坚持党的领导的历史经验。党通过百年不懈奋斗，团结带领人民成功走出了一条中国式现代化道路，创造了人类文明新形态。

三、中国共产党领导中国式现代化的实践优势

理论逻辑与实践逻辑相一致，坚持党的全面领导以保证中国式现代化成功推进和拓展的显著优势，在党团结带领中国人民不懈奋斗中得到充分证明。作为现代化后发追赶型国家，我国为什么能在短短几十年的时间里完成西方国家几百年的工业化进程？为什么能以大踏步赶上时代的前进足迹成功推进和拓展中国式现代化？最有说服力的答案就是有马克思主义先进政党的坚强领导。这是世界上其他现代化国家所不具有的最大中国特色。党的二十大论述了中国式现代化的五大特色，体现基于自己国情的现代化创造性内容。中国共产党领导作为中国式现代化的本质要求加以揭示突出了统领意义。党的领导同样彰显中国特色，习近平总书记强调"中国最大的国情就是中国共产党的领

---

① 习近平：《论坚持党对一切工作的领导》，中央文献出版社2019年版，第5—6、7、13、44、127、148、233、245、259、277页。

② 《习近平谈治国理政》第二卷，外文出版社2017年版，第20页。

导"[1]。从根本上说中国式现代化的特色就是以坚持中国共产党领导打造出来的。发挥好中国共产党领导的实践优势，是中国式现代化获得成功的前提条件。

中国共产党领导中国式现代化形成坚持正确方向和正确道路的实践优势。近代中国先进人士追求现代化的努力遭遇失败命运，帝国主义和封建主义的统治是根本原因，但也与找不到正确方向和道路有关。方向决定道路，道路决定命运。中国共产党领导革命、建设、改革和新时代实践的发展逻辑，决定了中国现代化因方向和道路的正确选择而改变的历史命运。从中国共产党建立起，中国现代化建设的发生、演进和创新发展都与方向和道路选择紧密联系在一起。方向对了，道路正了，即使在实践探索中遭遇挫折，也不会犯颠覆性的错误；即使在某些时段党和国家事业受到损失，也不会动摇发展的根基。新时代新征程充分发挥中国共产党领导的实践优势，是中国式现代化推进中既不走封闭僵化老路，也不走改旗易帜邪路的根本保证。

中国共产党领导中国式现代化形成为行动统一奠定思想基础的实践优势。当代中国现代化作为体现国家意志的整体行动，以全体人民共同参与、协力奋斗、步调一致为力量支撑。人口规模巨大的现代化不仅体现数量含义，更包含现代化发展途径和推进方式的要求。把发展全过程人民民主作为中国式现代化的一个本质要求，就是以现代民主的政治途径和政治方式，动员、组织、促进广大人民群众参与中国式现代化建设。中国共产党领导中国式现代化的力量在人民，共产主义远大理想和中国特色社会主义共同理想构成全党全国各族人民统一思想、统一意志、统一行动的实践基础，全体中华儿女心往一处想、劲往一处使，中国式现代化深入发展的强大力量就源源不绝，以中国式现代化全面推进中华民族伟大复兴的前进步伐就强劲无比。

中国共产党领导中国式现代化具有制度提供根本遵循的实践优势。制度在人类文明发展中具有文明形态的意义，中国式现代化与西方现代化的差异最根本的体现就是国家和社会制度不同。由于现代化发生最初表现的逻辑是建立在资本主义制度基础上，西方国家又长期掌握着现代化话语霸权，形成现代化与资本主义制度模式相勾连的假象。中国共产党团结带领中国人民成功走出中国式现代化道路的创新实践表明，"世界上既不存在定于一尊的现代化模式，也不存在放之四海而皆准的现代化标准"[2]。二十世纪三四十年代，苏联就以社会主义制度创造出现代化建设的显著成就，虽然苏联于1991年解体，但当时的现代化建设实践对于打破只有资本主义才能搞现代化的逻辑还是具有历

---

① 习近平：《论坚持党对一切工作的领导》，中央文献出版社2019年版，第57页。
②《习近平谈治国理政》第四卷，外文出版社2022年版，第123页。

史意义。中国现代化建设发展历程中,中国特色社会主义制度沿着体系建构的路径发展,在严密完整的科学制度体系中,具有统领地位的是党的领导制度,中国共产党领导是根本领导制度。从某种意义上说,中国式现代化最大的突破就是:以坚持中国共产党的全面领导,使中国式现代化成为中国特色社会主义制度的实践成果,通过创造人类文明新形态的伟大壮举,否定了现代化模式定于一尊的刻板思维。

中国共产党领导中国式现代化具有促进国家治理现代化的实践优势。生产力驱动的现代化引起生产关系变革,国家治理现代化本是现代化的应有之义,却往往被有意或无意地忽视了。中国特色社会主义进入新时代,党中央鲜明地提出"国家治理现代化"重大命题,体现了思想认识的飞跃。2013年党的十八届三中全会提出"坚持和完善中国特色社会主义制度、推进国家治理体系和治理能力现代化"的改革开放总目标。2019年党的十九届四中全会对深入推进国家治理现代化作出全面部署,形成治国理政创新发展的顶层设计,以制度体系的长处彰显国家治理的比较优势,成为党团结带领人民成功推进和拓展中国式现代化的实践亮点。推进国家治理体系和治理能力现代化,形成中国共产党领导、中国特色社会主义制度与国家治理相统一的发展逻辑,确保党的全面领导以制度体系为保证得到落实,促进制度优势转化为治理效能,使政治优势、制度优势、治理优势相辅相成,共同作用于中国式现代化。

四、中国共产党领导中国式现代化的主要经验

党的二十大提出的中国式现代化的理论创新成果,是党团结带领人民艰辛奋斗的经验结晶。邓小平指出:"我们现在所干的事业是一项新事业,⋯⋯没有现成的经验可学。"[1]党的十九届六中全会全面总结党的百年奋斗历史实践,凝练概括了十条历史经验,这"是经过长期实践积累的宝贵经验,是党和人民共同创造的精神财富,必须倍加珍惜、长期坚持,并在新时代实践中不断丰富和发展"[2]。党的百年奋斗历史经验同中国现代化建设经验是相通的,党团结带领人民成功走出中国式现代化道路,正是党的百年奋斗历史经验的坚持和运用。

第一,以坚持党的全面领导为中国式现代化的根本遵循。坚持党的领导是党的百年奋斗具有首要地位的历史经验。党的二十大提出中国式现代化必须遵循的九个本质要求,"坚持中国共产党领导"居于首位;提出全面建设社会主义现代化国家新征程前进道路上必须牢牢把握的五项重大原则,"坚持和加强党的全面领导"居于首位,突出了根本

---

①《邓小平文选》第三卷,人民出版社1993年版,第258页。
②《习近平谈治国理政》第四卷,外文出版社2022年版,第27页。

遵循的意义。人口规模巨大的国家搞现代化,有没有一个高度权威的领导核心是关键。推进现代化全面地、协调地发展和处理好现代化发展方方面面的关系,集中统一领导是关键。习近平指出"我们推进各方面制度建设、推动各项事业发展、加强和改进各方面工作,都必须坚持党的领导"①,要"把党的领导落实到国家治理各领域各方面各环节"②。坚定不移走好坚持党的全面领导的必由之路,是坚持党的百年奋斗历史经验的要求,也是继续丰富和发展中国式现代化的规定。

第二,以坚持人民至上为中国式现代化的实践取向。党的百年奋斗"坚持人民至上"的历史经验,体现在中国式现代化的建设上,就是实现好、维护好、发展好人民根本利益,不断为人民创造更加美好的生活。中国式现代化是人民共享的现代化,党的二十大揭示"全体人民共同富裕""物质文明和精神文明相协调""人与自然和谐共生"的中国式现代化特色,概括"实现高质量发展""发展全过程人民民主""丰富人民精神世界"等本质要求,都体现了坚持以人民为中心的发展理念融入中国式现代化的建设之中。"人民是党执政兴国的最大底气"③,人民是创造中国式现代化历史伟业的最大力量。坚持人民至上的实践取向,中国式现代化才能沿着为了人民、依靠人民、造福人民的正确轨道不断向前推进。

第三,以坚持独立自主为中国式现代化的必由之路。不能独立就只能仰人鼻息,不能自主就只能任人摆布。半殖民地半封建社会的中国,倍受缺乏独立自主能力的痛苦。中国共产党领导人民推翻帝国主义和封建主义统治的一个重大意义就是为现代化建设提供了独立自主的保证。"独立自主是中华民族精神之魂,是我们党立党立国的重要原则。"④中国有着五千多年文明史、人口规模达14亿多人,不可能有什么人告诉这样一个国家怎样搞现代化,没有可以奉为金科玉律的教科书,也没有可以对中国人民颐指气使的教师爷。各国现代化经验值得我国借鉴汲取,但只有坚持独立自主才能走出属于自己的成功之路。

第四,以坚持中国道路为中国式现代化的前进定力。党的百年奋斗扭转和改变中国命运取决于两条道路的抉择:一条是新民主主义革命道路,一条是中国特色社会主义道路。这两条道路都是中国共产党人在把马克思主义基本原理同中国具体实际相结合、同中华优秀传统文化相结合过程中的创造发明。走通前一条道路赢得了中国革命胜利,为

①《十九大以来重要文献选编》中,中央文献出版社2021年版,第306页。
②《习近平谈治国理政》第三卷,外文出版社2020年版,第125页。
③《十九大以来重要文献选编》下,中央文献出版社2023年版,第534页。
④《十九大以来重要文献选编》下,中央文献出版社2023年版,第535页。

现代化建设创造了政治条件。开创后一条道路摆脱了僵化思想的束缚,闯出了现代化建设的新天地。党的二十大提出"坚持中国特色社会主义"的本质要求,是对中国式现代化前进定力的揭示。中国式现代化的理论逻辑就是现代化道路的中国化,坚定不移走中国道路才能创造出现代化特色的中国化。

第五,以坚持胸怀天下为中国式现代化的世界面相。现代化的普遍性体现各国现代化的世界意义,现时代全球化的历史大势更加凸显现代化把世界连成一体。党的二十大运用普遍性与特殊性关系的辩证原理,阐明"中国式现代化,是中国共产党领导的社会主义现代化,既有各国现代化的共同特征,更有基于自己国情的中国特色"①的含义,揭示"走和平发展道路"的中国式现代化特色,概括"推动构建人类命运共同体""创造人类文明新形态"的中国式现代化的本质要求,显示了中国式现代化的世界面相。把坚持胸怀天下的历史经验与中国式现代化相联系,表明党团结带领人民在中国大地进行的现代化不仅基于自身发展进步的要求,而且也是为造福世界和推动人类社会发展作出中国贡献。

第六,以坚持开拓创新为中国式现代化的不竭动力。现代化是一个不断创新的事业,没有创新就没有进步,什么是现代化、怎样搞现代化、如何创新现代化,世人的认识发展不断丰富着知识体系。党的二十大报告全面论述中国式现代化的理论,坚持开拓创新,构建起认知现代化新的知识体系,在人类思想史上达到了先进水平。对一个国家、一个民族来说,创新是发展进步的不竭动力,党的百年奋斗取得的所有成就都是坚持开拓创新的历史性收获。党团结人民奋力开拓,不断推进理论创新、实践创新、制度创新、文化创新和其他各方面创新,走出了一条中国式现代化道路。以坚持开拓创新为不竭动力,中国式现代化永远不会停止前进的步伐,党和人民也将在不断开拓创新中收获更多更大的成果。

五、深入推进新时代新征程中国式现代化的创造性发展

党的二十大报告指出:"全面建设社会主义现代化国家,是一项伟大而艰巨的事业,前途光明,任重道远。"②习近平要求全党必须"深刻把握中国式现代化的中国特色和本质要求,牢牢掌握我国发展主动权","要拓展世界眼光,坚持对外开放,积极学习借鉴世界各国现代化的成功经验,在交流互鉴中不断拓展中国式现代化的广度和深度"③。新

---

① 《中国共产党第二十次全国代表大会文件汇编》,人民出版社2022年版,第18页。
② 《中国共产党第二十次全国代表大会文件汇编》,人民出版社2022年版,第21页。
③ 习近平:《为实现党的二十大确定的目标任务而团结奋斗》,《求是》2023年第1期。

时代新征程的奋斗号角已经吹响,不断拓展广度和深度实现中国式现代化创新发展,是胜利完成中国共产党使命任务的目标指向。

第一,必须全面贯彻习近平新时代中国特色社会主义思想,用马克思主义中国化时代化的最新成果凝心铸魂,为不断拓展中国式现代化的广度和深度提供科学理论指导。中国式现代化道路是在中国共产党人坚持把马克思主义基本原理同中国具体实际相结合、同中华优秀传统文化相结合的历史实践中走出来的,马克思主义中国化时代化实现的一次次伟大飞跃推动现代化建设不断前进。党的十八大以来,以习近平同志为核心的党中央从国内外形势新变化和实践新要求出发,从理论和实践的结合上深入回答党和国家事业发展、党治国理政的一系列重大时代课题,着眼解决新时代改革开放和社会主义现代化建设的实际问题,孕育诞生了习近平新时代中国特色社会主义思想。这个新时代新思想是当代中国马克思主义、二十一世纪马克思主义,是中华文化和中国精神的时代精华。在党的全面领导下不断拓展中国式现代化的广度和深度,最重要的是把全党全国各族人民的思想、意志、行动统一到习近平新时代中国特色社会主义思想上来。把握好习近平新时代中国特色社会主义思想的世界观和方法论,坚持好、运用好贯穿其中的立场观点方法,对不断拓展中国式现代化的广度和深度具有重大意义。

第二,必须加强百年大党的革命性锻造,把全面从严治党和党的自我革命两个"永远在路上"相统一,以建设强大政党为目标,确保中国共产党始终成为引领中国式现代化深入发展的坚强领导核心。党的二十大对推进新时代党的建设新的伟大工程作出新的部署,强调"全面建设社会主义现代化国家、全面推进中华民族伟大复兴,关键在党",要求"全党必须牢记,全面从严治党永远在路上,党的自我革命永远在路上"①。新时代全面从严治党是党坚持自我革命的生动实践,勇于自我革命是全面从严治党取得历史性成就的制胜法宝,两个"永远在路上"的宣示,表达了把新时代党的建设新的伟大工程不断向纵深推进的坚强意志和坚定决心。中国式现代化事业是党领导伟大社会革命的重要组成部分,新时代新征程以党的自我革命引领社会革命,要求时刻保持解决大党独有难题的清醒和坚定,牢记"三个务必",在不断提高党的建设质量创新实践中淬炼党性,在不断拓展中国式现代化的广度和深度的伟大实践中展示世界最强政党的担当和作为。

第三,必须走好团结奋斗的必由之路,铸牢中华民族共同体意识,凝聚起14亿多人民和56个民族共创中国式现代化历史伟业的磅礴力量。团结就是力量,团结才能胜利。凝聚力体现团结,战斗力来自团结,创造力迸发于团结。中国共产党在团结带领人民共

---

① 《中国共产党第二十次全国代表大会文件汇编》,人民出版社2022年版,第52、53页。

同奋斗中走过了一百年的路,中国人民整体迈入现代化必然呈现大团结的全面性景象。新征程是充满光荣和梦想的远征,也是披荆斩棘、上下求索的历程。铸牢中华民族共同体意识,在党的领导下不断巩固全国各民族大团结,加强海内外中华儿女大团结,形成同心共筑中国梦的强大合力,是不断拓展中国式现代化的广度和深度的必然要求。

第四,必须统揽"两个大局",主动识变应变求变,充分发挥好在我们这边的"时"和"势",把握住以中国式现代化全面推进中华民族伟大复兴的机遇。世界百年未有之大变局,以世界之变、时代之变、历史之变的方式展开为特点深度演化,中华民族伟大复兴战略全局,以进入不可逆转的历史进程为趋势向前推进。中华民族伟大复兴深刻影响世界百年未有之大变局的走向,世界百年未有之大变局增强中华民族伟大复兴的自觉。"两个大局"的逻辑关系意味着我国发展面临重大战略机遇。在统筹"两个大局"中,把有利于我们这边的"时"与"势"最大限度地发挥出来,以世界眼光关注人类的前途命运,以正确认识和处理同外部世界的关系实现中国的光明前景。中国人民和中华民族将以中国式现代化的历史伟业赢得世界的认同和尊重。

第五,必须提高应对重大风险挑战的能力,发扬斗争精神,在不确定因素日益增多的情况下把中国发展进步的命运牢牢掌握在自己手里。党的二十大号召为全面建成社会主义现代化强国而奋斗,意味着把中国人民和中华民族的命运与中国式现代化挂上了钩。新中国成立以来,党团结带领人民在建设一个新世界的历史实践中,"坚持把国家和民族发展放在自己力量的基点上,坚持把中国发展进步的命运牢牢掌握在自己手中"[1],表现了命运不为别人掌控的高度自觉。当今世界面临风险挑战的严峻程度是空前的,不确定因素日益增多的新情况赋予风险社会以新的内涵。不断拓展中国式现代化的广度和深度,伴随着风高浪急有时甚至是惊涛骇浪的重大考验,务必敢于斗争、善于斗争,使中国式现代化的发展进程不受任何干扰的影响。

第六,必须坚定历史自信,增强历史主动,把打造特色与遵循规律相统一,彰显中国式现代化的人类文明新形态创造性意义。以西方国家为发端的现代化,如今已经成为世界各国的普遍追求,因而形成规律性的发展。中国共产党团结带领人民进行现代化建设坚持打造中国特色,并非代表中国式现代化违背现代化普遍规律而另行其是。习近平指出:"中国式现代化既切合中国实际,体现了社会主义建设规律,也体现了人类社会发展规律。"[2]这就把特色打造与规律遵循有机地统一起来,从而使中国式现代化建立在符合

---

①《中国共产党第二十次全国代表大会文件汇编》,人民出版社2022年版,第22页。

②《十九大以来重要文献选编》中,中央文献出版社2021年版,第825页。

现代化客观规律的基础之上。准确地说,中国式现代化闯新路而不蹈旧路,是另辟蹊径而不是另搞一套。成功走出中国式现代化道路坚定了党和人民的历史自信,不断拓展中国式现代化的广度和深度要求不断增强历史主动。"主动权是一个极端重要的事情。主动权,就是'高屋建瓴'、'势如破竹'。"①历史大势驱动世界各国都把现代化作为追求目标,增强历史主动,在遵循现代化发展规律中坚持走自己的路,是中国式现代化创造人类文明新形态的价值体现。

党的二十大报告指出:"今天,我们比历史上任何时期都更接近、更有信心和能力实现中华民族伟大复兴的目标,同时必须准备付出更为艰巨、更为艰苦的努力。"②中国共产党百年奋斗交上了一份没有辜负历史和人民的优异答卷,百年大党风华正茂再出发,以中国式现代化全面推进中华民族伟大复兴,是满足历史要求和人民期待而要拿出的又一份答卷。中国共产党只有不断拓展中国式现代化的广度和深度,才能引领和保障中国特色社会主义乘风破浪、行稳致远。

第六节　中国式现代化本质要求的三个维度解析③

党的二十大在政治上、理论上、实践上取得了一系列重大成果,构建中国式现代化理论体系就是其中之一。大会报告全面系统论述了中国式现代化理论,在精辟论述中国式现代化概念涵义和全面揭示中国式现代化特色的基础上,第一次科学概括了中国式现代化的本质要求。习近平指出:"这个概括是党深刻总结我国和世界其他国家现代化建设的历史经验,对我国这样一个东方大国如何加快现代化在认识上不断深入、战略上不断成熟、实践上不断丰富而形成的思想理论结晶,我们要深刻领会、系统把握,特别是要把这个本质要求落实到各项工作之中。"④本书拟从三个维度对中国式现代化的本质要求进行思考和作出阐述,以期从理论上加深认识,从而更好地把全党全国人民的思想统一到党的二十大作出的重大部署上来,遵循中国式现代化的本质要求,为实现新时代新征程党的使命任务团结奋斗。

①《毛泽东文集》第8卷,人民出版社1999年版,第197页。
②《中国共产党第二十次全国代表大会文件汇编》,人民出版社2022年版,第23页。
③原文载于《中国浦东干部学院学报》2023年第2期,收录本书时文字略有修改。
④习近平:《在二十届中央政治局第一次集体学习时的讲话》,《求是》2023年第1期。

一、维度之一:现代化建设的政党主导推进与国家意志统合

党的二十大论述中国式现代化理论有一个鲜明特点,即把现代化发展与政党领导紧密相联,揭示国家建设的内在规律。具体体现在三个方面,一是明确中国式现代化"是中国共产党领导的社会主义现代化",二是把"坚持中国共产党领导"摆在中国式现代化的本质要求首位加以突出强调,三是提出"坚持和加强党的全面领导"是中国式现代化前进道路上必须牢牢把握的第一个重大原则。这三个创新点具有十分重要的意义。中国现代化建设在政党领导下推进,现代化的中国特色在政党领导下打造,这是认识和把握中国式现代化思想和实践创新发展的基点。

历史总是以一定的方式打开,世界进程以动态的变化更新。现代化是人类社会从传统形态向现代形态转型的一场深刻变革,成为世界进入近代历史发展阶段的标志。现代化的发生源于生产力变革的推动,1640年英国先是以资产阶级革命推进制度变革,接着于18世纪60年代掀起产业革命,机器化生产引发的生产关系变革拉开了世界进入现代社会的历史帷幕。这种机器化大工业"首次开创了世界历史"[①]。马克思、恩格斯在合著的《共产党宣言》中指出:"资产阶级,由于开拓了世界市场,使一切国家的生产和消费都成为世界性的了",不仅物质产品在世界范围流通,而且连各民族的精神产品都变成了世界性的公共财产,"民族的片面性和局限性日益成为不可能,于是由许多种民族的和地方的文学形成了一种世界的文学"。在他们看来,资产阶级不仅创造了比过去一切世代创造的全部生产力还要多还要大的生产力,而且"把一切民族甚至最野蛮的民族都卷到文明中来了……它迫使一切民族——如果它们不想灭亡的话——采用资产阶级的生产方式;它迫使它们在自己那里推行所谓的文明,即变成资产者"[②]。这样的历史场景生成了现代化的认知逻辑。

作为由经济现象发生的现代化带有自发性的原始特点,资本+市场的逻辑演绎了现代化先期发展的轨迹。从词语上理解,经济学意义上的"资本"代表财富的一种承载形式,原本是个中性概念,但现代化的发轫却使资本带有特殊含义。马克思说:"资本来到世间,从头到脚每个毛孔都滴着血和肮脏的东西。"这句尖锐而深刻地揭露资本主义的名言,为认识早期现代化道路的开辟提供了知识来源。"市场"代表人们进行交换的一种实现机制,原本也没有褒贬之意,但现代化的早期发动则使市场充当了肆意掠夺的工具。因此,资本和市场在现代化发展中赋予了特别的含义。

---

① 《马克思恩格斯选集》第一卷,人民出版社2012年版,第194页。
② 《马克思恩格斯选集》第一卷,人民出版社2012年版,第404页。

西方资本主义发展把资本追逐利润的本性推演到无以复加的地步,把市场扩张占领的野蛮发挥至淋漓尽致的程度。一些国家通过战争、殖民、掠夺等方式进行原始资本积累,扩张海外市场,侵占别国利益,以此实现的现代化损人利己、充满血腥罪恶。毫无疑问,现代化以文明的长足进步给人类带来诸多福祉,但加剧国家之间的矛盾和利益冲突,挑起民族之间的争斗和关系紧张,制造国际社会公平正义的张力,等等,使现代化成为一把双刃剑。几百年来,人们在享受现代化红利效应的同时,也品尝着利益被剥夺的痛苦。因此,世人对现代化评价不一,一些学者研究"现代社会病",提出"现代化陷阱"问题,厌恶物欲横流导致道德沦丧的社会现象,思想史上还有反现代化的思潮萌动。这虽非历史主流,但也从一个侧面反映现代化确实存在负面的效应。

习近平指出:"一些老牌资本主义国家走的是暴力掠夺殖民地的道路,是以其他国家落后为代价的现代化。"①历史证明,现代化发展使许多国家深受其害,尤其是给广大发展中国家带来深重苦难。我国不走这条老路,根本原因并非历史条件不允许,而是因为中国现代化建设从一开始就以中国共产党为领导,这就注定了现代化在中国的发展道路和推进方式与西方现代化迥然不同。现代化理论研究中,学者把中国的现代化用后发追赶作为类型进行概括,体现时间先后的落差。必须指出,现代化在中国的发生不仅滞后于世界现代化的进程,更重要的是作为西方现代化国家掠夺的对象,半殖民地半封建社会中国根本不具备进行现代化建设的条件。在中国共产党诞生之前,近代中国人尝试走西方现代化国家的老路,进行的各种努力都以失败而告终。对挣扎在水深火热之中的中国人民来说,现代化只是一种念想,不具有现实可能性。

追溯历史,现代化进入中国人的视野从中华民族遭遇由盛而衰的历史转折开始,西方帝国主义的对华侵略使拥有几千年文明历史的中国被世界边缘化,这样的大变局促使中国人反省。"鸦片战争之后,中国人民和无数仁人志士不屈不挠,苦苦寻求中国现代化之路。"②以林则徐、魏源等人为代表的先进中国人,在睁开眼睛看世界之初把"船坚炮利"作为仿效目标,提出"师夷之长技以制夷"的主张,就是追求现代化的开始。此后的历史演进中,各种政治力量、团体和政党通过发展工商业寻觅"求强自富"之路,通过政治体制改良和革命促使国家现代化转型,但都没能如愿以偿,热切的现代化诉求在实践中一次次化为泡影,即使取得一些成绩也微不足道。"在一个半殖民地的、半封建的、分裂的中国里,要想发展工业,建设国防,福利人民,求得国家的富强,多少年来多少人做过这种

---

① 《十九大以来重要文献选编》中,中央文献出版社2021年版,第825页。
② 《十九大以来重要文献选编》中,中央文献出版社2021年版,第822页。

梦,但是一概幻灭了","没有一个独立、自由、民主和统一的中国,不可能发展工业。"①这是以毛泽东同志为主要代表的中国共产党人悟出的一个道理,近代中国的现代化追求因这样的觉醒而发生实践的转向。中国共产党另辟蹊径,团结带领中国人民走上了一条全新的现代化建设道路。中国共产党建立后,"团结带领中国人民所进行的一切奋斗,就是为了把我国建设成为现代化强国,实现中华民族伟大复兴"②。从领导中国革命、建设、改革,到新时代中国特色社会主义实践,党团结带领人民一百多年的奋斗在从根本上扭转中国人民前途命运的同时,成功走出了一条中国式现代化的道路。

与西方国家以资本+市场为中心的发展逻辑不同,中国的现代化体现两个鲜明特点。一是在政党主导下不断推进,二是以国家意志形成统合。前一个特点彰显中国共产党在现代化建设中的领导核心角色,后一个特点表明中国现代化建设以国家意志形成集体行动。这两个鲜明特点是由近代中国社会演进的政治发展逻辑决定的,在帝国主义和封建主义统治下,政治力量的有效介入并发挥主导作用,既决定着救国救亡运动的成败,也决定着现代化建设前途命运的抉择。在领导中国革命的实践中,中国共产党明确表达了推动中国从落后的农业国向先进的工业国转变的奋斗目标,但前提是实现民族独立、国家统一、人民解放。缺乏这个前提,现代化建设就无从谈起。由此而言,政治革命为经济革命开路,生产力变革靠政治变革引领,成为近代中国社会独特的发展逻辑。这个逻辑在中国现代化历史进程上的演绎,形成政党主导推进和国家意志统合的发展规律,中国式现代化的成功创造以政党主导推进和国家意志统合为保证。

在历史演进的很长时间里,与现代化早期发生的事实有关,人们关注现代化主要聚焦物的层面上,更多地把它视为一种经济现象与生产力相联系。这样的认知在一定意义上符合现代化的规律,因为生产力变革正是现代化的驱动力,物质财富创造成为现代化的标识。中国共产党把解放和发展生产力作为社会主义的根本任务,不断推动生产力发展的努力伴随着党推进中国现代化建设的全过程,正是遵循了现代化的发展规律。然而随着实践的深入发展,现代化变革的综合作用和全面影响越来越凸显出来,局限于物质层面创造财富的认知难以反映现代化的诉求。中国共产党始终从政治高度认识经济建设,相应形成的话语是中国的现代化建设必须坚持社会主义方向。这不仅揭示了中国现代化建设与西方现代化道路的不同,而且意味着政党领导角色和国家意志作用融入现代化建设之中的实践指向。

---

① 《毛泽东选集》第3卷,人民出版社1991年版,第1080页。
② 《十九大以来重要文献选编》中,中央文献出版社2021年版,第822页。

从西方现代化发生轨迹的观察和分析可以发现,以资本+市场为中心的发展逻辑使现代化的推进呈现出自发性、失序性和盲目性的特点,生产力驱动和经济主导决定了现代化以无指向、无目标和无计划的方式展开。中国的现代化建设在先进政党主导下推进,中国共产党代表广大人民根本利益,使现代化建设成为国家意志统合的集体行动。历史实践中,中国共产党提出实现"四个现代化"的任务,形成小康社会的战略构想,确定"两个一百年"奋斗目标,制定一个个五年发展计划(规划),为推进现代化建设描绘路线图、时间表和作出步骤性的战略,鲜明体现了中国现代化建设的组织性、有序性和整体性。这样一种政党主导推进和国家意志统合的集体行动,使现代化建设形成全体人民团结奋斗的强大力量,以共同参与的合力推动14亿多人口整体迈入现代化。

党的二十大报告指出:"在新中国成立特别是改革开放以来长期探索和实践基础上,经过十八大以来在理论和实践上的创新突破,我们党成功推进和拓展了中国式现代化。"[1]这个论述呈现了中国现代化建设的发展轮廓。从新中国成立后的道路探索,到改革开放后开创新局面,再到新时代中国特色社会主义创新发展,三个标志性的时间节点串联起中国式现代化逐渐成熟成型的历史链条。在中国共产党的坚强领导下,我国用几十年时间走完了发达国家几百年走过的工业化进程,带领中国不仅实现了从几千年封建专制政治向人民民主的伟大飞跃,而且实现了从生产力相对落后的状况到经济总量跃居世界第二的历史性突破。社会主义更有利于促进生产力发展的优势转化为中国现代化建设的效能,结出成功创造中国式现代化新形态的硕果。中国共产党领导的根本领导制度,为统筹安排和协调推进现代化建设提供保证,政党主导推进与国家意志统合使中国式现代化不断向前发展。

二、维度之二:中国共产党性质宗旨融入中国式现代化建设的价值诉求

党的二十大报告提出:"从现在起,中国共产党的中心任务就是团结带领全国各族人民全面建成社会主义现代化强国、实现第二个百年奋斗目标,以中国式现代化全面推进中华民族伟大复兴。"[2]在完成脱贫攻坚、全面建成小康社会历史任务后,建构中国式现代化理论体系形成的创新思想,为新时代新征程中国共产党使命任务的揭示增添了新的内涵。

习近平强调:"要深刻理解中国式现代化理论和全面建设社会主义现代化国家战略

---

①《中国共产党第二十次全国代表大会文件汇编》,人民出版社2022年版,第18页。

②《中国共产党第二十次全国代表大会文件汇编》,人民出版社2022年版,第18页。

布局的关系,认识到前者是后者的理论支撑。"①这对加深领悟和全面贯彻党的二十大精神具有重要指导意义。从党的二十大揭示新时代新征程中国共产党的使命任务的表述看,"建成社会主义现代化强国"和"第二个百年奋斗目标"是党中央此前经常使用的词语,"中国式现代化"是个新词语。把这些词语串联在一起形成整体性话语用以揭示党的中心任务,体现党的二十大理论创新的重大成果。

中国式现代化理论体系建构具有深厚的思想和实践基础。从新中国成立起,党领导现代化建设走的就是不同于西方现代化建设的路,因此,打造现代化的中国特色是党中央一贯的思想。邓小平在1979年就提出"中国式的现代化"概念,强调"中国式的现代化,必须从中国的特点出发"②。改革开放40多年开创、坚持和发展中国特色社会主义实践的深入发展,积累了成功推进和拓展中国式现代化建设的丰富经验,也为中国式现代化理论创新奠定了基础。党的十八大以来,中国特色社会主义进入新时代,以习近平同志为核心的党中央深邃思考和回答建设什么样的社会主义现代化强国、怎样建设社会主义现代化强国的重大时代课题,提出一系列原创性的治国理政新理念新思想新战略,为建构中国式现代化理论提供了思想指南。2020年10月29日,习近平在党的十九届五中全会第二次全体会议上发表讲话指出"我国建设社会主义现代化具有许多重要特征",并从人口规模巨大、全体人民共同富裕、物质文明和精神文明相协调、人与自然和谐共生、走和平发展道路等五个方面论述了中国式现代化的特色。③党的二十大报告围绕这五大特色进一步作出详细论述,概括中国式现代化的本质要求与揭示这些重要特征相联系,共同构成中国式现代化理论体系的重要内容。

习近平在二十大报告中从九个方面概括了中国式现代化的本质要求:坚持中国共产党领导,坚持中国特色社会主义,实现高质量发展,发展全过程人民民主,丰富人民精神世界,实现全体人民共同富裕,促进人与自然和谐共生,推动构建人类命运共同体,创造人类文明新形态。④这些本质要求形成具有内在逻辑关系的整体,体现现代化建设的方向引领,体现全面、统筹、协调推进现代化建设的理念,体现中国式现代化胸怀天下的世界取向,体现中国式现代化贡献人类社会的价值意义,为不断拓展中国式现代化的广度和深度提供了根本遵循。

深刻认识中国式现代化的本质要求,必须着眼其中包含充满时代气息的新知识、新

---

① 习近平:《为实现党的二十大确定的目标任务而团结奋斗》,《求是》2023年第2期。
②《邓小平年谱》第4卷,中央文献出版社2020年版,第502页。
③《习近平谈治国理政》第四卷,外文出版社2022年版,第123—124页。
④《中国共产党第二十次全国代表大会文件汇编》,人民出版社2022年版,第20页。

经验、新信息，不能"只是泛泛知道其中一些概念和要求，而不注重构建与之相适应的知识体系"，否则就会知其然不知其所以然。①作为中国式现代化理论体系的重要组成部分，中国式现代化本质要求的概括以中国共产党人的知识体系为支撑。这九个方面的本质要求全面反映了中国共产党性质宗旨，鲜明体现了中国式现代化诉求的价值取向。中国共产党历史的知识体系对加深认识中国式现代化本质要求的科学概括，具有很重要的意义。

坚持中国共产党领导、坚持中国特色社会主义的本质要求，提供中国式现代化建设坚持正确方向的根本遵循。方向决定道路、道路决定命运的道理，对现代化建设具有同样重要的意义。中国式现代化道路在中国共产党领导下成功开创出来，坚持党的全面领导是不断拓展中国式现代化广度和深度的根本保证。党和人民在百年奋斗实践中形成了中国共产党领导的理论认知和知识体系，中国式现代化遵循坚持中国共产党领导、坚持中国特色社会主义的本质要求，以此为依据。党的十八大以来，习近平对坚持中国共产党领导作出了丰富论述，提出一系列原创性论断和结论，强调中国特色社会主义有很多特点和特征，但最本质的特征是坚持中国共产党领导；中国共产党领导是中国特色社会主义制度的最大优势；党政军民学，东西南北中，党是领导一切的；中国共产党领导是党和国家事业不断取得胜利的根本保证，等等。这些重大论断和结论构成党的领导知识体系，为深刻认识中国式现代化的本质要求奠定理论基础。在党的二十大提出前进道路上战胜重大考验必须牢牢把握的重大原则中，首先强调坚持和加强党的全面领导、坚持中国特色社会主义道路，要求全党必须"坚决维护党中央权威和集中统一领导，把党的领导落实到党和国家事业各领域各方面各环节"，"坚持道不变、志不改，既不走封闭僵化的老路，也不走改旗易帜的邪路，坚持把国家和民族发展放在自己力量的基点上，坚持把中国发展进步的命运牢牢掌握在自己手中"②。经历了鸦片战争后近代中国遭受落后挨打的耻辱历史，中国人民群众深深懂得，中华民族前途命运实现根本扭转，是因为有了中国共产党的坚强领导，每当风雨来袭时，全体人民都把中国共产党视为最可靠的主心骨。不断推进中国式现代化沿着正确的方向和道路胜利发展，必须遵循坚持中国共产党领导、坚持中国特色社会主义的本质要求。

高质量发展、发展全过程人民民主、丰富人民精神世界、实现全体人民共同富裕等本质要求，把中国式现代化建设与党的性质宗旨坚守相统一，全面体现了以人民为中心的

①《习近平关于全面建成小康社会论述摘编》，中央文献出版社2016年版，第202页。
②《中国共产党第二十次全国代表大会文件汇编》，人民出版社2022年版，第22页。

发展思想。在现代化成为各国普遍追求的世界潮流下,秉持什么样的价值取向是需要作出回答的重要问题。三百多年的现代化发展中,生产力高度发展在财富占有、成果享受、利益获得上形成鸿沟的事实明显,贫富差距不仅在国家之间、地区之间拉大,而且也成为国家内部发展的严重问题。中国共产党坚持以马克思主义为思想武装,确立全心全意为人民服务的根本宗旨,把不断为人民创造更加美好的生活作为执政目标,使实现现代化所进行的奋斗始终立足于实现好、维护好、发展好最广大人民的根本利益。"我国现代化坚持以人民为中心的发展思想,自觉主动解决地区差距、城乡差距、收入分配差距,促进社会公平正义,逐步实现全体人民共同富裕,坚决防止两极分化。"[1]党在推进中国式现代化发展中,"不断厚植现代化的物质基础,不断夯实人民幸福生活的物质条件,同时大力发展社会主义先进文化,加强理想信念教育,传承中华文明,促进物的全面丰富和人的全面发展","坚定不移走生产发展、生活富裕、生态良好的文明发展道路,实现中华民族永续发展"[2]。这些价值取向表明,中国式现代化具有成果普惠性、共享性、人民性的实践特征。中国共产党坚持真理、坚守理想,不忘初心、牢记使命,"两个文明"一起抓,让发展成果更多惠及人民,绿水青山就是金山银山的生态文明建设思想,等等,坚持党的性质宗旨的丰富理论知识,提供了中国式现代化本质要求的认知路径。遵循高质量发展、发展全过程人民民主、丰富人民精神世界、实现全体人民共同富裕等本质要求,彰显党的性质宗旨的坚守,为拓展中国式现代化的广度和深度的不懈奋斗提供了源源不竭的动力。

推动构建人类命运共同体、创造人类文明新形态的本质要求,把福祉中国与造福世界相统一,彰显中国式现代化的崇高境界。当今世界,全球化成为历史大潮,裹挟着现代化进入新的发展格局。与以往相比,各国更加紧密地联系在一起,广袤的世界实际上成为一个"地球村",各国人民在祸福共担下形成前途命运的捆绑,任何国家任何人都不可能置身于国际社会之外独善其身。中国共产党的诞生,社会主义中国的成立,改革开放的实行,新时代中国特色社会主义的创造,都是顺应世界发展大势的结果。"党始终以世界眼光关注人类前途命运,从人类发展大潮流、世界变化大格局、中国发展大历史正确认识和处理同外部世界的关系",[3]在追赶时代中主动地融入世界,以推动人类社会发展的思想自觉进行现代化建设。党的二十大建构的中国式现代化理论体现两个重大创新,一是把中国式现代化的发展作为全面推进中华民族伟大复兴的实践举措,二是把中国式现

---

①《习近平谈治国理政》第四卷,外文出版社2022年版,第123页。

②《中国共产党第二十次全国代表大会文件汇编》,人民出版社2022年版,第19页。

③《十九大以来重要文献选编》中,中央文献出版社2021年版,第535页。

代化的发展作为创造人类文明新形态的使命担当。这两个重大理论创新汇集了中国共产党对中国和世界关系的知识成果。党中央把推动构建人类命运共同体、创造人类文明新形态纳入中国式现代化的本质要求，以中国共产党人认识和对待世界的理论知识为思想基础，为各国认知中国式现代化的世界意义提供了一扇观察窗口。

总结起来说，中国共产党性质宗旨融入中国式现代化建设的价值诉求，党团结带领人民成功走出中国式现代化道路，丰富而生动的实践诠释了中国人民和中华民族创造历史伟业的宏大志向。解读中国式现代化理论包含新知识、新经验、新信息，把中国式现代化的本质要求作为一个整体加以深刻认识，胜利完成新时代新征程党的中心任务，全面建成社会主义现代化强国、实现第二个百年奋斗目标，以中国式现代化全面推进中华民族伟大复兴，就有了根本遵循，就确立了行动指南。

三、维度之三：创新全球现代化理论的重大成果

党的二十大报告指出："中国式现代化为人类实现现代化提供了新的选择，中国共产党和中国人民为解决人类面临的共同问题提供更多更好的中国智慧、中国方案、中国力量，为人类和平与发展崇高事业作出新的更大的贡献！"[1]习近平强调："要深刻理解中国式现代化理论是基于中国国情、中国现实的重大理论创新，体现我国现代化发展方向，是对全球现代化理论的重大创新。"[2]这两段论述告诉我们，中国式现代化不仅以崭新的实践样本为人类实现现代化提供了新的选择，而且也以创新的理论知识为世界认识现代化提供了新的框架。

长期以来，世人认知现代化的思维方式受到束缚，把现代化模式定于一尊的认识普遍存在。这既有先入为主的惯性思维因素作怪，更与西方国家占据现代化话语的霸权地位有关。现代化的早期发生以资本主义打开通道，现代化进程中西方国家先占优势形成的主导性话语一直左右着人们的认知，以致相当长时间里甚至在概念上把现代化与西方化、资本主义化相提并论。西方一些国家也正是凭借现代化话语霸权，戴着有色眼镜审视世界，按照自己的标准裁判各国发展的是非，对不入眼的国家进行攻击、诋毁和破坏。习近平指出："世界上既不存在定于一尊的现代化模式，也不存在放之四海而皆准的现代化标准。"[3]各国发展不可能走同一条路，各民族不可能用同一个模式实现发展。这是具有普遍意义的道理，对于中国和中华民族来说尤其如此。一个有着5000多年文明史的

---

①《中国共产党第二十次全国代表大会文件汇编》，人民出版社2022年版，第13—14页。

② 习近平：《为实现党的二十大确定的目标任务而团结奋斗》，《求是》2023年第2期。

③《习近平谈治国理政》第四卷，外文出版社2022年版，第123页。

国家,一个有着遭遇盛衰大起大落经历的民族,一个9800多万党员的大党领导14亿多人口大国建设的社会主义中国,如何进行现代化建设没有可以奉为金科玉律的教科书,也没有可以对中国人民颐指气使的教师爷。中国式现代化道路完全是在党和人民创造性实践中成功走出来的,建立在这个基础上的中国式现代化理论具有独创性,形成的现代化全新知识架构具有世界先进水平。

事实上,现代化历史进程的发展中已经出现了多种与西方现代化不同的模式,各国进行现代化建设都有各自的特色。例如,二十世纪后期以韩国、中国台湾、中国香港和新加坡为代表的现代化建设,就被称为"东亚模式",近年来一些金砖国家进行现代化建设走的道路也不同于西方。再以解体之前的苏联为例,二十世纪三四十年代苏联共产党领导现代化建设取得了巨大成就,具备了与世界上最强国家美国相抗衡的实力,并形成苏联模式为一些国家所仿效。虽然1991年苏联上演了国家解体的历史悲剧,但毕竟留下了社会主义国家进行现代化建设的记录。各国现代化建设都有各自特点,中国共产党历来主张要汲取包括西方国家在内的各国经验,但始终强调必须从中国实际出发,立足自己的国情进行现代化建设,坚持在实践探索中走出一条属于自己的路。

我国最先也因搬用了苏联模式走了一段弯路,现代化建设在探索中遭遇了挫折。1978年底党的十一届三中全会作出改革开放的历史抉择,中国特色社会主义创新实践闯出了一条现代化建设新路。为了加快推进社会主义现代化,党领导人民进行经济建设、政治建设、文化建设、社会建设,取得一系列重大成就,推动中国大踏步赶上了时代。2012年党的十八大推动中国特色社会主义进入新时代,以习近平同志为核心的党中央,深刻把握中华民族伟大复兴战略全局和世界百年未有之大变局,统筹推进中国特色社会主义事业"五位一体"总体布局,协调推进"四个全面"战略布局,在新时代十年伟大变革中,实现了小康这个中华民族的千年梦想,打赢了人类历史上规模最大的脱贫攻坚战,我国发展站在了更高历史起点上。中国人民在迎来从站起来、富起来到强起来的伟大飞跃中,迈上了全面建成社会主义现代化强国的新征程,以中国式现代化全面推进中华民族伟大复兴成为时代的新召唤。现代化建设在中国的厚积薄发,使党和人民在新时代十年伟大变革中以卓越奋斗塑造起党史、新中国史、改革开放史、社会主义发展史、中华民族发展史上一座历史丰碑。这样的历史场景,为党的二十大结出创新全球现代化理论的重大成果奠定了基础。

作为世界各国的普遍追求,现代化建设有其客观规律,适合本国国情搞现代化建设不能只强调特殊性而忽略普遍性。中国式现代化理论体系之所以具有创新全球现代化理论的重大意义,就是体现普遍性与特殊性相统一。习近平指出:"中国式现代化既切合中国实际,体现了社会主义建设规律,也体现了人类社会发展规律。"①党的二十大对中国式现代化的重大概念作出界定:"中国式现代化,是中国共产党领导的社会主义现代化,既有各国现代化的共同特征,更有基于自己国情的中国特色。"②这些思想表明,中国式现代化是党和人民基于自己国情的创造,但其意义超越中国范围而成为具有世界价值的经验,因为它体现各国现代化的共同特征。遵循现代化的普遍规律,是中国式现代化不可或缺的认识逻辑,把现代化的中国特色与普遍要求割裂开来,就会抹杀中国式现代化理论体系对全球现代化理论的创新意义。

党的二十大报告作出中国式现代化九个本质要求的科学概括,体现基于自己国情的中国特色与符合各国现代化的共同特征相统一。从整体看,这些本质要求都彰显了与各国现代化模式截然不同的中国特色,但现代化发展的客观规律贯穿其中,既彰显中国特色,又具有普遍意义。具体而言,首先,坚持中国共产党领导、坚持中国特色社会主义两个本质要求,规定现代化建设的方向引领、道路坚守,其意义不是突出意识形态,而是揭示现代化必须符合各国自身发展要求和内在逻辑的道理。其次,高质量发展、发展全过程人民民主、丰富人民精神世界、实现全体人民共同富裕等本质要求,既呈现现代化的中国特色,又反映各国现代化的共同要求。提升经济发展质量,加强民主政治建设,满足人民的精神需要,增强发展成果的社会共享,日益成为现代化发展中各国治理普遍需要解决的共同问题。最后,推动构建人类命运共同体、创造人类文明新形态的本质要求,树立现代化建设超越一国视野的世界价值取向,显示中国式现代化贡献人类文明发展的全球意义。从这些意境说,中国式现代化的本质要求突破了把现代化局限于经济现象的机械认知,克服了现代化建设物质层面与精神层面倚重倚轻的片面性,体现了维护公平正义、和平发展的时代要求,为创新全球现代化理论作出了重大贡献。

把推进和拓展中国式现代化与创造人类文明新形态相联系,是党的二十大理论创新的鲜明思想。古往今来,世界各国、各民族文明多形态发展推动人类社会发展进步,"文明因多样而交流,因交流而互鉴,因互鉴而发展"③。现代文明发展凝聚着各国各民族的创造性成果,因此,它不是哪个国家、哪些国家的专利品,更不能成为一些人、一些势力用来压制其他国家和民族现代化创新的工具。人类文明随着新形态的创造发明而进步,世界发展随着选择的多元多样而丰富。中国式现代化本质要求的科学概括,结出的理论成

---

①《十九大以来重要文献选编》中,中央文献出版社2021年版,第825页。
②《中国共产党第二十次全国代表大会文件汇编》,人民出版社2022年版,第18页。
③《习近平外交演讲集》第二卷,中央文献出版社2022年版,第195页。

果回答了按照什么样的原则确定现代化建设根本遵循的重大问题,为创新全球现代化理论作出了中国贡献。中国共产党和中国人民把创造中国式现代化的历史伟业与推动世界发展相结合,弘扬和平、发展、公平、正义、民主、自由的全人类共同价值,创新全球现代化理论有利于推动人类文明的发展进步。

习近平要求深刻理解中国式现代化理论和全面建设社会主义现代化国家战略布局的关系,强调"只有这样,我们才能全面把握中国式现代化的理论体系和实践要求,也才能更加坚决地防范照搬西方现代化模式的思维方式"①。人类进入近代社会以来,世人随着历史发展不断更新思想认知,现代化理论也不断丰富。从现代化认识史看,党的二十大概括中国式现代化的本质要求,第一次提出了现代化建设的根本遵循问题,形成中国式现代化的行为准则。中国式现代化理论体系以中国特色、本质要求和必须牢牢把握的重大原则的揭示形成完整的理论架构,需要从整体上加以把握。其中,特色展现中国式现代化的实践面相,本质要求确立中国式现代化的根本遵循,重大原则揭示中国式现代化的任务要求。作为中国式现代化理论体系的重要组成部分,中国式现代化的本质要求既对中国特色的打造具有决定性意义,又是把握重大原则的应有之义。

习近平指出:"要拓展世界眼光,坚持对外开放,积极学习借鉴世界各国现代化的成功经验,在交流互鉴中不断拓展中国式现代化的广度和深度。"②党的二十大创新全球现代化理论的成果为不断拓展中国式现代化的广度和深度提供了思想指南和行动纲领。遵循中国式现代化的本质要求,有助于党和人民坚定历史自信,增强历史主动,以中国式现代化全面推进中华民族伟大复兴,以创造人类文明新形态的思想自觉行动自觉创造中国式现代化建设的历史伟业。

第七节　拓展中国式现代化广度和深度的六个方面实践遵循③

2023年2月7日,习近平在学习贯彻党的二十大精神研讨班开班式上发表重要讲话,深刻阐述了中国式现代化的一系列重大理论和实践问题,许多创新结论和观点进一步丰富和发展了党的二十大初步构建的中国式现代化理论,具有很强的政治性、理论性、

---

① 习近平:《为实现党的二十大确定的目标任务而团结奋斗》,《求是》2023年第2期。
② 习近平:《在二十届中央政治局第一次集体学习时的讲话》,《求是》2023年第1期。
③ 原文载于《中国井冈山干部学院学报》2023年第2期,收录本书时文字略有修改。

针对性、指导性。中国共产党团结带领人民成功走出了中国式现代化道路，进一步拓展中国式现代化的广度和深度，必须对新时代新征程砥砺奋进中应该坚持哪些方面的实践遵循时刻保持清醒和坚定。习近平的重要讲话，为全党全国各族人民拓展中国式现代化的广度和深度提供了思想指南、确立了行动纲领。

一、推进中国式现代化的指导思想遵循

习近平指出："党的十八大以来，我们党在已有基础上继续前进，不断实现理论和实践上的创新突破，成功推进和拓展了中国式现代化。我们在认识上不断深化，创立了新时代中国特色社会主义思想，实现了马克思主义中国化时代化新的飞跃，为中国式现代化提供了根本遵循。"[①]明确思想遵循，是推进中国式现代化发展中坚定立场和端正方向的根本保证。

中国共产党以马克思主义为思想武装，百年奋斗实践中一以贯之的坚持彰显了真理的伟力。党的二十大报告指出："中国共产党为什么能，中国特色社会主义为什么好，归根到底是马克思主义行，是中国化时代化的马克思主义行。"[②]这个重要论断，揭示了党领导中国革命、建设、改革和新时代实践不断从胜利走向胜利的思想密钥。把马克思主义基本原理同中国具体实际相结合、同中华优秀传统文化相结合，推进党的指导思想与时俱进，用新的理论创新成果指导实践，既使马克思主义始终保持着蓬勃生机和旺盛活力，又引领中国在历史前进中不断创造出发展的奇迹。

中国式现代化是我们党领导全国各族人民长期探索，历经千辛万苦、付出巨大代价的实践而取得的重大成果。新中国成立以来，从提出"四个现代化"奋斗目标，到全面建成小康社会，再到党的二十大展示中国式现代化的成就，初步构建起中国式现代化理论体系，党团结带领中国人民闯出了现代化建设一片新天地。在以习近平同志为核心的党中央坚强领导下，新时代十年伟大变革取得历史性、全方位的重大成就，创新实践和突破性进展为中国式现代化日益成熟和成型奠定了厚实基础。党的十八大以来，中国特色社会主义进入新时代。在极不寻常、极不平凡的环境下，党团结带领全党全军全国各族人民有效应对严峻复杂的国际形势和接踵而至的巨大风险挑战，以奋发有为的精神把新时代中国特色社会主义不断推向前进。新时代十年伟大实践取得的成就，是习近平新时代中国特色社会主义思想指导的结果。

党的十九大总结十八大以来党中央治国理政新理念新思想新战略，对习近平一系列

---

① 《正确理解和大力推进中国式现代化》，《人民日报》2023年2月8日。

② 《习近平著作选读》第一卷，人民出版社2023年版，第14页。

重要论述进行思想提炼,确立习近平新时代中国特色社会主义思想为党的指导思想。党的十九届六中全会审议通过的第三个历史决议指出:"习近平新时代中国特色社会主义思想是当代中国马克思主义、二十一世纪马克思主义,是中华文化和中国精神的时代精华,实现了马克思主义中国化新的飞跃。"①这个新结论,赋予新时代党的理论创新成果以"中华文化和中国精神的时代精华"新内涵,深化了当代中国马克思主义、二十一世纪马克思主义的思想意蕴。习近平深邃思考和科学判断关系新时代党和国家事业发展的一系列重大理论和实践问题,围绕新时代坚持和发展什么样的中国特色社会主义、怎样坚持和发展中国特色社会主义,建设什么样的社会主义现代化强国、怎样建设社会主义现代化强国,建设什么样的长期执政的马克思主义政党、怎样建设长期执政的马克思主义政党等重大时代课题,提出的一系列原创性重大思想,指导中国式现代化实践在深入发展中创造出新的辉煌。党的十九大、十九届六中全会提出的"十个明确""十四个坚持""十三个方面成就"概括了这一思想的主要内容,在新时代新征程的奋斗中必须长期坚持并不断丰富发展。坚持以习近平新时代中国特色社会主义思想为指导,是不断拓展中国式现代化广度和深度必须始终遵循的实践要求。

二、推进中国式现代化的本质要求遵循

党的二十大第一次科学概括了中国式现代化的本质要求,包括坚持中国共产党领导,坚持中国特色社会主义,实现高质量发展,发展全过程人民民主,丰富人民精神世界,实现全体人民共同富裕,促进人与自然和谐共生,推动构建人类命运共同体,创造人类文明新形态等九个方面,内容全面、思想深刻、指向明确。"这个概括是党深刻总结我国和世界其他国家现代化建设的历史经验,对我国这样一个东方大国如何加快现代化在认识上不断深入、战略上不断成熟、实践上不断丰富而形成的思想理论结晶。"②遵循中国式现代化的本质要求,对于胜利实现新时代新征程中国共产党使命任务具有极其重要的意义。

习近平强调:"要守好中国式现代化的本和源、根和魂,毫不动摇坚持中国式现代化的中国特色、本质要求、重大原则,确保中国式现代化的正确方向。"③中国式现代化九个方面的本质要求,是党中央阐述中国式现代化理论提出的政治遵循,对中国式现代化的根本方向、性质属性、前途命运、最终成败具有决定性意义。从"本和源""根和魂"的角度看中国式现代化的本质要求,需要从以下三个方面加以理解。

①《十九大以来重要文献选编》下,中央文献出版社2023年版,第505页。
②习近平:《为实现党的二十大确定的目标任务而团结奋斗》,《求是》2023年第2期。
③《正确理解和大力推进中国式现代化》,《人民日报》2023年2月8日。

首先，坚持中国共产党领导、坚持中国特色社会主义的本质要求，提供中国式现代化建设坚持正确立场、正确方向、正确道路的根本遵循。党的二十大报告指出："中国式现代化，是中国共产党领导的社会主义现代化。"①明确党的领导是中国式现代化的前提。习近平强调："党的领导决定中国式现代化的根本性质，只有毫不动摇坚持党的领导，中国式现代化才能前景光明、繁荣兴盛；否则就会偏离航向、丧失灵魂，甚至犯颠覆性错误。"②中国式现代化的本质要求中，"坚持中国特色社会主义"紧接"坚持中国共产党领导"之后，体现党的全面领导决定中国式现代化坚持的方向和道路，坚持中国共产党领导与坚持中国特色社会主义形成内在一致的逻辑。这两个方面的本质要求是拓展中国式现代化广度和深度必须把握的战略定力，保证中国式现代化既不走封闭僵化的老路，也不走改旗易帜的邪路，坚持把国家和民族发展放在自己力量的基点上，坚持把中国发展进步的命运牢牢掌握在自己手中。

其次，"实现高质量发展""发展全过程人民民主""实现全体人民共同富裕""促进人与自然和谐共生"等方面的本质要求，提供中国式现代化实践的根本遵循。党的二十大概括了中国式现代化的人口规模巨大、全体人民共同富裕、物质文明和精神文明相协调、人与自然和谐共生、走和平发展道路等五个方面的中国特色，深刻揭示了中国式现代化的科学内涵和建设内容。习近平强调："这既是理论概括，也是实践要求，为全面建成社会主义现代化强国、实现中华民族伟大复兴指明了一条康庄大道。"③进一步彰显这五大特色，围绕中国特色拓展中国式现代化的广度和深度，要求遵循中国式现代化的本质要求。中国式现代化的实践具有内容的整体性、领域的覆盖性、建设的全面性、发展的永续性、利益的共赢性等鲜明特征，与中国式现代化的本质要求相统一。遵循中国式现代化的本质要求，才能充分展示中国式现代化发展的优越性。

最后，"推动构建人类命运共同体""创造人类文明新形态"两个方面的本质要求，提供中国式现代化造福世界和推动人类社会进步的根本遵循。中国共产党成立以来，团结带领中国人民进行不懈奋斗，取得的成就和创造的奇迹都深刻影响和改变着世界进程和格局。新时代十年伟大变革的历史进程以充分事实证明，党团结带领人民推进和拓展中国式现代化的重大意义并不局限于中国自身范围，中国式现代化取得的成就为推动全球发展作出各方面的贡献，具有显著的世界意义。习近平指出："中国人始终认为，世界好，

---

① 《习近平著作选读》第一卷，人民出版社2023年版，第18页。
② 《正确理解和大力推进中国式现代化》，《人民日报》2023年2月8日。
③ 《正确理解和大力推进中国式现代化》，《人民日报》2023年2月8日。

中国才能好；中国好，世界才更好"①，"构建人类命运共同体是世界各国人民前途所在。"②中国式现代化体现中国共产党坚持胸怀天下的历史经验，起着推动世界发展的作用。坚持走和平发展的道路，不仅为中国人民创造更加美好的生活，而且为世界发展带来机遇，中国式现代化的发展红利惠及各国人民。

中国式现代化九个方面的本质要求构成具有内在逻辑关系的整体，呈现层层递进的行动逻辑。深刻领会、系统把握中国式现代化的本质要求，有助于提高党和人民为实现全面建设社会主义现代化强国、以中国式现代化全面推进中华民族伟大复兴而不懈奋斗的历史自觉和历史主动。遵循这些本质要求，是不断提高中国式现代化水平，拓展中国式现代化广度和深度的内在要求。

三、推进中国式现代化的重大原则遵循

党的二十大报告在阐述中国式现代化的中国特色、本质要求和战略安排的基础上，明确提出前进道路上必须牢牢把握"五个坚持"的重大原则："坚持和加强党的全面领导""坚持中国特色社会主义道路""坚持以人民为中心的发展思想""坚持深化改革开放""坚持发扬斗争精神"。这些重大原则是丰富中国式现代化的中国特色、贯彻中国式现代化本质要求的行动遵循。

坚持和加强党的全面领导，必须深刻领悟"两个确立"的决定性意义，坚决维护党中央权威和集中统一领导，把党的领导落实到党和国家事业各领域、各方面、各环节。遵循中国共产党领导的中国式现代化本质要求，统一思想、统一意志、统一行动的实践就必须牢牢把握坚持和加强党的全面领导这一重大原则。把坚持和加强党的全面领导放在必须牢牢把握的重大原则首要位置，体现中国式现代化本质属性的坚守。中国人民从历史和现实的发展中深切认识到，中国共产党是风雨来袭时最可靠的主心骨，是凝聚起中国现代化建设磅礴力量的领导核心。习近平指出："党的领导激发建设中国式现代化的强劲动力，我们党坚持党的群众路线，坚持以人民为中心的发展思想，发展全过程人民民主，充分激发全体人民的主人翁精神。"③全面建成社会主义现代化强国、以中国式现代化全面推进中华民族伟大复兴，必须坚持和加强党的全面领导，由此形成的三个"全面"紧密相联，要求在拓展中国式现代化广度和深度的创新发展中全面发挥好党总揽全局、协调各方的领导核心作用。

---

① 《习近平外交演讲集》第二卷，中央文献出版社2022年版，第23页。
② 《习近平著作选读》第一卷，人民出版社2023年版，第51页。
③ 《正确理解和大力推进中国式现代化》，《人民日报》2023年2月8日。

　　坚持中国特色社会主义道路,必须坚定"四个自信",坚定不移走好自己的路,心无旁骛做好自己的事,团结带领人民创造中国式现代化的历史伟业。方向决定道路,道路决定命运,这是党的百年奋斗得出的一个深刻结论。进入近代社会以来,中国人民探索现代化建设道路费尽周折,遭遇失败、陷入迷茫、走过弯路、付出代价、经受挫折,呕心沥血的历程告诉人民一切成果都来之不易,坚持正确的方向和道路才能不断发展进步。习近平指出:"中国式现代化是我们党领导全国各族人民在长期探索和实践中历经千辛万苦、付出巨大代价取得的重大成果,我们必须倍加珍惜、始终坚持、不断拓展和深化","实践证明,中国式现代化走得通、行得稳,是强国建设、民族复兴的唯一正确道路。"①中国特色社会主义是党和人民找到的、认准的、锚定的实现中国式现代化唯一正确的道路,坚定不移走下去事关中华民族前途命运。

　　坚持以人民为中心的发展思想,必须把坚持人民至上的历史经验与推进中国式现代化的创新实践紧密相联,在推进高质量发展中推动全体人民共同富裕取得更为明显的实质性发展,在协调物质文明和精神文明发展中促进物的全面丰富和人的全面发展,在加强人与自然和谐共生中为人民创造风清气爽的美丽环境。党的二十大报告指出:"共同富裕是中国特色社会主义的本质要求,也是一个长期过程。我们坚持把实现人民对美好生活的向往作为现代化建设的出发点和落脚点,着力维护和促进社会公平正义,着力促进全体人民共同富裕。"②中国式现代化以维护人民根本利益、增进民生福祉为根本价值取向,不断实现发展为了人民、发展依靠人民、发展成果由人民共享,让现代化建设成果更多更公平惠及全体人民,使十四亿多人口整体迈入现代化社会。运用好党的百年奋斗坚持人民至上的历史经验,坚持以人民为中心的发展思想,为拓展中国式现代化广度和深度确立了鲜明的价值取向。

　　坚持深化改革开放,必须深入推进新形势下改革的创新发展,不断扩大高水平对外开放,用好国内国际两种资源,拓展中国式现代化的发展空间。1978年底,党的十一届三中全会作出改革开放的历史抉择,把中国社会主义带上一条创新发展的道路,40多年的实践证明它不仅是决定中国命运的关键一招,而且也具有显著的世界意义。"改革开放是中国和世界共同发展进步的伟大历程","改革开放这场中国的第二次革命,不仅深刻改变了中国,也深刻影响了世界!"③事实告诉我们,中国式现代化道路成功走出来,建立

---

　　①《正确理解和大力推进中国式现代化》,《人民日报》2023年2月8日。
　　②《习近平著作选读》第一卷,人民出版社2023年版,第19页。
　　③《习近平外交演讲集》第二卷,中央文献出版社2022年版,第97页。

在长期探索基础上,而改革开放40多年尤其是新时代十年伟大变革创新发展,则是创造中国式现代化历史伟业的关键时期。新时代新征程奋斗中把改革开放不断向纵深推进,一方面要通过着力破解深层次体制机制障碍,啃下全面深化改革的"硬骨头",把中国特色社会主义制度优势更好转化为国家治理效能;另一方面要通过更大范围更强力度的对外开放,为推进和拓展中国式现代化创造有利的国际环境。

坚持发扬斗争精神,必须增强志气、骨气、底气,不信邪、不怕鬼、不怕压,知难而进、迎难而上,经受住风高浪急甚至惊涛骇浪的重大考验。党的十八大提出"必须准备进行具有许多新的历史特点的伟大斗争"①,新时代十年的艰辛奋斗使党和人民充分认识到这项任务的极端重要性。习近平把进行伟大斗争作为推进党和国家事业发展的战略要求,反复强调和作出丰富论述,为应对严峻挑战和战胜凶恶风险中发挥历史主动、把握化解风险的先机提供了强大力量。习近平指出:"推进中国式现代化,是一项前无古人的开创性事业,必然会遇到各种可以预料和难以预料的风险挑战、艰难险阻甚至惊涛骇浪,必须增强忧患意识,坚持底线思维,居安思危、未雨绸缪,敢于斗争、善于斗争,通过顽强斗争打开事业发展新天地。"②中国式现代化是在进行伟大斗争中打开新天地的,拓展中国式现代化广度和深度,必须以果敢的毅力、顽强的斗志、持续的韧劲进行具有许多新的历史特点的伟大斗争。

"五个坚持"的重大原则与中国式现代化九个方面的本质要求相辅相成,是进一步提高中国式现代化水平必须遵循的具体要求。实现中华民族伟大复兴,创造中国式现代化历史伟业,不是轻轻松松、敲锣打鼓可以完成的。统筹中华民族伟大复兴战略全局和世界百年未有之大变局,面对各种不可预料和不确定因素日益增多的严峻挑战,以牢牢把握前进道路上必须遵循的这些重大原则拓展中国式现代化广度和深度,才能引领和保障中国特色社会主义巍巍巨轮乘风破浪、行稳致远。

四、推进中国式现代化的价值观念遵循

党的二十大以党和人民长期探索的实践成果和历史经验为基础,初步构建起中国式现代化理论体系,使中国式现代化更加清晰、更加科学、更加可感可行。形成中国式现代化理论体系是党的二十大的一个重大理论创新,是科学社会主义的最新重大成果,其创造性价值体现深刻的思想意蕴。

自18世纪60年代英国产业革命以来,现代化已经历了200多年的发展,世界各国都

---

① 《十八大以来重要文献选编》上,中央文献出版社2014年版,第11页。
② 《正确理解和大力推进中国式现代化》,《人民日报》2023年2月8日。

在探索自己的建设道路,遍布全球的人民也都深深感受到现代化对自身生活的影响。然而,现实给人们的并非是一幅完美的图画,现代化发展中产生的各种弊端使它成为一把双刃剑。人们发现,现代化在造福人类的同时也给世界发展和各国人民带来了诸多疑惑和迷茫。"当代人类也面临着许多的难题,比如,贫富差距持续扩大,物欲追求奢华无度,个人主义恶性膨胀,社会诚信不断消减,伦理道德每况愈下,人与自然关系日趋紧张,等等。"①现代化在造就一些发达国家的同时,也不同程度给一些国家尤其是广大发展中国家带来深重苦难。面对全球治理的共同难题日益凸显,各国需要携起手来寻找现代化发展困境的破解之方、求治之道、成功之策,世界人民期待人类社会在发展中树立起正确的价值取向,引领现代化沿着健康的道路发展。

中国式现代化为人类实现现代化提供了新的选择,其中一个重要指向就是在现代化价值取向上寻求共识。现代化创造巨大物质财富究竟为了什么?现代化利益红利究竟怎样公平正义地分享?这两个问题背后就是价值取向的选择。现代化研究中,国内外学者往往更多地把研究视角集中在历史过程、类型分析、发展机理以及利弊等问题上,提出的许多思想观点富有启迪,但对现代化的价值观念缺乏重视则是一个缺憾。更要指出的是,现代化话语长期为西方国家所掌握,一些先行进入现代化行列的霸权国家把自己奉行的价值观强加给别的国家,刻意制造放之四海而皆准的现代化标准,凡不同者打入另册,非我类者必诛。这是现代化发展中的强盗逻辑,既阻碍各国现代化的自主探索,又压制了世界现代化理论的创新发展。世界上从来就不存在定于一尊的现代化模式,也没有放之四海而皆准的现代化标准。习近平指出:"中国式现代化蕴含的独特世界观、价值观、历史观、文明观、民主观、生态观等及其伟大实践,是对世界现代化理论和实践的重大创新。"②这个重要论述,有力驳斥了现代化认知的"西方中心主义",为世界各国释放了独立自主探索现代化建设的空间,也为中国式现代化赋予丰富的价值观内涵。

党的二十大初步构建的中国式现代化理论体系,为更加全面地认识现代化提供了理论样本。中国式现代化理论体系以中国特色、本质要求、基本原则为基本内容形成完整框架,回答了什么是中国式现代化、中国式现代化具有哪些特色、遵循哪些本质要求、把握哪些重大原则等重大问题。中国式现代化的理论和实践在两个层面上给出了价值观的答案。其一,中国共产党领导现代化建设的根本目的是让人民过上好日子,推进和拓展中国式现代化与为人民创造更加美好的生活相统一,造福人民、福祉民生的价值取向

①《习近平外交演讲集》第一卷,中央文献出版社2022年版,第189页。
②《正确理解和大力推进中国式现代化》,《人民日报》2023年2月8日。

贯彻现代化建设之中。其二，中国式现代化不仅造福本国人民，而且惠及世界，以中国的发展为全球经济创造发展机会，为推动人类社会发展作贡献。中国式现代化理论中，实现全体人民共同富裕、促进人与自然和谐共生、走和平发展道路、推动构建人类命运共同体、创造人类文明新形态等思想，都体现中国式现代化的价值观念。中国式现代化的价值取向，贯通中国式现代化与世界现代化的关系，克服把现代化局限于生产力、科学技术发展的片面认知，坚持物质创造与精神建设的辩证统一，维护公平正义，弘扬和平、发展、公平、正义、民主、自由的全人类共同价值。遵循这些价值观念，对世界现代化沿着正确方向和健康道路发展具有引领作用。

五、推进中国式现代化的科学方法遵循

推进现代化发展必须坚持科学的方法，只有掌握科学方法才能使现代化建设符合客观规律健康发展。中国共产党人始终坚持以科学的态度对待科学，以真理的精神追求真理，成功走出中国式现代化道路贯穿着科学方法的运用。

方法本质上是思维问题，表现人们思考某个事物应该如何处置的办法取舍。任何事物的发展和实现都依赖方法的有效性，方法得当事半功倍，错误的方法必然遭遇失败。马克思主义的真理价值在于提供了认识和改造世界的科学方法，恩格斯曾强调"马克思的整个世界观不是教义，而是方法"[①]。中国共产党始终以马克思主义科学方法论为指导，中国式现代化理论和实践成果体现辩证唯物主义和历史唯物主义的科学方法。

党中央历届领导人都强调必须提高科学思维能力，注重科学方法价值。比如，探索中国如何搞社会主义建设，毛泽东在充分调查研究基础上提出必须处理好十大关系，精辟的论述和深刻的思想凝结着科学方法的智慧。改革开放和社会主义现代化建设新时期，以邓小平、江泽民、胡锦涛等同志为代表的中国共产党人，对改革与开放的关系、中国与世界的关系、改革稳定发展的关系、计划与市场的关系、经济与政治的关系、物质文明与精神文明的关系以及中国特色社会主义事业发展必须处理好的一些重大关系等等，都进行了深入思考，形成的思想推动中国特色社会主义不断向前发展。党的十八大以来，习近平高度重视提高科学思维能力问题，要求全党必须坚持辩证唯物主义和历史唯物主义，掌握科学方法坚持和发展好中国特色社会主义。习近平从战略思维、历史思维、辩证思维、创新思维、法治思维、底线思维等方面作出一系列重要论述，丰富了马克思主义科学方法论的思想。拓展中国式现代化广度和深度，以习近平新时代中国特色社会主义思

---

①《马克思恩格斯选集》第四卷，人民出版社1995年版，第742页。

想为遵循,必须首先从世界观和方法论加以深刻把握,坚持好、运用好贯穿其中的立场观点方法。党的二十大提出必须坚持人民至上、自信自立、守正创新、问题导向、系统观念、胸怀天下,为奋斗新征程始终坚持以习近平新时代中国特色社会主义思想指导中国式现代化创新发展提供了强大的思想武器。

习近平指出:"推进中国式现代化是一个系统工程,需要统筹兼顾、系统谋划、整体推进,正确处理好顶层设计与实践探索、战略与策略、守正与创新、效率与公平、活力与秩序、自立自强与对外开放等一系列重大关系。"①概括这"六大关系",揭示的就是拓展中国式现代化广度和深度的科学方法。习近平结合这"六大关系"作出重要论述,强调进行顶层设计,深刻洞察世界发展大势,准确把握人民群众的共同愿望,深入探索经济社会发展规律,使制定的规划和政策体系体现时代性、把握规律性、富于创造性,做到远近结合、上下贯通、内容协调。强调探索中国式现代化发展中的未知领域,决不能刻舟求剑、守株待兔。强调增强战略的前瞻性,准确把握事物发展的必然趋势,敏锐洞悉前进道路上可能出现的机遇和挑战,以科学的战略预见未来、引领未来。强调增强战略的全局性,谋划战略目标、制定战略举措、作出战略部署,都要着眼于解决事关党和国家事业兴衰成败、牵一发而动全身的重大问题。强调增强战略的稳定性,把战略的原则性和策略的灵活性有机结合起来,因地制宜、因势而动、顺势而动,把握战略主动。这些重要论述,揭示了继续推进中国式现代化创新发展的科学方法遵循,为拓展中国式现代化的广度和深度提供了思想指南。

马克思主义强调实践是认识的基础、理论的来源,对促进方法的科学化具有重要意义。推进中国式现代化是一个探索性事业,党团结带领人民成功走出中国式现代化道路,并不意味着对它的认识已经完成,新情况新问题不断涌现,拓展中国式现代化的广度和深度,必须不断实现从"必然王国"向"自由王国"的认识升华和思想飞跃。"应用马克思主义的方法去观察问题、提出问题、分析问题和解决问题,我们所办的事才能办好,我们的革命事业才能胜利。"②掌握马克思主义立场观点方法是中国共产党的传家宝,"马克思主义的世界观和方法论,从一定意义上可以说,就是认识发展规律、把握发展规律、运用发展规律的世界观和方法论"③,"我们必须认识发展的客观规律、尊重发展的客观规律、按照发展的客观规律办事"④。遵循科学方法并在新时代新征程向前推进的实践中

---

①《正确理解和大力推进中国式现代化》,《人民日报》2023年2月8日。

②《毛泽东选集》第3卷,人民出版社1991年版,第839页。

③《十七大以来重要文献选编》上,中央文献出版社2009年版,第256页。

④《十七大以来重要文献选编》下,中央文献出版社2011年版,第540页。

不断丰富和创新方法,对全面建成社会主义现代化强国、以中国式现代化全面推进中华民族伟大复兴具有十分重要的意义。

六、推进中国式现代化的普遍规律遵循

习近平指出:"一个国家走向现代化,既要遵循现代化一般规律,更要符合本国实际,具有本国特色"①,"中国式现代化既切合中国实际,体现了社会主义建设规律,也体现了人类社会发展规律"②。把普遍性与特殊性相结合,是党团结带领人民推进和拓展中国式现代化的实践特征,体现坚持马克思主义辩证思想领导中国进行现代化建设的发展逻辑。

作为世界各国的普遍追求,现代化具有自身的客观规律。由于历史条件、社会性质和制度、文化传统乃至地域环境的不同,各国现代化建设不仅在时间上存在发展的差序,而且更在内容上存在样式的区别,这就决定了各国现代化不可能走雷同化的道路。但差序和区别并不意味着可以违反现代化的普遍规律,世界各国基于自己国情搞建设,现代化走的是同一条轨道,具有共同的特征。经验告诉人们,任何违反事物发展规律的举动必然会受到历史惩罚,难以逃避失败的结果。这个法则同样适用于现代化建设,中国式现代化是独立自主的创造,但作为世界现代化发展的组成部分,遵循现代化普遍规律才能彰显中国式现代化走向世界,才能显示中国式现代化创造人类文明新形态的价值。

党的二十大报告指出:"中国式现代化,是中国共产党领导的社会主义现代化,既有各国现代化的共同特征,更有基于自己国情的中国特色。"③这个中国式现代化内涵的阐述简洁但全面,三句话是一个整体,不能机械分割开来进行理解。第一句话是前提性的强调,以"中国共产党领导"和"社会主义"规定中国式现代化的本质属性。第二句话是普遍性的坚持,以"各国现代化的共同特征"体现发展的客观规律。第三句话是特殊性的揭示,以"基于自己国情的中国特色"彰显现代化的创造价值。把三句话统一起来理解,才能深刻把握中国式现代化的特殊性与普遍性的辩证关系,从而在坚持打造自身特色的同时遵循世界现代化普遍规律。

从普遍性和特殊性辩证关系看中国式现代化,党中央概括中国式现代化的五大特色、九个方面的本质要求以及"五个坚持"的重大原则,都构成中国经验,体现特殊性。正是这些特殊性使中国式现代化截然不同于西方现代化的模式,坚持这些特殊性,党和人

①《正确理解和大力推进中国式现代化》,《人民日报》2023年2月8日。
②《十九大以来重要文献选编》中,中央文献出版社2021年版,第825页。
③《习近平著作选读》第一卷,人民出版社2023年版,第18页。

民推进和拓展中国式现代化才能为世界现代化作出创造性的贡献。然而普遍性寓于特殊性之中,特殊性离不开普遍性。普遍性通过特殊性表现出来,中国式现代化的自身特色和各国现代化共同特征不构成相冲突的矛盾。中国式现代化的中国特色背后体现的思想理念、价值取向和行动准则体现着现代化发展规律的普遍意义。中国式现代化理论体系回答了现代化的目的是什么、应该怎样全面推进现代化、一国现代化如何与世界形成互动以及现代化发展需要解决哪些难题等重大理论问题。党和人民推进和拓展中国式现代化的中国智慧、中国方案、中国经验,丰富和发展了世界现代化理论,是可供各国交流互鉴的宝贵资源和精神财富。

现代化普遍规律是人类社会发展规律的具体体现,只有合乎世界进步、时代发展和人类生存的要求,现代化才能沿着正确的轨道前进。自然界和人类社会发展都有规律可循,现代化的发生、演进有其客观规律。任何事物的客观规律都不是从一开始就完全表现出来的,人们也不可能一下子就把规律认识清楚。对规律把握得越深刻,人们的实践就越能发挥主动。客观规律不以人的主观意志为转移,必然在历史演进中逐渐和越来越深刻地发生作用。"人类可以认识、顺应、运用历史规律,但无法阻止历史规律发生作用。"①中国式现代化坚持普遍性与特殊性相统一,在遵循现代化客观规律中打造自身特色,才能使党和人民的奋斗实践不盲目,中国式现代化的广度和深度只有在遵循客观规律中才能不断拓展。党的二十大号召全党全国各族人民为实现全面建设社会主义现代化国家、以中国式现代化全面推进中华民族伟大复兴的战略目标而团结奋斗,在坚持把马克思主义基本原理同中国具体实际相结合、同中华优秀传统文化相结合的实践中,始终遵循人类社会发展规律,是进一步提高中国式现代化水平的内在要求。

新征程是充满光荣和梦想的远征,要把党的二十大擘画的美好蓝图变成现实任重道远,需要团结奋斗的扎实行动。"中国在发展道路上面临的风险和挑战依然会很大、很严峻,要实现已确定的奋斗目标必须付出持续的艰辛努力。"②中国式现代化承载着实现中华民族伟大复兴的中国梦,承载着中国人民生活更加美好的期待。振奋精神、锚定目标、踔厉奋发、勇毅前行、团结奋斗,需要有规可循,有矩可依。全党全国各族人民必须在中国式现代化的指导思想遵循、本质要求遵循、重大原则遵循、价值观念遵循、科学方法遵循、普遍规律遵循上统一思想、统一意志、统一行动,确保全面建成社会主义现代化强国、以中国式现代化全面推进中华民族伟大复兴奋斗目标的胜利实现。

---

①《习近平外交演讲集》第二卷,中央文献出版社2022年版,第151—152页。
②《习近平外交演讲集》第一卷,中央文献出版社2022年版,第5页。

第八节 中国式现代化世界意义五个方面的呈现[①]

中国式现代化理论体系的构建,是党的二十大重大理论创新,是科学社会主义的最新重大成果。党的十八大以来,党团结带领中国人民在已有基础上继续前进,不断实现理论和实践上的创新突破,成功推进和拓展了中国式现代化。中国共产党领导中国现代化建设,不仅是为了让中国人民生活得更加美好,而且也为了推动世界更好地发展。党的二十大创新理论有两个重要观点,一是指出中国式现代化为人类实现现代化提供了新的选择,二是表达中国式现代化创造人类文明新形态的志向。这是对中国式现代化世界意义的集中概括。从世界意义上认知中国式现代化,为理解中国共产党和中国人民关切世界进步、人类社会发展的立场和态度提供了一扇窗口。

一、人口规模意义上中国式现代化对世界现代化版图的改写

习近平指出:"我国现代化是人口规模巨大的现代化。我国十四亿人口要整体迈入现代化,其规模超过现有发达国家的总和,将彻底改写现代化的世界版图,在人类历史上是一件有深远影响的大事。"[②]党的二十大报告突出中国式现代化这一特色,强调其"艰巨性和复杂性前所未有,发展途径和推进方式也必然具有自身的特点"[③]。人口规模给人的感觉首先是数量的认知,但14亿人口整体迈入现代化的深刻意蕴,则使中国式现代化的这个特色远远超出了简单的数量意义。

所谓版图,一般指主权国管辖的国家全部疆域,是国际法领域使用的一个重要概念,用于对一个国家领土主权、管辖范围的确定。"现代化的世界版图"是这个概念的含义引申,指迈入现代化的世界人口分布,没有主权的意思,主要是提供世界现代化格局的面貌观察。目前,一般认为世界200多个国家中迈入现代化的国家有30多个,主要以世界银行认定的发达国家为依据。世界五大洲中,欧洲迈入现代化的国家约20个多,总占比70%左右。亚洲40多个国家拥有全世界百分之六七十的人口和三分之一的经济总量,但迈入现代化的只有日本、新加坡、韩国、以色列等少数几个国家。由此可见,现代化的世界版图非常不匀称,发展失衡情况十分严重。造成这种局面的原因很多也很复杂,不

---

① 原文载于《当代中国与世界》2023年第2期,收入本书时文字略有修改。
②《十九大以来重要文献选编》中,中央文献出版社2021年版,第824—825页。
③《习近平著作选读》第一卷,人民出版社2023年版,第18页。

改变这样的局面将影响世界发展进步。

中国作为时间维度上后发型的现代化国家,由于历史原因,长期处于追赶时代的努力奋斗之中。中国共产党团结带领人民大踏步赶上时代,"中国用几十年的时间走完了发达国家几百年走过的发展历程,这其中的艰辛和曲折是可想而知的"[①]。新时代十年伟大变革,在以习近平同志为核心的党中央坚强领导下,取得了完成脱贫攻坚、全面建成小康社会的历史任务,实现第一个百年奋斗目标的历史性胜利。党的二十大对新征程的奋斗目标作出科学擘画和战略部署,率领全党全国各族人民迈上全面建成社会主义现代化强国、以中国式现代化全面推进中华民族伟大复兴的新征程。百年大党接续奋斗再出发,创造中国式现代化历史伟业新辉煌形成的强大动力,激励全党全国各族人民踔厉奋发、勇毅前行、团结奋斗,奋力谱写全面建设社会主义现代化国家崭新篇章。

党的二十大报告把人口规模巨大的现代化作为中国式现代化的第一个特色作出阐述,深刻意蕴在于促进现代化发生结构性变化。世界现代化版图的不匀称反映的就是世界现代化的结构失衡问题。人类社会现代化的200多年发展,在创造巨大物质财富的同时,也使人们遭遇"发展失衡""贫富鸿沟""公平赤字"的困境。习近平指出:"当今世界,物质技术水平已经发展到古人难以想象的地步,但发展不平衡不充分问题仍然普遍存在","发展不平衡是当今世界最大的不平衡","当今时代的许多问题,追根溯源都是发展不平衡不充分造成的。"[②]世界性的发展不平衡不仅突出表现在南北问题上,而且无论是发达国家还是发展中国家自身内部也存在发展不平衡的矛盾。就世界现代化的结构而言,一方面,进入现代化行列的30多个国家总人口不到10亿,主要集中在欧美国家;另一方面,迈入现代化的国家并非所有人都享受到现代化的成果,发达国家贫富差距扩大的事实表明一部分人被利益损害、排斥和剥夺的情况客观存在。中国式现代化以14亿人口整体迈入现代化,至少在两个层面上显示其重大意义,一是很大程度上缓解世界性发展不平衡的矛盾,二是创造一国人民共享现代化成果的创新案例。这是认识人口规模巨大的中国式现代化彻底改写现代化世界版图的意义所在。

中国是个大国,人口规模巨大是基本国情,中国式现代化以此特色合乎情理。然而认识这一特色不能仅止于人口数量的规模性理解上,而要从现代化的目标追求上加以深刻认识。长期以来,聚焦于物的层面追求现代化的发展痕迹十分明显,导致现代化进程中存在忽视人的层面的缺憾。世界发展中贫富两极分化现象表现的正是现代化对人的

---

①《习近平外交演讲集》第一卷,中央文献出版社2022年版,第17页。

②《习近平外交演讲集》第二卷,中央文献出版社2022年版,第88、183、232页。

严重忽视。对每个人来说,贫穷和富裕不只是一种生存状态的事情,更是关乎尊严和公平正义的重大问题。对世界来说,现代化前进步伐与反贫困任务艰巨呈现的两种局面构成人类社会发展进步的逻辑悖论,现代化在把一批人、一群人带进富裕生活的同时,又使数量很多的人滞留在生活贫困之中。不合理格局体现的结构性矛盾加剧了世界现代化版图的失衡,这绝对不是各国追求现代化的理想图景。

在中国共产党领导下,推进现代化建设的过程就是消灭贫困的过程,消灭贫困的过程就是让人民生活富裕起来的过程。新中国 70 多年来,党团结带领人民在经济文化落后的条件下进行国家建设,"实现了一穷二白、人口众多的东方大国大步迈进社会主义社会的伟大飞跃","我国实现了从生产力相对落后的状况到经济总量跃居世界第二的历史性突破","中华民族迎来了从站起来、富起来到强起来的伟大飞跃"。①新时代十年伟大变革的历史进程中,以习近平同志为核心的党中央把脱贫攻坚作为重大战役,采取一系列务实的创新政策和举措,精准扶贫,坚持反贫困路上一个人、一个民族都不能掉队的理念和原则,赢得了脱贫攻坚的全面胜利。党的十八大以来中国现行标准下 9899 万农村人口全部脱贫,彻底解决了困扰中华民族几千年的绝对贫困问题。反贫困是国际行动,联合国 2030 年可持续发展目标的第一项就是消除贫困,中国是全球最早实现千年发展目标中减贫目标的发展中国家。2018 年 4 月 10 日,习近平在博鳌亚洲论坛年会开幕式上发表主旨演讲指出:"中国人民生活从短缺走向充裕、从贫困走向小康,现行联合国标准下的七亿多贫困人口成功脱贫,占同期全球减贫人口总数百分之七十以上。"②中国反贫困事业创造了世界奇迹,"这不仅是中国人民生活的巨大变化,也是人类文明的巨大进步,更是中国对世界和平与发展事业的重要贡献"③。中国脱贫攻坚取得的伟大胜利远远超出了本国的意义,是记载世界现代化发展史册的一件具有里程碑意义的大事。

从彻底改写现代化的世界版图看中国式现代化,必须把人口规模巨大的现代化特色与全体人民共同富裕的现代化特色结合起来加以深刻认识。14 亿人口、整体迈入、共同富裕三个关键词相统一,既体现巨大的数量规模,又彰显现代化成果人人有份、全体共享的质量水平。成功推进和拓展中国式现代化使目前进入现代化国家的人口总和翻一倍以上,并将以创造更多机遇带动各国发展,为缓解世界现代化版图的失衡矛盾作出重大贡献。

---

①《十九大以来重要文献选编》下,中央文献出版社 2023 年版,第 496、502、531 页。
②《习近平外交演讲集》第二卷,中央文献出版社 2022 年版,第 96 页。
③《习近平外交演讲集》第一卷,中央文献出版社 2022 年版,第 261—262 页。

二、价值取向意义上中国式现代化对世界现代化目标的重构

1640年英国资产阶级革命揭开了世界现代化历史的扉页,18世纪60年代英国产业革命推动人类进入现代化历史进程,实现现代化已经成为各国的普遍追求。然而人类社会和各国追求现代化目的究竟是什么? 这个问题却缺乏认真思考和科学回答。受物质利益的驱动,一些国家现代化的价值取向局限于谋求国家强大甚至称霸世界的企图上,这是对现代化的严重扭曲。中国式现代化为人类实现现代化提供了新的选择,不仅是向世界呈现了不同于西方现代化的另一种经验和样式,而且以价值取向的树立为世界现代化的目标重构提供了新的路径。

从某种意义上说,现代化是一把双刃剑。毫无疑问,现代化对推动人类社会发展的进步作用是巨大的,整个世界多多少少享受到现代化的红利,人的生存以及生活方式随着现代化发展而发生深刻变化。然而人们也看到了现代化带来的负面效应,不少人甚至承受着由此而造成的痛楚和苦难。当今世界冲突频发,乱象丛生,全球治理的共同性难题日益凸显,威胁人类社会的挑战更加严峻,各国人民对身处风险社会感同身受。"当代人类也面临着许多突出的难题,比如,贫富差距持续扩大,物欲追求奢华无度,个人主义恶性膨胀,社会诚信不断消减,伦理道德每况愈下,人与自然关系日趋紧张,等等。"[1]这些难题并非都由现代化所导致,但却又与现代化发展有着直接或间接的关系,现代化的发展进程在某种程度上加深和加剧了这些难题对人类社会的危害。重塑世界现代化目标的核心问题是价值取向的选择,各国期待人类社会树立起正确的价值取向,引领现代化沿着健康的道路发展。

习近平指出:"中国人看待世界、看待社会、看待人生,有自己独特的价值体系",这个价值体系根植于中华优秀传统文化,中国人独特而悠久的精神世界构成价值观塑造的深厚基础。同时,这个价值体系又与我国特殊的历史经历有关。"中国是经历了深重苦难的国家。在工业革命发生前的几千年时间里,中国经济、科技、文化一直走在世界的第一方阵之中。近代以后,中国的封建统治者夜郎自大、闭关锁国,导致中国落后于时代发展步伐,中国逐步成为半殖民地半封建社会。"[2]中华民族遭遇大起大落的盛衰之变与现代化的发生相关联,古老东方帝国正是被世界现代化的历史大潮淘汰出局的。鸦片战争后,中国人民和爱国志士仁人为改变国家命运顽强抗争,但都以失败告终。"探索中国现代化

---

[1]《习近平外交演讲集》第一卷,中央文献出版社2022年版,第188—189页。

[2]《习近平外交演讲集》第一卷,中央文献出版社2022年版,第125页。

道路的重任,历史地落在了中国共产党身上。"①经过百年奋斗,党团结带领人民成功走出中国式现代化道路,向历史、向世界宣告:中国没有输给现代化,中华民族赢得了现代化的荣光。

中国式现代化的成功推进和拓展始终有鲜明的价值观引领,坚持人民至上的历史经验贯穿于党领导中国革命、建设、改革和新时代实践的全过程。我们党来自人民,为人民而生,因人民而兴,根基在人民,力量在人民,"中国共产党在中国社会的剧烈动荡中诞生,成立时的任务之一就是结束中国从十九世纪中叶起陷入的战乱频仍、民不聊生的悲惨境地"②。在掌握全国政权后,立足实现好、维护好、发展好人民利益,成为党领导中国社会主义建设的根本遵循。从提出"四个现代化"奋斗目标,到形成建设小康社会的战略构想,再到党的二十大确立全面建成社会主义现代化强国、以中国式现代化全面推进中华民族伟大复兴的使命任务,在循序渐进的实践中始终把广大人民群众根本利益放在最高位置。把人民作为党和国家事业发展进步的获益主体,是党领导社会主义现代化建设的价值取向。

长期执政的中国共产党把让人民过上好日子作为价值追求,除了人民的根本利益外,没有任何自己特殊的利益,从来不代表任何利益集团、任何权势团体、任何特权阶层的利益。党的二十大报告阐述中国式现代化理论时指出:"我们坚持把实现人民对美好生活的向往作为现代化建设的出发点和落脚点,着力维护和促进社会公平正义,着力促进全体人民共同富裕,坚决防止两极分化。"③这个价值取向鲜明回答了进行现代化建设为了什么、现代化的动力是什么以及依靠力量在哪里等重大问题。中国共产党在探索中国现代化建设、走出中国式现代化道路的历史实践中,之所以能够取得举世瞩目的成就和创造出令世界刮目相看的奇迹,正确的价值观引领是获得成功的重要密码。中国式现代化不仅为让人民生活得更加美好创造了条件,而且从广大人民群众中汲取了推进和拓展中国式现代化的无穷力量。

从世界现代化目标重构看中国式现代化的价值取向,其意义具有普遍性。诚然,坚持人民至上体现马克思主义政党的本质要求,中国式现代化以全体人民共同富裕作为中国特色,是中国共产党全心全意为人民服务的根本宗旨、坚持以人民为中心的发展思想在现代化建设中的坚守和运用,具有鲜明的意识形态特征。然而现代化发展进程中,物

---

①《正确理解和大力推进中国式现代化》,《人民日报》2023年2月8日。

②《习近平外交演讲集》第二卷,中央文献出版社2022年版,第91页。

③《习近平著作选读》第一卷,人民出版社2023年版,第19页。

质财富的创造、科学技术的发达推动人类社会进步,终极目标是实现人的现代化。让现代化成果在更大程度和更广泛范围让本国人民和世界各国人民共享,才是现代化应该树立的正确价值取向。走出一味在物质层面追求现代化的迷途,实现向以人为中心的现代化理念转变,是重塑世界现代化价值取向的历史大势。中国式现代化呈现的价值取向既创造中国经验,又提供世界启示,符合各国追求现代化的共同愿望。

三、文明形态意义上中国式现代化对世界现代化新样式的创造

习近平指出:"中国式现代化,深深植根于中华优秀传统文化,体现科学社会主义的先进本质,借鉴吸收一切人类优秀文明成果,代表人类文明进步的发展方向,展现了不同于西方现代化模式的新图景,是一种全新的人类文明形态。"[1]从创造人类文明新形态阐述中国式现代化,是党的二十大重大理论创新成果,创造人类文明新形态赋予中国式现代化以极其深刻的思想意蕴。

人类社会发展中,现代化作为一种新的文明形态出现,深刻影响了世界发展进程。以现代化的发生为标志,人类实现了从传统社会向现代社会的转变,世界历史翻开新的篇章。现代化发轫于西方,欧美一些国家率先走上现代化的发展道路。现代化的早期萌发以经济因素的推动为主导,呈现以资本为中心的发展逻辑,西方资本主义发展把资本追逐利润的本性推演到无以复加的地步。一些国家通过战争、殖民、掠夺等方式进行原始资本积累,扩张海外市场,侵占别国利益,以此实现的现代化损人利己,充满血腥罪恶。世界范围的贫富两极分化随着现代化的发生而恶性发展,国际社会公平正义受破坏的危害随着现代化的发展而日益严重。现代化在人类社会发展史上以进化与退步、文明与野蛮、先进与落后相交织的方式出现,各国人民在沐浴现代化阳光的同时也品尝了苦果。一些国家以牺牲别国利益为代价实现本国现代化,给许多国家尤其是广大发展中国家带来深重苦难。

由于欧美一些国家率先进入现代化行列的历史原因,资本主义道路的模式化长期束缚世界现代化的认知。有的西方国家秉持一统天下的理念,刻意固化模式,形成现代化道路只此西方一家的逻辑,"现代化=西方化"的迷思就是这样制造出来的。他们以现代化的先占优势形成话语霸权,主观地把自己的模式当作现代化的唯一标准,拿西方现代文明为标杆排斥、打压、诋毁其他文明,严重违背和破坏了人类文明多样并存、多元发展、多彩争艳的客观规律。世界文明多样性形成各国发展模式多样化,古往今来,各国、各民

---

① 《正确理解和大力推进中国式现代化》,《人民日报》2023年2月8日。

族文明多形态的发展推动人类社会不断发展进步。世界上既不存在定于一尊的现代化模式,也不存在放之四海而皆准的现代化标准。纵览世界,每个国家和地区进行现代化建设事实上都在走自己的路,如20世纪中后期的"亚洲四小龙"模式,近年来一些金砖国家按照自己国情推进现代化,呈现出的发展样式各不相同,根本没有千篇一律的道理可寻。"人类历史告诉我们,企图建立单一文明的一统天下,只是一种不切实际的幻想","世界是在人类各种文明交流交融中成为今天这个样子的。"①人类文明多样性赋予这个世界姹紫嫣红的色彩,人类历史就是一幅不同文明相互交流、互鉴、融合的宏伟画卷。"历史呼唤着人类文明同放异彩,不同文明应该和谐共生、相得益彰,共同为人类发展提供精神力量。"②世界古代史上,中国人民创造的中华文化对人类文明进步作出了举世公认的重大贡献,现代世界史演进中,党团结带领人民推进和拓展中国式现代化的创新实践,将重现中华民族为推动人类文明进步作出重大贡献的绚丽光彩。

社会主义与资本主义相伴而生,马克思恩格斯创立的科学社会主义,以先进的思想理论代表了人类社会文明新形态的问世。国际共产主义运动中,苏联共产党就在社会主义制度下进行过现代化建设的探索,并且取得堪称辉煌的成就。20世纪三四十年代,苏联现代化建设造就的强大国力使它成为世界强国中的一极,形成与世界上最强的美国相抗衡的地位。由于1991年的国家解体,苏联共产党领导的社会主义现代化随之终结,但其探索性的实践和成功经验在人类文明发展史上仍具有不可磨灭的创新意义。值得指出的是,苏联共产党建设社会主义也曾经以"苏联模式"产生过较为广泛的影响,但从现代化视角看,"苏联模式"并没有偏离西方道路的轨迹。为了抗衡以美国为首的西方资本主义势力,苏联现代化建设走的是壮大军事武器装备、发展重工业以及相关科学技术的道路,长期忽视农业和轻工业发展,导致经济建设畸形发展和国民经济比例严重失调。从这个意义上说,"苏联模式"的现代化并没有形成新的样式,因而也不具备创造人类文明新形态的意义。

新中国成立后,中国共产党曾一度搬用过"苏联模式",虽然也取得了社会主义建设的许多成就,然而从总体看是不成功的。1978年底,党的十一届三中全会作出改革开放的历史抉择,党中央解放思想走自己的道路,冲破社会主义建设僵硬模式的束缚,成功开创了中国特色社会主义事业。"改革开放以后,中国驶入工业化的快速路"③,"改革开放

---

① 《习近平外交演讲集》第一卷,中央文献出版社2022年版,第155、190页。
② 《习近平外交演讲集》第二卷,中央文献出版社2022年版,第89页。
③ 《习近平外交演讲集》第一卷,中央文献出版社2022年版,第358页。

是中国和世界共同发展进步的伟大历程"①,经过40多年艰辛探索的创新实践,尤其是中国特色社会主义进入新时代以来,以习近平同志为核心的党中央深邃思考和回答建设什么样的社会主义现代化强国、怎样建设社会主义现代化强国的重大时代课题,在坚持和发展中国特色社会主义的创新实践中,统筹推进"五位一体"总体布局,协调推进"四个全面"战略布局,提出一系列原创性的治国理政新理念新思想新战略,以取得历史性成就、发生历史性变革,打开了现代化发展新天地,推动中国式现代化日益成熟和成型。

从文明形态发展看中国式现代化的样式创造,其意义在于现代化发展规律的普遍性与特殊性相统一。习近平强调:"中国式现代化既切合中国实际,体现了社会主义建设规律,也体现了人类社会发展规律。"②这个论断揭示的理论逻辑是:中国式现代化不仅以中国特色形成其独特的样式,而且以体现各国现代化共同特征和符合人类社会发展规律彰显其普遍意义。必须指出的是,中国式现代化样式在中华大地上创造出来必然带有自身特色,但不能把中国式现代化局限于地域范围的认知。中国式现代化与西方现代化构成截然不同的样式,但两者区别的形成绝不是经济、政治、文化地缘博弈的结果。从党中央阐述中国式现代化的中国特色和本质要求的理论看,其中包含的思想一方面内含了基于自己国情体现现代化发展规律的特殊性,另一方面又以反映各国共同愿望、弘扬全人类共同价值的思想体现现代化发展规律的普遍性。中国式现代化以中国特色的创造为人类文明进步增添了新的样式,以体现各国现代化共同特征的世界普遍性而具有创造人类文明新形态的意义。

四、惠及人类意义上中国式现代化对世界现代化福祉的拓展

走和平发展道路是中国式现代化的中国特色之一,党的二十大报告首次概括中国式现代化的本质要求,包括推动构建人类命运共同体和创造人类文明新形态两条,表明中国式现代化不仅福祉中国,而且放眼世界。拓展现代化福祉世界的范围,反对现代化成果变成少数国家、某些特殊阶层享有的专利品,体现中国共产党胸怀天下的现代化建设崇高境界。

中国共产党领导中国现代化建设,从一开始走的就不是一些老牌资本主义国家走的道路,靠暴力掠夺殖民地国家积累财富、以其他国家落后为代价实现发展,既违背马克思主义政党的执政目标,也不符合历史发展和时代进步的潮流。在现代化成为各国普遍追求的历史发展进程中,和平与发展成为时代主题,渴求世界和平、实现共同发展成为人们

①《习近平外交演讲集》第二卷,中央文献出版社2022年版,第97页。
②《十九大以来重要文献选编》中,中央文献出版社2021年版,第825页。

共同愿望。习近平指出:"遍布全球的众多发展中国家、几十亿人口正在努力走向现代化,和平、发展、合作、共赢的时代潮流更加强劲"①,"弱肉强食的丛林法则、你输我赢的零和游戏不再符合时代逻辑,和平、发展、合作、共赢成为各国人民共同呼声"②。遗憾和不幸的是,世界上总有一些人、一些势力逆历史潮流而动,某些国家囿于自身利益的追逐,搞霸道经济、强权政治、强盗文化,奉行单边主义、贸易保护主义,践踏国际法则,罔顾别国利益,对不听话、不顺眼、不合意的国家采取各种手段进行制裁,甚至不惜动用军队颠覆他国政权。这些不得人心的行径,对各国谋求现代化来说是设置障碍,严重危害人类文明进步。

中国共产党"始终以世界眼光关注人类命运,从人类发展大潮流、世界变化大格局、中国发展大历史正确认识和处理同外部世界的关系"③,以站在历史正确一边的立场和站在人类进步一边的姿态,推动世界现代化健康发展。坚决维护世界和平,倡议构建一个没有贫困、共同发展的人类命运共同体,弘扬和平、发展、公平、正义、民主、自由的全人类共同价值,为打造现代化的世界格局指明了发展方向。这是中国式现代化拓展世界现代化福祉在宏观意义上的体现,让世界更加美好是中国式现代化的目标追求之一。

中国式现代化惠及人类的现实表现是为各国发展创造机遇,促进世界现代化协同发展和成为各国共襄事业。改革开放给中国注入了强大生机活力,解放和发展生产力的能量充分迸发出来,经济快速发展带来国家综合国力大幅提升,中国在世界现代化格局中的分量越来越重,全球影响力越来越大。面对中国迅速发展起来的现实,世界上各种认知、感受和评价不一,大多数国家尤其是广大发展中国家普遍持赞赏、肯定、支持的态度,但一些西方国家把发展强大起来的中国视为对他们的威胁,戴着有色眼镜进行评判,散布各种舆论曲解、污蔑、攻击中国。党的十八大以来,习近平在很多国际场合发表演讲,对所谓"中国威胁论"作出有力驳斥。他指出:"中国发展壮大,带给世界的是更多机遇而不是什么威胁。我们要实现的中国梦,不仅造福中国人民,而且造福各国人民","中国的发展绝不以牺牲别国利益为代价,我们绝不做损人利己、以邻为壑的事情","中国人民圆梦必将给各国创造更多机遇,必将更好促进世界和平与发展。"④习近平还一再表示,欢迎各国人民搭乘中国发展的"快车""便车"。这些阐明中国发展主旨和态度的重要论述,正是国际舞台上中国式现代化世界意义的发声。

①《习近平外交演讲集》第一卷,中央文献出版社2022年版,第32页。
②《习近平外交演讲集》第二卷,中央文献出版社2022年版,第54页。
③《十九大以来重要文献选编》下,中央文献出版社2023年版,第535页。
④《习近平外交演讲集》第一卷,中央文献出版社2022年版,第5、119、290页。

事实证明,中国式现代化取得的成就已经对惠及人类产生了显著作用。世界经济发展陷入低迷持续了20余年,至今没有出现复苏迹象。在此期间中国表现出的经济发展韧劲形成鲜明反差,中国现代化建设的强力推进使中国经济成为推动世界经济发展的引擎。尤其是新时代十年来,我国国内生产总值相继跨越60万亿、70万亿、80万亿、90万亿、100万亿、110万亿元大关,以继续保持经济增长的态势为世界经济发展注入了活力。2013—2021年,我国对世界经济增长的平均贡献率达38.6%,超过七国集团成员国家贡献率的总和,是推动世界经济增长的第一动力。

特别值得指出的是,2013年习近平提出"一带一路"倡议,为推进和拓展中国式现代化增添了一抹亮色。这是党中央统筹国内国际两个大局,顺应地区和全球合作潮流,契合沿线国家和地区发展需要,立足当前、着眼长远提出的战略构想。"一带一路"倡议坚持与邻为善、与邻为伴,坚持睦邻、安邻、富邻,践行亲、诚、惠、容理念,加强传统陆海丝绸之路沿线国家互联互通,实现经济共荣、贸易互补、民心相通。"一带一路"举措的实施,以建设丝绸之路经济带、21世纪海上丝绸之路、亚洲基础设施投资银行、丝路基金等为途径,为全球基础设施投资作出了重大贡献。逐步构筑起面向全球的自由贸易区网络,实现道路联通、贸易畅通、资金融通、政策沟通、民心相通,共同打造开放合作平台,为地区可持续发展提供新动力。把各国发展战略对接起来,深化和拓展能源、贸易投资、基础设施建设、高技术等领域合作,开展更大范围、更高水平、更深层次的区域合作,共同打造开放、包容、均衡、普惠的区域合作架构。中国的这些作为,表现了中国式现代化惠及全球、拓展世界现代化福祉的重大意义,赢得了世界各国的广泛赞誉。

五、理论体系建构意义上中国式现代化对世界现代化理论的贡献

习近平指出:"中国式现代化蕴含的独特世界观、价值观、历史观、文明观、民主观、生态观等及其伟大实践,是对世界现代化理论和实践的重大创新。"[①]初步建构起的中国式现代化理论体系,以丰富理论和深刻思想构成了理解现代化新的知识体系。

世界发展进程中,现代化的认知迷思是由西方国家长期掌握现代化话语霸权造成的。定于一尊的现代化思维方式严重束缚了各国现代化探索走自己道路的手脚,把西方模式标准化阻碍了现代化的知识更新。在现代化等于西方化、资本主义化的狭隘认知下,各国独立探索现代化道路的实践得不到尊重,凡是与西方模式不同的现代化都受到排斥,甚至被打入另册受到阻挠和诋毁。这就造成世界现代化理论滞后实践的事实,虽

---

① 《正确理解和大力推进中国式现代化》,《人民日报》2023年2月8日。

然学术界许多学者围绕现代化问题进行了研究,也提出过一些重要观点,但始终缺乏令人耳目一新的现代化生动案例,更没有形成系统完整的现代化理论体系。

经过几百年发展的现实世界,现代化建设的环境和时代发展的要求已经与现代化早期发展的情况迥然不同。世界多极化、经济全球化、文化多样化、社会信息化、生活智能化、人类数字化成为发展趋势,历史大潮裹挟着现代化形成新的发展格局。随着全球治理面临的共同难题日益凸显,各国现代化建设呈现的普遍性问题也越来越多,经验交流互鉴、取长补短、各显身手事实上成为时代的要求。尤其是在现代化发展存在许多负面效应的情况下,探索创造新的现代化发展道路,努力通过多样化的选择形成各自具有特色的现代化样式,克服现代化发展的各种弊端,是摆在各国面前的实际问题,世界人民期待找到新的答案。

中国式现代化理论体系的创新成果,为丰富和发展世界现代化理论提供了中国智慧、中国理路、中国观点,为世人更加全面地认识现代化提供了理论样本。中国式现代化理论体系以中国特色、本质要求、基本原则为基本内容构建起主体框架,回答了什么是中国式现代化、中国式现代化具有什么样的特色、中国式现代化必须遵循哪些本质要求,以及前进道路上必须牢牢把握哪些重大原则等重大问题。

中国式现代化的鲜明特色体现在五个方面,一是人口规模巨大的现代化,二是全体人民共同富裕的现代化,三是物质文明和精神文明相协调的现代化,四是人与自然和谐共生的现代化,五是走和平发展道路的现代化。这五个方面的中国特色,体现基于自己国情的独特性创造,既立足中国实际,又面向世界;既把党的性质宗旨融入现代化建设的价值诉求,又符合各国现代化发展的共同要求;既福祉中国人民,又推动建设一个美好世界。

中国式现代化的本质要求包括九个方面:坚持中国共产党领导,坚持中国特色社会主义,实现高质量发展,发展全过程人民民主,丰富人民精神世界,实现全体人民共同富裕,促进人与自然和谐共生,推动构建人类命运共同体,创造人类文明新形态。这九个方面本质要求的科学概括,是党深刻总结我国和世界其他国家现代化建设的历史经验,对我国这样一个东方大国如何加快现代化在认识上不断深入、战略上不断成熟、实践上不断丰富而形成的思想理论结晶。

中国式现代化推进和拓展的前进道路上必须牢牢把握的重大原则是"五个坚持":坚持和加强党的全面领导,坚持中国特色社会主义道路,坚持以人民为中心的发展思想,坚持深化改革开放,坚持发扬斗争精神。这五个方面的重大原则,形成把握战略机遇、应对风险挑战的政治定力,是党和人民创造中国式现代化的历史伟业在风高浪急甚至惊涛骇浪的重大考验下不断前进的实践要求。

习近平指出："世界是多向度发展的,世界历史更不是单线式前进的","现代化不是单选题。历史条件的多样性,决定了各国选择发展道路的多样性。"[①]中国的现代化建设一路走来,在世界多向度发展中创造出崭新的样式,为广大发展中国家独立自主迈向现代化树立了典范。中国共产党把立足国情与遵循客观规律相统一,把共产党执政规律、社会主义建设规律与人类社会发展规律相统一,把坚定历史自信与发挥历史主动相统一,既使中国式现代化更加清晰、更加科学、更加可感可行,又在世界现代化理论发展中创造出中国式现代化理论体系的新成果。中国式现代化理论体系创新成果包含的丰富内容和深刻思想,贯通了中国式现代化与世界现代化的互联关系,突破了把现代化局限于生产力、科学技术发展的片面认知,克服了现代化建设的物质层面与精神层面畸重畸轻的发展缺陷,体现了维护公平正义、和平发展的时代要求,弘扬了和平、发展、公平、正义、民主、自由的全人类共同价值。这些特点充分展示了中国式现代化理论体系创新成果的世界意义,成为世界现代化理论中新的思想财富。

时光荏苒,岁月如梭。从鸦片战争失败后以林则徐、魏源等为代表的先进中国人最早开始睁开眼睛看世界,到党的二十大以成功走出中国式现代化道路昭示世界,180多年的中国经历了从任人欺凌走向民族独立、从闭关锁国走向改革开放、从贫穷落后走向繁荣富强的艰辛历程。在中华民族苦难辉煌的奋斗实践中,1921年中国共产党的诞生成为彻底扭转近代中国人民悲惨命运的"开天辟地的大事变",中国被世界边缘化的窘境也由此而改变。在中国共产党领导下,中华人民共和国的成立、中国社会主义制度的建立、改革开放的实施、新时代中国特色社会主义的变革,都深刻影响和改变了世界发展的趋势和格局。习近平指出:"在我国这样一个14亿人口的国家实现社会主义现代化,这是多么伟大、多么不易!"[②]党的二十大对全面建设社会主义现代化国家、全面推进中华民族伟大复兴进行了战略谋划和全面部署,为新时代新征程党和国家事业发展、实现第二个百年奋斗目标指明了前进方向、确立了行动指南。正确理解和大力推进中国式现代化,不断拓展中国式现代化的广度和深度,党和人民团结奋斗创造历史伟业的壮举必将为推动世界发展作出更多更大更加卓越的贡献。

---

①《习近平外交演讲集》第一卷,中央文献出版社2022年版,第128、372页。
②《习近平谈治国理政》第四卷,外文出版社2022年版,第515页。

第六章　推进新时代党的建设新的伟大工程

第一节　党的二十大推进党的建设重大理论创新①

在全党全国各族人民意气风发迈上全面建设社会主义现代化国家新征程、进军第二个百年奋斗目标奋斗新阶段的关键时刻,党中央召开了中国共产党第二十次全国代表大会。大会作出的科学谋划和战略部署覆盖党治国理政的各个领域,党的建设是其中一个极其重要的方面。习近平在党的二十大报告中指出:"全面建设社会主义现代化国家、全面推进中华民族伟大复兴,关键在党。"②引领"中国号"巨轮行稳致远、勇往直前,必须推进理论创新、进行理论创造。"今天我们所面临问题的复杂程度、解决问题的艰巨程度明显加大,给理论创新提出了全新要求。"③推进理论创新是奋斗新时代新征程极其重要的大事情,党的二十大部署了新时代党的建设新的伟大工程,提出了一系列重大理论观点,结出了丰硕的理论创新成果,为把党建设得更加坚强有力,确保新时代中国特色社会主义取得新的伟大胜利提供了强大思想武器。

一、增强弘扬伟大建党精神的思想自觉

党的二十大报告开宗明义宣示:"高举中国特色社会主义伟大旗帜,全面贯彻新时代中国特色社会主义思想,弘扬伟大建党精神,自信自强、守正创新,踔厉奋发、勇毅前行,为全面建设社会主义现代化国家、全面推进中华民族伟大复兴而团结奋斗。"④这86个字形成大会的鲜明主题。大会通过的《中国共产党第二十次全国代表大会关于十九届中央委员会报告的决议》指出:"大会认为,报告阐明的主题是大会的灵魂,是党和国家事业发展的总纲。"⑤党的二十大主题,是对新征程上必须举什么旗、坚持走什么路、保持什么样的精神状态、朝着什么样的目标继续前进作出的郑重宣示,为引领中国未来发展树魂

---

① 原文载于《理论建设》2023年第1期,收入本书时题目和文字略有修改。

② 《中国共产党第二十次全国代表大会文件汇编》,人民出版社2022年版,第52页。

③ 《中国共产党第二十次全国代表大会文件汇编》,人民出版社2022年版,第17页。

④ 《中国共产党第二十次全国代表大会文件汇编》,人民出版社2022年版,第1页。

⑤ 《中国共产党第二十次全国代表大会文件汇编》,人民出版社2022年版,第61页。

立纲。

党的二十大对弘扬伟大建党精神作了突出强调。"弘扬伟大建党精神"被纳入党的二十大主题词之中,报告有三处对伟大建党精神进行强调,要求全党始终坚持"弘扬以伟大建党精神为源头的中国共产党人精神谱系"①。人民大会堂二楼眺台悬挂的巨大标语上"弘扬伟大建党精神"亮眼醒目。党的二十大通过《中国共产党章程(修正案)》的决议,把弘扬伟大建党精神写入党章。党的二十大闭幕不到一周,习近平就带领中共中央政治局常委专程从北京前往陕西瞻仰延安革命纪念地,发表讲话强调:"要弘扬伟大建党精神,弘扬延安精神,坚定历史自信,增强历史主动,发扬斗争精神,为实现党的二十大提出的目标任务而团结奋斗。"②弘扬伟大建党精神,是党中央对新时代新征程上全党必须保持什么样的精神状态的宣示,是党团结带领人民砥砺奋进的强大力量支撑。

"伟大建党精神"重大概念第一次被明确揭示,是在庆祝中国共产党成立一百周年大会上,习近平用4句话32个字凝练其深刻内涵,伟大建党精神也是中国共产党人的精神标识。"坚持真理、坚守理想,践行初心、担当使命,不怕牺牲、英勇斗争,对党忠诚、不负人民"的伟大建党精神形成于中国共产党创建之时,贯穿于党的百年奋斗历史实践全过程。伟大建党精神四个方面的内涵相辅相成,构成具有内在逻辑关系的整体。"坚持真理、坚守理想"体现信仰信念是中国共产党人安身立命的根本,铸魂伟大建党精神;"践行初心、担当使命"体现党的性质宗旨,构成伟大建党精神的红色基因;"不怕牺牲、英勇斗争"体现中国共产党人鲜明政治品格,展示伟大建党精神的实践风貌;"对党忠诚、不负人民"体现党性与人民性相统一,突出伟大建党精神的价值取向。伟大建党精神的这些内涵凝练和思想构成,荟萃了党的百年奋斗所形成伟大精神谱系的精华,是中国共产党的精神之源。

中国共产党人基于马克思主义政党先进性表现的意志品质,构建了内容丰富、多姿多彩、代代传承的革命精神谱系。从绵延不断的精神世界发展中串联起在新民主主义革命、社会主义革命和建设、改革开放和社会主义现代化建设、中国特色社会主义新时代等各个时期孕育诞生的革命精神长链,为党和国家事业不断创造出重大成就和非凡奇迹提供了动力来源和力量保证。面临各种艰难险阻和一系列风险挑战,始终焕发生机活力、始终弘扬伟大建党精神,这就是中国共产党战无不胜的重要密钥。伟大的事业需要伟大的精神,伟大建党精神跨越时空、穿越历史、永不过时。党的二十大突出弘扬伟大建党精

---

①《中国共产党第二十次全国代表大会文件汇编》,人民出版社2022年版,第36页。

② 习近平:《继承和发扬党的优良革命传统和作风,弘扬延安精神》,《求是》2022年第24期。

神的要求,旨在激励全党把党的好传统带进新征程,将党的好作风弘扬在新时代,在继续推进新时代党的建设新的伟大工程创新发展中把伟大建党精神代代相传、发扬光大。

"弘扬伟大建党精神,是要郑重宣示,全党必须恪守伟大建党精神,保持党同人民群众的血肉联系,保持谦虚谨慎、艰苦奋斗的政治本色和敢于斗争、敢于胜利的意志品质,确保党始终成为中国特色社会主义事业的坚强领导核心。"①全面贯彻执行党的二十大提出的党的建设的要求,必须深刻认识新时代新征程弘扬伟大建党精神的重要意义,以弘扬伟大建党精神提升全党的精气神,以践行伟大建党精神的思想自觉和实际行动,为全面建成社会主义现代化强国、全面推进中华民族伟大复兴,夺取实现第二个百年奋斗目标的伟大胜利而不懈奋斗。

二、树立"三个务必"新的座右铭

习近平指出:"全党同志务必不忘初心、牢记使命,务必谦虚谨慎、艰苦奋斗,务必敢于斗争、善于斗争,坚定历史自信,增强历史主动,谱写新时代中国特色社会主义更加绚丽的华章。"②这"三个务必"在党的二十大报告前言部分加以强调,重要性突出。时隔70多年,这"三个务必"以继承1949年党的七届二中全会上毛泽东同志提出"两个务必"的思想为基础,树立了新时代党的建设新的伟大工程的新的座右铭。

新中国成立以来,毛泽东同志提出的"务必使同志们继续地保持谦虚、谨慎、不骄、不躁的作风,务必使同志们继续地保持艰苦奋斗的作风"的谆谆告诫,深深刻印在全体党员的心里,始终在党的建设中成为思想和实践的遵循。"务必"意味着约束性的要求,形成必须做什么、应该怎么做的导向和规范,对党员品行起到引领作用,是中国共产党人进行党性淬炼的座右铭。"三个务必"与"两个务必"思想一脉相承,体现革命传统的光大和红色基因的传承。同时,从"两个务必"到"三个务必",党中央从世情国情党情的变化出发,立足时代的新要求和奋斗的新使命,提出务必遵循的新要求,体现创新党的建设的新成果。

"三个务必"完整保留了"两个务必"思想,增加了"不忘初心、牢记使命"和"敢于斗争、善于斗争"两个新务必,具有十分重要的意义。党的十八大以来,关于践行党的初心使命,发扬谦虚谨慎、艰苦奋斗优良作风,进行伟大斗争,在习近平系列重要讲话中内容非常丰富,许多重大观点和深刻结论对发展马克思主义党建思想作出了原创性贡献。党的二十大提出"三个务必"的要求,是对习近平一系列重要论述的思想凝练,体现党中央基于新时代新征程党的中心任务和奋斗目标的要求对坚持"两个务必"作出的新思考。

---

① 《中共中央关于认真学习贯彻党的二十大精神的决定》,《人民日报》2022年10月31日。
② 《中国共产党第二十次全国代表大会文件汇编》,人民出版社2022年版,第2页。

把"不忘初心、牢记使命"摆在"三个务必"首位,意味深长。从党的建设不断发展的过程看,用"为中国人民谋幸福,为中华民族谋复兴"作为党的初心使命加以揭示,是对全心全意为人民服务的根本宗旨新的话语表述。为中国人民谋幸福,是由马克思主义政党先进本质决定的,为中华民族谋复兴,是对中国人民长期夙愿的回应。习近平指出:"我在党的十九大报告开宗明义就强调不忘初心,牢记使命。这个话,党的十八大以来我反复在讲,目的就是提醒全党不要忘了中国共产党是什么、要干什么这个根本问题,不要在日益复杂的斗争中迷失了自我、迷失了方向。"党的初心使命是激励中国共产党人不断前进的根本动力,把初心使命铭刻于心,"人生奋斗才有更高的思想起点,才有不竭的精神动力"①。"三个务必"突出"不忘初心、牢记使命",进一步强化了党的宗旨性质,凸显了中国共产党人坚守的恒心和意志。

谦虚谨慎、艰苦奋斗是"两个务必"的思想内核,从毛泽东同志提出这个告诫的初衷看,侧重从保持党的作风角度向全党敲响抵御"糖衣炮弹"袭击的警钟,体现出在革命即将取得胜利前夕就形成了应对执政考验的高度自觉。新中国成立后,毛泽东同志要求"全国一切革命工作人员永远保持过去十余年间在延安和陕甘宁边区的工作人员中所具有的艰苦奋斗的作风"②。中国共产党在70多年治国理政实践中始终保持谦虚谨慎、艰苦奋斗的优良作风,以此塑造起来的形象成为认知马克思主义政党先进性的重要方面。党的作风建设是党的建设永恒主题,谦虚谨慎、艰苦奋斗的优良作风砥砺全党胜不骄、败不馁,在成绩面前保持清醒,在挫折面前激昂斗志。"三个务必"对新时代新征程上继续发扬光大谦虚谨慎、艰苦奋斗的优良作风提出了新要求。

提出"敢于斗争、善于斗争"新的务必要求,彰显党团结带领人民攻坚克难、开拓进取、勇毅前行的实践品性。从党的十八大以来,"必须准备进行具有许多新的历史特点的伟大斗争"成为党中央领导人和党的文献中反复使用的话语。党的十九大把"伟大斗争"作为新时代中国共产党历史使命之一,号召全党"发扬斗争精神,提高斗争本领,不断夺取伟大斗争新胜利"③。党的十九届六中全会审议通过的第三个历史决议,总结了党的百年奋斗十条历史经验,"坚持敢于斗争"是其中之一,强调"敢于斗争、敢于胜利,是党和人民不可战胜的强大精神力量"④。习近平指出:"中国共产党和中国人民是在斗争中成

①《习近平关于"不忘初心、牢记使命"论述摘编》,中央文献出版社、党建读物出版社2019年版,第15、16页。

②《毛泽东文集》第6卷,人民出版社1999年版,第17页。

③《十九大以来重要文献选编》上,中央文献出版社2019年版,第11页。

④《十九大以来重要文献选编》下,中央文献出版社2023年版,第536页。

长和壮大起来的,斗争精神贯穿于中国革命、建设、改革各个时期。"①新时代十年,党和人民正是因为发扬敢于斗争、善于斗争精神才创造出一系列重大成就,才在党史、新中国史、改革开放史、社会主义发展史和中华民族发展史上树立了一座里程碑。敢于斗争、善于斗争是战胜各种风险挑战务必保持的意志品质,体现中国共产党对新时代新征程肩负伟大使命的清醒和坚定。

作为党的建设新的座右铭,"三个务必"是一个内在统一、有机联系的整体。第一个务必强化党的性质宗旨,第二个务必弘扬党的优良作风,第三个务必坚定党的意志品格,"三个务必"相辅相成,体现紧密的逻辑关系。务必不忘初心、牢记使命,就必然要求发扬谦虚谨慎、艰苦奋斗的优良作风和彰显敢于斗争、善于斗争的意志品格。"务必谦虚谨慎、艰苦奋斗"和"务必敢于斗争、善于斗争",又是"务必不忘初心、牢记使命"必须发扬的优良作风和体现的意志品质。以党的二十大精神为动力,不断推进新时代党的建设新的伟大工程,必须始终把"三个务必"内化于心、外化于行。

三、形成谱写马克思主义中国化时代化新篇章的庄严历史责任

党的二十大报告指出:"不断谱写马克思主义中国化时代化新篇章,是当代中国共产党人的庄严历史责任。"②自建党起,中国共产党就把马克思主义鲜明地写在自己的旗帜上,党的百年奋斗书写了一部马克思主义中国化时代化的创新发展史。马克思、恩格斯从来就反对把他们的学说当作教条,中国共产党深刻把握实事求是这一马克思主义活的灵魂,坚持把马克思主义基本原理同中国具体实际相结合领导中国革命和建设,坚持把马克思主义基本原理同中华优秀传统文化相结合引领中国发展进步,不断谱写出马克思主义中国化时代化新的篇章。

坚持真理、坚守理想,是中国共产党人坚定马克思主义信仰信念的准则,但科学理论只有结合具体的实践才能彰显真理的力量。中国共产党树立起对待马克思主义的科学态度得益于对教条主义历史教训的深刻汲取,照搬马克思主义导致革命和建设实践的挫折,使党以沉重代价形成、确立了理论联系实际的思想路线。中国共产党人不断推进理论创新、进行理论创造,促进党的指导思想与时俱进。新民主主义革命时期、社会主义革命和建设时期孕育诞生的毛泽东思想,改革开放和社会主义现代化建设新时期孕育诞生的邓小平理论、"三个代表"重要思想、科学发展观,党的十八大以来孕育诞生的习近平新时代中国特色社会主义思想,在党的百年奋斗历程上先后实现了马克思主义中国化时代

①《习近平谈治国理政》第四卷,外文出版社,2022年版,第71页。
②《中国共产党第二十次全国代表大会文件汇编》,人民出版社2022年版,第16页。

化的一次次飞跃。

　　思想是行动的先导,理论之树常青才能指导实践发展。"推进马克思主义中国化时代化是一个追求真理、揭示真理、笃行真理的过程"①,马克思主义科学性、真理性、人民性、实践性、开放性、时代性的显著特征,只有在不断推进马克思主义中国化时代化深入发展中才能充分彰显。在习近平提出"两个结合"的基础上,党的二十大报告作出了"两个行"的论断,建构起马克思主义中国化时代化的新话语。党中央首先提出了中国共产党能、中国特色社会主义好、马克思主义行的话语表述。2021年7月1日庆祝党的百年华诞,习近平发表重要讲话作出新的归纳:"中国共产党为什么能,中国特色社会主义为什么好,归根到底是因为马克思主义行!"②党的二十大报告又加上了"是中国化时代化的马克思主义行"。"两个行"的新论断不是语意的重复,新话语的建构进一步揭示了马克思主义之所以行就在于把它同中国具体实际和中华优秀传统文化相结合的机理。"两个结合"赋予马克思主义理论以鲜明的中国特色,"两个行"诠释了马克思主义彰显真理力量的中国创造性经验。中国化时代化的马克思主义以不断实现理论创新和理论创造,从思想和实践上激发了马克思主义旺盛活力。

　　谱写马克思主义中国化时代化新篇章,赋予当代中国共产党人庄严历史责任,也是新时代党的建设新的伟大工程加强党的思想建设的光荣历史使命。党的十九大报告提出"思想建设是党的基础性建设",强调"要把坚定理想信念作为党的思想建设的首要任务,教育引导全党牢记党的宗旨,挺起共产党人的精神脊梁,解决好世界观、人生观、价值观这个'总开关'问题,自觉做共产主义远大理想和中国特色社会主义共同理想的坚定信仰者和忠实实践者"③。从党的建设"五位一体"总体布局的内在结构说,作为摆在首位和具有根本性建设地位的政治建设,必须以作为基础性建设的思想建设为根本保证。党中央不断推进理论创新、进行理论创造结出丰硕成果,对加强党的政治建设具有思想引领作用。

　　坚持"两个结合"与领悟"两个行"统一于马克思主义中国化时代化的实践。把谱写马克思主义中国化时代化新篇章作为党的历史责任,突出的是以党的最新理论成果引领中国特色社会主义继续前进。迈上新征程、建功新时代,切实贯彻执行党的二十大作出的重大决策和战略部署,必须以习近平新时代中国特色社会主义思想凝心铸魂,继续推

①《中国共产党第二十次全国代表大会文件汇编》,人民出版社2022年版,第14页。
②《习近平谈治国理政》第四卷,外文出版社2022年版,第10页。
③《十九大以来重要文献选编》上,中央文献出版社2019年版,第44—45页。

进马克思主义中国化时代化的崭新实践,"不断回答中国之问、世界之问、人民之问、时代之问,作出符合中国实际和时代要求的正确回答,得出符合客观规律的科学认识,形成与时俱进的理论成果,更好指导中国实践"①。党的二十大报告强调,必须把握好习近平新时代中国特色社会主义思想的世界观和方法论,要求全党坚持好、运用好贯穿其中的立场观点方法;深刻把握必须坚持人民至上、自信自立、守正创新、问题导向、系统观念、胸怀天下等重要思想。这些重要论述体现党的百年奋斗历史经验的运用,为开辟马克思主义中国化时代化新的境界指明了方向。

四、明确新时代新征程党的使命任务

党的二十大报告明确了新时代新征程党的使命任务,指出"从现在起,中国共产党的中心任务就是团结带领全国各族人民全面建成社会主义现代化强国、实现第二个百年奋斗目标,以中国式现代化全面推进中华民族伟大复兴"②。这个新的中心任务,把党始终不渝的追求、接续奋斗的目标、实现伟大的梦想融合起来,形成不负历史、不负人民的使命新担当。

党的百年奋斗表明,党的建设始终围绕党的中心任务开展,各个历史时期党的中心任务不同,党的建设具体要求和发展面貌也各呈特点。党的十九届六中全会审议通过的《中共中央关于党的百年奋斗重大成就和历史经验的决议》,对夺取新民主主义革命伟大胜利、完成社会主义革命和推进社会主义建设、进行改革开放和社会主义现代化建设、开创中国特色社会主义新时代等四个历史时期党面临的主要任务作了概括,各个历史时期党的建设都服务于党的主要任务。党的事业不断向前推进,党的中心任务不断更新,既定的任务完成了,下一个任务提上议事日程,循序渐进地完成一个又一个党的中心任务,构成党不懈奋斗的历史全链条。

新时代新征程党的使命任务是与第一个百年奋斗目标紧密衔接的接力跑。党的事业千秋万代形成一棒传一棒的接力赛,完成前一棒才能为跑好后一棒奠定基础,最后的冲刺取决于每一棒的成绩积累。从党的十九大到党的二十大,党和国家事业处于"两个一百年"奋斗目标的历史交汇期。经过5年极不寻常、极不平凡的奋斗,习近平在庆祝中国共产党成立一百周年大会上代表党和人民庄严宣告,第一个百年奋斗目标胜利实现。从1979年邓小平提出建设小康社会的战略构想到2021年,经过40多年的奋斗,终于全面建成小康社会,取得这个重大成就更加坚定了党和人民的历史自信。党的二十大用

---

①《中国共产党第二十次全国代表大会文件汇编》,人民出版社2022年版,第15页。
②《中国共产党第二十次全国代表大会文件汇编》,人民出版社2022年版,第18页。

"从现在起"提出党的中心任务,标志着实现第二个百年奋斗目标的新征程从"开启"到"迈上"的转变。完成全面建成小康社会历史任务后,党中央向全党全国各族人民吹响了新的进军号。

新时代新征程党的使命任务赋予实现伟大中国梦以新内涵。党的十八大后,习近平以"中国梦"这个概念形成论述中华民族伟大复兴的新话语,揭示实现国家富强、民族振兴、人民幸福的中国梦内涵,凝练中国人民长期夙愿的内核,指出"实现中华民族伟大复兴,就是中华民族近代以来最伟大的梦想"①。一百年来,党团结带领人民进行的一切奋斗、一切牺牲、一切创造都围绕实现中华民族伟大复兴的主题展开,中国共产党不断推进中华民族伟大复兴的历史进程,就是为人民不断创造更加美好生活的历史过程。党的二十大提出的中心任务包含三个关键词:"社会主义现代化强国""中国式现代化""中华民族伟大复兴"。这三个关键词都不是党的二十大的创新概念,党的文献中早就作出过表达。毛泽东同志在1964年12月就提出"把我国建设成为一个社会主义的现代化的强国"②。1979年3月,邓小平同志在阐述奋斗目标时就提出"中国式的四个现代化",说"我同外国人谈话,用了一个新名词:中国式的现代化"③。中华民族伟大复兴则是党经常使用的话语。党的二十大提出的中心任务把这三个关键词相连接,尤其是"以中国式现代化全面推进中华民族伟大复兴"的创新表述,丰富了中国梦的内涵,从更加深刻的含义上提升了实现中华民族伟大复兴的境界追求。

新时代新征程党的使命任务揭示未来20多年党和人民努力工作的新目标。一百多年来党在实践中明确一步步奋斗目标,激发党和人民的前进动力。成立新中国,完成从新民主主义向社会主义转变,开创中国特色社会主义事业,都构成党确立新奋斗目标的历史背景。改革开放后,党中央从提出"三步走"战略,到形成"两个一百年"奋斗目标,到建成全面小康的努力,再到党的十九大提出"两个十五年"的步骤,21世纪中叶实现中华民族伟大复兴奋斗目标的路线图随着实践的深入越来越清晰。中国特色社会主义进入新时代,中华民族迎来了从站起来、富起来到强起来的伟大飞跃,中国人民为在振兴民族奋斗征程上取得的辉煌成就倍感振奋和自豪。以习近平同志为核心的党中央推进新时代党的治国理政实践,自信自强、守正创新,发扬奋发有为、开拓进取精神,开创出坚持和发展中国特色社会主义事业的崭新局面。以习近平同志为核心的党中央深刻把握中华

①《习近平关于实现中华民族伟大复兴的中国梦论述摘编》,中央文献出版社2013年版,第3页。
②《毛泽东文集》第8卷,人民出版社1999年版,第341页。
③《邓小平年谱》第4卷,中央文献出版社2020年版,第497页。

民族伟大复兴战略全局和世界百年未有之大变局,统筹推进中国特色社会主义事业"五位一体"总体布局,协调推进全面建设社会主义现代化国家、全面深化改革、全面依法治国、全面从严治党"四个全面"战略布局,统揽伟大斗争、伟大工程、伟大事业、伟大梦想"四个伟大"历史使命,以一系列战略性举措、变革性实践、突破性进展、标志性成果,促进党和国家事业实现了历史性跨越。党的二十大提出的中心任务,将贯穿未来20多年为全面建设社会主义现代化国家而奋斗的全过程,落实在中华民族伟大复兴取得伟大胜利的各环节,党和人民为之奋斗的一切努力都将聚焦于党的这个中心任务。

五、揭示中国共产党领导的中国式现代化本质要求

近现代中国社会演进的历史轨迹表明,中国共产党领导新民主主义革命和社会主义建设取得胜利都不是靠拄着别人的拐杖而成功的,搞现代化也不能照搬别国的模式,依葫芦画瓢不是中国共产党人的作为。党的二十大揭示中国式现代化奋斗目标,鲜明昭示了"走自己的道路"的决心和意志。

邓小平同志提出"中国式的现代化"建设目标迄今已40多年,党领导人民在经济快速发展、社会长期稳定和大踏步赶上时代的发展中,对中国式现代化的认识愈益深刻,党的二十大作出的丰富论述,初步构建起中国式现代化的理论体系,实现了认知现代化的思想升华。党的十八大以来,党中央关于中国式现代化的深邃思考,集中体现在习近平在党的十九届五中全会第二次全体会议上发表的重要讲话之中。这个重要讲话第一次从人口规模巨大、全体人民共同富裕、物质文明和精神文明相协调、人与自然和谐共生、走和平发展道路的现代化等五个方面揭示了中国式现代化的内涵。[①]党的二十大报告作出进一步论述,丰富了中国式现代化五大特色的内容阐释,更加清晰地勾勒了党领导现代化基于自己国情的中国特色。

提出中国式现代化的本质要求,是党的二十大一个重大理论创新成果。习近平在报告中指出:"中国式现代化的本质要求是:坚持中国共产党领导,坚持中国特色社会主义,实现高质量发展,发展全过程人民民主,丰富人民精神世界,实现全体人民共同富裕,促进人与自然和谐共生,推动构建人类命运共同体,创造人类文明新形态。"[②]这九个方面的本质要求是彰显中国式现代化五个方面特色的根本遵循。

在中国式现代化的本质要求中,居于首要地位的是坚持中国共产党领导,显示厚重的分量。从新民主主义革命到社会主义革命,从建设社会主义遭遇挫折到改革开放的伟

---

① 《习近平谈治国理政》第四卷,外文出版社2022年版,第123—124页。
② 《中国共产党第二十次全国代表大会文件汇编》,人民出版社2022年版,第20页。

大抉择，从探索新中国发展道路到开创中国特色社会主义事业，历史实践已经用充分的事实证明，在中国要走通现代化道路必须有先进政党的坚强领导，中国共产党百年奋斗取得的重大成就向历史、向人民交出了一份推进现代化建设不断向前发展的优异答卷。中国式现代化道路是在党的领导下一步步走出来的，中国式现代化五个方面的特色鲜明体现了党的性质宗旨、共产党执政的价值诉求，鲜明体现了中国共产党胸怀天下、为世界发展和为人类文明作更大贡献的志向。把坚持中国共产党领导作为中国式现代化的本质要求加以突出强调，揭示了我国现代化与世界上现有国家现代化相区别的显著标志，中国式现代化正是由于中国共产党领导而打造出崭新的样式。

坚持党的全面领导是加强党的建设最具根本性的问题。习近平在推进新时代党的建设新的伟大工程实践中，在坚持党的全面领导问题上提出了一系列深刻结论。中国共产党领导是中国特色社会主义最本质的特征，是中国特色社会主义制度的最大优势，中国共产党的领导是中国的最大国情，党政军民学、东西南北中，党是领导一切的等重大结论，把坚持党的全面领导提升到前所未有的高度。习近平强调："在坚持党的领导这个重大原则问题上，我们脑子要特别清醒、眼睛要特别明亮、立场要特别坚定，绝不能有任何含糊和动摇。"①从中国式现代化的本质要求认识坚持中国共产党领导，其中的思想逻辑值得深究。邓小平同志曾指出，我们搞的现代化"前面有'社会主义'四个字"②，这是为中国式现代化定性的核心思想。自马克思、恩格斯发表《共产党宣言》以来，"社会主义"一词就与共产党人的实践连在一起，形成社会主义发展的主线。然而一些思想异变在形形色色的政党中产生，诸如民主社会主义、福利社会主义的渲染，扭曲了科学社会主义的思想。从这层意思上说，党的二十大用"中国共产党领导的社会主义现代化"的完整表述加以揭示，就从理论上为"既不走封闭僵化的老路，也不走改旗易帜的邪路"这个政治宣示作出了注脚。中国共产党坚持的是科学社会主义，而不是什么别的主义。中国共产党取马克思主义之真经，得社会主义科学真理之真传，党的十八大以来创立的习近平新时代中国特色社会主义思想，是科学社会主义基本原则在中国发展运用的最新成果。在新时代新征程深入推进党的建设发展中，坚定不移坚持中国共产党领导这一中国式现代化的本质要求，对确保全面推进中华民族伟大复兴取得伟大胜利具有极其重要的意义。

六、提出解决大党独有难题的重大命题

党的二十大报告指出："我们党作为世界上最大的马克思主义执政党，要始终赢得人

① 《习近平关于全面从严治党论述摘编（2021年版）》，中央文献出版社2021年版，第61页。
② 《邓小平文选》第三卷，人民出版社1993年版，第138页。

民拥护、巩固长期执政地位,必须时刻保持解决大党独有难题的清醒和坚定。"①提出解决好大党独有难题的重大命题,本身体现的就是党中央对深入推进党的建设问题保持的清醒和坚定。

提出解决大党独有难题的深刻含义不在于规模大小的考量,而在于先进本质的追求。大党小党是相对而言的,任何政党只要形成一定数量上的组织规模就可以称为大党。中国共产党从建党时仅有50多名党员发展成为拥有9800多万党员的超大规模的政党,体量之大世界少见。在世界政党政治实践中,大党往往把自己的组织规模当作竞争优势,追求数量扩大却忽视政党治理的复杂性和艰巨性,因此,不仅优势显示不出来,而且还陷进疏于治理而遭遇竞争失败的境地。不少资本主义国家的大党丢失了执政地位,苏联共产党也在发展成为拥有2000多万党员的大党时轰然倒塌了。马克思主义强调质量重于数量的党建思想,在扩大党的组织规模时更加注重党员的品质。围绕党的二十大提出解决大党独有难题的重大命题,许多理论工作者对我们党面临哪些独有难题进行了研究。本书强调的是,研究解决大党独有难题这个重大命题,更要弄明白必须注重在哪些方面保持清醒和坚定。

第一,解决大党独有难题必须在党的根本问题上时刻保持清醒和坚定。加强党的建设必须抓住"牛鼻子",在党的根本问题上保持清醒和坚定是解决大党独有难题的关键。习近平概括过党的两个根本问题,一是"不要忘了中国共产党是什么、要干什么这个根本问题",二是"在为谁执政、为谁用权、为谁谋利这个根本问题上,我们的头脑要特别清醒、立场要特别坚定"②。这两个根本问题集中体现党的性质宗旨,鲜明体现党的政治立场,全面诠释党的价值取向。只有在这两个根本问题上不犯迷糊,才能把握住解决大党独有难题必须遵循的根本原则。

第二,解决大党独有难题必须对"全面从严治党永远在路上"时刻保持清醒和坚定。中国共产党不仅组织规模的块头很大,而且是历时弥久的百年大党。习近平反复提出大党治理问题,强调大就要有大的样子,把这么大的一个党管好是很不容易的,要把这么大的一个党建设成为坚强的马克思主义执政党更不容易了。党的十八大以来全面从严治党凸显了大党治理的长期性、复杂性、艰巨性,"时刻警惕我们这个百年大党会不会变得老态龙钟、疾病缠身"③,必须始终居安思危,增强忧患意识。全面从严治党决不能有松

---

①《中国共产党第二十次全国代表大会文件汇编》,人民出版社2022年版,第52—53页。
②习近平:《更好把握和运用党的百年奋斗历史经验》,《求是》2022年第13期。
③《习近平谈治国理政》第四卷,外文出版社2022年版,第544页。

劲歇脚、疲劳厌战的情绪,巩固新时代管党治党取得的成果,必须以时刻保持解决大党独有难题的清醒和坚定,在不断提高党的建设质量中迈出全面从严治党永远在路上的坚定步伐。

第三,解决大党独有难题必须在永葆党的先进性和纯洁性上时刻保持清醒和坚定。党的先进性和纯洁性建设是贯穿党的建设的主线,关乎马克思主义政党本质的坚守和维护。随着党的组织规模越来越大,党的先进性和纯洁性建设的任务也越来越繁重。事实告诉我们,党的先进性和纯洁性从来就不会像锁在保险箱里那样安全存在,党的先进性和纯洁性的动态发展决定了它不会一成不变,始终保持党的先进性和纯洁性不是一劳永逸的事情。损害党的先进性和纯洁性的因素不仅不可能一下子排除掉,而且还会在时代发展的环境下滋生出侵蚀党的健康肌体的新病毒,如果不及时清洗、消毒、切割,就会积小疾为大患,最终酿成致命性后果。必须清醒认识到,树大招风,政党成员越多、组织规模越大,损害党的先进性和纯洁性因素的影响面就越广,受侵蚀的危险系数就越高。习近平指出,在新的征程上,我们要牢记打铁必须自身硬的道理,"坚决清除一切损害党的先进性和纯洁性的因素,清除一切侵蚀党的健康肌体的病毒,确保党不变质、不变色、不变味,确保党在新时代坚持和发展中国特色社会主义的历史进程中始终成为坚强领导核心"①。这"三个不变"为加强党的先进性和纯洁性建设提供了指南,是解决大党独有难题的强大思想武器。

第四,解决大党独有难题必须在强化兴党强党的责任担当上时刻保持清醒和坚定。政党往往面临时空变化对磨砺意志构成的严峻考验。"功成名就时做到居安思危、保持创业初期那种励精图治的精神状态不容易,执掌政权后做到节俭内敛、敬终如始不容易,承平时期严以治吏、防腐戒奢不容易,重大变革关头顺乎潮流、顺应民心不容易。"②习近平的这段重要论述,非常精辟地揭示了党的立场坚守和使命担当必须经受住历史方位的空间变化和光阴流逝的时间变化考验的深刻思想。习近平还反复强调不要忘记我们党是从哪里出发的、要到哪里去,决不能走着走着就忘记了初心、丢弃了使命。尤其是在党不断取得重大成就的情况下,掌声、鲜花、赞誉、光环越来越多,很容易在陶醉中麻痹思想,弱化兴党强党的意识。党中央强调,必须经受住执政考验、改革开放考验、市场经济考验、外部环境考验,前进征程上必须战胜精神懈怠危险、能力不足危险、脱离群众危险、消极腐败危险。强化兴党强党的责任担当意识,是在解决大党独有难题中保持清醒和坚定

①《习近平谈治国理政》第四卷,外文出版社2022年版,第13—14页。
②《习近平谈治国理政》第三卷,外文出版社2020年版,第71页。

的必然要求。

七、丰富党的自我革命价值内涵

经过不懈努力,党找到了自我革命这一跳出治乱兴衰历史周期率的第二个答案。明确提出"第二个答案"是在党的十九届六中全会时,在这次全会第二次全体会议上,习近平发表重要讲话指出:"我们党历史这么长、规模这么大、执政这么久,如何跳出治乱兴衰的历史周期率? 毛泽东同志在延安的窑洞里给出了第一个答案,这就是'只有让人民来监督政府,政府才不敢松懈'。经过百年奋斗特别是党的十八大以来新的实践,我们党又给出了第二个答案,这就是自我革命。"①党的二十大把这个论断写进报告中,加重了坚持党的自我革命的思想分量。

强调党的自我革命思想逻辑是回应"赶考"问题。1949 年 3 月 23 日,毛泽东同志率领中共中央机关和人民解放军总部离开西柏坡向北平进军,他与周恩来的一段对话彪炳史册。毛泽东同志用"进京赶考"的说法比喻党即将面临的执政考验,说"我们决不当李自成,我们都希望考个好成绩"②。"赶考"的这段对话与 4 年前他同民主人士黄炎培的"窑洞对"谈话遥相呼应,表现了跳出历史周期率的决心。新中国成立后,党中央谨记毛泽东同志提出的第一个答案,加强权力监督,使党的执政地位得到巩固。党的十八大以来,习近平强调必须把权力关进制度笼子,敬畏权力、慎用权力、规范权力,不断丰富和完善党内外监督制度,坚定不移地贯彻执行第一个答案。同时又基于全面从严治党过程中暴露出来的问题,提出必须坚持自我革命,为形成第二个答案奠定了基础。

习近平关于自我革命的论述内容丰富、思想深刻、观点犀利。他指出"勇于自我革命,是我们党最鲜明的品格,也是我们党最大的优势"③,自我革命"既是我们党区别于世界上其他政党的显著标志,也是我们党长盛不衰的重要原因所在","要兴党强党,保证党永葆生机活力,就必须实事求是认识和把握自己,以勇于自我革命精神打造和锤炼自己"④,"强大的政党是在自我革命中锻造出来的。回顾党的历史,我们党总是在推动社会革命的同时,勇于推动自我革命,始终坚持真理、修正错误,敢于正视问题、克服缺点,勇于刮骨疗毒、去腐生肌。正因为我们党始终坚持这样做,才能够在危难之际绝处逢生、

---

①《习近平谈治国理政》第四卷,外文出版社 2022 年版,第 541 页。

②《毛泽东年谱(一八九三——一九四九)》下册,中央文献出版社 2013 年版,第 470 页。

③《十八大以来重要文献选编》下,中央文献出版社 2018 年版,第 589 页。

④《十八大以来重要文献选编》下,中央文献出版社 2018 年版,第 590、591 页。

失误之后拨乱反正,成为永远打不倒、压不垮的马克思主义政党"[①]。揭示党的自我革命论断形成的深刻内涵,是新时代全面从严治党理论和实践创新的标志性成果。

从跳出历史周期率的第二个答案作出自我革命的定位,含义十分深刻。自我革命精神贯穿于党的百年实践,延安时期以毛泽东同志为主要代表的中国共产党人确立批评和自我批评的优良作风,体现的就是党勇于自我革命的精神。党的自我革命与批评和自我批评在思想上完全一致,但具有不同的意蕴。如果说批评和自我批评是开展党内政治生活的方式的话,那么自我革命则是党性淬炼的整体性实践。坚持党的自我革命不止于"照镜子""洗洗脸"、掸去黏附党的肌体上灰尘污垢和政治微生物的意义,更要求刀刃向内在自己身上动手术,自剜腐肉,割除毒瘤,杜绝后患。党的二十大报告强调:"腐败是危害党的生命力和战斗力的最大毒瘤,反腐败是最彻底的自我革命。"[②]必须继续保持高压态势和零容忍态度,增强反腐斗争的韧劲,坚持不敢腐、不能腐、不想腐一体推进,同时、同向、综合发力,坚决打赢反腐败斗争攻坚战持久战,这是新时代党的建设新的伟大工程一项长期的、艰巨的任务。

第二个答案的重大论断,丰富了党的自我革命价值内涵。自我革命蕴含着第一个答案和第二个答案相统一的思想,两个答案构成相辅相成的辩证关系。"一百年来,党外靠发展人民民主、接受人民监督,内靠全面从严治党、推进自我革命。"[③]对党的建设来说,"外靠"是党自身域外的监督,形成外在施压的环境;"内靠"是党自身域内的治理,形成自我约束的动力。70多年党的执政实践证明,外在施压和自我约束是中国共产党人进行党性淬炼的一对辩证关系,坚持他律与自律的统一,才能不断提高清正廉洁的思想觉悟,才能增强抵御各种病毒侵染自身健康肌体的免疫力。因此,在强调必须坚持党的自我革命的同时,仍然必须一以贯之地强化外部监督。回答建设什么样的长期执政的马克思主义政党、怎样建设长期执政的马克思主义政党这个重大时代课题,是毛泽东提出的第一个答案和新时代找到的第二个答案,对党成功跳出治乱兴衰历史周期率具有同样重要的意义。

八、作出新时代新征程推进党的建设战略部署

加强党的建设是党的二十大的重点内容,大会报告的最后一部分是对党的建设作出部署。党的建设任务具有普遍性、连续性、贯穿性、整体性的特点,但针对推进党的建设

---

①《十九大以来重要文献选编》中,中央文献出版社2021年版,第379页。
②《中国共产党第二十次全国代表大会文件汇编》,人民出版社2022年版,第57页。
③《习近平谈治国理政》第四卷,外文出版社2022年版,第549页。

突出问题、新的情况和现实的症状,每次党代会部署党的建设都会形成新的聚焦点,提出着力的新要求。

在党的十九大提出新时代党的建设总要求的基础上,党的二十大作出的新部署体现了以党的政治建设为统领,全面推进党的建设"五位一体"建设布局整体发展的新思路。与党的十八大、十九大作出的部署相比照,党的二十大围绕大会主题,既立足近期任务又着眼长远目标,按照全面建设社会主义现代化国家、全面推进中华民族伟大复兴"关键在党"的思想,以七个方面的部署提出新时代新征程推进党的建设的要求,见表5-1所列。

从表5-1呈现的党的建设部署看,三次党的代表大会的基本特点是围绕党的政治建设、思想建设、组织建设、作风建设、制度建设、党风廉政建设展开,体现了对党的性质宗旨、共产主义理想和中国特色社会主义共同理想、使命担当的坚守。主要变化有四点:一是凸显了党的政治建设重要地位,以党的十八大到十九大党的建设创新发展创造的鲜活经验为基础,从居于党的建设首位的新认识形成党的政治建设具有统领作用的重大论断。这是总结新时代全面从严治党创新实践的鲜活经验的重大成果,突出党的政治建设为党的建设把握正确方向提供了根本保证。二是突出坚持和加强党中央集中统一领导问题,这是新时代加深认识党的全面领导的政治成果。党的十八大提出"必须坚持党的领导",要求"加强和改善党的领导,坚持党总揽全局、协调各方的领导核心作用"[1]。党的十九大强调"保证全党服从中央,坚持党中央权威和集中统一领导,是党的政治建设的首要任务"[2]。党的二十大把"坚持和加强党中央集中统一领导"放在党的建设部署的首要位置,形成落实党的全面领导的根本要求。三是深化党跳出历史周期率的思考,把坚持自我革命的要求作为党的二十大加强党的建设的重要部署。从2015年习近平提出"自我革命"重大概念,到党的十九大在新时代党的建设总要求中提出"勇于自我革命",再到党的二十大把"完善党的自我革命制度规范体系"放在突出位置进行部署,体现出对"党的自我革命永远在路上"的清醒和坚定,敢于直面自身问题、敢于解决自身疑难病症,全面从严治党不断向纵深推进的勇气和意志。四是不断深化反腐败斗争的认识,形成步步深入的前进轨迹。从党的十八大宣示"坚定不移反腐败",到党的十九大号召"夺取反腐败斗争压倒性胜利",到党的二十大要求"坚决打赢反腐败斗争攻坚战持久战",体现党中央对反腐败斗争规律的深刻把握。

---

①《十八大以来重要文献选编》上,中央文献出版社2014年版,第12页。
②《十九大以来重要文献选编》上,中央文献出版社2019年版,第44页。

表5-1　新时代十年三次党代表大会报告关于加强党的建设战略部署

序号	党的十八大	党的十九大	党的二十大
一	坚定理想信念,坚守共产党人精神追求	把党的政治建设摆在首位	坚持和加强党中央集中统一领导
二	坚持以人为本、执政为民,始终保持党同人民群众的血肉联系	用习近平新时代中国特色社会主义思想武装全党	坚持不懈用习近平新时代中国特色社会主义思想凝心铸魂
三	积极发展党内民主,增强党的创造活力	建设高素质专业化干部队伍	完善党的自我革命制度规范体系
四	深化干部人事制度改革	加强基层组织建设	建设堪当民族复兴重任的高素质干部队伍
五	坚持党管人才原则,把各方面优秀人才聚集到党和国家事业中来	持之以恒正风肃纪	增强党组织政治功能和组织功能
六	创新基层党建工作,夯实党执政的组织基础	夺取反腐败斗争压倒性胜利	坚持以严的基调强化正风肃纪
七	坚定不移反对腐败,永葆共产党人清正廉洁的政治本色	健全党和国家监督体系	坚决打赢反腐败斗争攻坚战持久战
八	严明党的纪律,自觉维护党的集中统一	全面增强执政本领	

认真贯彻落实党的二十大推进党的建设战略部署,是确保全面建设社会主义现代化国家的内在要求,是实现第二个百年奋斗目标、全面推进中华民族伟大复兴取得胜利的重要保证。坚持和发展新时代中国特色社会主义,必须牢牢把握推进新时代党的建设新的伟大工程的政治定力,排除各种阻力障碍、战胜各种风高浪急的风险挑战,坚定不移地走好坚持党的全面领导必由之路,走好全面从严治党必由之路。全党必须深刻领悟"两个确立"的决定性意义,增强"四个意识",坚定"四个自信",自觉做到"两个维护",全面贯彻习近平新时代中国特色社会主义思想,紧密团结在党中央周围,坚定历史自信,增强历史自觉,以新的伟大奋斗谱写新时代中国特色社会主义更加绚丽的华章。

第二节　解决大党独有难题的实践指向和战略意义[①]

党的二十大报告贯彻党的十九大提出党的建设总要求的精神,对深入推进新时代党的建设新的伟大工程创新发展作出科学部署,提出了"必须时刻保持解决大党独有难题

---

① 原文载于《思想战线》2023年第2期,收入本书时文字略有修改。

的清醒和坚定"任务。在始终高度重视党的建设基础上,鲜明提出"大党"建设问题,并聚焦"独有难题",体现新形势下中国共产党人的头脑清醒和政治自觉,是认识和把握共产党执政规律、社会主义建设规律、人类社会发展规律的重大理论创新成果。深刻认识解决大党独有难题任务的思想意蕴和实践价值,不断加强百年大党的革命性淬炼,对党团结带领人民胜利完成全面建成社会主义现代化强国、以中国式现代化全面推进中华民族伟大复兴的奋斗目标,具有重大现实意义。

一、提出解决大党独有难题重大任务的深刻意蕴

党的二十大报告指出:"全面建设社会主义现代化国家、全面推进中华民族伟大复兴,关键在党。"[①]这个表述,是对邓小平关于"中国的问题关键在党"这个重要观点新的话语建构,突出新时代新征程的奋斗要求,从肩负新的使命任务强化中国共产党关键性地位。把党从严管实了、治好了、建强了,才能团结带领人民砥砺奋进,为实现党的二十大确定的目标任务而团结奋斗。

从基本事实面看,中国共产党是引领和保障国家发展进步的领导核心,坚持党的全面领导是中国人民和中华民族的前途命运所系,这已经在广大人民群众中达成高度共识,党的执政基础已经很巩固。党的百年奋斗积累了加强自身建设的丰富经验,领导中国发展进步有着坚定的自信和足够的底气。党的百年奋斗创造了举世瞩目的重大成就,辉煌的业绩赢得普遍的赞誉和高度的认同。那么,党中央为什么还要提出解决大党独有难题的任务呢? 应该怎样认识这个重大创新成果的深刻意义呢?

第一,解决大党独有难题在建党百年的时间节点提出来,鲜明体现党中央强烈的忧患意识。100年只是个时间维度的标识,从空间维度上看,保持解决大党独有难题的清醒和坚定,关乎马克思主义政党始终保持生机活力,关乎新时代党的建设新的伟大工程创新发展,关乎党和国家事业的前途命运。政党也是一个生命有机体,就其生命力而言,客观上存在着新陈代谢的发展规律。100年在时间坐标上是一个很重要的刻度,对自然人的生命有机体来说意味着达到了高龄。常识告诉我们,肌体功能不可避免的退化伴随生命力降低的过程,自然人难以抗衡垂老死亡的命运。政党与自然生命体不同,组织形式的延续使它可以通过不断补充新鲜血液维系生命的长期存在。但这不是一个自然的过程,如同人患疫病会影响和损害生命一样,政党肌体如果滋生病毒不加以有效清除也会短命夭折,这样的事情在世界政党中不乏其例。中国共产党已经走过百年历程,不断

---

① 《中国共产党第二十次全国代表大会文件汇编》,人民出版社2022年版,第52页。

发展壮大的旺盛生命力呈现了百年大党风华正茂的形象。然而维系党的生命力是动态的、持续的、发展的过程,时间越长越需要保持警觉。党中央提出"必须时刻保持解决大党独有难题的清醒和坚定",意在敲响思想警钟,告诫全党必须居安思危,增强忧患意识,确保以党的健康肌体推进党的千秋伟业不断发展。

第二,着眼"大党"和聚焦"独有难题",是对马克思主义建党学说的重大贡献。马克思、恩格斯、列宁的建党学说始终是中国共产党加强自身建设的思想指南,但他们没有遇到过一个数千万党员规模的共产党建设问题,不可能为当代中国共产党建设提供现成答案。列宁的党建思想中曾强调党员质量比数量更重要的观点,就是说马克思主义政党不盲目追求组织规模,党员的思想觉悟和先进性是第一位的。这个思想非常深刻。苏联共产党在党员人数不多的情况下创造了建立世界上第一个社会主义国家的成就,但在1991年达到了2000多万党员的大规模时,却随着苏联解体而溃散,这以反面的教训印证了列宁党建思想的重要性。世界上大党老党上演的失败悲剧很多,留下的教训很深刻。东欧剧变和苏共垮台后,党中央领导人经常以此为训诫进行反思,总结经验教训以防止重蹈覆辙,采取的一个重要举措就是把党的执政能力建设提上议程,高度重视如何巩固党的执政地位。把"大党"建设与解决"独有难题"相结合,要求时刻保持清醒和坚定,为全党绷紧了警惕大党由兴变衰、由强变弱隐患的思想之弦。习近平指出:"我们要居安思危,时刻警惕我们这个百年大党会不会变得老态龙钟、疾病缠身","对中外政治史上那些安于现状、死于安乐的深刻教训不能健忘失忆;对自身存在的问题不能反应迟钝,处理动作慢腾腾、软绵绵,最终人亡政息!"[①]作出这样的发问和告诫令人深省,提出"必须时刻保持解决大党独有难题的清醒和坚定",以富有时代气息的课题和创新理论丰富和发展了马克思主义建党学说。

第三,提出解决大党独有难题建立在新时代十年伟大变革的实践基础上,是巩固新时代全面从严治党成果的内在要求。党的十八大以来,中国特色社会主义新时代伟大变革开拓了全面从严治党新局面,管党治党实现了宽松软向严紧硬的转变。"十年磨一剑,党中央把全面从严治党纳入'四个全面'战略布局,以前所未有的勇气和定力推进党风廉政建设和反腐败斗争,刹住了一些多年未刹住的歪风邪气,解决了许多长期没有解决的顽瘴痼疾,清除了党、国家、军队内部存在的严重隐患,管党治党宽松软状况得到根本扭

---

①《习近平谈治国理政》第四卷,外文出版社2022年版,第544页。

转……全面从严治党取得了历史性、开创性成就,产生了全方位、深层次影响。"①新时代党的建设新的伟大工程在不断向前推进中,继承党的建设历史经验,创造出一系列鲜活经验,极大地提高了党的建设质量。全面从严治党永远在路上,必须进一步解决好大党独有难题,时刻保持清醒和坚定,把全面从严治党取得的成果巩固好,防止松劲歇脚、疲劳厌战的情绪而导致刮风式的"雨过地皮湿"现象,持之以恒以从严管党治党的韧劲和耐力深入推进新时代党的建设新的伟大工程。

第四,时刻保持解决大党独有难题的清醒和坚定,彰显党坚定历史自信、增强历史主动的思想自觉政治自觉行动自觉。大党相对小党而言,反映体量规模上的区别,只是一个组织形式上的概念。大和小也是相对而言的,拥有千人以上党员的政党相对只有几百名党员的政党来说就是大党,一般来说,超过千万党员的政党都可算世界级的大党。世界上能称为大党的数量也不少,发展情况差别很大。对于任何政党来说,寻求发展是普遍要求,大党小党都需要加强建设,忽视自身建设就难以发展。同时,政党建设的重要性也不取决于规模体量的大小,政党的强弱也不是由党员数量多少决定的,小党未必就一定弱,大党也不是必然就强。当然,大党和小党面临的建设问题有所不同,进一步说,世界各国的大党受性质属性、具体国情、制度安排和历史因素的制约,面临的建设问题也不一样。不管是大党还是小党,对加强自身建设秉持什么样的态度、有没有高度的自觉、能不能付诸行动是关键。提出解决大党独有难题这个重大任务的深刻意蕴在于,中国共产党既着眼于各国大党需要解决的普遍性难题,更立足自身的性质宗旨、发展规律和时代要求,形成解决特殊性难题的思想自觉和历史主动。如何保证党不变质、不变色、不变味,如何始终坚持人民至上,如何领导一个14亿多人口规模的大国发展进步,如何在取得重大成就的光环照耀下不断进取向上,如何使党的全面领导落实到国家和社会治理的各领域各方面各环节,如何在长期执政实践中不断为人民创造更加美好的生活,等等,都是时刻保持解决大党独有难题的清醒和坚定所追求的目标。

实践永无止境,认识永无止境,创新永无止境,是马克思主义认识论的基本原理。中国共产党不断推进理论创新、进行理论创造,是党的生命力始终焕发青春的原因所在。中国共产党百年发展史就是一部党的建设创新发展史,用创新理论指导不断深入发展的实践,是党的基业长青的重要密钥。中国共产党走过历久弥坚的百年奋斗之路,历史翻开新的篇章,新的使命昭示未来。提出"必须时刻保持解决大党独有难题的清醒和坚定"

---

① 习近平:《全面从严治党探索出依靠党的自我革命跳出历史周期率的成功路径》,《求是》2023年第3期。

任务,形成理论创新和创造的重大成果,为马克思主义政党永葆青春活力注入了新的动力。

二、新时代党的建设新的伟大工程必须啃下的硬骨头

改革开放促使中国社会发生深刻变化,新的历史条件提出新的课题,党中央始终在思考和回答"建设什么样的党、怎样建设党"这个根本问题。在此基础上,党的十九届六中全会进一步提出"建设什么样的长期执政的马克思主义政党、怎样建设长期执政的马克思主义政党"的重大时代课题。党的二十大要求全党着力解决大党独有难题,是对这个重大时代课题的新思考。

1939年毛泽东撰写《〈共产党人〉发刊词》,提出党的建设是一项伟大工程,这个重大论断,指导中国共产党在加强自身建设上不断提高思想自觉和行动自觉。延伸发展的新时期党的建设新的伟大工程、新时代党的建设新的伟大工程,一以贯之的持续发展,构成在创新实践中不断前进的历史链。从一个建党时只有50多名党员的小党,发展壮大成为拥有9800多万党员的大党,100多年的历史记录了党不断加强自身建设的心路历程。在不同的时代环境和历史条件下,党的建设既有贯穿全过程的永恒课题,又有结合时代要求和适应历史发展的崭新课题。党的十八大后,习近平领导党中央从全面从严治党一开始就已经从大党的视角强调党的建设,作出许多论述。2014年,他在一次讲话中指出:"我们党是一个大党,统一思想历来不易。"2017年的讲话中又指出,我们"这么大一个党,处在执政地位、掌控执政资源,很容易在执政业绩光环的照耀下,出现忽略自身不足、忽视自身问题的现象"[①]。2019年,习近平发表的重要讲话中强调:"我们党作为百年大党,如何永葆先进性和纯洁性、永葆青春活力,如何永远得到人民拥护和支持,如何实现长期执政,是我们必须回答好、解决好的一个根本性问题"[②],"我们党是世界上最大的政党,大就要有大的样子,同时大也有大的难处。把这么大的一个党管好很不容易,把这么大的一个党建设成为坚强的马克思主义执政党更不容易。"[③]这样一而再地提出加强党的建设,为党的二十大提出解决大党独有难题的重要任务奠定了思想基础。

2023年1月9日召开的二十届中央纪委二次全会上,习近平发表重要讲话,把贯彻党的二十大精神与全面从严治党永远在路上紧密相结合,从"如何始终不忘初心、牢记使命""如何始终统一思想、统一意志、统一行动""如何始终具备强大的执政能力和领导水

---

① 《习近平关于全面从严治党论述摘编(2021年版)》,中央文献出版社2021年版,第21—22页。
② 《习近平关于全面从严治党论述摘编(2021年版)》,中央文献出版社2021年版,第44页。
③ 《习近平关于全面从严治党论述摘编(2021年版)》,中央文献出版社2021年版,第175页。

平""如何始终保持干事创业精神状态""如何始终能够及时发现和解决自身存在的问题""如何始终保持风清气正的政治生态"等六个方面,对新时代新征程奋斗中必须花大力气解决的大党独有难题作出了重点概括,为深入推进新时代党的建设新的伟大工程指明了方向。

习近平概括提出六个方面的大党独有难题具有清晰的逻辑,构成推进全面从严治党创新发展相互关联的整体。第一个方面突出党的初心使命,是回答党是什么、要干什么,党为谁执政、为谁用权、为谁谋利这两个根本问题表明的立场和态度。以如何始终不忘初心、牢记使命为我们这样一个大党必须解决好的首要独有难题,核心要义是坚持党的性质宗旨,确保党永不变质、永不变色、永不变味。第二个方面强调解决如何始终保持统一思想、统一意志、统一行动的独有难题,是坚持党的建设历史经验,在新形势下发展巩固党的团结的根本要求。依靠全党思想、意志和行动统一的强大政治能力,凝聚起共同奋斗的磅礴力量,为实现以中国式现代化全面推进中华民族伟大复兴的使命任务提供保证。第三个方面聚焦如何始终具备强大的执政能力和领导水平的独有难题,是体现在14亿人口大国肩负全面领导和长期执政特殊使命的责任担当,旨在为引领和保障中国特色社会主义巍巍巨轮乘风破浪、行稳致远提供根本保证。第四个方面提出如何始终保持干事创业精神状态的独有难题,是检验百年大党风华正茂的内在要求,具有激励全党坚定信心、同心同德、积极进取、奋斗向上、埋头苦干、创造新辉煌的意义。第五个方面揭示如何始终能够及时发现和解决自身存在的问题的独有难题,彰显马克思主义政党的本质属性,要求坚决抵制各种不正之风,通过刀刃向内割除毒瘤,加强自我革命的党性锤炼。第六个方面申明如何始终保持风清气正的政治生态的独有难题,是贯彻"打铁必须自身硬"原则,用净化党内政治生态、建设先进政党文化解决党的建设发展中的深层次问题。对于我们这样一个百年大党来说,独有难题还有很多,以这六个方面作为重点作出概括,把坚持党的性质宗旨、遵守言行准则、坚持党的集中统一领导、勇于担当作为、发扬自我革命精神、激浊扬清有机统一起来,为全党时刻保持清醒和坚定提供了思想指南、确立了行动纲领。

习近平强调,解决大党独有难题,"是实现新时代新征程党的使命任务必须迈过的一道坎,是全面从严治党适应新形势新要求必须啃下的硬骨头"①。以"闯坎""啃骨头"的话语,把解决大党独有难题与实现新时代新征程党的使命任务、推进全面从严治党深入发展相结合,标志着在建设什么样的长期执政的马克思主义政党、怎样建设长期执政的

①《习近平在二十届中央纪委二次全会上发表重要讲话》,新华网,2023年1月10日。

马克思主义政党的规律性认识上实现了思想升华,达到了新的高度。事实和教训提醒我们,世界上很多大党经不起时间考验和实践检验而走向衰落之路,有些大党恰恰是在队伍发展壮大起来的情况下陷入了失败的境地。由此得出结论:只有始终保持解决大党独有难题的清醒和坚定,中国共产党才能创造出无愧于人民、无愧于历史、无愧于时代的辉煌业绩;只有花力气解决好大党独有难题,党才能团结带领人民勇往直前,创造更加辉煌的业绩,谱写出新时代中国特色社会主义更加绚丽的华章。

三、解决大党独有难题的实践遵循

党的十九届六中全会审议通过的第三个历史决议指出:"中国共产党立志于中华民族千秋伟业,百年恰是风华正茂。过去一百年,党向人民、向历史交出了一份优异的答卷。现在,党团结带领中国人民又踏上了实现第二个百年奋斗目标新的赶考之路。时代是出卷人,我们是答卷人,人民是阅卷人。我们一定要继续考出好成绩,在新时代新征程上展现新气象新作为。"①百年奋斗创造的重大成就,坚定党解决大党独有难题的自信,百年积淀的历史经验充足党解决大党独有难题的底气。中国共产党有能力解决好大党独有难题,时刻保持清醒和坚定必须落实到解决大党独有难题的实际行动中。

历史总是以迈出前进的步伐向前发展,实践总是以创新发展的方式实现突破。解决大党独有难题是奋斗新时代新征程的重大任务,保持清醒和坚定是解决好大党独有难题的精神状态。迈上新征程、建功新时代,坚持党的创新理论和战略布局、战略举措不动摇,坚定"四个自信"、历史自信、战略自信,增强精神主动、历史主动、战略主动,必须坚持好、运用好党的百年奋斗历史经验,遵循解决大党独有难题的实践准则,结合新时代新征程创新发展的要求,不断创造把党建设得更加坚强有力的新经验。

第一,坚持发挥党的领导政治优势,把党的全面领导落实到党和国家事业各领域各方面各环节。解决好大党独有难题,归根到底服务于更好地坚持、发展和落实党的全面领导。党的十八大以来,习近平作出一系列重要论述和重大结论,从中国特色社会主义最本质的特征、中国特色社会主义制度的最大优势作出中国共产党领导的战略定位,强调党政军民学、东西南北中,党是领导一切的,等等,为深刻认识党的全面领导奠定了思想基础。党的二十大同意把党是最高政治领导力量,坚持和加强党的全面领导等内容写入党章。大会通过的《中国共产党章程(修正案)的决议》指出:"这有利于充分发挥党总揽全局、协调各方的领导核心作用,把党的领导落实到党和国家事业各领域各方面各环

---

① 《十九大以来重要文献选编》下,中央文献出版社2023年版,第537—538页。

节。"①坚持党的领导和发挥政治优势,是解决大党独有难题应有之义。

第二,坚持人民至上,把实现好、维护好、发展好人民利益与党的建设紧密结合。党的建设解决什么问题都来自实践,人民的需求形成推进党的建设的针对性和现实性,"人民"是党的建设词典中最重要的词语。党的二十大报告指出:"一切脱离人民的理论都是苍白无力的,一切不为人民造福的理论都是没有生命力的。"②解决大党独有难题,当然首先是要把党自身建设好,而落脚点则在福祉民生,为人民创造更加美好的生活。形成为人民所喜爱、所认同、所拥有的理论是党的建设创新发展的要求,解决好大党独有难题是人民的期待。"人民群众反对什么、痛恨什么,我们就要坚决防范和纠正什么。"③只有立足为人民创造更加美好的生活,才能使解决大党独有难题与实现好、维护好、发展好人民利益形成契合点。

第三,坚持理论创新,用党的创新理论指导新时代党的建设新的伟大工程创新实践。实践告诉我们,党的建设是与时俱进的历史过程,动态发展中要始终保持党的先进性和纯洁性,必须思考回答并指导解决实践不断涌现的新问题。"今天我们所面临问题的复杂程度、解决问题的艰巨程度明显加大,给理论创新提出了全新要求。"④聚焦解决大党独有难题,从思想、政治、理论以及经验看,资源上有许多党的建设永恒课题的传承,但不是简单的任务重复。党的建设老话题也是常讲常新的话题,老祖宗不能丢,但要讲新话、做新事。把解决大党独有难题与回答中国之问、世界之问、人民之问、时代之问紧密结合,才能谱写新时代党的建设新的伟大工程新篇章。

第四,坚持敢于斗争,全力战胜前进道路上各种困难和挑战。敢于斗争、敢于胜利,是党和人民不可战胜的强大精神力量,百年奋斗历程上党遭遇困难、应对挑战、面对风险、接受考验的复杂性、长期性、艰巨性,是任何政党不能相比的。中国共产党正是在解决一个个难题中发展壮大,知难而进、迎难而上体现在党的建设上,就是发扬斗争精神。党的十八大召开时,习近平就提出"必须准备进行具有许多新的历史特点的伟大斗争",党的二十大报告起草之初,习近平就强调报告要充分体现敢于斗争、敢于胜利的精神。⑤新时代十年伟大变革中党和人民创造重大成就的事实充分证明了进行伟大斗争的极端重要性。时刻保持解决大党独有难题的清醒和坚定,以坚定的决心和顽强的毅力

---

① 《中国共产党第二十次全国代表大会文件汇编》,人民出版社2022年版,第113页。

② 《中国共产党第二十次全国代表大会文件汇编》,人民出版社2022年版,第16页。

③ 《十九大以来重要文献选编》上,中央文献出版社2019年版,第43页。

④ 《中国共产党第二十次全国代表大会文件汇编》,人民出版社2022年版,第17页。

⑤ 习近平:《在二十届中央政治局第一次集体学习时的讲话》,《求是》2023年第2期。

经受伟大斗争的考验,才能推动党的事业不断从胜利走向更加伟大的胜利。

第五,坚持自我革命,不断清除一切侵蚀党的健康肌体的病毒。自我革命是马克思主义先进政党的本质属性,自我革命精神是党永葆青春活力的强大支撑。革自己的命就是奔着党自身的问题去的,存在问题并不可怕,可怕的是对问题熟视无睹;遭遇挫折和发生错误并不可怕,可怕的是不敢正确面对和进行掩盖。犹如人生病需要治疗一样,党的肌体沾染了病毒,长出了腐肉,发现了肌瘤,如果不及时吃药,不下决心动手术,不进行彻底的治疗,"往往会使小问题拖成大问题,个别性问题蔓延成普遍性问题,容易解决的问题演变成老大难问题"①。解决大党独有难题成为坚持自我革命新的动力,发扬自我革命精神,是解决大党独有难题的实践中时刻保持清醒和坚定的必然要求。

第六,坚持守正创新,推进马克思主义中国化时代化"两个结合"实践深入发展。"守正才能不迷失方向、不犯颠覆性错误,创新才能把握时代、引领时代。"②解决大党独有难题,既要守马克思主义之正,又要创马克思主义之新,马克思主义党建思想只有在守正中创新才能充满活力。坚持把马克思主义基本原理同中国具体实际相结合、同中华优秀传统文化相结合,是彰显马克思主义鲜活生命力的思想遵循和实践要求。用创新的理论回答大党独有难题,才能保证党始终紧跟时代前进的步伐、贴合实践发展的要求、满足人民所愿的期待。

第七,坚持问题导向,聚焦党的建设面临的突出问题使劲发力。问题是时代的声音,党的建设没有问题意识就没有发展的方向,不解决实际问题搞党的建设就会流于形式主义。党的建设百年发展史上,历次整党整风的教育实践活动以解决党内实际问题而产生效果,成功经验需要坚持。提出解决大党独有难题的任务,本身就是坚持问题导向的体现。完成这项任务,正视党的建设面临的突出问题,既要纠治党内不正之风的表层现象,又要着力解决现象背后的深层次问题,使解决大党独有难题在治本上实现新时代党的建设新的伟大工程创新发展。

第八,坚持系统观念,以整体推进和重点突破相结合推进全面从严治党向纵深发展。把党的建设作为一项伟大工程加以认识,必须坚持前瞻性思考、全局性谋划、整体性推进的科学思想方法。大党独有难题涉及方方面面,问题指向不同,解决某个方面难题的任务要求不一样,但构成相互关联的整体。整体就不能分割,党的建设各个方面需要形成相辅相成的合力。坚持系统观念,运用普遍的、全面系统的、互相联系的、发展变化的观

---

① 《习近平关于全面从严治党论述摘编(2021年版)》,中央文献出版社2021年版,第7—8页。
② 《中国共产党第二十次全国代表大会文件汇编》,人民出版社2022年版,第17页。

点解决大党独有难题,是科学方法论的贯彻。在党的建设整体推进中实现重点突破,以重点突破带动整体推进,才能更加深刻把握党的建设作为伟大工程内在的发展规律,进一步把党建得更加坚强有力。

习近平指出:"什么时候我们党自身坚强有力,什么时候党和人民事业就能无往而不胜"①,"只有严管严治,才能保持大党应有的风范,解决大党独有的难题。"②党的十八大以来,党中央反复强调"打铁必须自身硬",要求全党担当起立党兴党强党之责,"一刻不放松地解决自身存在的问题,始终跟上时代、实践、人民的要求"③。前进道路上,以解决大党独有难题提高立党兴党强党责任担当的思想自觉政治自觉行动自觉,以时刻保持清醒和坚定解决好大党独有难题,对胜利完成新时代新征程中国共产党的使命任务具有重大意义。

四、解决大党独有难题任重道远

党的二十大报告指出:"全面建设社会主义现代化国家,是一项伟大而艰巨的事业,前途光明,任重道远。"④党团结带领人民创造以中国式现代化全面推进中华民族伟大复兴的历史伟业,惟其艰巨,所以伟大;惟其艰巨,更显荣光。新征程是充满光荣和梦想的远征,道阻且长,行则将至。党用伟大奋斗创造了百年伟业,接续奋斗再出发的历史征程上,党也一定能用新的伟大奋斗创造新的伟业。

新时代新征程在全新的历史背景下扬帆起航,百年大党再出发以全新的使命任务为驱动。新时代十年伟大变革展开中,党和人民经历了迎来中国共产党成立一百周年,中国特色社会主义进入新时代,完成脱贫攻坚、全面建成小康社会历史任务等三件大事,以取得令世界刮目相看的重大成就,塑造了一座党史、新中国史、改革开放史、社会主义发展史、中华民族发展史上的历史丰碑。全党全国各族人民的前进动力更加强大,奋斗精神更加昂扬,必胜信心更加坚定。然而艰巨的事业不可能轻而易举,新征程的奋斗不可能一帆风顺,前进征途不可能风平浪静。可以确定的是,全面建成社会主义现代化强国的奋斗过程,将伴随中华民族伟大复兴战略全局和世界百年未有之大变局加速演进的历史性变化,其间各种不可预见和不确定因素日益增多,风险挑战的严峻程度将不断加深。在这样的背景下,集中精力做好我们自己的事,在党的建设上就是必须着力解决好大党

①《习近平关于全面从严治党论述摘编(2021年版)》,中央文献出版社2021年版,第27页。
② 习近平:《为实现党的二十大确定的目标任务而团结奋斗》,《求是》2023年第1期。
③《习近平关于全面从严治党论述摘编(2021年版)》,中央文献出版社2021年版,第19页。
④《中国共产党第二十次全国代表大会文件汇编》,人民出版社2022年版,第21页。

独有难题,确保党始终成为中国特色社会主义事业的坚强领导核心。

第一,必须用习近平新时代中国特色社会主义思想武装全党,在党的理论创造最新成果的指导下写好解决好大党独有难题这篇大文章。新时代十年伟大变革理论创新和创造结出的最重大成果,就是孕育诞生了习近平新时代中国特色社会主义思想。作为马克思主义中国化时代化实现新飞跃的标志性成果,习近平新时代中国特色社会主义思想创造了当代中国马克思主义、二十一世纪马克思主义,"是新时代中国共产党的思想旗帜,是国家政治生活和社会生活的根本指针"①。深入推进全面从严治党的一系列重大理论、思想和观点,构成习近平新时代中国特色社会主义思想的重要组成部分,为解决大党独有难题提供了强大思想武器。深刻领悟"两个确立"的决定性意义,牢记"国之大者",坚定"四个自信",增强"四个意识",始终坚决做到"两个维护",是解决大党独有难题必须始终坚持的政治立场和思想遵循。

第二,必须准备经受风高浪急甚至惊涛骇浪的重大考验,确保党始终成为风雨来袭时中国人民最可靠的主心骨。温室里长不出参天大树,不经过暴风骤雨考验造就不了强大政党。党的二十大报告一方面对新时代十年伟大变革作出全面总结,从党和人民有效应对严峻的国际形势和接踵而至的巨大风险挑战所经历的磨炼,揭示重大成就来之不易;另一方面对新时代新征程奋斗形势作出深刻研判,从前进道路上准备经受风高浪急甚至惊涛骇浪的重大考验,有效应对和成功战胜各种风险挑战,提出必须牢牢把握的重大原则。习近平强调:"要保持强烈的忧患意识、风险意识,加强对各种风险隐患的研判,做足预案,下好先手棋,打好主动仗,及时精准拆弹,增强防范化解风险的意识和本领。"②解决好大党独有难题,对风雨来袭时中国共产党作为主心骨让人民信任、放心、踏实具有重要意义。

第三,必须打赢反腐败斗争攻坚战、持久战,推进不敢腐、不能腐、不想腐一体化建设。"经过新时代全面从严治党的革命性锻造,反腐败斗争取得压倒性胜利并全面巩固,不敢腐的震慑充分彰显,不能腐的笼子越扎越牢,不想腐的自觉显著增强。"③党的二十大报告指出:"腐败是危害党的生命力和战斗力的最大毒瘤,反腐败是最彻底的自我革命。"④反腐败斗争是一场输不起的攻坚战持久战,党的自我革命永远在路上,反腐败斗

---

① 《习近平新时代中国特色社会主义思想学习纲要》,学习出版社、人民出版社2019年版,第1页。

② 习近平:《为实现党的二十大确定的目标任务而团结奋斗》,《求是》2023年第1期。

③ 习近平:《全面从严治党探索出依靠党的自我革命跳出历史周期率的成功路径》,《求是》2023年第3期。

④ 《中国共产党第二十次全国代表大会文件汇编》,人民出版社2022年版,第57页。

争就必须永远吹冲锋号,永远亮斗争剑。坚持不敢腐、不能腐、不想腐一体推进,构建完善的惩治腐败体制机制,形成同时发力、同向发力、综合发力的效能,摆脱一切利益集团、权势团体、特权阶层的"围猎"腐蚀,并向党内成为这些集团、团体、阶层同伙的人开刀,是解决大党独有难题的创新理论转化为党的建设实践效能的必由路径。

第四,必须以党的政治建设为统领,全面推进新时代党的建设新的伟大工程。新时代全面从严治党的一个重大创新成果是树立了党的政治建设统领地位,党的十九大从决定党的建设方向和效果强调党的政治建设是根本性建设,从树立中国共产党人精神支柱和政治灵魂强调党的思想建设是基础性建设,提出"把党的政治建设摆在首位"的新论断。党的政治建设统领党的各方面建设,不断提高政治判断力、政治领悟力、政治执行力,增强党内政治生活的政治性、时代性、原则性、战斗性,营造健康的政党文化氛围,持续净化党内政治生态,有助于加强全党在政治立场、政治方向、政治原则、政治情感、政治道路、政治倾向上同党中央保持高度一致,有助于巩固和促进党的团结统一。以党的政治建设为统领,全面推进新时代党的建设新的伟大工程,必须在解决如何始终统一思想、统一意志、统一行动的大党独有难题上取得实际成效。

第五,必须走好"五个必由之路",把中国发展进步的命运牢牢掌握在自己手中。2022年3月5日,习近平在参加十三届全国人大五次会议内蒙古代表团审议时,提出必须走好坚持党的全面领导、中国特色社会主义、团结奋斗、贯彻新发展理念、全面从严治党的"五个必由之路"。党的二十大报告对坚持走好"五个必由之路"作了重申,强调"这是我们在长期实践中得出的至关紧要的规律性认识,必须倍加珍惜、始终坚持"①。走好"五个必由之路"以解决好大党独有难题为保证,作为中国特色社会主义坚强领导核心的党,只有腰杆硬了、身骨正了、肌体壮了,才能带领全国各族人民众志成城干事业,万众一心奔未来。方向决定道路,道路决定命运,揭示"五个必由之路",确立了党和人民把中国发展进步命运牢牢掌握在自己手中的政治定力。奋斗新征程的历史实践中,把走好"五个必由之路"与解决大党独有难题内在地统一起来,党就一定能够引领承载着中国人民伟大梦想的航船胜利驶向光辉的彼岸。

第六,必须始终保持赶考永远在路上的清醒和坚定,交出跳出治乱兴衰历史周期率的成功答卷。从毛泽东到习近平,党中央领导人始终在思索、一直在探索如何跳出历史周期率的问题。1945年,毛泽东在延安窑洞里与民主人士黄炎培谈到历史周期率问题,提出"让人民来监督政府"的答案。在新中国成立以来党的治国理政实践中,毛泽东提出

①《中国共产党第二十次全国代表大会文件汇编》,人民出版社2022年版,第58页。

的这个答案始终得到贯彻执行。党的十八大以来,习近平反复重提历史周期率的话题,强调"赶考远未结束""赶考永远在路上""走好新的赶考之路"。在不断思索和探索中,习近平作出自我革命是继毛泽东提出的第一个答案之后党探索如何跳出治乱兴衰历史周期率的第二个答案。①习近平揭示两个答案内在的逻辑关系,指出"勇于自我革命和接受人民监督是内在一致的,都源于党的初心使命"②。把两个答案相统一,以继续强化人民监督促进党的自我革命,以勇于党的自我革命接受人民监督,必须解决好如何始终不忘初心、牢记使命的大党独有难题,从而把握成功跳出历史周期率的胜算。

第七,必须牢记"三个务必",不断提高党的战斗力、凝聚力、创造力。党的二十大报告提出"全党同志务必不忘初心、牢记使命,务必谦虚谨慎、艰苦奋斗,务必敢于斗争、善于斗争"③。这是结合新的形势和时代要求继承毛泽东"两个务必"思想的创新发展,为全党树立了思想和行动新的座右铭。"两个务必"和"三个务必"在增强党拒腐防变能力的历史性课题上意蕴相通,体现永葆党的先进性和纯洁性的同一个主题,体现百年大党风华正茂的精神密码。务必不忘初心、牢记使命,务必谦虚谨慎、艰苦奋斗,务必敢于斗争、善于斗争,把坚持党的性质宗旨、发扬党的优良作风、在斗争中磨炼成长融为一体,为不断提高党的战斗力、凝聚力、创造力增添源源不竭的能量。牢记"三个务必",是解决大党独有难题必须遵循的思想逻辑和行为准则。

第八,必须不断提高全面建成社会主义现代化强国的本领,以超强卓越的能力保证奋斗目标胜利实现。大党领导大国建设需要卓越的本领,"我们党既要政治过硬,也要本领高强。"④党的十九大部署党的建设,从增强学习本领、政治领导本领、改革创新本领、科学发展本领、依法执政本领、群众工作本领、狠抓落实本领、驾驭风险本领等八个方面提出要求,形成新时代党的建设新的伟大工程实践任务。党的二十大吹响了全面建设社会主义现代化国家的进军号角,习近平指出,实现新时代新征程的目标任务,对各级领导干部的精神状态、能力素质、作风形象提出了新的更高要求,"要克服本领恐慌,加强思想淬炼、理论训练、政治历练、实践锻炼,全面增强履职尽责所必需的各方面本领"⑤。能不能解决好大党独有难题,对提高党的本领有着直接的影响,事关全面建成社会主义现代

---

① 《习近平谈治国理政》第四卷,外文出版社2022年版,第541页。

② 习近平:《全面从严治党探索出依靠党的自我革命跳出历史周期率的成功路径》,《求是》2023年第3期。

③ 《中国共产党第二十次全国代表大会文件汇编》,人民出版社2022年版,第2页。

④ 《十九大以来重要文献选编》上,中央文献出版社2019年版,第4页。

⑤ 习近平:《为实现党的二十大确定的目标任务而团结奋斗》,《求是》2023年第1期。

化强国奋斗目标能不能胜利实现。

习近平指出:"历史接力是一棒接着一棒向前奔跑的,党和国家事业是一程接着一程向前推进的。"①百年奋斗取得的重大成就都是党团结带领人民拼出来、干出来的,时刻保持解决大党独有难题的清醒和坚定,才能推动党继续创造出不负历史、不负人民的业绩。思想上加深领悟是提高实践自觉的前提,把握解决大党独有难题的实践指向和深刻认识它的重大战略意义,才能保持前进征途上的头脑清醒和立场坚定。新时代党的建设新的伟大工程实践中,把深入推进全面从严治党与解决大党独有难题紧密相结合,一个毛病接着一个毛病纠治,一个问题接着一个问题突破,一年接着一年坚守,一步接着一步迈进,中国共产党必将永远焕发青春活力,始终保持旺盛生机、进取向上,向世界呈现最强政党的形象。

第三节　坚定不移走好全面从严治党必由之路②

习近平在2022年"两会"期间参加内蒙古代表团的审议时发表讲话,首次提出"五个必由之路"重大论断,"全面从严治党是党永葆生机活力、走好新的赶考之路的必由之路"是其中之一。"五个必由之路"是相辅相成的整体,从排列上看,坚持党的全面领导居于第一位,全面从严治党放在最后压阵,彰显这条必由之路保证走好其他四个必由之路的重要意义。党中央强调,办好中国的事情,关键在党,关键在党要管党、从严治党。中国特色社会主义进入新时代,以习近平同志为核心的党中央结合时代特征和现实要求,以高度的思想自觉和精神主动开创了全面从严治党崭新局面。坚定不移走好全面从严治党的必由之路,是迈进新征程、建功新时代、再创新辉煌的使命要求。

一、党的建设是各项事业的重要保证

"全面从严治党"这个明确概念虽然是党的十八大以后习近平鲜明提出来的,但管党治党的本意则贯穿党的百年历史实践全过程。中国共产党从建立之日起就注重加强党的自身建设,并随着奋斗实践的深入发展不断提升思想认识,加深把握马克思主义政党建设的规律,推动了党发展壮大。

党的百年奋斗史也是党的建设发展史,加强党的建设是党百年奋斗的重要组成部

---

① 习近平:《为实现党的二十大确定的目标任务而团结奋斗》,《求是》2023年第1期。

② 原文载于《中共宁波市委党校学报》2022年第3期,收入本书时文字略有修改。

分。2010年,中共中央颁发《关于加强和改进新形势下党史工作的意见》,该意见中对中共党史作出三个层面的涵义诠释,其中之一即党的历史"是不断加强自身建设的历史"。2021年7月1日,习近平在庆祝中国共产党成立一百周年大会上的重要讲话中指出:"我们党历经千锤百炼而朝气蓬勃,一个很重要的原因就是我们始终坚持党要管党、全面从严治党。"①中国共产党凭借不断加强自身建设的深入实践,使一个初创时只有50多名党员的小体量弱小政党成长壮大为9800多万党员的大规模强大政党。一路艰辛走过来,中国共产党百年风华正茂与从严管党治党有着直接的关联。

政党组织的成型就是自身建设的历史起点,1921年中国共产党成立后就踏上加强党的建设实践历程,理论宣传、组织发展、建章立制等方面的建设相继开展。1939年毛泽东撰写《〈共产党人〉发刊词》一文,围绕武装斗争、统一战线和党的建设三个主题对党成立以来的历史发展进行了总结。并在此基础上提出党的建设是一项"伟大工程"。这个重大论断丰富和发展了马克思主义党建思想,成为中国共产党加强自身建设的座右铭。实践发展中,从新时期党的建设新的伟大工程到新时代党的建设新的伟大工程,中国共产党坚持以工程建设的系统思维对待和部署党的建设,推进管党治党与时俱进地发展,思想认识不断深化,积累了丰富的经验。

作为具有政治属性的组织,政党不同于一般社会团体,约束性的管治是普遍规律。党不管党,必然涣散无力,难以发挥作用。对管党治党采取什么态度、形成怎样的机制以及力度大小,往往会决定一个政党的兴衰成败。马克思、恩格斯、列宁在领导无产阶级政党的实践中,对党的建设有深刻认识,从各个方面提出的原则、任务和要求,形成丰富的马克思主义党建思想。以马克思主义思想为武装的中国共产党,结合本国国情加强共产党建设,不断创新发展的实践,锻造成为始终站在前列的中国共产党。纵览历史、环顾世界,中国共产党党建思想丰富和实践深刻的程度,是任何其他政党所不可媲美的。

习近平指出:"党要管党、从严治党,是党的建设的一贯要求和根本方针。"②党章总纲明确提出"坚持党要管党、从严治党。"党的百年历史发展证明,什么时候党的建设健康有力地开展,党和人民的事业就充满兴旺发达的活力;什么时候党的建设发生懒散松懈的麻痹,党和人民的事业就会遭遇挫折甚至失败。这是中国共产党人从事实验证中得出的经验定律。

中国共产党肩负的崇高使命突出了加强自身建设的极端重要性,马克思、恩格斯在

---

① 《习近平著作选读》第二卷,人民出版社2023年版,第487页。

② 《习近平关于全面从严治党论述摘编》,中央文献出版社2016年版,第10页。

《共产党宣言》中把解放全人类作为无产阶级政党的历史使命,由此确立的共产主义信仰为共产党树立了思想灵魂。这一使命和灵魂决定了马克思主义政党具有不同于其他各种政党的本质和标志。注重和加强党的建设具有中国共产党的标志意义。毛泽东曾把理论联系实际、密切联系群众、批评与自我批评的三大优良作风作为中国共产党区别于其他政党的显著标志,在新时代党的建设新的伟大工程实践中,习近平又把自我革命作为中国共产党的显著标志加以强调。作为政党判别的标准,中国共产党的标志体现先进本质。把注重和加强党的建设作为中国共产党区别于其他政党的显著标志,对保持马克思主义政党鲜明政治属性具有重要意义。

长期以来,党的建设必要性和重要性的道理已经在全党形成共识,党的建设相关理论也为党员和干部所熟悉。然而党的建设上存在思想懈怠则是客观事实,尤其是在党成立和执政时间越来越长、取得成绩越来越大、地位越来越巩固的情况下,对党内存在的问题掉以轻心的情况也越容易产生。现实表明,党内有些人对党的建设抱有"何必当真"的想法,认为做做样子就行了,不必过于严格。有些人认为管党治党应"人性化",不要过严管得太死。有的领导干部把党的建设看成"潜在工程",想起了就抓一下,忙业务时就丢在一边,两天打鱼三天晒网,党的建设时断时续缺乏恒心和韧劲。有些党员和领导干部对党内存在的突出问题视而不见,麻木不仁,缺乏斗争的勇气和意志,导致不正之风长期得不到纠正。这些事实发出严重的提醒,党的建设是不能停顿的过程,全面从严治党永远在路上,松懈一时就会贻害无穷。

奋斗实践中始终保持思想自觉政治自觉行动自觉,必须从定位上深化对党的建设的认识。在党的历史文献话语中,对党的建设定位有很多表述,如重大方针、艰巨任务、历史使命、重大战略等等,这些表述对认识党的建设都有重要意义。但从根本上说,党的建设是党、国家、人民事业的根本保证则是最关键的定位。党中央从许多角度从根本保证的意义上强调党的建设。如"全面从严治党,是我们党在新形势下进行具有许多新的历史特点的伟大斗争的根本保证"[1]。全面从严治党纳入"四个全面"战略布局,党中央强调全面从严治党是全面深化改革、全面依法治国、全面建设小康社会的根本保证。党的十九大提出新时代中国共产党的历史使命,伟大斗争、伟大工程、伟大事业、伟大梦想的"四个伟大"历史使命中,"起决定性作用的是党的建设新的伟大工程"[2]。习近平强调:"党的建设新的伟大工程,是引领伟大斗争、伟大事业,最终实现伟大梦想的根本保

---

①《习近平关于全面从严治党论述摘编》,中央文献出版社2016年版,第9页。

②《十九大以来重要文献选编》上,中央文献出版社2019年版,第12页。

证。"①打铁必须自身硬。只有通过全面从严治党、把党建设好建设强,我们党才能统揽"四个伟大"全局。党的建设具有根本保证的定位蕴含一个非常重要的道理,即绝不能把党的建设伟大工程的意义狭隘化,以为全面从严治党只是党的自身范围的事情。管党治党从来都是党做好一切工作的根本保证,不仅直接关系党的命运,而且直接关系国家的命运、人民的命运、民族的命运。党的建设马虎不得,失败不起,没有任何可以忽视的理由,没有任何可以懈怠的资本。这正是习近平把全面从严治党作为必由之路提出来,把它与党永葆生机活力、走好新的赶考之路直接相联系的思想逻辑。

二、百年大党在从严治党中经受革命性淬炼

中国共产党是在革命性淬炼中成长起来的,"世界上没有哪个党像我们这样,遭遇过如此多的艰难险阻,经历过如此多的生死考验,付出过如此多的惨烈牺牲"②。1927年大革命失败后中国共产党遭遇血腥屠杀的白色恐怖,二万五千里长征震撼世界的艰辛奋战,新中国成立后"一穷二白"困难条件的拼搏,和平建设环境下国际敌对势力不断挑衅下的斗争,百年发展历程上,中国共产党经受考验之多和承受风险之大是世界上任何政党都无法比拟的。血与火锻造了中国共产党人的钢铁信仰,意志的顽强磨炼了中国共产党毅力的坚韧,艰辛的无比造就了中国共产党伟大的无比。

中国共产党在革命性淬炼中坚守初心使命。党的十九大报告用简洁的话语揭示"为中国人民谋幸福、为中华民族谋复兴"就是中国共产党的初心和使命,开展"不忘初心、牢记使命"主题教育,成为新时代党性淬炼的一次创新实践,进一步强化了牢记我们党是什么、要干什么和为谁执政、为谁用权、为谁谋利两个根本问题的意识。为中国人民谋幸福的初心贯彻全心全意为人民服务的根本宗旨,为中华民族谋复兴的使命体现党的百年奋斗主题。习近平指出:"只有不忘初心、牢记使命、永远奋斗,才能让中国共产党永远年轻","唯有不忘初心,方可告慰历史、告慰先辈,方可赢得民心、赢得时代,方可善作善成、一往无前。"③从严治党的一个根本目的就是牢固初心的坚守、强化使命的担当,践行初心、担当使命是革命性淬炼的目标性任务。

中国共产党在革命性淬炼中弘扬伟大建党精神。100年前,一批抱持共产主义理想信念的先驱们在创建中国共产党时形成了伟大建党精神,习近平用"坚持真理、坚守理

①《全面贯彻落实党的十九大精神 以永远在路上的执着把从严治党引向深入》,《人民日报》2018年1月12日。

②习近平:《在党史学习教育动员大会上的讲话》,《求是》2021年第7期。

③《习近平谈治国理政》第三卷,外文出版社2020年版,第497、498页。

想,践行初心、担当使命,不怕牺牲、英勇斗争,对党忠诚、不负人民"概括其内涵,从精神层面上深刻揭示了中国共产党革命性淬炼的成果。伟大建党精神贯通历史、现实和未来,它历史地形成,贯穿党的全部奋斗历程。伟大建党精神是中国共产党革命精神之源,在井冈山精神、抗战精神、延安精神、西柏坡精神、焦裕禄精神、"两弹一星"精神、抗疫精神、冬奥精神等各种具体精神汇集而成的中国共产党革命精神谱系中居于源头地位。伟大建党精神是中国共产党人革命特质的精神凝结,是中国共产党人进行革命性淬炼的精神结晶。在从严治党中经受革命性淬炼的过程就是不断弘扬伟大建党精神的过程,大力弘扬伟大建党精神,"勿忘昨天的苦难辉煌,无愧今天的使命担当,不负明天的伟大梦想"[1],才能确保党在历史滚滚向前的洪流中不变质、不变色、不变味。

中国共产党在革命性淬炼中打造鲜明政治品格。政党品格表现政党的人格力量,"我们党作为马克思主义执政党,不但要有强大的真理力量,而且要有强大的人格力量"[2]。伟大建党精神锤炼中国共产党人鲜明政治品格,除32个字内涵包含的品格铸造外,还有敢为人先、百折不挠、立党为公、奋发图强、艰苦创业、勇于创新、与时俱进、自我革命、迎难而上、不惧风险、抗压耐挫、攻坚克难、团结人民、意志顽强、执着韧劲等政治品格。政治品格是政党形象塑造的品牌,也是彰显政党独特性的标记。什么性质的政党匹配什么样的品格,什么样的品格塑造什么样的政党形象。中国共产党鲜明政治品格不是刻意描述出来的,而是党员和干部百年奋斗整体实践的特征显示。从严治党促进百年大党以鲜明政治品格继承中华民族的优良历史传统,融入了中国人民的民族基因,实现了革命火炉的合成冶炼,彰显了中国共产党的先进水平和纯洁程度。

中国共产党在革命性淬炼中培育优良作风。党的建设百年发展中,作风建设是重头戏,每一次党内整风整党活动,端正党风的要求和任务始终在场。党的作风无时不在、无事不有,虽然党风只是暴露出来的外在呈现,纠正不正之风对党的建设来说不是治本之策,却绝对不是可以轻视的小问题,绝对不是可以忽略的小事情。改革开放初,陈云提出"执政党的党风问题是有关党的生死存亡的问题"重大论断,既是对历史上党中央领导人党建思想的继承,又是对新形势下加强党风建设紧迫性的警示。习近平指出:"作风问题根本上是党性问题。作风反映的是形象和素质,体现的是党性,起决定性作用的是党性。我们改进作风,不能简单就事论事,以为把眼前存在的作风问题从面上解决了就万事大

①《中共中央关于党的百年奋斗重大成就和历史经验的决议》,人民出版社2021年版,第75页。

②《习近平关于全面从严治党论述摘编》,中央文献出版社2016年版,第157页。

吉了,而是要举一反三,透过作风看党性,在解决作风问题的基础上解决好党性问题。"①党的作风与党性的这种内在关联,决定了它是中国共产党人革命性淬炼的题中应有之义。中国共产党建立后就逐渐培育了三大优良作风,在深入实践中,党中央领导人提出的"两个务必"思想、脚踏实地、开拓创新、求真务实等,都对打造党适应时代发展的优良作风起到重要作用,成为中国共产党人进行革命性淬炼的新要求。

中国共产党在革命性淬炼中形成铁的纪律。常识告诉我们,一般意义上的纪律作为戒规不是中国共产党所特有,历史上和现实中一些团体和组织也有各种各样的纪律和规矩的规定。然而纪律不是为纪律而纪律,没有明确的价值取向和功能要求,制定纪律就会成为一纸空文,难以形成刚性的约束力。从实际情况看,不同的政党对待纪律问题的态度、秉持的理念和采取的举措迥然不同。中国共产党是以严格的纪律创建的马克思主义政党,从建党之日起就对纪律规范保持高度的自觉,以铁一般的纪律维护党组织的严肃性。党的十九大把纪律建设列为党的建设总体布局之中,全面从严治党中严明党的纪律和规矩成为中国共产党人党性淬炼的基本要求。习近平指出:"纪律严明是党的光荣传统和独特优势……如果不严明党的纪律,党的凝聚力和战斗力就会大大削弱,党的领导能力和执政能力就会大大削弱。"②百年奋斗历史验证了"加强纪律性,革命无不胜"的真理,中国共产党以铁的纪律训练提升了自己的革命性。

党的十九届六中全会审议通过的历史决议,对党的百年奋斗作出十条历史经验的精辟总结。这十条历史经验绝大多数都直接与党的建设有关。坚持党的领导、坚持人民至上、坚持理论创新、坚持敢于斗争、坚持统一战线、坚持自我革命等,从不同的方面体现党的根本原则、宗旨、特征、方略、途径和品格。党中央强调这"是经过长期实践积累的宝贵经验,是党和人民共同创造的精神财富,必须倍加珍惜、长期坚持,并在新时代实践中不断丰富和发展"③。坚定不移走好全面从严治党的必由之路,必须发扬党的建设历史经验,在新的历史征程上始终加强革命性淬炼,不断防范马克思主义先进政党被瓦解、被腐化的危险,不断保护中国共产党的健康肌体,"确保我们党在世界形势深刻变化的历史进程中始终走在时代前列,在应对国内外各种风险挑战的历史进程中始终成为全国人民的主心骨!"④在坚持和发展中国特色社会主义的历史进程中始终成为坚强领导核心。

---

①《习近平关于全面从严治党论述摘编》,中央文献出版社2016年版,第154页。

②《习近平关于全面从严治党论述摘编》,中央文献出版社2016年版,第95页。

③《中共中央关于党的百年奋斗重大成就和历史经验的决议》,人民出版社2021年版,第71页。

④《习近平著作选读》第二卷,人民出版社2023年版,第382页。

三、全面从严治党必由之路的重大论断建立在新时代创新实践基础上

把全面从严治党作为党永葆生机活力、走好新的赶考之路的必由之路提出来,是中国特色社会主义进入新时代党的建设开创新局面的硕果。党的十八大以来,以习近平同志为核心的党中央在继承党的建设历史传统的基础上表现出更加强烈的使命感、更加巨大的勇气、更加非凡的魄力,推进新时代党的建设新的伟大工程升上一个新台阶、进入一个新境界、达到一个新水平。

从某种意义上说,中国特色社会主义新时代的历史帷幕是以全面从严治党创新实践拉开的。党的十八大报告指出:"党坚强有力,党同人民保持血肉联系,国家就繁荣稳定,人民就幸福安康。形势的发展、事业的开拓、人民的期待,都要求我们以改革创新精神全面推进党的建设新的伟大工程,全面提高党的建设科学化水平。"①会后,习近平在十八届中央政治局常委同中外记者见面时发表讲话指出:"打铁还需自身硬。我们的责任,就是同全党同志一道,坚持党要管党、从严治党,切实解决自身存在的突出问题,切实改进工作作风,密切联系群众,使我们党始终成为中国特色社会主义事业的坚强领导核心。"②紧接着立即出台中共中央政治局关于改进工作作风密切联系群众的规定,自上而下贯彻落实"八项规定",打响了全面从严治党的第一炮。从开展以为民务实清廉为主要内容的党的群众路线教育实践活动、"三严三实"专题教育、"学党章党规、学系列讲话,做合格党员"学习教育,到"不忘初心、牢记使命"主题教育,持续进行的党内教育活动搭起全面从严治党的创新实践平台。习近平指出:"党和人民事业发展到什么阶段,党的建设就要推进到什么阶段"③,"我们要聚精会神抓好党的建设,使我们党越来越成熟、越来越强大、越来越有战斗力","世界上最可怕的敌人从来就是自己。我们党取得了举世瞩目的成就,现在需要'愈大愈惧,愈强愈恐'的态度,切不可在管党治党上有丝毫松懈。"④这些富有新时代气息的话语掷地有声,为全面从严治党创新实践提供了思想指南和行动准则。

改革开放之初,党中央在拨乱反正中引领党的建设走上了健康发展的轨道,党的十三大报告中就明确提出了"从严治党"的要求。以邓小平同志为主要代表的中国共产党人,在实现党的工作从"以阶级斗争为纲"向经济建设为中心的转变中,鲜明地把党的建

①《十八大以来重要文献选编》上,中央文献出版社2014年版,第38页。
②《十八大以来重要文献选编》上,中央文献出版社2014年版,第70页。
③《十八大以来重要文献选编》下,中央文献出版社2018年版,第355页。
④《习近平关于全面从严治党论述摘编》,中央文献出版社2016年版,第6、8页。

设提上议事日程,迈出新时期党的建设新的伟大工程有力步伐。以江泽民同志为主要代表的中国共产党人,提出治国必先治党、治党务必从严的思想,在把中国特色社会主义事业全面推向二十一世纪的奋斗实践中形成"三个代表"的建党纲领。党的十六大后,以胡锦涛同志为主要代表的中国共产党人,推进党的执政能力建设,开展保持共产党员先进性教育活动,推进新时期党的建设新的伟大工程深入发展。党的十八大以来,习近平在"从严治党"前面增加"全面"两字,把全面从严治党纳入"四个全面"战略布局之中。习近平对全面从严治党作出一系列重要论述,许多原创性思想为管党治党提供了强有力的理论武器。

新时代全面从严治党实践给全党留下的深刻印象是"史上最严",严要求、严标准、严举措,全方面的严、全领域的严、全过程的严,全细节的严、党组织的严、党员的严、领导干部的严,"严字当头"的全面从严治党实践创造了党的建设前所未有的场景,赋予新时代党的建设新的伟大工程强大的生机活力,全面从严治党创新实践取得了显著成效。

第一,坚持党的全面领导、树立核心意识和权威意识形成全党的高度共识,党的凝聚力、创造力、战斗力大大增强。全面从严治党的核心是加强党的领导,实现党的全面领导,前提是有党的核心掌舵领航,有党中央统一指挥的权威。确立习近平同志党中央的核心、全党的核心地位,确立习近平新时代中国特色社会主义思想的指导地位,核心地位和指导地位的"两个确立",对新时代党和国家事业发展、对推进中华民族伟大复兴历史进程具有决定性意义。做到"两个维护",牢固"四个意识",坚定"四个自信",全党全军全国各族人民形成高度的思想统一,是全面从严治党创新实践最重要的成果。

第二,党的建设意识在全党普遍增强,党员和党员干部的精神面貌发生了显著的变化。在新时代全面从严治党创新实践中,党的建设意识得到加强表现在很多方面,包括忧患意识、宗旨意识、政治意识、大局意识、核心意识、看齐意识、组织意识、纪律规矩意识、制度意识、问题意识、时代意识、创新意识、本领意识、廉洁意识、自律意识、长效意识、伟大斗争意识、自我革命意识、立党兴党强党意识,等等。以这些内容丰富的意识绷紧了全面从严治党之弦,对党员和党的领导干部产生了全面的触动,"全党理想信念更加坚定、党性更加坚强"[1],营造了党的建设良好氛围。

第三,党的建设理论创新成果丰硕,发展丰富了马克思主义党建思想。新时代全面从严治党开创实践的新局面是理论实现突破性发展的结果,习近平围绕全面从严治党作出一系列重要论述,提出了许多重大思想和结论。如提出坚持党的领导是中国特色社会

---

① 《十九大以来重要文献选编》上,中央文献出版社2019年版,第6页。

主义最本质的特征、中国特色社会主义制度最大的优势,世界百年未有之大变局、"创新、协调、绿色、开放、共享"为主要内容的新发展理念,把握新发展阶段、贯彻新发展理念、构建新发展格局,等等。这些重大思想和结论,为把全面从严治党置于国内外形势深刻变动下加以深刻认识提供了思想指南。习近平提出了许多具有原创性的重大概念,如初心使命、红色基因、革命血脉、党内政治生态、党内政治文化、"国之大者"等。这些概念内涵深刻、指向明确、分量厚重、意义深远。

第四,深化全面从严治党的战略思路更加清晰,揭示了新时代党的建设新的伟大工程的实践路径。新时代全面从严治党明确了标本兼治、注重治本之策的方针,强化了管党治党的问题意识,提出了深挖党内不正之风背后深层次问题的要求,形成了思想建党和制度治党相结合、依法治国和依规治党相结合的发展理路,树立了零容忍高压反腐败的坚定决心,强调了不断提高党的建设质量的任务。党的十九大对党的建设布局作出新的部署,第一次把政治建设正式纳入党的建设总体布局之中,并摆在首要位置,以党的根本性建设的定位明确党的政治建设对党的各方面建设的统领作用。"5+1+1"的新布局覆盖全面,重点突出,使新时代党的建设伟大工程形成了内容更加丰满、运行更加合理、实践更加有力、发展更加科学的系统架构。

新时代全面从严治党取得的显著成效显然远远不止这些表现,以上只是从大的方面作出的概述。如果用一句话进行总结的话,实现了管党治党从宽松软向严紧硬的转变是最精准的。比照新时代前后党的建设状况,全党全社会都深切感受到十分明显的改变。全面从严治党取得的显著成效是党的十八大以来党和国家事业取得全方位的、开创性成就的重要体现。全面从严治党解决了许多长期想解决而没有解决的难题,办成了许多过去想办而没有办成的大事,是发生深层次的、根本性变革的重要体现。党的十九届六中全会审议通过的历史决议指出:"党的十八大以来,经过坚决斗争,全面从严治党的政治引领和政治保障作用充分发挥,党的自我净化、自我完善、自我革新、自我提高能力显著增强,管党治党宽松软状况得到根本扭转,反腐败斗争取得压倒性胜利并全面巩固,消除了党、国家、军队内部存在的严重隐患,党在革命性锻造中更加坚强。"[1]这是对新时代全面从严治党作出的重要评价。

提出全面从严治党的必由之路重大论断,是对新时代党的建设新的伟大工程创新实践鲜活经验的深刻总结。党的十九大以来,习近平在一些重要讲话中对全面从严治党又作出了许多重要论述,在很多方面实现了突破性进展。在新时代党的建设新的伟大工程

---

[1]《中共中央关于党的百年奋斗重大成就和历史经验的决议》,人民出版社2021年版,第33—34页。

取得了全面性的、改观性的、实质性的历史性成就,发生了多层面的、深层次的、革命性的历史性变革基础上,全面从严治党将开启新的征程,迈出新的步伐,谱写新的篇章。中国特色社会主义进入新时代十年来,在以习近平同志为核心的党中央领导下,全党和全国人民对全面从严治党的信心越来越坚定,动力越来越增强,道路越走越踏实。人们相信,全面从严治党的必由之路是一条党永葆生机活力的正确之路,是一条党交出"新的赶考"优异答卷的正确之路。全面从严治党永远在路上,必由之路意味着没有其他路可选择,认准了这条道就必须执着地勇往直前。

四、深刻把握走好全面从严治党必由之路的若干重大关系

中国共产党走过了一百年极不平凡的奋斗之路,创造的辉煌成就奠定了砥砺奋进的基础,树立起高度的历史自信,焕发出激昂的斗志。凡是过往,皆为序章,新时代新开端,新征程新开始。在全面建成小康社会后,为实现全面建成社会主义现代化强国的第二个百年奋斗目标而不懈奋斗,成为摆在全党全国各族人民面前的新任务。这个目标承载实现中华民族伟大复兴的中国梦,是完成近代以来中国人民共同夙愿的伟大实践。中国共产党只有团结带领中国人民胜利实现这个奋斗目标,才能继续做到不辜负历史,不辜负时代,不辜负人民。

建设党的建设伟大工程就像传递接力棒的赛跑那样,一代代人交替跑出好成绩是取得胜利的保证。身处中华民族伟大复兴战略全局和世界百年未有之大变局,党和国家事业既迎来发展的机遇,又面临严峻的挑战。新时代形势变化已经让党和人民实实在在地感受到一波波风险的冲击,已经深切认识到中国日益强起来后承受阻扰压力的沉重。中国共产党要能够始终成为风雨来袭时中国人民的主心骨,就一定要使党更加坚强有力。坚定不移走全面从严治党的必由之路,必须在以下一些重大关系上形成深刻认识。

第一,必须正确处理好党的全面领导与具体领域工作的关系。新时代全面从严治党在坚持党的领导问题上实现了正本清源和守正创新,习近平总书记作出的许多重大结论澄清了一些模糊思想。改革开放后,党中央汲取历史实践中党包办一切、以党代政、以党干政的教训,对改进党的领导方式作了思考和探索。然而随着社会阶层、利益分配机制、资源配置方式以及思想诉求多样化的新情况,尤其是中国特色社会主义建设从计划经济体制向市场经济体制的转型,究竟怎样坚持党的领导产生了一些模糊认识,出现了党的组织被边缘化、党的领导被空置化的不正常现象。有的"把经济建设和党的领导割裂开

来"①,有的把法治建设与党的领导对立起来,有的把党的领导与文艺工作相分离。这些认识和现象实际上就是在党的领导与具体工作之间架起一道墙,完全是错误的。习近平强调,党政军民学,东西南北中,党是领导一切的。这个结论写进了党的十九大通过的党章。中国特色社会主义政治发展逻辑证明,党的领导如果抽调"全面"的内涵就会被淡化、被削弱,不讲全面领导就会使一些领域一些工作脱离党的领导轨道。新时代走好全面从严治党的必由之路,既不能走"党包办一切"的老路,又要把坚持党领导一切与指导各项具体工作相统一,在党建引领上探索新经验。

第二,必须正确处理好党的建设整体推进与重点突破的关系。处理好这对关系是新时代党的建设新的伟大工程顶层设计的要求。作为一项工程建设,内部构造的整体关联性要求具有系统思维,重甲轻乙就会顾此失彼,影响整个工程的进展。党的各方面建设构成完整的布局,统筹谋划才能协调发展、共生合力。习近平指出:"增强从严治党的系统性、预见性、创造性、实效性"②,"在任何工作中,我们既要讲两点论,又要讲重点论,没有主次,不加区别,眉毛胡子一把抓,是做不好工作的"③,"全面从严治党,既需要全方位用劲,也需要重点发力。"④党的十八大、十九大对党的建设作出部署,每个方面建设都提出了重点。从实践看,党中央既对全面从严治党提出系列要求,又把党风廉政建设作为突破口,着力解决人民群众反映强烈的"四风"问题,着力解决不敢腐、不能腐、不想腐的问题。

第三,正确处理好继承历史经验和创造新经验的关系。及时总结经验是党的优良传统,党的十九届六中全会对历史经验作出的精辟总结,凝结着党的百年奋斗中应对挑战、战胜风险、赢得胜利的智慧,给党和人民留下宝贵的精神财富。这些历史经验对党百年后的再出发具有深刻启迪和重大指导意义,必须继承和发扬好。但是,永无止境的实践不断产生新情况,全面从严治党的必由之路面临的不可能都是老问题的重复。党的建设伟大工程一以贯之的任务必须坚决落实,应对新情况、解决新问题、担当新使命则是更加艰巨的任务。党中央反复强调,前进道路上,"四大考验"和"四种危险"更加严峻,各种难以预料和不确定的因素不断加大风险系数。这样的情势凸显了走好全面从严治党必由之路的极端重要性,把继承历史经验与创造新经验相统一,把党建设得坚强有力,才能做到"任凭风浪起,稳坐钓鱼台",保证"中国号"这艘巨轮行稳致远,胜利抵达锚定的目

---

①《习近平关于全面从严治党论述摘编》,中央文献出版社2016年版,第11页。

②《十八大以来重要文献选编》中,中央文献出版社2016年版,第102页。

③ 习近平:《在十八届中央政治局第二十次集体学习时的讲话》,《人民日报》2015年1月25日。

④《习近平关于全面从严治党论述摘编》,中央文献出版社2016年版,第47页。

的地。

第四，正确处理好自我革命与社会革命的关系。自我革命是党的十八大以来习近平反复强调的一个重要概念，他指出："勇于自我革命，是我们党最鲜明的品格，也是我们党最大的优势"，"要兴党强党，保证党永葆生机活力，就必须实事求是认识和把握自己，以勇于自我革命精神打造和锤炼自己。"①党的十九届六中全会上，习近平进一步用党执政70多年探索跳出历史周期率的第二个答案的新论断，赋予自我革命以深刻内涵，其战略意义于此可见。"勇于自我革命是中国共产党区别于其他政党的显著标志。自我革命精神是党永葆青春活力的强大支撑。先进的马克思主义政党不是天生的，而是在不断自我革命中淬炼而成的。"②勇于自我革命是党领导伟大社会革命的内在要求，"打铁必须自身硬"这句话体现的就是以自我革命引领社会革命的内在机理。新时代全面从严治党就是一次自我革命的伟大实践，党的建设卓著成效和国家发展重大成就相辉映，正是坚持自我革命与引领社会革命的结果。把自我革命与社会革命有机相结合，是党永葆生机活力、走好新的赶考之路的重要保证。

第五，正确处理好党的建设中信任和监督的关系。党的建设百年发展中，坚持自律和他律的辩证统一，是管党治党实践的一个特征。中国共产党由先进分子所组成，每一个成员具备的政治觉悟和思想素养是加强自身约束的基本要求。党中央要求全体党员坚持做到自我净化、自我完善、自我革新、自我提高，就是对自律的强调。但是，强调自律不是排除他律，外部监督不可少。党内存在对监督的错误态度，有些人总认为有监督就不自在，被纪律盯着、被别人管着，心里总是不舒服。这虽然不是突出现象，却有一定程度的普遍性。党中央认为，我们的党员和党员干部总体是好的，主流是向上的，对广大党员和干部充满信任，但信任不能代替监督，监督也不是缺乏信任。强化党内外监督，完善监督机制，发挥各方面监督合力作用，是新时代全面从严治党的实践亮点。从一定意义上说，管党治党正是通过强有力的监督才形成严起来、紧起来、硬起来的氛围和效果。在全面从严治党的必由之路上正确处理好信任和监督这对关系，有利于以自律坚定理想信念、践行党的根本宗旨、坚持党性立场，以他律坚守"红线""底线"，有利于增强拒腐防变能力，筑牢抵御和隔离各种歪风邪气的篱笆墙。

明确必由之路不等于就能走好必由之路，走好必由之路要有定力、动力和耐力。党的十九大以来，习近平反复告诫全党，决不能在管党治党上有松口气、歇歇脚的想法，体

---

① 《十八大以来重要文献选编》下，中央文献出版社2018年版，第589、591页。

② 《中共中央关于党的百年奋斗重大成就和历史经验的决议》，人民出版社，2021年版，第70页。

现很强的针对性。新时代全面从严治党的成果决不能因"见好就收"的选择而消解流失，决不能因松口气、歇下脚的懈怠而前功尽弃。走正、走深、走实、走强全面从严治党的必由之路，必须始终保持管党治党的势头不降、力度不减、节奏不变、尺度不松、标准不低。中华民族伟大复兴进入不可逆转的历史进程，在不断推进全面从严治党向纵深发展中把党建设得更加坚强有力，不仅是中国共产党自身发展的诉求，而且更是14亿多中国人民共同的愿望。坚定不移地走好全面从严治党必由之路，事关党和国家事业的兴衰成败，事关中国人民和中华民族的前途命运。走全面从严治党的必由之路，中国共产党无可选择，中国人民充满期待。

第四节　老问题与新答案：中国共产党破解 历史周期率的赶考之路[①]

2021年11月11日，习近平在党的十九届六中全会第二次全会上发表重要讲话指出："我们党历史这么长、规模这么大、执政这么久，如何跳出治乱兴衰的历史周期率？毛泽东同志在延安窑洞里给出了第一个答案，这就是'只有让人民起来监督政府，政府才不敢松懈'；经过百年奋斗特别是党的十八大以来新的实践，我们党又给出了第二个答案，这就是自我革命。"[②]新中国成立以来70多年的中国共产党执政实践和发展中，从毛泽东到习近平，中国共产党人探求破解历史周期率的道路具有深邃的政治意蕴。"民主新路"和"自我革命"先后两个答案作用于同一目标，那就是确保中国共产党长期执政。迈进新征程，建功新时代，用自我革命破解历史周期率的历史性课题，对党团结带领中国人民全面建成社会主义现代化强国的第二个百年奋斗目标具有极其重大的意义。

一、历史周期率的实质是长期执政的安全问题

律有定规，而率无常式。历史周期率之所以被称为"率"，而不是"律"，就是因为王朝兴衰周期长短不一，存亡替换虽然有必然的道理，但并非是一种"铁律"而不可撼动。从中国古代王朝更替来看，既有"秦为天子，二世而亡"者，也有周朝延续长达七百九十余年者。王朝兴衰周期的时间长短表明，一个政权能否维系存在许多不确定的因素。历史上的王朝更替的原因多种多样，复杂因素左右着"其兴也勃焉，其亡也忽焉"的现象发生。"生于忧患，死于安乐"揭示的就是王朝兴衰的道理。近代以降，在西方坚船利炮的攻击

---

① 原文载于《中南民族大学学报》2022年第4期，收入本书时文字略有修改。

② 习近平：《以史为鉴、开创未来　埋头苦干、勇毅前行》，《求是》2022年第1期。

下，清王朝迅速沦为西方列强的附庸，近代中国逐渐成为半殖民地半封建社会，中国人民在帝国主义和封建主义双重压迫下，遭受了前所未有的劫难。广大人民群众和爱国仁人志士进行了顽强的抗争，各个阶级和政治力量先后登场，由于受到多种因素的制约和多方面的掣肘，所有的抗争和救国主张都无法挽大厦于将倾，扶狂澜于既倒。孙中山"领导的辛亥革命推翻了统治中国几千年的君主专制制度，但未能改变中国半殖民地半封建的社会性质和中国人民的悲惨命运"①。

中国社会向何处去？中国历史向哪里拐？中国人民的路怎样走？一系列相关联的近代中国时代之问必须作出回答。1921年中国共产党的诞生成为一件开天辟地的大事件，这个新型政党用新的思想引领救亡运动，用新的组织凝聚革命力量，中国革命的面目从此焕然一新，中国人民和中华民族的前途命运从此根本扭转。

习近平指出："一百年前，我们党刚刚诞生时，可能很少有人预想到能够成就今天这样的历史伟业。"②中国共产党通过赢得人民而赢得了历史，以高度的历史自觉和历史主动精神在漫漫长夜中点亮了光明的曙光。20世纪30年代初，日本帝国主义发动全面侵华战争后，中国共产党成为全民族抗战的中流砥柱，鉴于中国共产党发挥的重要作用，民主人士由衷感叹："中国的希望在延安。"③毛泽东在《论联合政府》一文中说："没有中国共产党的努力，没有中国共产党人做中国人民的中流砥柱，中国的独立和解放是不可能的，中国的工业化和农业近代化也是不可能的。"④这个论断，既蕴含着党的历史自信，也承载着中国人民的历史托付。

1945年，抗日战争胜利前夕，中共中央、毛泽东邀请民主人士访问延安，就召开政治协商会议交换意见。7月4日，毛泽东在其居住的窑洞里与黄炎培纵论政治，黄炎培基于中国历代王朝兴衰存亡的周期性更替现象向毛泽东发问：如果中国共产党执政，能不能跳出"其兴也勃焉、其亡也忽焉"的历史周期率？毛泽东给出了十分坚定的回答："我们已经找到新路，我们能跳出这周期率。这条新路，就是民主。只有让人民来监督政府，政府才不敢松懈。只有人人起来负责，才不会人亡政息。"⑤"民主新路"就是毛泽东的答案。此后，黄炎培撰写了《延安归来》一文，如实反映了他访问延安的所见所闻，向外界如实描述了延安"事事有组织，人人有训练"的安定有序局面，使国人看到了被蒋介石国民党长

① 《十九大以来重要文献选编》下，中央文献出版社2023年版，第489页。

② 习近平：《以史为鉴、开创未来　埋头苦干、勇毅前行》，《求是》2022年第1期。

③ 《习仲勋论统一战线》，中央文献出版社2013年版，第362页。

④ 《毛泽东年谱（一八九三——一九四九）修订本》（中），中央文献出版社2013年版，第1098页。

⑤ 黄炎培：《八十年来：黄炎培回忆录》，中国文史出版社2016年版，第103页。

期遮蔽的事实真相。毛泽东与黄炎培的"窑洞对"成为佳话流传开来,中国共产党倡导的民主观点与建国方略也被外界所熟悉。秉持走民主道路的理念,中国共产党首先的实践是与国内各民主党派和民主人士通力合作,成功召开了中国人民政治协商会议,一个崭新的中国走上了民主之路,中国人民和中华民族站了起来,昂首屹立在世界东方。

中国革命胜利的成果转换成为中国共产党全面执政的事实,党的历史方位变化带来一场新的考试。毛泽东用"进京赶考"的说法告诫全党提高警惕,他提出的"两个务必"就是给执政党打预防针。务必保持谦虚、谨慎、不骄、不躁的作风,务必保持艰苦奋斗的作风,成为全党在赶考之路上的思想圭臬。如果说在中国共产党尚未全面执政情况下毛泽东与黄炎培讨论历史周期率问题还只是思想务虚的话,那么,新中国的建立则意味着执政的中国共产党进入了解决周期率问题的行动务实。从领导社会主义革命和建设,到领导改革开放和社会主义现代化建设,再到领导新时代中国特色社会主义伟大实践,70多年赶考之路上,中国共产党人不断回答着这道考题,认真思考和给出新的答案,在始终践行初心使命的努力中交出对历史负责、让人民满意的答卷。

在黄炎培的语境中,周期是个时间概念,在位执政形成周期性更替就构成具有必然性的概率。当年他在延安窑洞里的发问无疑包含两个选项:一是历史周期是一种必然规律,任何统治集团都摆脱不了;二是历史周期只是一种或然现象,也许存在着执政党以自身努力跳出周期率的可能性。毛泽东给出的是第二个选项的答案,他以已经找到破解之路的自信表达的意思是:历史上一个个王朝周而复始的兴衰存亡现象将在中国共产党执政后终结,历史周期率并非是必然的规律,可以用"让人民来监督政府"的新路打破。

在毛泽东的语境中,应对周期率挑战的关键词是"人民",让人民监督政府的意蕴,就是把政权生死存亡的决定权交到人民的手里。因此,人民当家作主成为新中国建设的根本原则,历史周期率会不会应验,取决于中国共产党执政能不能始终代表最广大中国人民的利益。在赶考之路上,中国共产党人的头脑是清醒的,思想之弦是绷紧的。1956年党的八大突出强调了加强执政党建设问题,邓小平作修改党章的报告,他指出,我们党在执掌全国政权的条件下必须高度警惕脱离群众的危险。这个思想在改革开放后进一步形成"脱离群众是党执政后的最大危险"的明确结论。能不能得到人民群众的拥护和支持,决定着中国共产党能否长期执政。党中央领导人多次引用毛泽东同黄炎培关于历史周期率的谈话,显示了对这一问题的持续关注。邓小平推动政治体制改革,促进人民监督政府的种种举措显然汲取了毛泽东跳出历史周期率答案的思想精髓。党的十六届四中全会通过的《中共中央关于加强党的执政能力建设的决定》强调"把权力运行置于有效的制约与监督之中"，认为只有如此才能跳出"历史兴亡周期率"①。

中国特色社会主义进入新时代后，习近平多次提及历史周期率问题，体现了用大历史观思考如何确保长期执政安全的高超政治智慧。2014年5月，习近平在河南省兰考县委常委班子专题民主生活会上谈及历史周期率时强调："我们要保证共产党长期执政、始终为人民谋利益，就必须加强自我监督、自我净化能力，在体制机制层面加大监督力度。"②同年10月，习近平在党的十八届四中全会第二次全体会议上指出，如何跳出历史周期率、实现长期执政是"需要我们深入思考的重大问题"③。这里明确点出了历史周期率的实质就是长期执政的安全问题。2016年1月5日，习近平论述政权兴衰存亡规律时指出："导致悲剧的原因很多，其中一个共同的也是极其重要的原因就是统治集团贪图享乐、穷奢极欲，昏庸无道、荒淫无耻，吏治腐败、权以贿成，又自己解决不了自己的问题，搞得民不聊生、祸乱并生，终致改朝换代。"④2020年1月13日，习近平在十九届中央纪委四次全会上强调："党的十八大以来，我们探索出一条长期执政条件下解决自身问题、跳出历史周期率的成功道路，构建起一套行之有效的权力监督制度和执纪执法体系，这条道路、这套制度必须长期坚持并不断巩固发展。"⑤这些重要论述，鲜明体现了跳出历史周期率的思想自觉和创新探索。

综上所述，历史周期率的指向就是中国共产党长期执政的安全问题。"如何实现长期执政，是我们必须回答好、解决好的一个根本性问题。"⑥总结党的十八大以来大力推进全面从严治党的新鲜经验，习近平把坚持自我革命作为破解周期率的新答案提出来，形成确保党长期执政安全的新思考。马克思主义认为，任何问题都是历史的、具体的。从毛泽东同黄炎培的"窑洞对"谈话，到中国特色社会主义进入新时代提出自我革命的新答案，历史周期率问题在发生、求解、延伸、再求解的实践场域拓展中不断提出。老问题要求作出新回答，新答案体现新思路。"过去一百年，中国共产党向人民、向历史交出了一份优异的答卷。现在，中国共产党团结带领中国人民又踏上了实现第二个百年奋斗目标新的赶考之路。"⑦新的赶考之路是1949年中国共产党"进京赶考"的延续，是中国共产党经

①《十六大以来重要文献选编》中，中央文献出版社2006年版，第389页。

②《习近平关于严明党的纪律和规矩论述摘编》，中央文献出版社、中国方正出版社2016年版，第54页。

③《习近平关于社会主义政治建设论述摘编》，中央文献出版社2017年版，第84页。

④ 习近平：《推进党的建设新的伟大工程要一以贯之》，《求是》2019年第19期。

⑤《习近平谈治国理政》第三卷，外文出版社2020年版，第547页。

⑥《习近平谈治国理政》第三卷，外文出版社2020年版，第529页。

⑦《十九大以来重要文献选编》下，中央文献出版社2023年版，第488页。

历社会主义革命和建设、改革开放和社会主义现代化建设一次次考试后的升级。赶考永远在路上,建设什么样的长期执政的马克思主义政党、怎样建设长期执政的马克思主义政党,是坚持和发展新时代中国特色社会主义必须回答的重大时代课题之一。再交上一份对历史、对人民负责的优异答卷,是新的赶考之路上进一步求解历史周期率的艰巨任务。

二、中国共产党跳出历史周期率的"民主新路"

　　毛泽东给出"民主新路"的答案是深思熟虑的结果,绝非与黄炎培交谈时偶然迸发的思想火花。毛泽东说"我们已经找到新路",表明他胸有成竹。毛泽东具有深厚的历史知识和中华传统文化的涵养,1940年1月,他系统阐述新民主主义的时候,便已经显示出走好"民主新路"的决心与信心。毛泽东强调:"谁能领导人民驱逐日本帝国主义,并实施民主政治,谁就是人民的救星。"①由此观之,毛泽东已经将民主与党的执政联系起来了。此后,在延安陕甘宁边区的局部执政实践中,"三三制"建政以及人民政治参与的探索,成为毛泽东形成"民主新路"答案的经验基础。1945年,为总结历史教训,中共中央通过了《关于若干历史问题的决议》,明确指出:"当敌占城市在人民手中得到了解放,全国统一的民主的联合政府真正地实现了和巩固了的时候,就将是乡村根据地的历史任务完成的时候。"②换言之,中国共产党就是要夺取政权,走民主道路。历史决议表达中国共产党对民主新路的求索,体现着矢志不渝的恒心。

　　1945年7月,毛泽东给出破解历史周期率的"民主新路"答案之后,中国共产党的政治实践均以此为中心展开并不断发展。蒋介石国民党撕毁"双十协定"后,"旧政协"名存实亡,和平建国的希望化为泡影,筹备新政协便成为中国共产党建立人民民主专政新中国的必然选择。1946年4月30日,中共中央面向全国发布"五一口号",倡导"成立民主联合政府"③。各民主力量迅速响应,随着解放战争的胜利,成立民主共和国的脚步越来越近。1949年,在中国共产党的大力推动下,民主力量团结协作,本着对民族负责的态度,联合起来共同召开中国人民政治协商会议,宣告了民主联合政府的成立。1981年通过的《关于建国以来党的若干历史问题的决议》指出:"它是中国历史上从来没有过的人

---

　　①《毛泽东选集》第2卷,人民出版社1991年版,第674页。

　　②《毛泽东年谱(一八九三——一九四九)修订本》中,中央文献出版社2013年版,第978页。

　　③《建党以来重要文献选编(一九二一——一九四九)》第25册,中央文献出版社2011年版,第283—284页。

民当家作主的新型政权,是建设社会主义的富强民主文明的现代化国家的根本保证。"①显然,新型政权的建立为发扬人民民主、跳出历史周期率奠定了政治保证和制度基础。新中国的成立和以后的发展正是按照毛泽东当初设计的"民主新路"进行建设性的探索,并不断取得显著成就,夯实了中国共产党持续执政的稳固基础。

毛泽东应对历史周期率给出的"民主新路"包含两个面相:保障民主与接受监督。两个面相一体同构,要保障民主就必须接受监督,接受监督又是民主的直接体现。在民主方面,新中国成立后,中国共产党筹备召开人民代表大会,不断推动人民民主与国家发展形势相适应。1956年底,生产资料所有制改造任务完成后,社会主义制度基本确立起来,"为我国一切进步和发展奠定了重要基础"②。社会主义制度的确立为发扬人民民主奠定了基础,权力监督有了制度保证。在监督方面,新中国成立后,中国共产党自觉接受人民群众监督,广泛利用报纸舆论和人民来信畅通监督渠道。中共中央以及有关领导人多次就正确处理人民来信发表意见③。1957年11月,国务院曾作出《关于加强处理人民来信和接待人民来访工作的指示》,周恩来要求:"群众控告国家机关干部不良作风和违法乱纪行为,应认真处理,需要转交时,一般要交给被控告者的上级领导机关或者监察部门处理,并应及时查问结果。"④同年开始的整风运动,也体现发扬人民民主的要求,"这一年在全党开展整风运动,发动群众向党提出批评建议,是发扬社会主义民主的正常步骤"⑤。这些事实,显示了中国共产党在党政系统内部重视对待人民群众来信的批评意见和自觉接受监督的勇气。除了自觉接受人民群众的监督,中国共产党也不断强化党内监督。1949年,新中国成立伊始,中国共产党就着手设立各级纪律检查委员会,在加强党内监督上迈出实质性一步。1955年3月,中国共产党全国代表会议决定成立中央和地方各级监察委员会取代纪律检查委员会,体现了中国共产党更加注重党内监督。1962年9月,为强化党内监督,保证各级机关切实为人民服务,党的八届十中全会审议通过了《关于加强党的监察机关的决定》,强调"党的各级监察委员会,应当加强对同级国家机关的党员的监督工作"⑥。中国共产党致力于加强自我监督,加强同人民群众的联系,贯彻了用"民主新路"跳出历史周期率的要求。

---

①《中共中央文件选集(一九四九——一九六五)》第1册,人民出版社2013年版,第7页。

②《中国共产党第十九届中央委员会第六次全体会议文件汇编》,人民出版社2021年版,第30页。

③《毛泽东文集》第6卷,人民出版社1999年版,第254页。

④《周恩来年谱(一九四九——一九七六)》中卷,中央文献出版社1997年版,第99页。

⑤《三中全会以来重要文献选编(下)》,人民出版社1982年版,第805页。

⑥《建国以来重要文献选编》第15册,中央文献出版社1997年版,第573页。

在改革开放和社会主义现代化建设新时期,以邓小平、江泽民、胡锦涛等同志为主要代表的中国共产党人,解放思想,开拓创新,在坚持以经济建设为中心的同时,不断推动政治体制改革,注重社会主义政治文明建设,形成各种举措,保证人民当家作主。邓小平领导党中央通过拨乱反正,正本清源,大力恢复党的优良传统,出台一系列重大政策,为党塑造了改革开放的新形象。在监督方面,中国共产党重新设置纪律检查委员会,加强对组织、对干部、对党员言行举止的约束,要求建设合格的执政党,做合格的执政党党员。2002年党的十六大后,党中央进一步加强党的执政能力建设,开展保持党的先进性教育实践活动,突出"以人为本"的理念,形成科学发展观指导实践,大力发展社会主义民主政治,把"基层群众自治制度"写进党的十七大报告,并将其确立为基本政治制度,为保障人民民主权利夯实了制度根基。2021年10月,习近平在中央人大工作会议上强调:"把党的领导、人民当家作主、依法治国有机结合起来,有效保证国家治理跳出治乱兴衰的历史周期率。"①这些举措都是毛泽东破解历史周期率的思想发展,体现着一以贯之的民主建设道路。

综上所述,新中国成立后,破解周期率的求索经历了从巩固新生政权到巩固执政地位的实践发展,毛泽东针对延安时期黄炎培发问作出的回答,始终成为中国共产党执政实践的遵循。坚持党的根本宗旨,坚持党的群众路线,代表中国最广大人民群众根本利益,成为用"民主新路"跳出历史周期率的党内规范。实行人民代表大会根本政治制度,多党合作和政治协商、民族区域自治、基层群众自治等基本政治制度,发扬人民民主,加强法治建设,构建权力监督机制,成为用"民主新路"跳出历史周期率的国家规制。中国人民在中国共产党领导下,走出了一条富有中国特色的民主发展道路,以坚持科学执政、民主执政、依法执政的创造性实践,交上了一份求解历史周期率问题的答卷。

三、新时代中国共产党"自我革命"新答案的思想意蕴

当年延安窑洞里,黄炎培对毛泽东说:"大凡初时聚精会神,没有一事不用心,没有一人不卖力,也许那时艰难困苦,只有从万死中觅取一生。既而环境渐渐好转了,精神也渐渐放下了。"②这段话确有发人深省之处,道出了统治集团从谨慎到大意的精神懈怠机理。从发生学的角度看,一个政权的垮台灭亡往往不是由外部原因导致的,内在因素的破坏作用才是关键。固然,中国历史上许多王朝是被外力推翻的,但这只是政权更替的表现形式而已,并非灭亡的症结所在,因为在一个王朝自身强大的情况下外力构不成这

---

① 习近平:《论坚持人民当家作主》,中央文献出版社2021年版,第332—333页。

② 黄炎培:《延安归来》,东北书店1946年版,第30页。

种威胁。从这层意思上说,能不能跳出周期率,归根到底取决于执政者能不能保持不断壮大自我的思想自觉。

社会主义发展史上,历史周期率的现象在20世纪末集中发生,东欧剧变、苏联解体的悲剧上演,第一次出现了共产党丧失政权的事实。如果说西方国家制度下不同政党轮替执政具有周期性概率的话,那么,不实行两党制、多党制的社会主义国家共产党执政垮台则属于非正常现象。正因为此,东欧剧变和苏联解体才震惊世界,受到高度关注。从历史周期率问题的视角看,在极其恶劣的环境下,拥有20万党员的苏联共产党建立起苏维埃政权,拥有200万党员的苏联共产党领导人民打败法西斯保卫了自己的政权,但当发展壮大到2000万党员时却把政权丢掉了。这看似不合逻辑的现象背后却有着必然性,它直接显示的道理是政权盛衰兴亡与政党组织规模大小没有直接关联。苏联共产党执政了74年,没有跳出历史周期率的困扰,根本原因在于自身精神懈怠,管党治党不严,信仰动摇、理想放弃、思想混乱、纪律松弛、组织涣散、党员麻痹、腐败丛生、严重脱离人民,使这个世界上第一个建立社会主义国家的共产党在不归之路上越走越远,最后导致以丧失政权而结束自己执政周期的后果。东欧剧变和苏联解体后,西方国家掀起反马克思主义、社会主义和共产党的浪潮,一些理论家提出所谓"历史终结论"观点。但历史不会也不可能终结,从东欧剧变、苏联解体迄今30余年,中国共产党坚持和发展中国特色社会主义,以创造经济快速发展和社会长期稳定奇迹、成功走出中国式现代化道路、创造人类文明新形态的显著成就,"使马克思主义以崭新形象展现在世界上,使世界范围内社会主义和资本主义两种意识形态、两种社会制度的历史演进及其较量发生了有利于社会主义的重大转变"[①]。必须指出,东欧剧变、苏联解体决不是历史周期率作用的结果,社会主义国家共产党丧失政权都因"自毁长城"而导致。中国共产党深刻汲取这样的教训,把加强党的执政能力建设提到突出位置,以全面从严治党进行党的革命性淬炼,强调自我革命成为思考和求解历史周期率问题的必然理路和必然选择。

把"自我革命"作为跳出历史周期率的新答案,是思想认识逐渐深化、逐步明晰的过程。2021年,党的十九届六中全会通过的《中共中央关于党的百年奋斗重大成就和历史经验的决议》强调:"党的伟大不在于不犯错误,而在于从不讳疾忌医,积极开展批评与自我批评,敢于直面问题,勇于自我革命。"[②]早在浙江任职期间,习近平就对历史周期率问题有深刻理解,他指出:"党员干部如果失去了律己之心,随波逐流,放纵自己,就会混淆

---

①《十九大以来重要文献选编》下,中央文献出版社2023年版,第537页。

②《中国共产党第十九届中央委员会第六次全体会议文件汇编》,人民出版社2021年版,第100页。

是非,走上邪路,给党的事业造成危害,使国家陷入'政怠宦成,人亡政息'的历史周期率。"①保持律己之心,包含的就是要坚持自我革命的意思。如何跳出历史周期率是习近平一直在思考的问题。2013年4月,习近平在十八届中央政治局第五次集体学习时强调:"只要我们始终坚持党的性质和宗旨,不变色,不变质,就一定能够跳出这个历史周期率。"②2013年7月,习近平在河北省调研期间发表重要讲话指出,要跳出"其兴也勃焉、其亡也忽焉"的历史周期率,就要靠头脑清醒,靠保持"两个务必"。怎样保持头脑清醒? 靠的是秉持赶考精神的"两个务必"告诫,而这又是推进自我革命,保持政党纯洁性的直接表现。2017年10月,习近平在党的十九大报告中指出:"只有以反腐败永远在路上的坚韧和执着,深化标本兼治,保证干部清正、政府清廉、政治清明,才能跳出历史周期率,确保党和国家长治久安。"③拒腐防变、严惩腐败是新时代中国共产党强化自我革命的鲜明实践特征。2021年1月22日,习近平在十九届中央纪律检查委员会第五次全体会议上发表重要讲话强调:"不断增强党自我净化、自我完善、自我革新、自我提高能力,跳出治乱兴衰的历史周期率,引领和保障中国特色社会主义巍巍巨轮行稳致远。"这些重要论述,体现出习近平把"自我革命"作为跳出历史周期率第二个答案提出来的思想逻辑。

习近平提出的"自我革命"是跳出历史周期率的第二个答案,基于中国共产党百年发展的历史底蕴,具有深刻的理论内涵。事实上,中国共产党一贯重视通过自我革命破解历史周期率。正如《中共中央关于党的百年奋斗重大成就和历史经验的决议》所指出的:"先进的马克思主义政党不是天生的,而是在不断自我革命中淬炼而成的。"④在党的发展进程中,中国共产党形成了三个历史决议。这是中国共产党敢于自我净化的文本注脚,显示了党直面问题、总结教训的自我革新能力。没有延安整风便没有第一个历史决议,整风是中国共产党自我革命的鲜明体现。第一个历史决议本着"惩前毖后,治病救人"原则,以敢揭己短的气魄直指党史发展上的问题,体现了鲜明的自我革命精神。正如毛泽东指出的那样:"这个决议有两个问题:做不做? 如何做? 不做就是怕犯错误。"⑤第一个历史决议不仅就党史问题作出了结论,而且用这些结论统一了党员干部思想,锻造

---

① 习近平:《干在实处走在前列》,中共中央党校出版社2006年版,第554页。

②《习近平关于党风廉政建设和反腐败斗争论述摘编》,中国方正出版社、中央文献出版社2015年版,第6页。

③《十九大以来重要文献选编》上,中央文献出版社2019年版,第47页。

④《十九大以来重要文献选编》下,中央文献出版社2023年版,第537页。

⑤《毛泽东文集》第3卷,人民出版社1996年版,第284页。

了"如同一块坚固的钢铁一样"[①]的党。只有正视过去，才能看到未来；只有从历史经验中汲取教训，才能真正跳出历史周期率的困扰。第二个历史决议同样是中国共产党发扬自我革命精神的集中彰显。冲破"两个凡是"的束缚，反省历史实践中党自身的错误，科学评价毛泽东思想的重要地位，显示了中国共产党自我修复和完善的能力。第三个历史决议既对党的百年奋斗取得的重大成就作出总结，又对党治国理政和党自身存在的问题作出揭示，并把"坚持自我革命"提炼概括为党的百年奋斗十条历史经验之一，要求全党长期坚持。从这层意思上说，党在百年奋斗实践中形成的历史决议都具有激励中国共产党发扬自我革命精神的重大意义。

思想的深度来自实践的深度，理论逻辑延伸于认识的发展。前有毛泽东与黄炎培延安"窑洞对"的警示，后有东欧剧变、苏联解体的教训，历史的演进加深了中国共产党对长期执政安全的思想领悟。从提醒执政时间越长越容易思想麻痹的告诫，到形成党的先进性不是一成不变、一劳永逸的认识，到应对"四种考验"和"四种危险"的自觉，再到强调确保党不变质、不变色、不变味的要求，构成中国共产党在求解历史周期率的赶考之路上不断丰富的话语表达。中国共产党是勇于自我革新、善于自我提升、敢于自我监督、长于自我净化的伟大政党。第三个历史决议将"坚持自我革命"概括为中国共产党百年奋斗的历史经验之一，这是深刻洞见中国共产党成功奥秘的彰显。只有坚持自我革命，才能永远与人民群众站在一起，想在一起。马克思主义执政党要想获取民心，首先要以身作则，率身垂范，这就是习近平强调"打铁必须自身硬"的道理逻辑所在，也是把"自我革命"作为跳出历史周期率新答案的思想底蕴所在。

四、"民主新路"与"自我革命"两个答案的辩证统一

求解历史周期率问题上中国共产党前后给出的两个答案是什么关系？习近平有一个重要论述深刻揭示了"民主新路"与"自我革命"的关系逻辑。他指出："一百年来，党外靠发展人民民主、接受人民监督，内靠全面从严治党、推进自我革命，勇于坚持真理、修正错误，勇于刀刃向内、刮骨疗毒，保证了党长盛不衰、不断发展壮大。"[②]这里，"外靠"和"内靠"两个关键词，有机地把"民主新路"与"自我革命"两个答案统一起来了，为我们深刻认识它们之间的辩证关系提供了启迪。

必须指出的是，强调用"自我革命"跳出历史周期率，丝毫没有否定走"民主新路"对破解历史周期率具有重要价值的意思，两者不是替代关系，而是一种继承和发展。封建

---

①《毛泽东年谱（一八九三——一九四九）修订本》（中），中央文献出版社2013年版，第955页。

②《坚持严的主基调不动摇 坚持不懈把全面从严治党向纵深推进》，《人民日报》2022年1月19日。

王朝衰亡的原因多种多样,决定了破解历史周期率在方法上也必须多措并举,形成合力。因此,思考和求解历史周期率,不是单项选择题,可以有多种答案。党的十八大后,中国共产党在跳出历史周期率的"民主新路"实践中取得了历史性发展。《中国共产党第十九届中央委员会第六次全体会议公报》强调:"积极发展全过程人民民主,我国社会主义民主政治制度化、规范化、程序化全面推进,中国特色社会主义政治制度优越性得到更好发挥,生动活泼、安定团结的政治局面得到巩固和发展。"①这段论述实事求是地概括了党的十八大以来中国共产党在民主政治建设上取得的重大成就,这种政治局面与毛泽东倡导发扬民主破解历史周期率的观点是一脉相承的。

具体而言,在民主政治建设上,十八大以来中国共产党突出强调协商民主建设,发展全过程人民民主,推进人民群众的政治参与全面开展。从协商民主来看,推进社会主义协商民主广泛多层制度化发展,形成中国特色协商民主体系②。多种协商方式逐步完善,在新型政党制度的框架下,政党协商进入到历史新境界。习近平强调:"要按照协商于民、协商为民的要求,大力发展基层协商民主,重点在基层群众中开展协商。"③遵循这一要求,协商民主在基层普遍展开,涉及人民生活诸方面,让人民群众切实感受到正在参与管理自己的事务。从发展全过程人民民主看,人民参与政治生活的每一个环节都被纳入民主通道中,人民享有的法定权利越来越有物质保障和制度保证。2019年11月2日,习近平在上海考察期间提出:"我们走的是一条中国特色社会主义政治发展道路,人民民主是一种全过程的民主,所有的重大立法决策都是依照程序、经过民主酝酿,通过科学决策、民主决策产生的。"④全过程人民民主是最真实、最管用的民主,是人民民主的最新表现形态,成为人类文明新形态表现政治文明的新话语。第三个历史决议将发展全过程人民民主写入其中,表明发展全过程人民民主将是未来中国共产党推动社会主义政治建设的重要内容。这是对毛泽东强调人民民主思想的时代新发展。在推动监督上,"把权力关进制度的笼子",坚持用制度管权管事管人,推进了权力监督的法治化进程。中共中央从顶层谋划,设立国家监察委员会,将一切公权力纳入监管之中,构建系统化、整体性的监督体系。从基层上看,村务监督委员会全面铺开并不断规范。2017年12月,中共中央办公厅、国务院办公厅联合下发《关于建立健全村务监督委员会的指导意见》,提出"准确把握定位,村务监督委员会是村民自治机制和村级工作运行机制的完善,是村民监督村

---

① 《中国共产党第十九届中央委员会第六次全体会议公报》,人民出版社2021年版,第12页。
② 《中国共产党第十九届中央委员会第六次全体会议文件汇编》,人民出版社2021年版,第65页。
③ 《习近平谈治国理政》第二卷,外文出版社2017年版,第297页。
④ 习近平:《论坚持人民当家作主》,中央文献出版社2021年版,第303页。

务的主要形式"①。这些变化表明,新时代中国共产党在利用"监督"破解历史周期率问题上实现了创新性发展。

就自我革命而言,这是贯穿党的百年奋斗实践的历史传统。中国共产党成立后就制定了严格的纪律,对品质不纯的党员作出惩戒甚至清除出党的组织处理。延安时期围绕反对主观主义、宗派主义、党八股开展的整风运动,就是一场自我革命的集中实践。毛泽东把批评和自我批评作为党的优良作风,惩前毖后、治病救人的方针体现了必须在自己身上挖伤疤、排毒素、动手术、治疾患的思想。毛泽东指出:"经常地检讨工作,在检讨中推广民主作风,不惧怕批评和自我批评……正是抵抗各种政治灰尘和政治微生物侵蚀我们同志的思想和我们党的肌体的唯一有效的方法。"②新中国成立后,党中央对执政条件下做一名合格共产党员提出了更高的要求,批评和自我批评的优良作风始终得到发扬,持续开展的整党整风活动都包含着进行自我革命的要求。在领导社会主义革命和建设、改革开放和社会主义现代化建设实践中,以形成一系列自我约束的制度、纪律和规矩加强党的建设,通过反对不正之风、清理不合格党员、批评不良倾向、纠正自身错误。坚持自我革命是党经受革命性淬炼的内在要求,也是永葆党的先进性和纯洁性的题中应有之义。

中国特色社会主义进入新时代,以习近平同志为核心的党中央在治国理政创新实践中开辟了党坚持自我革命的新境界。"党的十八大以来,我们党以前所未有的勇气和定力全面从严治党,打了一套自我革命的'组合拳',形成了一整套党自我净化、自我完善、自我革新、自我提高的制度规范体系。"③全面从严治党以刀刃向内、自剜腐肉的果敢和魄力,向人们证明了中国共产党坚持自我革命的坚决性和彻底性。坚持自我革命的大力度实践,为党团结带领人民取得历史性成就和实现历史性变革提供了有力保证,也给一切质疑中国共产党的领导、质疑中国共产党长期执政制度的言行以有力回答。

习近平指出:"强大的政党是在自我革命中锻造出来的。"④第三个历史决议强调:"勇于自我革命是中国共产党区别于其他政党的显著标志。自我革命精神是党永葆青春活力的强大支撑。先进的马克思主义政党不是天生的,而是在不断自我革命中淬炼而成的。"⑤作为党的显著标志,自我革命在中国特色社会主义进入新时代后更加明显,尤其

---

①《十八大以来廉政新规定》,人民出版社2021年版,第126页。

②《毛泽东年谱(一八九三——一九四九)修订本》中,中央文献出版社2013年版,第106页。

③ 习近平:《以史为鉴、开创未来　埋头苦干、勇毅前行》,《求是》2022年第1期。

④《十九大以来重要文献选编》中,中央文献出版社2021年版,第379页。

⑤《中国共产党第十九届中央委员会第六次全体会议文件汇编》,人民出版社2021年版,第100页。

体现在中国共产党惩治腐败的"零容忍"态度上。"腐败是党长期执政的最大威胁,反腐败是一场输不起也决不能输的重大政治斗争。"①党的十八大之后,中国共产党重拳出击惩治贪腐,"拳拳到肉、刀刀见血",从"微腐败"到"大老虎"无所遁形,有效提升了中国共产党的清廉形象,在构建不敢腐、不能腐、不想腐的体制机制上取得显著成绩。中国共产党交出了一份反腐败零容忍的优异答卷。"世界上那么多执政党,有几个敢像我们党这样大规模、大力度、坚持不懈反腐败?"②腐败是社会毒瘤,对执政党来说就是致命的癌症。历史周期率问题的论域中,腐败盛行是导致政权灭亡最常见最直接的原因。执掌权力的政党不能有效遏制腐败,丢失政权是迟早的事情。对此,中国共产党始终保持着高度警惕,一以贯之地进行反腐败斗争。全面从严治党在中国特色社会主义新时代取得的卓著成效在反腐败斗争上表现得尤为突出,这是发扬自我革命精神的成果,也是中国共产党人在求解历史周期率问题的赶考之路上迈出的新步伐。

"民主新路"与"自我革命"是思考和求解历史周期率问题的两个相辅相成的答案,深刻理解两者的关系,既不可把两个答案截然分割开来,又必须充分认识两个答案形成过程中体现的思想升华。两个答案的思想内核是完全相一致的,共同点体现为跳出历史周期率的关键是在为谁执政、为谁用权、为谁谋利这个根本问题上必须坚持正确立场和价值取向。"民主新路"的答案侧重以外在监督的他律来保证情为民所系、权为民所用、利为民所谋,"自我革命"的答案侧重以内在净化的自律来保证"打江山、守江山,守的是人民的心"。人民利益和长期执政的关系构成两个答案的契合点。"民主新路"加上"自我革命",历史周期率问题在党的执政实践中反复讲,议题没有变但认识程度不断加深。"自我革命"作为第二个答案,是对"民主新路"第一个答案的思想升华,体现了党中央对跳出历史周期率问题的思考从政府路径到政党视域的拓展、从外向他律到内向自律的深入、从"两个务必"到"三个不变"(不变质、不变色、不变味)的归结。在坚持"民主新路"的同时强化"自我革命",是新时代走好新的赶考之路必须始终遵循的实践准则。

习近平在党的十九届六中全会第二次全体会议上发表重要讲话指出:"在建党百年之际,我们要居安思危,时刻警惕我们这个百年大党会不会变得老态龙钟、疾病缠身。对党的历史上走过的弯路、经历的曲折不能健忘失忆,对中外政治史上那些安于现状、死于安乐的深刻教训不能健忘失忆;对自身存在的问题不能反应迟钝,处理动作慢腾腾、软绵

---

①《十九大以来重要文献选编》下,中央文献出版社2023年版,第510页。
② 习近平:《以史为鉴、开创未来 埋头苦干、勇毅前行》,《求是》2022年第1期。

绵,最终人亡政息。"①2022年1月11日,习近平在省部级主要领导干部学习贯彻党的十九届六中全会精神专题研讨班开班式上发表重要讲话指出:"在新的历史条件下,要永葆党的马克思主义政党本色,关键还得靠我们党自己。"随着中国共产党执政时间轴的延伸,时代发展和形势变化将不断在如何跳出历史周期率上形成新情况新问题新挑战。在中国共产党成立一百周年的重要历史时刻,习近平反复强调历史周期率问题,给出破解历史周期率的新答案,展现出新时代中国共产党人把握历史主动的思想自觉和精神主动。"马克思主义政党夺取政权不容易,巩固政权更不容易;只要马克思主义执政党不出问题,社会主义国家就出不了大问题,我们就能够跳出'其兴也勃焉,其亡也忽焉'的历史周期率"②,"全面从严治党是一场自我革命,必须探索出一条党长期执政条件下实现自我净化的有效路径,这关乎党和国家事业成败,关乎我们能不能跳出历史周期率"③。面对世界百年未有之大变局和中华民族伟大复兴的战略全局,肩负实现全面建成社会主义现代化强国第二个百年奋斗目标的使命,把"民主新路"与"自我革命"两个答案有机地相统一,在新的赶考之路上以雷霆之势打好打赢自我革命的攻坚战持久战,是新时代中国共产党人的坚定选择。只有通过自我革命,实现自我完善、自我发展、自我更新,才能真正做到"以人民为中心",才能永远牢记"国之大者",才能切实坚持以人民为中心的发展理念。同时,也只有将发扬人民民主与坚持自我革命相结合,才能形成党和人民齐心合力的奋斗局面,凝聚起全面建成社会主义现代化国家的磅礴力量。

第五节　党的自我革命战略思想的新凝练④

中央宣传部(国务院新闻办公室)会同中央党史和文献研究院、中国外文局编辑出版的《习近平谈治国理政》第四卷,收入了习近平在2020年2月至2022年5月期间的重要论述,在前三卷展示的丰富内容基础上,对一些重大问题提出的重大论断实现了进一步的思想升华。其中,关于党跳出历史周期率的第二个答案的新论断,把自我革命提高到新的境界,成为党的十九大以来又一个重大理论创新成果。

---

① 习近平:《以史为鉴、开创未来　埋头苦干、勇毅前行》,《求是》2022年第1期。
② 习近平:《推进党的建设新的伟大工程要一以贯之》,《求是》2019年第19期。
③《十九大以来重要文献选编》上,中央文献出版社2019年版,第191页。
④ 原文载于《新华日报》2022年7月12日,收入本书时文字略有修改。

一、新时代提升党的自我革命认知

作为鲜明政治品格,自我革命精神贯穿中国共产党百年奋斗实践,对党领导革命、建设、改革和新时代实践不断取得伟大胜利起到了重要的保证作用。习近平紧紧围绕建设长期执政的马克思主义政党这一重大时代课题,提出一系列新理念新思想新战略,形成了关于党的自我革命的战略思想,为推进新时代党的建设新的伟大工程提供了强大的思想武器。

长期以来,党勇于自我革命,集中体现为批评和自我批评优良作风的发扬。习近平指出:"批评和自我批评是解决党内矛盾的有力武器,也是保持党的肌体健康的有力武器",必须始终发扬光大。批评和自我批评与自我革命在含义上完全一致,但意境有所不同。批评和自我批评表现为开展党内政治生活的作风要求,自我革命表现为忧患意识的政党主体性锻造。如果说批评和自我批评优良作风具有"治病救人"功能的话,那么自我革命则具有"固本培元"的价值。在继承批评和自我批评的思想基础上,把自我革命这个重大命题揭示出来,是新时代全面从严治党的重大理论创新成果。

在以习近平同志为核心的党中央坚强领导下,全面从严治党成为党勇于自我革命的一场重大实践。按照"打铁必须自身硬"的要求,坚持党领导一切的根本原则,突出党的政治建设首要位置,发挥其统领党的各方面建设的作用,严肃党内政治生活,净化党内政治生态,整顿党的作风,严格党的纪律和规矩,严密党的组织体系,改革创新党的建设制度,以零容忍的高压态势推进反腐败斗争,全面从严治党,打出自我革命的"组合拳",创造的新格局和取得的卓著成效,为从战略上凝练党的自我革命思想奠定了实践基础。

从批评和自我批评优良作风到自我革命战略思想的提升,体现对马克思主义政党建设规律的深刻把握。坚持自我革命在中国共产党长期执政实践中被揭示出来,并突出进行强调,有着特别重要的意义。它深刻回答了长期执政的马克思主义政党怎样保持清醒头脑、怎样加强自身历练、怎样巩固执政地位等重大问题。在马克思主义党建理论发展史上,自我革命这一命题的揭示是中国共产党作出的原创性贡献。

新时代全面从严治党、提升党的自我革命认知,深刻的实践使自我革命上升到制度层面的规范。党的第三个历史决议,把"坚持自我革命"作为党的百年奋斗十条历史经验之一,体现习近平关于党的自我革命战略思想的重大理论创新成果。全面贯彻习近平新时代中国特色社会主义思想,必须认真学习领悟和深刻把握党的自我革命战略思想的科学内涵、精神实质和重大意义。

二、关于自我革命重要论述的主要思想

中国特色社会主义进入新时代以来，习近平围绕党的自我革命问题作出了一系列重要论述，内容丰富，思想深刻，意义深远。这些重要论述出现在大量讲话、谈话、演讲中，《习近平谈治国理政》收入了其中一些具有代表性的重要论述。

《习近平谈治国理政》第二卷中，收入 2015 年 5 月 5 日习近平在中央全面深化改革领导小组会议上的讲话，指出"勇于自我革命，敢于直面问题，共同把全面深化改革这篇大文章做好"。首次明确提出"自我革命"重大概念，当时突出的是以自我革命精神攻克改革开放深入推进中的难题。

《习近平谈治国理政》第三卷中，收入了两篇论述自我革命的文献：一篇是 2019 年 6 月 24 日习近平主持十九届中央政治局第十五次集体学习时的讲话。这次集体学习的主题就是"牢记初心使命，推进自我革命"。习近平总书记指出："越是长期执政，越不能丢掉马克思主义政党的本色，越不能忘记党的初心使命，越不能丧失自我革命精神"，要求全党"必须有强烈的自我革命精神"，"在新时代把党的自我革命推向深入"。另一篇是 2020 年 1 月 8 日习近平在"不忘初心、牢记使命"主题教育总结大会上的讲话，指出"必须以正视问题的勇气和刀刃向内的自觉不断推进党的自我革命"。这些重要论述把党的自我革命重点聚焦到加强党的建设上来。

《习近平谈治国理政》第四卷中，"以伟大自我革命引领伟大社会革命"作为一个专题，收入了 10 篇重要讲话的部分内容。这些讲话聚焦党的自我革命问题，从不同角度作出了重要论述，凸显自我革命思想的战略价值。习近平指出："我们党历经百年、成就辉煌，党内党外、国内国外赞扬声很多。越是这样越要发扬自我革命精神，千万不能在一片喝彩声中迷失自我。"尤其是提出"经过百年奋斗特别是党的十八大以来新的实践，我们党又给出了第二个答案，这就是自我革命"。这个创新论断，是在党的十九大把"勇于自我革命"纳入新时代党的建设总要求的基础上实现的认识飞跃，赋予自我革命思想以重大战略意义。

从首次提出"自我革命"重大概念，到揭示自我革命成为党探索如何跳出历史周期率的新答案，习近平关于自我革命的重要论述形成系统性的话语表达。第一，坚持自我革命的"全面从严治党"话语，强调必须找到党内各种问题的深层次原因，勇于在自己身上动手术、割毒瘤。第二，坚持自我革命的"初心使命"话语，强调必须不忘初心、牢记使命，"坚持自我革命，确保党不变质、不变色、不变味。"第三，坚持自我革命的"赶考"话语，强调自毛泽东同志把党的执政比作一场考试以来，我们党交出了一份优异答卷，但"党面临

的'赶考'远未结束",必须以自我革命走好"新的赶考之路"。第四,坚持自我革命的"优势"话语,强调"勇于自我革命,是我们党最鲜明的品格,也是我们党最大的优势"。坚持自我革命为党的事业不断取得胜利提供了强大的精神力量支撑,赋予中国共产党以自我修复的组织功能。第五,坚持自我革命的"伟大斗争"话语,强调在坚持与国内外敌对势力进行伟大斗争的同时,坚决与党内各种错误思想和行为进行伟大斗争。第六,坚持自我革命的"两个革命"话语,强调要把新时代坚持和发展中国特色社会主义这场伟大社会革命进行好,就必须发扬勇于自我革命精神,把党建设得更加坚强有力。这些重要论述表述的思想,构成习近平新时代中国特色社会主义思想的重要组成部分,必须长期贯彻执行。

习近平指出:"我们党继承和发展马克思主义建党学说,形成了关于党的自我革命的丰富思想成果,如坚定理想信念,加强党性修养,从严管党治党,严肃党内政治生活,坚持经常性教育和集中性教育相结合,勇于开展批评和自我批评,加强党内监督,接受人民监督,不断纯洁党的思想、纯洁党的组织、纯洁党的作风、纯洁党的肌体,等等。这些都是推进党的自我革命的重要经验。"这段重要论述表明,党的自我革命思想成果已经发展成熟为一个系统的理论架构,具有厚重分量。

三、党的自我革命为跳出历史周期率提供根本遵循

党的第三个历史决议指出:"勇于自我革命是中国共产党区别于其他政党的显著标志。自我革命精神是党永葆青春活力的强大支撑。"对于中国共产党人来说,自我革命就是刀刃向内、自剜腐肉。这不是任何政党都想做、都敢做、都能做的事情,自我革命既需要有自省的觉悟,又需要有巨大的勇气。百年奋斗实践证明了中国共产党是一个勇于自我革命的政党。

自毛泽东同志在党全面执政前夕提出"进京赶考"的话题后,党如何跳出历史周期率问题就一直萦绕在中国共产党人脑海中,常谈常新,感悟日益深刻,认识不断深化。新中国成立后,中国共产党始终坚持以毛泽东同志提出的"让人民来监督政府"答案和"两个务必"思想走好"赶考"之路。自我革命的第二个答案不是替代民主监督的第一个答案,而是进一步突出党的执政自律,形成外靠发展人民民主、接受人民监督,内靠全面从严治党、推进自我革命的新进路。在向着全面建成社会主义现代化强国目标迈进新的赶考之路上,坚持自我革命一刻也不能松懈。

发扬自我革命精神,必须坚持科学思想武装,以习近平新时代中国特色社会主义思想为指导,捍卫"两个确立",增强"四个意识",坚定"四个自信",做到"两个维护",为深入

推进党的自我革命提供政治保证。

发扬自我革命精神,必须坚持党的百年奋斗历史经验,充分发挥党的政治建设对其他方面建设的统领作用,保持全面从严治党脚步不停、力度不减、尺度不松、节奏不变,通过自我革命的深入推进,把党建设得更加坚强有力。

发扬自我革命精神,必须坚持理想信念,始终坚守党的性质宗旨,光大伟大建党精神,传承革命传统,把批评和自我批评优良作风与自我革命战略思想相结合,在新时代坚持和发展中国特色社会主义的伟大实践中,统筹推进"五位一体"总体布局,协调推进"四个全面"战略布局,全面推进"四个伟大"历史使命,凝聚起全党全国各族人民砥砺奋进的磅礴力量。

发扬自我革命精神,必须坚持以人民为中心,把践行中国共产党人初心使命与勇于自我革命相统一,不断清除一切损害党的先进性和纯洁性的因素,不断清除一切侵蚀党的健康肌体的病毒,更好地实现好、维护好、发展好人民利益,不打折扣地兑现让人民生活得更加美好的庄重诺言。

发扬自我革命精神,必须坚持忧患意识,履行立党兴党强党的政治责任,汲取世界政党失败的深刻教训,在应对"四大考验""四种危险"中不断提高战胜风险挑战的本领和能力,以强烈的自我革命精神锻造自我净化的过硬特质。

自我革命体现中国共产党的高度自觉,自我施压为维护党的肌体健康所必需,为保持党的兴旺发达所需要。自我革命彰显中国共产党的精神主动,自我施压能增添党奋斗的能量。把坚持自我革命的历史经验用好,把勇于自我革命精神发扬彻底,党一定能团结带领中国人民不懈奋斗、交上一份更加优异的答卷。

附录　本书作者其他相关文章目录

1.《中国特色社会主义是实现中华民族伟大复兴的必由之路》,《中国特色社会主义研究》2023年第2期。

2.《新时代新征程坚持用党的创新理论凝心铸魂》,《理论探讨》2023年第2期。

3.《习近平关于坚持自我革命重要论述的四个主题》,《吉首大学学报》2023年第2期。

4.《中国式现代化的历史意蕴》,《前线》2023年第2期。

5.《坚定解决大党独有难题的历史自信》,《思想政治工作研究》2023年第4期。

6.《中国式现代化道路的成型:历史审视和现实拓展》,《湖湘论坛》2023年第3期。

7.《统筹"两个大局"推进中华民族伟大复兴》,《中国纪检》2023年第8期。

8.《深刻认识党的二十大在党史上的重大意义》,《北京党史》2023年第2期。

9.《五个必由之路:推进新时代新征程全面从严治党深入发展》,《党政研究》2023年第4期。

10.《贯彻新发展理念:新时代我国发展壮大的必由之路》,《中共宁波市委党校学报》2023年第3期。

11.《团结奋斗:中国人民创造历史伟业的必由之路》,《山西高等学校学报》2023年第6期。

12.《正确把握主题教育重大意义的四个向度》,《国家治理》2023年第10期。

13.《"五个必由之路"的思想意蕴与辩证关系论析》,《中共天津市委党校学报》2023年第4期。

14.《坚持党的全面领导是坚持和发展中国特色社会主义的必由之路》,《思想理论教育》2023年第8期。

15.《弘扬伟大建党精神交出新的优异答卷》,《光明日报》2022年11月16日。

16.《新征程党的自我革命崭新篇章》,《云南日报》2022年10月31日。

17.《新征程上谱写绚丽华章必须坚持党的全面领导》,《辽宁日报》2022年11月17日。

18.《在不确定中把握确定性》,《经济日报》2023年3月2日。

19.《保持解决大党独有难题的清醒和坚定》,《文汇报》2023年4月10日。

20.《激发创造历史伟业的澎湃力量》,《文汇报》2023年7月1日。

21.《弘扬伟大建党精神 奋力谱写崭新篇章》,《深圳特区报》2023年1月10日。

22《必须时刻保持解决大党独有难题的清醒和坚定》,《辽宁日报》2023年1月17日。

23.《深刻领会新时代新征程中国共产党的使命任务》,《南京日报》2023年2月1日。

24.《党的领导在中国式现代化中的重要地位》,《云南日报》2023年2月1日。

25.《中国式现代化理论创新成果的若干重要观点》,《天津日报》2023年2月13日。

26.《中国式现代化:中华民族伟大复兴的创举》,《北京日报》2023年2月20日。

27.《中国式现代化创举表现中华民族伟大觉醒》,《云南日报》2023年3月10日。

28.《中国式现代化打破"现代化=西方化"的迷思》,《中国教育报》2023年3月16日。

29.《中国式现代化理论体系创新成果及其实践意义》,《光明日报》2023年4月4日。

30.《用党的创新理论凝心铸魂》,《辽宁日报》2023年4月27日。

31.《学思想强党性重实践建新功》,《云南日报》2023年4月12日。

32.《提高用党的创新理论凝心铸魂的本领》,《云南日报》2023年5月29日。

33.《把开展主题教育与解决实际问题紧密结合起来》,《北京日报》2023年5月29日。

34.《把党的创新理论学习好运用好》,《深圳特区报》2023年7月4日。

35.《创造人类文明新形态》,《新华日报》2023年7月4日。

36.《深刻领悟并坚持走好"五个必由之路"》,《文汇报》2023年8月20日。

后　记

　　党的二十大召开已经一年多了,天津人民出版社鼎力支持出版这部书稿,令我十分感动。深入贯彻落实党的二十大精神,不仅是当前全党全国各族人民政治生活中的一件大事,而且也是对新时代党和国家事业发展、对推进中华民族伟大复兴历史进程具有深远历史影响的长期任务,需要持久地加强学习和深刻领会。本书集结了我在党的二十大召开以来学习研究宣传党的重大创新理论成果的一些主要论文,以飨读者。这些在报刊和杂志上发表的文章,由于独立成篇,编辑成册会存在引文重复和内容交叉的问题。为能形成逻辑关联的框架体系,我在编辑中作了一些文字处理,有些内容作了删节和文字修改。但是以上问题难以完全解决,敬请读者谅解。感谢我的学生樊士博、陈冬冬、刘庆莹、郑天骄为编辑书稿作了大量工作。对天津人民出版社领导、王玙等编辑再次表示衷心感谢!

齐卫平

2023 年 8 月